权威·前沿·原创

皮书系列为
"十二五"国家重点图书出版规划项目

湖南蓝皮书

BLUE BOOK OF HUNAN

2016年
湖南县域经济社会发展报告

ANNUAL REPORT ON THE COUNTY ECONOMIC AND SOCIAL DEVELOPMENT OF HUNAN (2016)

县域特色产业发展研究

湖南省人民政府发展研究中心
主　编／梁志峰
副主编／唐宇文

社会科学文献出版社
SOCIAL SCIENCES ACADEMIC PRESS (CHINA)

图书在版编目(CIP)数据

2016年湖南县域经济社会发展报告：县域特色产业发展研究/梁志峰主编．－－北京：社会科学文献出版社，2016.5
（湖南蓝皮书）
ISBN 978－7－5097－8991－9

Ⅰ.①2… Ⅱ.①梁… Ⅲ.①县级经济－小康建设－研究报告－湖南省－2016 Ⅳ.①F127.64

中国版本图书馆CIP数据核字（2016）第070252号

湖南蓝皮书
2016年湖南县域经济社会发展报告
——县域特色产业发展研究

主　　编／梁志峰
副 主 编／唐宇文

出 版 人／谢寿光
项目统筹／桂　芳
责任编辑／郑庆寰

出　　版／社会科学文献出版社·皮书出版分社（010）59367127
　　　　　地址：北京市北三环中路甲29号院华龙大厦　邮编：100029
　　　　　网址：www.ssap.com.cn
发　　行／市场营销中心（010）59367081　59367018
印　　装／北京季蜂印刷有限公司

规　　格／开本：787mm×1092mm　1/16
　　　　　印　张：21.75　字　数：364千字
版　　次／2016年5月第1版　2016年5月第1次印刷
书　　号／ISBN 978－7－5097－8991－9
定　　价／128.00元

皮书序列号／B－2014－363

本书如有印装质量问题，请与读者服务中心（010－59367028）联系

▲ 版权所有 翻印必究

湖南省人民政府发展研究中心
湖南蓝皮书编辑委员会

主　　任　梁志峰

副 主 任　唐宇文　黄绍红　康锦贵　粟志远　李建国
　　　　　　杨志新　李绍清

编　　委　彭蔓玲　蔡建河　唐文玉　谢坚持　禹向群
　　　　　　王　斌　王佳林　唐细华　赵迦南　曾晓阳
　　　　　　柳　松　王力共　罗小阳　彭谷前　温长远
　　　　　　武晓兰

主　　编　梁志峰

副 主 编　唐宇文

《湖南蓝皮书·2016年湖南县域经济社会发展报告》

执行编辑　蔡建河　屈莉萍　曾万涛　徐　涛　龙花兰
　　　　　　刘海涛　胡跃平　周亚兰　陈　琨

主要编撰者简介

梁志峰 湖南省人民政府发展研究中心主任，管理学博士。历任中共湖南省委办公厅秘书处秘书，中共湖南省委高校工委组织部部长，湘潭县委副书记，湘潭市雨湖区委书记，湘潭市委常委、秘书长、组织部部长。主要研究领域为资本市场和区域经济学，先后主持多项省部级研究课题，著有《资产证券化的风险管理》《网络经济的理论与实践》《古云村 古城村调查》《迈进全面小康》等。

唐宇文 湖南省人民政府发展研究中心副主任，研究员。1984年毕业于武汉大学数学系，获理学学士学位，1987年毕业于武汉大学经济管理系，获经济学硕士学位。2001~2002年在美国加州州立大学学习，2010年在中共中央党校一年制中青班学习。主要研究领域为区域发展战略与产业经济。先后主持国家社科基金项目及省部级课题多项，近年出版著作有《打造经济强省》《区域经济互动发展论》《洞庭湖区域新型工业化战略研究》等。

总 序

2016年"湖南蓝皮书"系列丛书已编撰完成，丛书涵盖经济、社会、产业、两型社会、县域和电子政务六大主题，记录了2015年湖南全面深化改革、推进结构调整的艰难实践，凝聚了各级领导和专家学者对于推动湖南转型发展的智慧豪情，见证了湖南适应新常态、抢抓新机遇的战略创新，探讨了湖南在"十三五"规划开局之年的改革发展方略，描绘了湖南实现全面小康的壮美蓝图。

2015年是"十二五"规划的收官之年，也是中国全面推进大改革与大调整的关键年。"十二五"时期湖南主动认识适应引领经济发展新常态，大力推进"四化两型"，着力促进"三量齐升"，更加注重大众创业、万众创新，经济规模持续扩大，发展水平持续提高，产业结构持续优化，基础设施持续夯实，民生保障持续加强。2015年湖南经济总量达2.9万亿元，固定资产投资2.6万亿元，社会消费品零售总额1.2万亿元。全年用于民生的财政支出共计1.54万亿元，占一般公共预算支出的69.1%，城乡居民人均可支配收入分别达28838元、10993元，分别增长8.5%、9.3%。"十二五"期间新增城镇就业385万人、农村劳动力转移就业360万人，减少贫困人口541万人，全民医保体系、基本养老保险、最低生活保障实现城乡全覆盖。

2016年是"十三五"规划的开局之年，也是实现第一个百年奋斗目标、全面建成小康社会的决胜阶段。湖南经济正处在爬坡过坎的关键时期，"十三五"时期要继续坚持发展第一要务，充分发挥"一带一部"区位优势，坚持创新、协调、绿色、开放、共享的发展理念，突出抓好供给侧结构性改革，加快新旧发展动能接续转换，抓好去产能、去库存、去杠杆、降成本、补短板，持续推进民生保障，努力实现"十三五"时期经济社会发展良好开局。

"湖南蓝皮书"始终坚持真实记录、系统分析，以真正体现湖南发展实践、客观反映社情民意、为改革发展建言献策为己任。丛书涵盖湖南经济社会

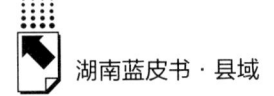

发展的方方面面，努力实现多角度记录湖南，全方位宣传湖南，高水平献策湖南。"湖南蓝皮书"始终坚持科学研究、建言献策，以全面性、科学性、权威性为目标。坚持采用来自各部门、各行业的第一手真实数据，以此为基础进行数据筛选、分析、挖掘和预测，最科学、最客观地反映湖南的真实现状，力争做到研究方法科学有效，数据来源权威可靠，研究结论可操作性强。各项研究紧扣时代脉搏，紧扣湖南改革发展新问题，紧扣省情民意，丛书逐渐成为内容权威、时效性强、覆盖面广、材料鲜活的"湖南窗口"。

"湖南蓝皮书"系列丛书的出版发行，得到了社会各界的支持和帮助。感谢各位领导和专家学者为湖南改革发展凝聚智慧力量，贡献新理念、新思想，使"湖南蓝皮书"在读者中形成了良好的口碑，丛书中作者职务有变动的，以收稿时职务为准；感谢皮书编辑们从统筹协调到字斟句酌，从版面设计到格式优化，都以最严谨、认真、热情的态度帮助我们改进文本；感谢"湖南蓝皮书"的读者们，你们的支持和鼓励是我们力量的源泉，也是我们不断向前的动力！

"十二五"已成辉煌的历史，"十三五"全面建成小康社会的号角已经吹响。"湖南蓝皮书"将继续以求真务实的态度、持之以恒的精神，奋发进取、创新图变，为富饶美丽幸福的新湖南做出新的贡献！最后，谨向支持和帮助"湖南蓝皮书"的各级领导、各部门和社会各界人士表示衷心的感谢和祝福！

"湖南蓝皮书"编委会
二〇一六年三月

摘　要

　　"十三五"是我国全面建成小康社会的决胜阶段。在全面建成小康社会进程中，县域经济发挥着基础性、战略性、关键性的作用。湖南作为传统农业大省，县域经济相比发达地区总体水平落后，成为全省经济发展的一块明显短板。补齐县域经济发展"短板"是湖南全面建设小康社会的必然要求。加快县域经济发展，必须坚持走因地制宜、特色发展之路，必须着力做大做强县域特色产业。近年来，湖南县域特色产业发展取得显著成绩，但仍然存在一些制约因素。未来要进一步凝聚发展合力，推动县域特色产业不断迈上新的台阶，加快推动县域全面建成小康社会进程。

　　本书汇集湖南县域特色产业发展的研究成果，具体包括主题报告1篇、总报告1篇、专题报告9篇、县域报告29篇。主题报告强调，要推进县域经济发展，必须围绕加快转变发展方式这条主线，按照供给侧结构性改革的要求，在创新、协调、绿色、开放、共享发展上迈出实质性步伐。总报告系统研究湖南加快特色产业发展的重大意义、取得的突出成绩以及存在的主要问题，科学探讨推进县域特色产业发展的对策建议。专题报告汇集了省内各部门领导、知名专家的研究成果和调查报告，从不同视角深入研究湖南县域特色产业的发展情况。县域报告包括全省29个有代表性的市、县（市、区）领导关于县域特色产业发展的研究报告，是湖南县域特色产业发展的生动写照。

Abstract

China is building a moderately prosperous society in the decisive stage during the period of the 13th Five - Year Plan. The county economy plays a fundamental, strategic and key role in building a moderately prosperous society. As a traditional agricultural province, the county economy of Hunan is still very poor compared to the overall level of the developed regions. It has become a significant weak point of Hunan's economy. So, overcoming the shortcomings becomes an inevitable requirement of building a moderately prosperous society in Hunan. Accelerating the development of county economy, we must adhere to local conditions, characteristics, etc, we must strive to make the county special industries bigger and stronger. In recent years, County special Industries have made remarkable achievements, but there are still some constraints. We should make more efforts to further consolidate and promote the new developments of the county special industries, and to accelerate the process of building a moderately prosperous society in the future.

This book covers the research results on the development of county special Industries in Hunan, including 1 Keynote Report, 1 General Report, 9 Specific Reports, 29 Reports on County - Level Issues. The Keynote Report highlights the theme that promoting the development of county economy, we should accelerate the transformation of development, obey the requirements of the supply - side structural reforms, and make substantial progress in innovation, coordination, green, open, shared development. General Report explores systematically on the significance, achievements, problems, and promotes scientific countermeasures on the development of county special industries in Hunan. Specific Reports contain research results from the provincial department heads, well - known experts, etc, which give different perspective - depth studies on the development of County special industries in Hunan. Reports on County - level Issues, including 29 research reports finished by the leaderships of the 29 representative cities and counties (cities, districts), are vivid portrayal of the development of county special industries in Hunan.

目　录

Ⅰ　主题报告

B.1 以"五大发展"新理念引领和推动县域经济发展升级
………………………………………………………… 戴道晋 / 001

Ⅱ　总报告

B.2 湖南县域特色产业发展综合研究报告
……………………………… 湖南省政府发展研究中心课题组 / 007

Ⅲ　专题篇

B.3 关于培育县域特色产业的调查与思考 ………………… 张伟达 / 025

B.4 新常态下县域经济如何实现新突破
——醴陵市转型升级发展的调研与思考
………… 湖南省委政策研究室、株洲市委政研室联合调研组 / 032

B.5 2015年湖南省县域金融生态评估报告
………………………………… 中国人民银行长沙中心支行
湖南大学金融管理研究中心 / 039

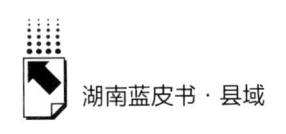

B.6 湖南省特色县域经济发展情况报告
………………………………………… 湖南省农业委员会
湖南省县域经济工作领导小组办公室
湖南省特色县域经济强县工作办公室 / 058

B.7 发展现代农业 培育特色县域经济强县
——台湾发展现代农业的启示 ………… 张才道 童建华 / 067

B.8 进一步推进湘西地区特色产业发展对策研究
………………………………………… 蔡建河 刘海涛 / 072

B.9 从县级层面探索"四位一体，逐层推进"的农村
宅基地改革试点 ………………………………… 左 宏 / 081

B.10 供给侧结构性改革背景下的汨罗市再生资源特色
产业发展研究 ………………… 彭 鹏 杨 雨 王 莹 / 090

B.11 湖南县域经济特色化战略研究 ………………… 唐 瑾 / 099

Ⅳ 县域篇

B.12 构建浏阳现代产业体系研究 ………………… 余勋伟 / 110
B.13 浏阳市特色产业发展研究报告
——以浏阳花炮产业为案例分析 …… 浏阳市人民政府研究室 / 121
B.14 宁乡县特色农产品加工业发展研究 ………… 周 辉 / 127
B.15 炎陵县文化旅游业发展研究报告 …………… 姚 成 / 134
B.16 醴陵市特色产业发展研究报告 ……………… 康月林 / 142
B.17 湘潭县特色产业发展研究报告 ……………… 谢振华 / 152
B.18 韶山市文化旅游业发展研究报告 …………… 段伟长 / 160
B.19 常宁市铜压延加工制造业发展研究报告 …… 李 涛 / 167
B.20 隆回县特色农产品加工业发展研究报告
………………………………… 中共隆回县委 隆回县人民政府 / 172
B.21 推进农村一二三产业融合发展建设现代农业强县 ……… 喻 文 / 179

目　录

B.22　临湘市特色产业发展研究报告
　　………………………………临湘市政府经济研究中心 / 184
B.23　汨罗市再生制造产业发展研究报告
　　………………………………汨罗市政府经济研究中心 / 191
B.24　加快桃源县特色农产品加工业发展研究 …………龚德汉 / 197
B.25　安化县茶产业发展研究报告 …………………………肖伟群 / 205
B.26　桃江县竹凉席加工产业发展研究报告 ………………何军田 / 213
B.27　沅江市特色产业发展研究报告 ………………………蔡光辉 / 218
B.28　宜章旅游发展战略研究 ………………………………张润槐 / 223
B.29　永兴县稀贵金属资源再生利用产业发展研究报告
　　………………………………………陈占华　刘　武　王小岁 / 230
B.30　临武加快打造全省农副产品加工产业
　　重点县的调查与思考 ………………………………刘达祥 / 238
B.31　祁阳县农副产品加工产业发展的调研报告 …………周新辉 / 246
B.32　双牌县旅游产业发展调研报告 ………………………吴跃男 / 253
B.33　江华瑶族自治县稀土有色金属产业发展研究报告
　　…………………………………………………江华县人民政府 / 261
B.34　宁远县文化旅游特色产业发展研究报告 ……………桂砺锋 / 269
B.35　新田县富硒产业发展研究报告 ………………………秦山成 / 279
B.36　靖州县特色产业发展研究报告 ………………………田连钊 / 286
B.37　通道县文化旅游特色产业发展研究报告 ……………粟　勇 / 293
B.38　冷水江锑产业转型发展研究 …………………………刘小龙 / 304
B.39　新化县文化旅游业发展研究报告 …………新化县人民政府 / 313
B.40　凤凰县特色县域经济发展研究报告 …………………赵海峰 / 320

皮书数据库阅读 使用指南

CONTENTS

I Keynote Report

B.1 With the New Ideas of Innovative, Coordinated, Green, Open, and, Shared Development to Lead and Accelerate the Development of County Economy
Dai Daojin / 001

II General Report

B.2 The General Study Report on the Development of the Special Industries in Counties of Hunan
Research Team of Development Research Center of the People's Government of Hunan Province / 007

III Specific Reports

B.3 Investigations and Thoughts on Cultivating Special Industries in Counties
Zhang Weida / 025

CONTENTS

B.4 How to Achieve New Breakthroughs in County Economy under the New Normal Phase?
—*Researches and Thoughts on Transitional and Upgrade Development of Liling City*
Policy Research Office of the CPC Hunan Provincial Committee
Policy Research Office of the CPC Zhuzhou Municipal Committee / 032

B.5 Assessment Report on the County Financial Ecology of Hunan Province(2015)
The People's Bank of China Changsha Central Sub-branch
Research Center of Financial Management of Hunan University / 039

B.6 Report on the Development of the Special County Economy of Hunan Province
Agriculture Committee of Hunan Province
The Office of the Leading Group for the Work of the County Economy of Huan Province
The Office for the Work of Counties being Strong on Special County Economy of Huan Province / 058

B.7 Developing Modern Agriculture and Fostering Counties Being Strong on the Special County Economy
—*Revelations on the Development of Modern Agriculture in Taiwan Province*
Zhang Caidao, Tong Jianhua / 067

B.8 Research on the Strategies to Further Promote the Development of Special Industries in Western Region of Hunan Province
Cai Jianhe, Liu Haitao / 072

B.9 Exploring the Reform of Rural Homestead by the way of "Four-in-one to Promote Progressively" from the County Level
Zuo Hong / 081

B.10 Research on Development of the Special Industry of Renewable Resources in Miluo City in the Context of the Supply-side Structural Reforms
Peng Peng, Yang Yu and Wang Ying / 090

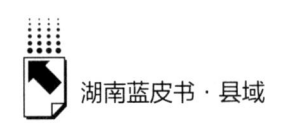

B.11 Strategy Research on the Development of Special
County Economy in Hunan Province　　　　　　Tang Jin / 099

Ⅳ　Reports on County-Level Issues

B.12 Research on the Construction of Modern Industrial
System in Liuyang City

　　　　　　　　　　　　　　　　　　　　　　Yu Xunwei / 110

B.13 Research Report on the Development of the Special
Industry in Liuyang City
　　—Case Analysis of the Industry of Firecracker in Liuyang City
　　　　　Research Office of the People's Government of Liuyang City / 121

B.14 Research on the Development of Special Agricultural
Products Processing Industry in Ningxiang County　　Zhou Hui / 127

B.15 Report on the Development of the Cultural Tourism
in Yanling County　　　　　　　　　　　　　　Yao Cheng / 134

B.16 Report on the Development of the Special Industries
in Liling City　　　　　　　　　　　　　　　Kang Yuelin / 142

B.17 Report on the Development of the Special Industries
in Xiangtan County　　　　　　　　　　　　Xie Zhenhua / 152

B.18 Report on the Development of the Cultural Tourism
in Shaoshan County　　　　　　　　　　　Duan Weichang / 160

B.19 Report on the Development of the Copper Rolling Manufacturing
Industry in Changning City　　　　　　　　　　　　Li Tao / 167

B.20 Report on the Development of Special Agricultural Products
Processing Industry in Longhui County
　　　　　　　　　　　　　　　The CPC Longhui County Committee
　　　　　　　　　　The People's Government of Longhui County / 172

CONTENTS

B.21 Promoting Integrated Development of the Primary Industry, the Secondary Industry and the Tertiary Industry to Build Up a County Being Strong on Modern Agriculture

Yu Wen / 179

B.22 Report on the Development of the Special Industries in Linxiang City

Economy Research Center of the People's Government of Linxiang City / 184

B.23 Report on the Development of the Renewable Manufacturing Industry in Miluo City

Economy Research Center of the People's Government of Miluo City / 191

B.24 Research on Accelerating the Development of Special Agricultural Products Processing Industry in Taoyuan County

Gong Dehan / 197

B.25 Report on the Development of the Tea Industry in Anhua County   *Xiao Weiqun* / 205

B.26 Report on the Development of Processing Industry of Summer Sleeping Bamboo Mat in Taojiang County   *He Juntian* / 213

B.27 Report on the Development of the Special Industries in Yuanjiang City   *Cai Guanghui* / 218

B.28 Strategy Research on the Development of Tourism in Yizhang City   *Zhang Runhuai* / 223

B.29 Report on the Development of the Industry of Recycling Resources of Rare Precious Metal in Yongxing County

Chen Zhanhua, Liu Wu and Wang Xiaosui / 230

B.30 Building the Linwu County into a Key County with the Farm and Sideline Products Processing Industry in Hunan Province

Liu Daxiang / 238

B.31 Surveys on the Development of Farm and Sideline Products Processing Industry in Qiyang County   *Zhou Xinhui* / 246

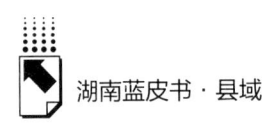

B.32 Report on the Development of Tourism
in Shuangpai County　　　　　　　　　　　　　　*Wu Yuenan* / 253

B.33 Report on the Development of the Rare Earth Nonferrous Metals
Industry in Jianghua Yao Autonomous County
　　　　　　　　　　The People's Government of Jianghua County / 261

B.34 Report on the Development of the Special Industry of
Cultural Tourism in Ningyuan County　　　　　　*Gui Lifeng* / 269

B.35 Report on the Development of the Selenium-enriched Industry
in Xintian County　　　　　　　　　　　　　*Qin Shancheng* / 279

B.36 Report on the Development of the Special Industries
in Jingzhou County　　　　　　　　　　　　　*Tian Lianzhao* / 286

B.37 Report on the Development of the Special Industry
of Cultural Tourism in Tongdao County　　　　　　*Su Yong* / 293

B.38 Report on Transitional Development of the Antimony Industry
in Leng Shuijiang City　　　　　　　　　　　　*Liu Xiaolong* / 304

B.39 Report on the Development of Cultural Tourism in Xinhua County
　　　　　　　　　　The People's Government of Xinhua County / 313

B.40 Report on the Development of the Special County
Economy in Fenghuang County　　　　　　　　*Zhao Haifeng* / 320

主题报告
Keynote Report

B.1
以"五大发展"新理念引领和推动县域经济发展升级

戴道晋*

湖南县域总面积占全省总面积的97%，总人口占全省的89%。可以说，没有县域的繁荣发展，就没有全省的繁荣发展；没有县域的全面小康，就没有全省的全面小康。

"十二五"以来，全省县域经济发展基础进一步巩固，活力进一步显现，综合实力进一步增强。2015年，全省县域经济地区生产总值、县域地方财政收入与2010年相比，均实现了翻番，涌现了长沙、浏阳、宁乡等一批GDP过千亿元的经济强县，培育了浏阳烟花、醴陵陶瓷、永兴银业、双峰农机等具有较强竞争力的优势特色产业。湖南省县域经济虽然取得了一定的成绩，但与先进省市相比还存在较大差距，县域经济依然是全省经济发展的"短板"，主要表现在三个方面。一是经济规模不大、实力不强。县均生产总值为191.8亿

---

* 戴道晋，湖南省人民政府副省长。

元,只有广东的80%左右,低于湖北的204.6亿元。二是产业层次不高、发展方式粗放。农产品加工转化率只有30%左右,工业中能源原材料产业占到70%以上,服务业占比仅为30%左右,且多为传统低端业态。三是发展不平衡、协调性较差。纳入考核的98个县(市、区)中,有50个贫困县,最低的古丈县生产总值仅有20.2亿元,财政收入仅有2.3亿元,分别只有长沙县的1.8%、1.1%。

经济社会发展进入新常态,县域经济发展也呈现许多新特点:"大而全"、"小而全"的传统发展模式正在改变,立足县情,发挥比较优势,做大做强主导产业,走特色发展之路,已成为县域经济发展的鲜明特征;"村村点火、户户冒烟","先污染、后治理"的粗放发展方式已不可持续,园区化承载、集群式推进,走绿色发展之路,已成为县域经济发展的主要形态;自我封闭、画地为牢的僵化发展思维已难以奏效,适应经济全球化、区域一体化深入发展的潮流,突破县域界限,在更大范围、更广领域优化资源配置,主动参与国际国内产业分工和协作,走开放式发展之路,已成为县域经济发展的大势所趋;城乡分割,依靠工农产品"剪刀差"推动城市经济、工业经济发展已成为历史,加大统筹城乡发展力度,走城乡一体化发展之路,成为县域经济发展的根本途径。我省加快推进县域经济发展,必须围绕加快转变发展方式这条主线,按照供给侧结构性改革的要求,在创新、协调、绿色、开放、共享发展上迈出实质性步伐。

第一,创新为先,着力培育县域发展新动力。近年来,湖南省深入实施特色县域经济发展工程,县域农业现代化、新型工业化、新型服务业等发展水平快速提升,但产业结构、质量水平、竞争力依然不优、不高、不强,究其原因,就是科技发展的总体水平不高,科技对经济社会发展的支撑能力不足。"不创新就要落后,创新慢了也要落后",把握未来湖南省县域发展的发展走向,避免"阿喀琉斯之踵",必须把创新作为引领发展的第一动力。一是培育优势主导产业。县域经济就是特色经济,没有特色就没有生命力,就难以在日益激烈的市场竞争中脱颖而出。人们说起烟花,就会想到浏阳;论起烤烟,就会谈到桂阳。这就是特色的优势和价值所在。要改变"小而全"的做法,引导各地依托资源禀赋和发展基础,发挥比较优势,选准2~3个最具发展前景的产业进行重点突破,形成一乡一品、一县几品的发展格局。发展特色产业的同时，要着力推进产业延伸、产业链接，提高产业化水平。二是调整优化产业结构。党的十八届三中全会深刻指出，要发挥市场在资源配置中的决定性作用。随着经济发展和生活水平提高，市场需求已由过去的单一化向多样化转变，健康、生态、时尚成为人们消费新追求。县域发展只有顺应市场需求变化，及时调整产业和产品结构，才不会被市场所淘汰，才能在市场竞争中取胜。必须牢固树立市场需求导向，加快推进产业结构调整，大力发展优质、高效、适销对路的产业和产品。三是加快推进科技创新。产业的核心竞争力在于科技创新。要支持县域企业自主组建研发中心，加强与高等院校、科研院所联合与合作，推进生产关键核心技术的研发，力争取得一批具有自主知识产权的科研成果。鼓励县域企业引进新技术、新产品，加快设备更新和工艺改造，提高精深加工水平和核心竞争力。

第二，协调为要，着力构建县域发展新格局。县域发展是一项庞大的系统工程，如果发展不平衡、不协调，可持续性就不强。湖南省县域发展不平衡，是一个长期存在的问题，突出表现在第一产业与第二、三产业，工业与农业，城与乡等关系上。"千钧将一羽，轻重在平衡"，必须牢固树立全省县域发展"一盘棋"的思想，注重发展的整体效能，否则"木桶效应"就会愈加明显。一是加快区域协调发展。就全省区域协调发展而言，长株潭始终是全省发展的核心增长极，其辐射带动和示范的作用必须持之以恒地增强。要以规划、交通、科技创新、公共服务、生态环境治理以及17个特色产业园区建设为突破口，加快长株潭一体化进程。要重点发挥发达县域的带动作用，推进地理区位相连、资源基础相似、发展路径相近的县（市）抱团发展，打造板块经济。特别是要加大对我省贫困地区产业发展的支持力度，把资源优势转化为经济优势，推动全省县域产业发展水平整体提升。二是促进产城一体发展。产业是支柱，城镇是载体，两者有机结合，就能实现产城融合互动发展。目前我省城镇化率已超过50%，打造了一批基础完善、功能配套的县域特色城镇，今后要以这些城镇为依托，按照产城一体要求抓好产业和城镇发展，重点在适宜地区规划建设一批加工制造产业园区，带动运输业、商贸业、服务业发展，达到以产兴城、以城促产的目的。三是推进产业整合兼并。产业的发展大多会经历竞争、整合、再竞争、再整合螺旋式上升的发展规律，特别是在当前去产能的任务要求下，更应加大产业整合力度，鼓励企业抱团发展。省茶叶公司、省粮食集团通过推进整合兼并，产值迅速由几亿元上升为50多亿元，成为全国同行业中的龙头老大，走出了一条强强联合发展的新路子。要鼓励省内大型龙头企业，发挥品牌、技术、资金等优势，采用兼并、重组、租赁、控股等方式，开展跨区域、跨行业、跨所有制的联合与合作，打造一批具有较强竞争优势的大型企业集团。

第三，绿色为体，着力树立县域发展新面貌。习近平总书记指出："我们既要绿水青山，也要金山银山。绿水青山就是金山银山。"忽视生态保护，就会造成资源枯竭、环境污染、生态退化，影响经济社会发展。当前，我省县域发展拼资源、拼投入仍然十分明显，对农村环境的污染很大，全省已有25%的耕地、27%的农田灌溉水受到不同程度污染。扭转生态环境恶化、提高环境质量，事关县域的可持续发展。一是大力推进节能减排。抓好节能减排是减少"三废"污染、建设两型社会的关键举措。建设"天蓝、地绿、水净"的美丽湖南，必须推进县域加工制造业节能减排。要严格落实"三同时"制度，把好新上项目环保关，坚决关停高污染、高排放、高耗能的"五小"企业，积极推广高效节能减排技术，提高资源利用率，减少污染物排放。二是发展农业清洁生产。多年来湖南省农业增产靠化肥、治病靠农药，对环境的污染日益加剧。据调查，湖南省每公顷农田使用化肥是全国平均水平的1.5倍，施用的化肥只有35%有效，65%残留在农田中；每年生猪粪便排放量达2.3亿吨，绝大部分没有处理；再加上生活垃圾污染、白色污染，造成土壤酸化、地力下降，全省近1/4的耕地受到重金属污染。没有优良的生态环境，县域产业发展就失去了基础支撑。要加强农业面源污染治理，着力抓好农业投入品使用管控、畜禽粪便无害化处理、农田残膜回收，扩大耕地重金属污染治理范围，逐步修复农业生态环境。加快完善农产品标准体系，推进农业标准化生产，开展标准化示范基地和"三品一标"创建，引导农民发展清洁生产。三是发展生态休闲农业。生态休闲农业既能提升农业效益，又能促进农村生态环境的保护和建设。近年湖南省休闲农业发展呈星火燎原之势，休闲农林庄发展到5000多家，成为县域经济新的增长极。要抓紧研究制定相关扶持政策，引导农民大力发展休闲观光农业，建设一批示范农庄、精品景区（点）和精品线路，把休闲农业打造成改善农村环境、惠及城乡居民的民生事业。

第四，开放为径，着力拓展县域发展新空间。如果没有对外开放，就没有今天经济社会发展的大好局面。当前我国已成为全球第一大农产品进口国、第二大农产品贸易国，农业与国际市场的互动持续加深。湖南省县域经济要想在下一轮发展中乘势而上，必须提高对外开放的质量和发展的内外联动性，主动参与国内外市场竞争，形成与外部深度融合的互利合作格局。一是加大招商引资力度。近年来，湖南省一些县域特色产业能够得到快速发展，就是得益于引进了一大批大企业、大项目。如岳阳县引进中粮集团，投资5亿元建设年产30万吨的精米生产线，一举改变了素有粮仓之称的岳阳县有好米无强企的局面。因此，要进一步加大招商引资力度，重点围绕提升产品层次、延伸产业链条，精心规划和推出一批招商引资项目，引进一批大型企业（集团），借助其资本、技术、市场等优势，推动县域产业发展迈上新台阶。二是拓展产品销售渠道。要认真总结"湘品出湘"成功经验，大力拓展沿海发达地区销售市场，探索建立产品市场营销长效机制。积极引导企业发展委托代理、连锁配送、电子商务等现代营销方式，建设连锁直销经营体系，提高产品流通效率。加快推进品牌建设，鼓励企业争创知名、著名商标，加强宣传推介，努力培育一批在市场上叫得响的本土名优产品。三是积极实施"走出去"战略。推进企业"走出去"，是经济全球化时代发展的趋势和潮流。中央实施"一带一路"战略和长江经济带建设，为我省县域企业"走出去"搭建了平台。要抓住这一契机，推动县域优势企业开展对外合作，创建境外生产示范基地、产业园区，推广先进农业生产技术和农机装备，在更大范围、更高层次上促进生产要素优化配置。

第五，共享为本，着力提升县域发展新活力。"治天下也、必先公、公则天下平。"县域发展只有强化共享发展理念，把自身发展与实现人民的利益结合起来，才能获得无限的生机与活力，才能确保全省人民共同迈入全面小康。一是营造全民创业良好环境。要在县域层面深入开展"万众创新、大众创业"活动，进一步优化放宽市场准入，大力吸引民间资本进入基础产业、基础设施、商贸流通等领域，参与发展文化、教育、医疗和社会福利等事业，鼓励支持各类人才特别是科技人才和返乡农民工创办县域企业，充分激发全民创业热情。要认真落实有关支持全民创业的优惠政策，切实加大税收、信贷、用地等支持力度，全面推行服务质量公共承诺制和政务公开制度，积极帮助解决各种困难和问题，全力维护县域企业合法权益，努力形成尊重纳税人、关爱企业

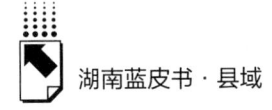

家、扶持创业者的良好氛围。二是打造创业孵化基地。既要遵循市场经济规律，让市场在资源配置中发挥决定性作用，也要更好发挥政府作用，强化引导扶持，对创业者扶上马、送一程，促进其发展壮大。要引导县市依托各类工业园区、农业示范园等，规划建设一批创业孵化基地，吸引各类创业主体入园发展，为创业者提供经营基地、可学经验等帮助，让他们的羽翼不断丰满。三是带动农民就业增收。"小康不小康，关键看老乡。"在做大县域产业"蛋糕"总量的同时，还必须带动农民就业增收，让发展成果更多惠及全体人民，使推动县域产业发展的过程成为人民群众广泛参与、普遍受益的过程。要引导县域企业吸纳农民工就业，加强农民工教育培训，防止人力资源外流，使县域企业成为农民就地就近转移就业的主要渠道。要完善农企利益联结机制，采取农民以土地经营权入股、龙头企业领办创办合作社、建立利润返还机制等方式，让农民分享基地生产、加工、流通等环节收益，促进全体人民共同富裕，加快全面小康社会建设进程。

总 报 告
General Report

B.2
湖南县域特色产业发展综合研究报告

湖南省政府发展研究中心课题组*

  湖南是传统农业大省，县域经济总体发展水平长期落后于沿海发达地区。加快发展县域特色产业是顺应我国经济发展大势、提升县域经济综合竞争力的必然要求，是湖南省委、省政府的重大决策。近年来，全省县域特色产业发展取得显著成绩，但仍然存在一些制约因素。未来要进一步凝聚发展合力，推动县域特色产业不断迈上新的台阶，加快推动县域全面建成小康社会进程。

一 大势所趋：加快特色产业发展是湖南培育县域竞争优势的科学抉择

  湖南丰厚的资源禀赋与多元化经济结构为特色产业发展提供了良好条件。

---

* 课题组组长：梁志峰；课题组成员：唐宇文、蔡建河、屈莉萍、龙花兰、刘海涛。

湖南自然和人文资源丰富多彩。全省地貌类型多样，生物资源富集，是全国乃至世界珍贵的生物基因库之一；种子植物约5000种，数量居全国第7位。湖南名胜古迹众多，张家界武陵源等世界自然遗产、数十处国家级风景名胜区等闻名遐迩，伟人故里、佛教圣地、千年学府、历史古城等光彩夺目。湖南生态基础雄厚，位于北纬25°～30°，属亚热带季风湿润气候，山清水秀，河网密布，水系发达，森林覆盖率达57.5%，淡水面积达1.35万平方公里，天然水资源总量为南方九省之冠。湖南产业门类齐全，区域多样性明显。传统农业发达，是全国重要的粮食生产基地，自古就有"鱼米之乡"和"湖广熟、天下足"的美称，粮食等主要农副产品产量位居全国前列。历史上工业有一定底蕴，如浏阳市是全国有名的"鞭炮之乡"，有1700多年历史的醴陵陶瓷驰名中外。新中国成立后工业不断壮大，2013年工业增加值突破1万亿元。机械、轻工、食品、电子信息、石化、有色、冶金、建材、电力等行业产值超过千亿元，工程机械、电子信息及新材料、石油化工、汽车及零部件、铅锌硬质合金及深加工等产业集群实力雄厚。服务业发展势头良好，生活性服务业不断推陈出新，生产性服务业能力稳步提升，广播影视、动漫卡通、文化创意、出版、旅游等产业迅速崛起。这些为区域特色经济的发展提供了强大动力。

加快发展县域特色产业是湖南富民强县内在要求。湖南是传统农业大省，历史上县域经济以农为主。短缺经济时代，湖南贯彻"以粮为纲，全面发展"要求，大力加强农业基础地位，稳步提高农业生产能力，农业优势地位进一步凸显。长期以来，粮食、棉花、油料、苎麻、烤烟以及生猪等大宗农副产品产量位居全国前列。稻谷产量为全国之冠，苎麻、茶叶产量分居全国第1位和第2位。一些特色农产品久负盛名，如具有3000多年历史的湘莲产量位列全国第一，君山银针是中国黄茶珍品。与农业相比，湖南县域工业发展滞后，20世纪70年代前有一定数量社办工业，80年代乡镇企业迅猛发展，其后保持了稳步上升态势，但发展势头明显不及沿海发达省市。随着短缺经济时代告别和过剩经济时代的到来，湖南县域发展的瓶颈越来越突出。一是大宗农产品"增产不增收"，粮食、生猪等湖南的优势产品，尽管有国家政策支持，但抗市场风险能力弱，给农民带来的利润既微薄也不稳定；二是工业化与农业产业化相对落后，工商业发展水平不高，经济综合竞争力不强，使县域经济缺乏强有力的引擎。在此背景下，县域经济成为湖南经济发展的一大"短板"，不利于农民的共同富裕和农村全面建成小康社会。面对这一现实，通过歧异化竞争战略，充分发掘县域经济中最具有特色与潜力的增长点，加大投资发展力度，推动县域特色产业发展壮大，是湖南加快补强县域经济"短板"的必然要求和科学抉择。当前，我国经济正进入新常态，国家推动供给侧结构性改革，以特色产业为抓手，带动县域经济转型升级，推动全面建成小康社会，完全符合中央指引的战略方向。

湖南省委、省政府对发展县域特色产业高度重视。长期以来，一直强调与支持各区域特色经济的发展。2013年1月更是出台重大举措，湖南省政府发布《关于发展特色县域经济强县的意见》（以下简称《意见》）。《意见》指出，产业是经济发展的核心，要以培育特色优势产业为抓手，发展县域经济，把产业、企业和项目结合起来，实现县域经济由点到线、由线到面的坚实发展；要在全省发展壮大一批具有鲜明特色的支柱产业，打造一批在全省乃至全国都具有较强竞争力的县域经济强县，引导带动其他县（市、区）加快发展。《意见》提出了一系列推动县域特色产业发展的措施，确定每年重点扶持3个特色产业、每个特色产业每年扶持3个重点县、每个重点县滚动扶持3年、对每个重点县的支持不低于3亿元、扶持政策实施3轮等实施办法。目前，特色县域经济重点县已确立3批，按政策落实各项扶持措施。2015年2月，湖南省委、省政府发布《关于加大改革创新力度，加快农业现代化建设的实施意见》，对农业的发展同样突出强调特色化。例如，要求深入推进特色县域经济农产品加工重点县、"135工程"等重大项目建设，支持县域特色产业集群发展；重点选择10个优势特色农产品，开展现代农业示范园创建活动等。这体现了省委省政府坚定不移的发展思路。政策的支持，为湖南县域特色产业发展提供了强大推动力。

二 成功实践：湖南县域特色产业发展成效显著

近年来，湖南各县域积极推进"四化两型"，力促"三量齐升"，全力加快富民强县进程。基于历史传统与现实基础，发展特色产业成为各县域共同选择。2013年，省政府出台《关于发展特色县域经济强县的意见》，为县域特色产业发展增添了新的动力。各县市更加积极有为，特色产业发展不断开创新

局面。

1. 各具所长的县域特色产业蓬勃发展

全省各县市立足自身比较优势，科学选择发展方向，千方百计加大投入力度，使县域特色产业保持了良好发展势头。一批特色产业不断壮大，一批以特色产业为支撑的县市逐步脱颖而出。具体来看，呈现以下突出特点。

传统种植业、养殖业等逐步转型升级。农林牧渔等产业是湖南县域传统优势所在，近年来众多县市注重推动产业的特色化、规模化、优质化，不断提高农业经济效益。例如，湘西地区利用生态优势发展绿色农业，特色农林种植业已成为县域经济重要支柱。湘西州初步形成"两叶两果"（茶叶和烟叶、椪柑和猕猴桃）特色产业体系，2014年已建成各类农产品基地240万亩；怀化市突出发展杂交稻、名优茶、柑橘、工业原材料、油茶、生猪、肉牛、烟叶、中药材、蔬菜等十大优势产业，2015年建成各类农林种植基地约500万亩，实现标准化养殖生猪50万头、优质肉牛10万头；邵阳市"一县一品"格局基本形成。湘西农业的品牌效应不断扩大，湘西州培育了椪柑、猕猴桃、"湘西金叶"、古丈毛尖、保靖黄金茶、龙山百合等一批知名品牌；怀化麻阳柑橘和金珠米成为中国驰名商标，芷江鸭、靖州茯苓等12种农产品拥有国家地理标志证明商标，沅陵碣滩茶、新晃黄牛等7个农产品成为国家地标保护产品；张家界大鲵成为国家地理标志产品。特色产业培育与农业发展方式创新形成了良性循环。怀化市成功创建湖南西部农产品博览会会展品牌，扩大特色农产品影响力；湘西自治州深入推进农业标准化，完成种植业标准化园区401万亩、标准化养殖4000多万头（羽），建设农业标准化核心示范园区120个。新型农业经营主体稳步发展，如怀化市种养大户、家庭农场、农民专业合作社分别达15000户、349家、2997家。

特色农副产品加工业不断壮大。各地依托丰富农产品资源，大力发展农副产品加工业，延伸农业产业链条，提高农产品加工深度，为县域经济发展提供新的强大引擎。例如，宁乡县全力打造全国农副产品加工业标兵县，突出标准化基地建设，培育和开拓特色市场，产业呈现规模扩张、效益凸显的良好态势。花猪产业链、农副产品精深加工产业集群、地方传统特色食品加工等发展迅速，农副产品加工业成为全县聚集企业最多、联结农户最多的产业之一。农副产品加工业总产值由2012年的232.9亿元增加到2014年的394亿元，年均增长30%；增加值由61.2亿元增加到74.8亿元，年均增长10.6%；税收由2.17亿元增加到3.84亿元，年均增长33%。涟源市推行品牌发展战略，推动特色农产品加工业做大做强，近年"湘中黑牛""回春堂"等老品牌发展势头良好，"邬辣妈""康麓""湘山""桥头河"等新品牌崭露头角；一批国际知名品牌、湖南省著名商标、省级名牌产品、国家地理标志产品、获企业绿色食品认证的企业粗具规模。全市农副产品加工业总产值由2014年的26.64亿元增加到2015年的48.41亿元，农副产品加工业增加值由7.73亿元增加到14.03亿元。洞口县围绕"一区一园"发展特色农副产品加工业，洞口经济开发区重点打造特色农产品加工园区，发展雪峰蜜橘、优质稻、生猪、茶叶、竹木深加工等特色农业深加工业；以茶铺茶场为核心的现代农业生产基地示范园重点发展10000亩特色种养殖示范基地。桃源县农副产品加工业依托全国无公害茶叶生产示范基地、全国粮食生产先进县、全国生猪调出大县、全国优质油料大县、中国优质果品基地县、中国竹子之乡、国家现代农业示范区的基础优势，呈现规模扩张、效益凸显、结构提升的良好势头，2015年农副产品加工总产值约为158亿元。

特色制造业呈现县域"各显神通，竞相发展"态势。许多县域依托多年来形成的产业基础，采取差异化发展战略，着力加大产业结构调整力度，创造产业竞争新优势，一批上规模、上水平的县域特色制造业涌现。例如，醴陵市是世界釉下五彩瓷原产地，中国"国瓷""红官窑"所在地，其非金属矿物制品业是国内市场具有较强竞争力的特色制造业。2015年该产业规模企业达214家，比2012年增加23家；实现增加值203.4亿元，比2012年增长42.16%，占全市工业增加值比重达到63.2%，比2012年提高3.56个百分点。醴陵电瓷全国市场占有率达到43.4%，日用瓷占有率达到14.3%。非金属矿物制品业优势使醴陵居全国工业百强县市第93位。邵东县是全国可持续发展实验区、全省民营经济发展与改革试验区、全省承接产业转移示范区、全省新型工业化先进县，素有"百工之城、商贸之都"美称。金属工具制造业是其传统优势产业，现已形成门类较齐全、规模较大、具有较强竞争力的产业体系，拥有"全省五金工具出口产品基地县""中国皮具箱包生产基地""中国注塑打火机出口第一县"等区域发展品牌。金属工具制造及衍生产业现有企业388家，其中规模企业95家，从业人员38074人。2014年完成总产值244.3亿元，实现增加值70.15亿元，实现税收2.5亿元。沅江市船舶制造产业具有显著优势，近年产业链条逐步完善，已形成游艇公务艇制造、内河运输船舶和工程船舶制造、船舶舾装配套件生产集聚发展的产业格局。2011年，船舶产业生产总值达到22.39亿元，占全市GDP的5.02%；2014年实现总产值69.52亿元，占全市GDP的10.18%；2015年总产值在80亿元左右。湘西地区的江华瑶族自治县地处湘、粤、桂三省（区）结合部，其稀土有色金属产业资源优势明显，拥有全省唯一的一本稀土采矿权证，设立了江华经济技术开发区和高新技术矿冶循环经济产业园两个发展平台，引进中国五矿集团、中国稀土公司、正海磁材、坤昊实业等一批上市公司和集团投资兴业。2014年，稀土有色金属特色产业总产值达到32.5亿元，规模以上工业增加值9.76亿元，占全县规模工业增加值的比重为52.3%。江华经济技术开发区被评为省级新型工业化产业示范基地、省级民族团结进步模范集体、省级同心园区，连续3年获评全市推进新型工业化工作先进园区。

　　文化旅游产业各县异彩纷呈。湖南旅游资源丰富，其中大多数分布在各个县市。具有旅游资源优势的县域立足特色，科学规划发展蓝图，不断完善基础设施，加强旅游精品及其线路的打造，使全省县域旅游业充满亮色。例如，伟大领袖毛主席的故乡韶山市，积极创建全国红色旅游融合发展示范区，通过创新发展思路与模式，深度挖掘、整合、开发相关产业和行业，促进红色旅游与其他产业、城镇建设、区域经济发展实现紧密结合。旅游品牌创建与提升扎实推进，产业格局多元化，"智慧旅游"加速发展，宣传促销成效显著。2014年接待游客达到1314万人次，实现旅游综合收入35.03亿元，带动了全市经济社会平稳较快发展。湘西凤凰县着力推动旅游业提质升级，从2013年起文化旅游业整体布局规划为"双核"、"一廊"、"三区"、"四线"及其他五大部分，着力构建以凤凰古城转型升级和凤凰县文化旅游经济开发区建设为核心，以沱江水利文化长廊建设为延伸，以黄丝桥军事文化保护区和凤凰国家地质公园等三区建设为重点，以非物质文化遗产传承保护基地和"百千万"特色民居保护整治等为主线的发展格局。2011年全年共接待国内外游客600.14万人次，实现旅游收入44.31亿元；2014年全县共接待游客903.61万人次，实现旅游总收入80.98亿元。永州宁远县是全国首批生态文明先行示范区、重点生态功能区、生态文明示范工程试点县，获评"中国最美生态、文化休闲旅游名县"、省文化旅游产业重点县。大力实施"文化强县"、"旅游兴县"和"一山一城"（九嶷山、县城）旅游发展战略，建设"全景区、大旅游"，目标是建设全国舜文化旅游首选地、全国乡村旅游首选地、全国生态功能主体功能示范区建设首选地，力争实现景区过百平方公里，每年核心景区游客过百万人次、门票销售额过亿元、旅游综合收入过百亿元。2014年实现接待游客510万人次，实现旅游综合收入30.78亿元，分别比2011年增长68%、67.3%，提前一年实现"十二五"目标。

2. 特色产业发展基础不断夯实

各县域在推动特色产业快速发展的同时，注重加强产业发展硬件设施和创新能力建设，着力培育产业发展后劲，确保产业长期持续健康发展。

园区建设不断加强。以全省33个特色县域经济重点县为例，2012~2015年新建特色园区85个，其中农副产品加工园区50个、特色制造业工业园区16个、文化旅游景区（园区）19个；园区内项目建设达到2323个，其中农副产品加工项目1050个、特色制造业工业园区内项目761个、文化旅游景区（园区）内项目512个。沅江船舶综合产业园、永兴柏林工业园、江华循环经济产业园、双峰农机产业园、安化黑茶产业园、靖州县茯苓杨梅产业园、涟源桥头河现代农业园、湘潭湘莲原种保护园等一批园区特色鲜明，形成了较大的经营规模和市场影响力。一些县域在园区发展中创新思路，打破行政区域界限，整合区域产业资源，联合打造区域优势特色产业。如洞口县和隆回县共享共建优质水稻、茶叶、水果、中药材基地，共享共建农产品加工园区和农业服务体系。通道、永定、凤凰、新宁、新化县根据各自特色旅游资源，统一联合规划，做到交通互通、信息共享、线路共建，形成了一条大湘西区域特色旅游走廊。

科技创新发展能力逐步提升。很多县域注重提升特色产业科技研发能力，一批新的特色产业研发中心形成。例如，靖州医药茯苓、安化黑茶、永兴稀贵金属等研发水平全国领先；醴陵市、常宁市、临湘市、江华县等一批重点县与高等院校和科研院所实行产学研联合，开展关键技术攻关，掌握了一大批工业4.0高端制造技术，建设了一批高科技研发和质量检测平台；双峰农机、邵东小五金、云溪和临湘化工新材料、常宁铜压延、江华稀土有色金属等加工与制造业，通过内引外联、技术创新来加快推进产业升级，步入了健康发展的快车

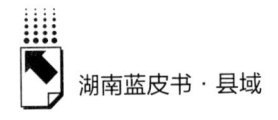

道。在特色县域经济发展工程带动下，一批资源消耗、要素投入型的传统产业正向资源节约、创新驱动型的高端新兴产业转变。

品牌和文化影响力得到加强。各县域将品牌创建作为特色产业发展的重要目标，县域拥有的中国驰名商标、省著名商标、国家地理标志产品逐步增加。例如，2012~2015年有33个特色县新创建中国驰名商标105个、省著名商标256个、国家地理标志产品107个。安化黑茶、加加酱油、临武鸭、东江鱼、桃源黑猪、涟源湘中黑牛、祁阳新金浩茶油、湘潭湘莲、洞口雪峰蜜橘、永兴银饰、沅江太阳鸟等一些地方特色品牌越来越受到消费者青睐。文化旅游品牌影响力日益强大，韶山、张家界、凤凰、南岳、东江湖等一批5A级景区旅游业持续升温。韶山新建的"中国出了个毛泽东"大型实景剧场、非物质文化博览园、醴陵世界陶瓷艺术城等成为吸引游客的新景点。南岳坤道院、炎陵红军标语博物馆等特色文化馆相继建成。崀山天彩文化小镇、通道皇都侗文化村、宁远下灌古村、炎陵神龙古镇、汝城理学古镇等一大批特色村镇恢复了昔日的风貌。

3. 特色产业对县域经济带动效应显著

我国经济进入新常态，经济处于由高速向中高速增长阶段的换挡期，各地增长速度普遍有所下降。相比这一总体趋势，湖南县域经济仍保持相对较好发展势头，县域经济在全省所占比重提高。从全省实行财政省直管的79个县市来看，2014年地区生产总值占全省比重从2009年的50.5%提高到52.6%，增长速度高于全省平均水平的县市有45个；县域与全省平均水平差距呈缩小趋势，79个省直管县人均生产总值与全省之比从2009年的68.6%提高到75.1%。2010~2014年79个省直管县地方财政收入年均增长23.2%，高于同期全省增幅1.5个百分点，43个县市地方财政收入年均增长率高于全省平均水平。这一势头的出现，县域特色产业发展功不可没。特色产业的发展，为县域经济创造了新的增长点。一些县市特色产业逆势快速增长，成为引领县域发展的强力引擎。例如，沅江船舶产业实现跨越式发展，占全市GDP比重逐步提高，2012~2014年船舶产业生产总值增长210.5%，占全市GDP比重从5.02%提高到10.18%，2015年进一步提高到11.5%。炎陵县旅游总收入从2011年的9.34亿元增加到2015年的21.4亿元，与全县GDP之比从25.8%提高到34.63%。新化县2013年文化旅游总收入达到49亿元，文化旅游产业增加值贡献率、财税收入贡献率以及就业贡献率分别达到35.53%、44.24%、55.16%；2014年文化旅游总收入达到63.7亿元，文化旅游产业增加值贡献率、财税收入贡献率以及就业贡献率分别达到40%、51.16%、57.2%；2015年文化旅游总收入达到83亿元，文化旅游产业增加值贡献率、财税收入贡献率以及就业贡献率分别达到42.2%、59.65%、59.4%。邵东县现有金属工具制造及延伸产业从业人员近4万人，吸纳了大批农村富余劳动力向县城及中心城镇转移，对城镇化率的贡献为26%。

总体来看，一个具有比较明显的趋势性现象是，特色经济发展快的县域，其生产总值、财政收入、城乡居民收入等增长比较快。以进入湖南县域特色产业重点县笼子的33个县（市、区）为例，尽管由于发展基础、重点行业与市场环境不同，各县（市、区）发展步伐并不完全一致，但与全省平均水平相比，多数县（市、区）的地区生产总值、财政总收入增长速度快于全省平均水平（见表1）。

表1 特色产业重点县生产总值与财政收入增长情况

单位：亿元，%

地区	2011年 地区生产总值	2011年 财政总收入	2014年 地区生产总值	2014年 财政总收入	2014年与2011年地区生产总值之比	2014年与2011年财政总收入之比
湖南省	19669.56	2523.49	27037.32	3636.07	137.5	144.1
祁阳县	158.76	5.14	218.68	11.01	137.7	214.2
湘潭县	195.5	13.02	286.8	22.37	146.7	171.8
宁乡县	637.95	33.11	910.23	55.68	142.7	168.2
靖州县	43.05	2.54	62.12	3.4	144.3	133.9
洞口县	90.12	4.15	125.68	7.66	139.5	184.6
隆回县	93.32	5.23	126.07	9.05	135.1	173.0
桃源县	175.79	8.51	250.28	14.16	142.4	166.4
安化县	111.7	7.45	162.84	11.18	145.8	150.1
临武县	72.35	7.02	100.29	11.49	138.6	163.7
涟源市	155.7	10.4	223.5	11.3	143.5	108.7
醴陵市	338.1	28.4	488.4	36.3	144.5	127.8
永兴县	188.8	14.2	266.8	23.2	141.3	163.4

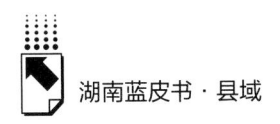

续表

地区	2011年 地区生产总值	2011年 财政总收入	2014年 地区生产总值	2014年 财政总收入	2014年与2011年地区生产总值之比	2014年与2011年财政总收入之比
汨罗市	203.2	14.3	291.16	19.41	143.3	135.7
双峰县	126.42	6.3	184.2	8.87	145.7	140.8
沅江市	152.79	7.09	217.65	10.62	142.5	149.8
常宁市	175.2	10.1	244.9	14.11	139.8	139.7
江华县	57.65	3.74	83.5	8	144.8	213.9
临湘市	140.88	4.51	197.96	7.15	140.5	158.5
云溪区	234.45	6.42	112.04	10.45	47.8	162.8
邵东县	202.2	12.36	283	16.99	140.0	137.5
新化县	149.5	10.2	168.7	11.06	112.8	108.4
凤凰县	41.61	3.44	61.36	7.06	147.5	205.2
新宁县	53.07	4.01	74.91	6.17	141.2	153.9
韶山市	39.44	2.79	64.72	4.89	164.1	175.3
通道县	22.57	1.79	31.18	2.9	138.1	162.0
炎陵县	36.18	4.55	55.2	8.23	152.6	180.9
永定区	122.8	4.49	168.5	7.92	137.2	176.4
双牌县	34.86	3.16	45	3.51	129.1	111.1
宁远县	78.97	5.18	109.29	10.07	138.4	194.4
南岳区	20.09	3.4	28.84	5.43	143.6	159.7
资兴县	196.75	19.38	277.08	32.26	140.8	166.5
汝城县	33.31	6.4	46.85	8.99	140.6	140.5
宜章县	86.24	10.42	166.66	17	193.3	163.1

4. 初步探索出一条特色产业科学发展的路子

在县域特色产业发展中，各地坚持从实际出发，务实创新，形成了许多可供借鉴和复制的经验，主要呈现以下特征。

科学规划要先行。许多县域精心编制特色产业发展规划，抓好产业工程项目设计。例如，临武县把发展农业产业化作为县域经济转型的首选战略，编制了《特色农产品加工产业发展规划》，实施"586"战略，即全面实施优势企业培育等5大工程，重点扶持舜华鸭业等8大龙头企业，全面发展临武鸭等6大产业，形成亿元企业集群。新宁县聘请国内知名团队，高起点、高标准修编县域旅游发展7大规划，确定了未来5年全县文化旅游产业实现"一体两翼四组团"的文化旅游发展总体布局。汨罗市按照"分区布局、集中扶持"的原则，统筹推进以园区为核心的特色制造业基地建设。

体制机制需与时俱进。各地坚持政府引导与市场牵引相结合，创新项目投入方式，采取以奖代补、先建后补、贷款贴息、产权投资、担保平台等形式，吸引各类主体投入，提升产业发展层次。例如，宁乡县建立以财政奖补、金融投放和业主自投的多元化投入方式，融合相关涉农资金，设立农副产品加工业专项风险补偿金，开设县农商行农副产品加工专业服务银行，贴息支持企业固定资金投资信贷，重奖企业上市融资和新三板或区域性股权交易所挂牌融资，以3亿元的专项资金撬动了52亿元的信贷投放和37亿元的企业自有资金投入。桃源县、湘潭县、涟源市、永兴县、祁阳县等成立特色经济发展担保基金，促进银企联合，撬动了社会资本投入。通道县实施旅游与扶贫综合联动，把乡村旅游作为带动精准扶贫的有力杠杆，统筹谋划农村环境整治、特色景观旅游村镇建设和传统村落及民居的修缮保护。

组织保障是关键。全省特色县域经济重点县把特色产业工程作为"一号工程""一把手工程"来抓，成立了由县委、县政府主要领导挂帅的领导小组，抽调精干人员组成了专门工作机构，建立了严格的项目工程领导负责制。永兴县、资兴市、隆回县、南岳区、永定区所有县级领导都各自联系一个项目，实行领导与项目"一对一"帮扶机制，全程跟踪做好服务。县市各单位层层都有任务，特色产业项目实施进展情况与单位和单位负责人的绩效考核挂钩，确保特色产业项目顺利实施。

项目建设是现阶段主要抓手。在湖南县域特色产业仍不强大的条件下，特色产业的发展离不开项目的支撑。2013~2015年，全省支持的33个特色产业重点县规划项目2323个，涉及基础设施建设、科技创新、技术改造、基地建设、产业服务等方面。截至2015年9月，33个重点县已投资项目建设1500个，完成投资690亿元，其中农副产品加工业投资项目678个，投入资金307亿元；特色制造业投资项目491个，投入资金158亿元；文化旅游业投资项目331个，投入资金225亿元。项目建设与特色产业发展良性

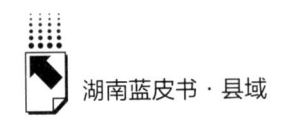

互动。如安化县凭借特色农副产品加工重点县的金字招牌，先后有10家茶叶企业扩大投资规模，7家省内外知名茶叶企业来安化投资兴业。

三 短板何在：县域特色产业发展仍然存在的问题

1. 特色产业总体发展水平仍然不高

部分县域发展基础不够厚实，特色产业实力仍然不强。如湘西州特色工业"一矿独大"，2014年锰锌铝矿产业增加值为47.3亿元，是第二位的食品加工业的6.14倍。张家界以旅游业为主导的第三产业占GDP的比重超过60%，但旅游业仍面临产业体系不成熟、客源国际化程度不高、产业带动性不强等诸多问题。不少县市低附加值、低技术含量的加工制造业占比较大，如武冈市高能耗企业数量占全市企业总数的40%以上，粗加工企业和原料型加工型企业数量占80%左右。邵东金属工具制造产品档次仍以中低档为主，粗加工、初加工产品居多，精深加工、综合加工的高档产品较少。金属工具制造及其延伸产业整体上仍处于市场较低端，资源的综合利用程度有待进一步提高。

2. 产业发展要素制约明显

总体来看，湖南县域发展资金制约明显，贷款难问题一直比较突出。以湘西地区为例，2014年存贷比为50.28%，低于全省平均水平18.41个百分点，四个市州中最低的邵阳只有43.31%，很多县域仅为30%多。尤其是中小企业贷款需求难以满足。各地普遍反映人才缺乏。尤其是贫困地区，本地人才留不住，外地人才引不进，企业家、研发领域的科技专家、市场拓展的营销骨干和生产环节的技术人才更为紧缺。企业自主创新不强，产品科技含量总体较低，新品种、新技术的引进示范和推广普及工作跟不上，标准化生产体系及农产品安全、质量检疫体系建设不适应发展需要等。一些县市还反映土地供求矛盾突出，项目落地难、开工难。

3. 园区集约化程度依然较低

很多县域园区总体还处于粗放型发展阶段，产业项目集聚度不高、集群效应不明显，辐射带动能力不强。园区的主导产业特色不鲜明，如怀化市有6家园区同时选择农副产品及食品加工产业，5家园区同时选择非金属矿加工及制品产业，4家园区同时选择医药制造产业，3家园区同时选择木材加工和竹木制品产业。湘西自治州园区企业多以劳动密集型为主，企业装备多数处于中低层次技术水平，产品技术含量和附加值较低。

4. 近期产业发展外部环境偏紧

很多县市反映，近年来产业发展外部环境严峻。世界经济依旧疲软，国际国内市场萎缩、购买力降低，市场前景短期内难有改观，一些产品受市场大环境影响，订单急剧下降；人民币升值、劳动力成本增加等各种不利因素叠加，市场拓展压力剧增，特色产业发展遇到较大困难。如醴陵的非金属矿物制品业、临湘市的化工新材料产业、江华县的稀土有色金属产业等受影响尤其明显。市场形势的严峻使很多企业发展信心不足，投资意愿不强，发展缺乏后劲，处于投资观望期。

5. 政府扶持力度有待加强

一是政府对特色产业的投入相对不足。例如湘西地区一些县市反映，相比湖南对湘西的支持，周边贵州、重庆、湖北等省市扶持贫困地区产业的一些政策更实际、更有力度。二是政府对特色产业扶持周期较短。部分县认为，湖南对每个特色产业重点县滚动扶持3年，时间有些不足。一些县因为发展基础比较薄弱，园区建设、企业培育、科技研发、品牌打造、市场开拓等工作，短期内均难以取得较大突破。一些成长期较长的农业特色产业，从新建产业基地到稳产再到加工，投入大、周期长，短期内难以形成稳定规模效益。

四 把握未来：进一步推进县域特色产业发展的建议

1. 把握新的发展要求，创新县域特色产业发展思路

随着发展条件改变，我国经济进入新常态。国内市场深刻变化，一部分行业产能过剩问题突出，长期以来引领经济增长的动力弱化。党中央提出创新、协调、绿色、共享、开放的发展新理念，为"十三五"经济发展指明了方向。当前，国家大力推动供给侧结构性改革，突出任务是去产能、去库存、去杠杆、降成本、补短板。对湖南而言，县域经济仍然是区域发展的短板之一，必须全力补强。这既是适应当前发展形势的重大任务，也是全面建成小康社会的根本要求。补县域经济短板，其重要突破口在于发展基于比较优势、具备较大潜力的特色产业，这也是县域供给侧结构性改革的战略方向。

要进一步创新县域特色产业发展思路。一是全面推进。湖南省已将33个县作为特色经济重点县予以支持。"十三五"时期，要推动全省所有县域强化特色产业发展，培育新的支柱产业，全面优化供给结构。全省对表现突出的县域应予大力支持。二是各县域要突出重点。特色产业的发展应重质量而不是数量，每个县重点选择1~2个行业加强培育，打造产业集群和优势产业链。要集中力量主攻重点产业，不要贪多求快，以免欲速而不达。三是要系统整合推进。围绕重点产业突出基础工作，将劳动力供给、产业投融资、原材料基地、园区建设、物流体系、科技创新、基础设施建设等均纳入产业发展战略体系，要整合县域所拥有的支撑产业发展的资源，并积极争取上级政府政策与资金支持，统筹规划，科学配置资源，形成特色产业的综合优势，提升其辐射力和带动力。四是创新推动。围绕产业发展需要，着力聚集创新要素，提升科技支撑能力，不断增强产业核心竞争力。五是以人为本。要使产业发展转化为实实在在的就业、财政增收和居民增收，要坚持绿色发展，不能以破坏生态环境为代价换取GDP数字。

2. 深化体制机制改革，提升县域经济和特色产业发展活力

以简政放权为突破口，加快行政体制改革。省、市政府继续向县域下放经济管理权限，将县域管理效率更高的审批事项下放到县级政府，扩大县域发展自主权，进一步优化县域发展环境，使县域能根据需要合理调配资源，突出支持特色产业做大做强。要深化财政体制改革，梳理整合各级政府扶持资金。由县域根据自身发展轻重主次，将资源配置到最能发挥作用的领域，每年集中力量真正解决若干制约产业发展的瓶颈问题。

创新特色产业扶持的统筹协调机制。省里根据主体功能区要求，引导县域科学制定产业发展规划，不断完善产业扶持政策，并争取中央的支持，引导资源向县域特色优势产业流动。省直各部门要有序分工，注重形成协同配套，形成支持特色产业发展的合力。县域一方面要充分发挥自身积极性，着力打造本地优势特色产业，努力形成充满活力的产业体系；另一方面，用好用足国家和省的扶持政策，多渠道争取更多外部资金要素支援，提高扶持资金使用绩效。要着力强化市场在特色产业发展中的决定性作用。打造公平竞争的市场环境，创造更加有效的产业发展公共服务体系，不断改善要素供给条件，提高县域对产业投资的吸引力。

加快构建特色产业现代经营体系。重点是创新农业经营体系，打造以合作与联合为纽带、社会化服务为支撑的集约化、专业化、组织化、社会化新型市场主体。深化农村土地改革，创新土地流转和规模经营方式，在尊重农民意愿、保障农民合法权益的前提下，推动土地向专业大户、家庭农场、农民合作社、农业企业流转，发展多种形式适度规模经营。强化政府对各类新型农业经营主体扶持力度，引导要素资源向专业大户、家庭农场、龙头企业倾斜，大力发展农民股份合作、"公司＋合作社＋农户＋农业担保与保险"等合作经营模式，提高农民组织化程度。加快健全以公共服务机构为依托，农业经营性服务组织为补充的新型农业社会化服务体系。

着力推进特色产业创业富民工程。特色产业发展可为居民提供新的创业机会。创业是富民的重要途径，要以推进"大众创业"为契机，为特色产业发展提供源头活水。要建立健全创业公共服务体系。通过政府组织和向社会组织购买服务相结合的方式，为创业提供包括创业培训，技术、法律、商务咨询，信息、融资、营销服务等方面的扶持服务。将创业扶持的对象扩大到全体有创业意愿的居民，优先关注有一技之长的能人、大学生、技术人员、返乡农民工等群体。要大力发展合作经济组织，将主业突出、运作规范、诚实守信的初创期实体经济合作组织纳入创业扶持范围。逐步加大政府创业扶持资金投入，建立规范化、透明化的管理机制，使扶持资金用到刀刃上。

3. 突出解决要素瓶颈制约，为产业发展提供有力保障

要提升金融服务能力，培育人才队伍，增加土地供应，畅通特色产业发展要素供给渠道。

积极有效破解融资难题。扩大县域法人金融机构信贷审批权限，推动新增存款的70%用于当地。进一步细化差别化金融政策，强化政策实施效果。继续推进银政合作，促进"银政通"等信贷产品落地实施。继续扩大农户小额贷款和农户联保贷款。完善信贷担保和风险补偿机制。探索建立农村产权评估、流转、交易服务平台，推进农村"三权"抵押贷款业务及配套工作。深化农村信用社改革，培育小额贷款公司、农村资金互助社等非银行金融机构，鼓励在县以下设立银行网点。扩大县域直接融资范围和规模，支持企业发行债券、进行股份制改造和上市融资。支持设立股权投资基金，发展创业投资。

加强人力资源保障。推动公共教育资源向县域倾斜，落实好九年义务教育

免费政策和高中阶段国家助学政策，使所有适龄人口都能接受合格的义务教育。大力发展职业教育，围绕重点产业需求培养本地实用人才，建立一支本地化的专业技术队伍和技工队伍。推动职业教育深度融入产业链，每个县（市、区）重点建设好1~2所示范性中等职业学校。灵活运用集中办班、现场培训、办点示范等多种形式，大力开展对适龄劳动力的实用技术培训。

提高土地保障水平。根据县域实体经济发展需要，适当增加土地利用年度计划指标。通过盘活土地存量、建设标准厂房等途径，促进集约节约用地。用好土地增减挂钩、低丘缓坡、区位调整等用地政策，保障县域重大基础设施、特色优势产业用地需求。

建立健全科技创新、推广、服务体系。政府要加大支持扶持力度，将科技创新工程作为实现特色产业发展重大动力。推动科技平台的建设，加强科技创新服务工作，积极营造良好创新环境，不断提升企业自主创新能力，为特色产业发展提供智力保障。积极对接"中国制造2025"，促进互联网与县域特色产业发展深度融合，发挥互联网对县域农副产品加工业、特色制造业、文化旅游业的创新促进作用。

4. 进一步改善特色产业发展基础条件，创造良好发展平台

进一步加强基础设施支撑体系建设。发达的基础设施是产业现代化的基本保障。要注重统筹谋划，进一步加大投入力度，切实加强交通网络、电网改造、农田水利、高标准农田、现代物流等基础设施建设。加快推进农业机械化，大力支持农机合作社建设，提升农业防灾抗灾和综合生产能力。

加快信息化支撑能力建设。世界正迎来新一轮科技革命和产业变革，信息化的迅速发展为产业融合提供了新的引擎和催化剂。湖南应抢抓发展机遇，加快将新技术、新模式等引入特色产业，推进县域一、二、三产业融合发展，延伸特色产业链条。抢抓"互联网+"机遇，加快电子商务、物联网应用、云计算、大数据、信息分析模拟、冷链物流等技术在生产、流通、销售中的应用，积极利用电商、物流等现代商业模式对县域生产经营方式进行改造，推进产业组织、商业模式、供应链、物流链创新，促进特色产业提质增效。

加强特色产业园区建设。实现每个县市建设好一个省级特色产业园区，支持具备条件的省级园区升级、扩区和调整区位。出台有针对性的措施，尽快形成一批基础比较完善、发展环境比较优越的产业园区。继续支持园区完善水、

电、路等基础设施,大力支持标准厂房建设,促进土地集约利用。积极支持园区招商引资,创新招商引资方式,实行集群式、产业链招商发展战略。打造绿色食品加工、特色制造、生态旅游、商贸物流等特色产业园区,带动集群特征明显的重点产业向产业园区集聚,围绕集群核心企业的初加工、精加工、深加工配套协作体系,盘活上下游产业。

大力推进生态文明建设。落实"减、退、转、改、治、保"要求,推广农业节肥、节药、节水和清洁生产技术。加快推进重金属污染治理,切断重金属对农产品污染,确保特色农副产品质量安全。加快特色工业的绿色化转型。对一些低端、过剩、污染环境的企业,应下决心淘汰。对环境存在污染隐患的加工、冶炼、化工等项目,都要在环保达标的基础上集中到园区,统一推动节能减排,提高园区绿色发展水平。

5. 健全政策扶持体系,提升对特色产业支撑引领作用

扩大县域特色产业扶持范围。要总结特色县域经济强县发展经验,将政府成功的支持模式复制到其他县市。湖南省政府进一步加大投入力度,将比较优势和特色突出、发展前景好、政府基础工作扎实的县域产业,纳入全省特色产业的支持范围。力争每个市至少有1~3个县成为特色产业重点县。支持每个县培育1~2个主导产业,每个产业着力打造集群式发展的企业、构建有机衔接的优势产业链。从规划引导、项目安排、要素保障等方面给予支持和倾斜。

进一步优化县域特色产业扶持政策。一是政策要与县情相结合。湖南地区发展不均衡,各地政府产业的支持能力不一样。要实施差别化产业扶持政策,对财政相对困难的特色产业重点县市,省财政可考虑适当延长扶持年限,从3年延长到5年;也可考虑适度增加扶持的专项投入。二是放大政府扶持资金的"杠杆作用"。财政扶持政策要与金融政策相结合,政府投入方式要与企业投资规模挂钩。财政资金可通过股权投资、贷款贴息、担保资金等方式扶持企业和园区,也可作为奖补资金奖励成功上市、突破行业核心技术、创造国家级品牌的企业等,总的目标是要努力实现政府扶持资金的滚动发展、良性循环、公平公正使用。三是完善县域特色产业考核办法。对特色产业发展绩效的考核,要注重提高绿色发展指标、发展后劲指标、产业辐射和带动力指标、惠民指标等在考核体系中比重,适度降低短期增长指标、GDP指标的比重,以推动科学发展、打基础的发展。

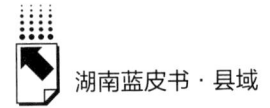

大力推动开放型经济发展。进一步完善省内通关平台建设,优化投资环境,促进特色优势产品出口。加大招商引资力度,积极承接绿色两型的产业转移,鼓励农副产品加工、文化旅游等领域的特色优势企业通过扩大投资、兼并重组、联合协作等方式做大做强。鼓励发达地区与湘西等相对落后地区开展园区合作共建,发展"飞地经济"。

加强区域特色产业宣传力度。为全省特色产业搭建宣传推介的公共平台,打造湖南特色品牌。如借助省级电视台、电台及《湖南日报》等省级媒体开辟有关县域特色产业、著名品牌、国家驰名商标、国家地理标志产品、特色文化旅游景区的公益栏目。充分利用互联网、微信等新媒体,全力宣传湖南特色品牌形象。积极开展节会促销活动,加大对县市节会活动支持力度,通过举办节会庆典活动,带旺人气,塑造湖南特色产业新形象。

专 题 篇

Specific Reports

B.3
关于培育县域特色产业的调查与思考

张伟达*

产业是经济发展的支撑。区域经济的竞争取决于产业的竞争,而产业的竞争关键在于有特色、有比较优势。加快发展县域经济,尤其需要遵循这一规律。近几年,笔者到湖南省相关市县进行调研,深入解剖了一批典型案例,引发了一些思考。

一 培育壮大县域特色产业,是提升县域经济发展水平的根本途径

这些年来,湖南省县域经济总体上取得了稳步发展,为全省经济社会发展和全面建成小康社会做出了重要贡献,夯实了基础。但是,全省区域经济发展不平衡、不协调的问题没有根本改变,县域经济发展仍然是全省经济发展的短

---

* 张伟达,中共湖南省委政策研究室副主任,湖南省全面小康办副主任。

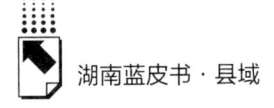

板。揭示县域经济发展的制约因素，主要是结构不优，同质化突出，缺乏特色主导产业的支撑。加快提升县域经济发展水平，必须着力培育壮大特色产业。

1. 只有培育壮大特色产业，才能有效提高县域经济质量和效益

没有特色产业作为支撑的县域经济缺乏长久的活力和生命力。发展县域特色产业，就是要打破县域经济发展同质化格局，培育发展特色拳头产品，以做大做强特色支柱产业，提升县域经济质量和效益。实践证明，凡是有特色的县，其县域经济发展质量就高、效益就好、实力就强。比如浏阳市，连续多年主要经济指标增速稳居全省前列，跃居全国百强县第28位，主要得益于培育特色产业，打造优势产业集群。近些年来，该市立足农业和鞭炮烟花传统产业基础，发挥省会城市东大门优势，一方面加大传统特色产业技术改造和品牌提升，另一方面重点打造国家级浏阳经开区，培育战略新兴产业，构筑了生物医药、电子信息、机械制造、鞭炮烟花、生态旅游、健康食品、现代服务、文化创意等八大产业集群。其中，起步最早、最有特色的生物医药产业，实现产值近300亿元，占据全省半壁江山；以蓝思科技为特色的电子信息，成为全省信息产业重要一极；浏阳花炮文化品牌价值排名全国第七位，产值和效益保持稳定增长；生态旅游以年均15%的速度增长，成为全国休闲农业与乡村旅游示范县。由于特色产业的支撑，在经济下行压力持续加大的形势下，浏阳县域经济逆势上扬，实现了经济总量与质量效益同步提升。2012～2014年，GDP增长分别达14%、14.5%和12.6%，财政收入增长分别达31%、37.2%和33%，经济总量和财政收入分别突破1000亿和100亿元。浏阳的发展实践表明，适应经济新常态，县域经济必须坚定地走特色产业发展之路。

2. 只有培育壮大特色产业，才能持续增加城乡居民收入

县域经济强不强，首先要看老百姓富不富。促进老百姓增收致富，走传统的小而全、大而全的发展路子没有出路。各地的发展实践表明，发展优势特色产业，有利于产业增产增效，有利于带动城乡劳动力创业就业，是增加城乡居民收入的有效途径。湖南省实施特色县域经济重点县工程，包括祁阳县、湘潭县、宁乡县、醴陵市、永兴县、汨罗市、新化县、凤凰县、新宁县、韶山市在内的第一批10个重点县市，2014年平均实现GDP 2834亿元，比上年增长11.8%，城乡居民人均可支配收入达到21528元，比上年增长了8.7个百分点。特别是促进农民增收成效明显，这10个县市2014年农民人均纯收入增幅

都超过了10%，有效缩小了城乡差距。比如，被列为全国循环经济试点的"中国银都"永兴县，培育的稀贵金属资源再生利用和冰糖橙两大特色产业，不仅是支撑经济强县的重要支柱，还是增加城乡居民收入的重要来源。近几年，全县以整合成30家规模化、集团化的稀贵金属资源再生利用企业为骨干，形成了"两区四园"、产城融合的循环经济产业基地和千亿元产业集群，实现年产值320亿元，有效促进了城乡劳动力扩大就业；以"公司＋协会＋基地＋农户"产业化为经营方式，种植冰糖橙14万亩，年产8.5万吨，产值8亿元，全县从事冰糖橙产业的有2万多户，亩均纯收入3000～4000元。2014年城乡居民人均可支配收入分别为23371.7元和13028.3元，城乡差距缩小到1.79∶1。因为有特色产业支撑，永兴县连续多年成为全省县域经济十强。

3. 只有培育壮大特色产业，才能壮大县域财政实力

县级财政实力，是衡量县域经济发展水平的重要标志，也是提高县级政府公共服务能力的重要保障。从某种意义上讲，培育壮大县域经济，就是要壮大县级财政实力。税费体制改革后，特别是国家免征农业税以后，县级财政来源主要靠发展二、三产业，关键是培育特色支柱产业。比如宁乡县，过去是个传统的农业大县，这些年来，通过大力招商引资，推进产城融合，建设产业园区，重点培育先进装备制造、食品、新材料新能源特色优势产业，县域经济快速提升，成为全国前50强。2014年三大特色产业实现产值1238.01亿元，占全部规模工业产值的71.1%，上缴利税180多亿元。全县财政总收入达到80.56亿元，比2010年的25.48亿元增加了55.08亿元。还比如经济十强县桂阳县，立足500年烟叶种植历史的传统优势，加快烤烟基地现代化建设，实行机械化、规模化、标准化种植和烘烤加工，烟叶品质和效益大幅提升，全县烟叶种植面积20多万亩，2014年收购金额达7.84亿元，税收1.57亿元，1.6万种烟户每户平均种烟收入约5万元、创税收约1万元。桂阳烤烟产业成为全省唯——个产值超5亿元、税收过亿元的富民强县特色产业。

二 培育壮大县域特色产业，必须加大调结构转方式力度

发展县域经济，培育壮大县域特色产业，既要遵循自然规律和经济规律，

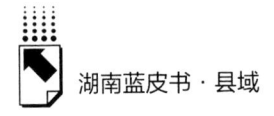

又要把握新的发展理念，发挥比较优势，走出符合地方实际的特色路子。根据一些地方成功的经验，必须加大调结构转方式的力度。

1. 实施供给侧结构性改革，选准特色优势产业

在经济新常态下，实施供给侧结构性改革，是推动中国经济转型升级的重大战略举措。对于县域经济来讲，结构性改革尤其重要。从湖南省县域经济产业结构分析，最突出的共性问题是低工业化、高同质化。所谓低工业化，就是在三次产业结构中，二、三产业的比重还不高，工业第一推动力的主导作用不强，对第三产业和就业等带动乏力。所谓高同质化，就是大多数县产业结构雷同，缺乏特色，缺乏支柱产业和产品。特别是各县什么产品产业都有，但是什么都不大不强，产能过剩，产品层次低，生产效益比较低。培育壮大县域特色产业，就是要把握好供给侧结构性改革，因地制宜，从实际出发，去同质化、去产能、去库存，选准选优特色优势产业。城步县是湖南省西南湘桂边界贫困县，过去经济结构单一，以传统农业为主，近些年依托自身优势，瞄准市场需求，着力发展以生态旅游、风力发电、奶业、高山蔬果产业为支撑的特色产业，加快了县域经济发展和脱贫攻坚，实现了生产总值、财政收入和农民收入同步快速增长，2014年分别增长10.6%、16.3%和13.2%。该县成为湖南奶业第一县。其以南山牧业有限公司为龙头，集牧草种植、奶牛养殖、乳品加工于一体，实行"公司+基地+农户"的经营方式，打造了"南山奶"品牌，所生产的7种成人奶粉畅销全国，2015年奶业实现产值1亿多元，完成税收500多万元，从业人员5000多人，养殖户人均纯收在6300元以上。

2. 推进优化重组，把特色产业做大做强

实践表明，无论是工业还是农业的特色产业，要提高质量效益和竞争力，就必须把产业和企业规模做大，把产品做优做强。当前，要善于抓住新常态下新的政策和市场机遇，通过市场选择和政府的主动调控，采取招商引资、有序竞争、兼并重组、淘汰低效产能过剩行业企业的手段，走特色化、规模化、集群化的路子。比如经济强县汨罗，发挥城市矿产再生资源加工利用基地优势，实行改造提升，加大企业引进、优化重组、集群整合力度，打造千亿元循环经济产业园区，集聚了来自广东、上海、深圳、浙江等地知名再生资源回收加工企业，年产值1亿元以上的规模企业有70多家，仅博发铜业一家企业年创税收就为1.75亿元，整个特色产业园年产值有170多亿元，税收近8亿元，形

成了国家循环经济标准化试点"汨罗模式"。永兴县循环经济特色产业做大做强，同样得益于优化重组。该县把129家稀贵金属再生利用企业整合成30家企业集团，且已有22家进入产业园，12家企业成为湖南省有色金属行业前50强。其中，雄风稀贵继2014年底由上市公司赤峰黄金整体并购融资9亿多元后，总投资5.6亿元的低品味复杂物料稀贵金属回收项目一期于2015年1月调试成功；鑫裕环保完成债务重组，成功融资2.7亿元，并与甘肃金川、湖北大冶等上游企业签订20亿元的含稀贵金属工业废渣原料供应订单；华耀环保与上海申夏基金合作，通过"供应链＋股权投资"融资6000万元，这些企业的竞争力显著提升。湖南省汨罗、永兴两个循环经济特色产业的发展实践，提供了可推广、可复制的成功经验。

3. 注重拉长产业链条，提高集约化、产业化水平

长期以来，湖南省工业以小微企业居多，资源型、粗加工型等传统工业所占比重大，初级产品和中低档产品多；农业主导产业规模小，布局分散，卖"原"字号产品多；服务业主要是生活消费型，生产、技贸、金融、文化等服务业基本处于低端形态。近些年通过推进产业转型升级，经营方式发生了大的转变，但县域产业结构和产业模式仍然存在散、小、低的问题，特别是产业链条不长、产业化水平不高。因此，培育特色产业，必须注重拉长产业链条，提高产业的附加值和集约化、产业化水平。比如安化县，围绕"安化黑茶"特色产业，大力实施绿色崛起和产业化经营战略，不仅打造了中国黑茶之都和中国驰名商标品牌，而且做强了县域支柱产业。安化县整合全县范围资源，辐射周边地区，实行集黑茶种植、生产、新品研发、销售、市场交易及黑茶文化挖掘、"茶马古道"旅游于一体的产业化经营，以7.7平方公里黑茶产业园10家年产值上亿元现代茶叶加工企业为龙头，链接30万亩茶叶基地，带动30万人从业，形成一、二、三产业融合发展的全新产业链，茶业产能10万吨以上，综合产值102亿元，整个产业链产值超过200亿元，实现了财政和农民双增收。还有中方县，着力开发刺葡萄特色资源，把特色农业与特色旅游、"互联网＋"融合起来，以桐木湘珍珠酒庄为龙头，延长葡萄"产－加－销－游"链条，建设5万亩葡萄基地，打造"中国南方最美葡萄沟"，年加工葡萄酒100吨以上，游客100万人次以上，综合产值10多亿元，带动农民增收5亿多元。

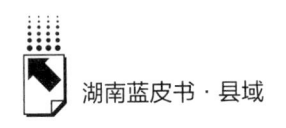

三 培育壮大县域特色产业，必须大力实施创新驱动

创新发展，是党的十八届五中全会提出的"五大发展理念"之首，是推动科学发展的核心。县域特色产业若想做大做强，关键在于创新。

一是机制创新。县域经济处在宏观与微观的结合部，如果因循守旧，受机制不灵活的束缚更明显，反之放开放活、创新机制，可以激发无穷活力，可以把特色资源转化成优势产业、把"无中生有"变为"金山银山"。比如江华县，以创新机制作为抓手，大力实施开放开发和招商引资，在投资环境、项目审批、政务服务、绩效考核等方面，推行改革创新和系列优惠政策，充分吸引省内外资源，与湖南省委统战部共同建设了海联江华产业园，引进投资公司，共同打造了以引进高新企业为目标的上市企业孵化园、以引进中小企业为目标的创新创业产业园。近5年来，共引进项目188个，实际利用外资3.95亿美元，内联引资194亿元，培育了电子信息产业、新型能源产业、稀土新材料产业、新型建材产业、金属采冶产业、农产品加工产业等六大特色产业，这些特色产业新增产能达到100亿元。新机制带来了新奇迹。江华连续5年GDP年均增长12.0%，规模工业增加值年均增长21.5%，财政收入年均增长26.6%，分别是2010年的2倍、3.8倍和3.6倍，县域经济增长走在全省前列，成为脱贫攻坚和全面建成小康的典型示范。

二是体制创新。培育壮大县域特色产业，首先要有市场主体引领。随着市场经济的纵深发展和市场起决定作用的改革不断推进，民营经济已经成为县域经济的主流。顺应这样的大势，发展县域特色产业，就是要通过加大体制创新力度，大力支持发展非公有制经济，广泛激活民营资本，特别是鼓励大众创业万众创新，以民营企业的大发展推动特色产业的大发展。比如邵东县，改革开放以来一直是湖南省民营经济发展最快的县，也是以五金、小商品、药材为特色的县，近年来坚持以体制创新为动力，大力实施开放带动、民营主体发展战略，以园区建设为载体，积极引导老乡回家投资创业，新一轮民营经济热潮兴起。邵东县通过建立事权集中制、健全民间融资机制和招商引资机制，3年累计签订意向协议的达到115家，规模以上工业企业49家，招商引资实际到位资金50亿元以上。与此同时，全县个体工商户达到42700户，民营企业达到4122家，年均增长20%以上。以民营经济支撑的特色产业，呈现规模集聚、档次提升、效益稳增的良好局面。

三是科技创新。产业的竞争，最终是技术的竞争。湖南省县域产业之所以层次较低、产品经营方式比较粗放，主要是科技创新支撑乏力、技术含量较低。培育壮大特色产业，最关键的是要强化创新发展理念，把产学研融入全产业链，大力推广新品种、新技术、新工艺、新装备、新模式，用现代高新技术改造传统特色产业，积极引进技术先进的新兴特色产业。比如长沙县，县域经济在全国百强排名中，由10年前的60多位跃居全国第7位、中西部第1位，其发展的逻辑就是创新推动产城融合、产业升级。长沙县围绕先进制造业这一最大特色产业，瞄准世界500强企业、大型跨国公司，集中力量引进科技含量高、竞争能力强的特大项目，每个项目、每个企业都设有高端研发中心和创新创客中心，以创新引领先进制造业升级发展。2014年，长沙县实现GDP1100亿元、财政收入207亿元，其中以先进制造业为主的长沙经开区工业增加值占了全县GDP的半壁江山。还比如，醴陵市在陶瓷等传统特色产业技术改造方面，创造了好的经验和做法。2013年以来，该市以入选特色制造业重点县为契机，增加产业技术研发投入，加大产品创新力度，每年科技引导资金都在5000万元以上，近3年陶瓷企业专利申请量超过1500件，且80%实现了产业化，研发出功能陶瓷、结构陶瓷、陶瓷新材料等多类新产品，其中华联瓷业每3个月实现一次上千种产品的全面刷新，华鑫电瓷攻克1000千伏电瓷电器难关，成为全球最大综合性电器公司——瑞典ABB公司的供应商。醴陵陶瓷已不局限于人们所了解的碗、杯、碟、盆、勺，更是成为能源、电子、航空航天、汽车等领域不可或缺的关键材料，传统产业"变脸"为朝阳产业。先进地区的经验告诉我们，无论县域经济还是特色产业发展，只有坚定不移走创新之路，才能占领制高点，赢得竞争优势。

B.4
新常态下县域经济如何实现新突破
——醴陵市转型升级发展的调研与思考

湖南省委政策研究室、株洲市委政研室联合调研组＊

醴陵市地处"一带一部"交汇点和"湖南东大门"最前沿，面积2157平方公里，人口106万。近年来，面对经济发展新常态，醴陵市委、市政府主动积极作为，化压力为动力、变挑战为机遇，不断创新发展理念，加快经济转型升级，县域经济发展实现了"三量齐升"、争先进位的新突破。近三年来，全市GDP从395.5亿增至532亿元，年均增长10.4%；财政收入增至45.03亿元，年均增长10.6%；固定资产投资累计投入916.5亿元，年均增长28.5%；全社会消费品零售总额年均增长13%；城乡居民人均可支配收入分别由24771元、13447元增至31156元、21097元，年均增长10.7%和11.6%。2015年，醴陵市不仅稳居全省县域经济四强，而且在全国县域经济基本竞争力百强县排位中，排名由第94位跃升到了第82位。

一 改造提升"老字号"，焕发传统产业新活力

醴陵作为全省拥有上千年历史的著名陶瓷和烟花爆竹之乡，陶瓷和烟花爆竹一直是县域经济两大传统支柱产业。该市现有陶瓷企业665家，其中规模企业219家，从业人员近20万人，2015年陶瓷产业实现总产值556亿元。目前，醴陵花炮企业就业人数达13万，花炮产业集群从业人员近20万人，年产值达到190亿元，已经成为全国重要烟花爆竹生产基地和出口基地。随着新工艺、

＊ 曾剑光，中共湖南省委政策研究室（省委改革办）副主任、研究员；蒋俊，中共湖南省委政策研究室（省委改革办）党群处处长；伍鹏，中共湖南省委政策研究室（省委改革办）党群处主任科员；潘庆，中共株洲市委政策研究室副处级纪检员；贺小玲，中共醴陵市委常委、市委办主任；刘敏，中共醴陵市委办副主任。

新技术的不断发展和消费的不断升级，醴陵意识到陶瓷、花炮作为传统优势产业，唯有加快转型，才能增强发展活力，唯有加快转型，才能保持竞争优势。为此，他们始终注重立足原有的产业基础，把转型发展的着力点放在传统产业的改造提升上，下大力气推进"三个转变"。

一是从低端向高端转变。重点打造研发、供应、展示、营销、检测、培训六大平台，增强陶瓷、花炮两大传统产业优势，延伸产业发展链条。推动陶瓷新材、高性能环保陶瓷膜、陶瓷3D打印等高端重大项目相继落地，陶瓷产业正在加速蜕变为以新型陶瓷材料、工业瓷为核心的战略性产业。将花炮产业培育成安全、环保、时尚产业。以吉利烟花为代表的烟花龙头企业，目前已经发展成为一家集科技研发、生产销售、国际贸易、烟火燃放于一体的民营科技企业，各类产品已经发展为2000多个，产品远销30多个国家和地区。

二是由粗放向集约转变。将市场配置资源的"无形之手"与政府调控引导的"有形之手"有机结合，解决产业"小而散、小而全、小而乱"的问题。陶瓷产业围绕"5115"目标（5个过10亿元、10个过5亿元的骨干企业），有序推动产业入园集群、企业入园共生、项目入园共建，引导有实力、有意愿的企业组建产业集团，打造陶瓷产业航母。华联、华鑫等企业上市工作有序进行；国光企业改制取得实质性进展，即将复牌恢复上市。目前已基本形成全球日用瓷生产、中国电瓷生产、中国酒陶瓷包装产业总部、中国工程陶瓷生产、釉下五彩瓷文化产品创意五大基地。花炮产业突出"扶优扶强、并小并散、退乱退弱"，引导企业向东乡片花炮产业组团集聚，加速兼并重组、改造升级，企业数量压减至330家。

三是从制造向创造转变。鼓励自主创新，引导企业与科研院校开展产学研合作，全市现有6个技术创新平台、23家研发中心，其中1家国家级企业技术中心，7家省级企业技术中心；21家企业与10所科研院校组建了技术创新战略联盟。近三年企业专利申请量超1500件，80%实现产业化。实施品牌战略，规范产品LOGO使用，成功举办首届瓷博会，区域品牌进一步打响。

二 培育打造"增长极"，构筑多点支撑新格局

"一花独放不是春，万紫千红春满园"。醴陵意识到，单靠传统优势产业，

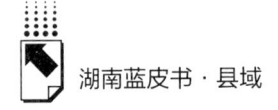

难以持久支撑县域经济的发展，必须加快培育壮大新兴产业，形成多点支撑的发展格局。为此，醴陵围绕"新创业、新醴陵，打造发展升级版，建好湖南东大门"的发展主题，进一步完善了"一城三片区""一心六组团""一环三纵横"的发展布局，着力培育壮大新的经济增长极。

一是推进组团发展。坚持新型工业化和新型城镇化"两轮"驱动，完善顶层设计，实施全域规划，以市区为中心，以产业为依托，在市区打造以陶瓷产业、汽配产业及电子信息等新型产业为支撑的城市组团，东部打造花炮产业组团，东南部打造玻璃产业组团，南部打造服饰产业组团，西部打造现代农业产业组团，西北部打造长株潭产业转移承接地组团，北部打造旅游产业组团。通过组团发展，提升市区首位度，建设一批特色鲜明、颇具实力的工业强镇、商贸重镇、文化古镇、旅游名镇。

二是打造园区基地。按照"以产兴城、以城托产、产城一体、产城融合"的思路，完善经开区总体规划，园区面积扩至50平方公里，推动"一区多园"统筹发展，使之成为产业集聚基地。目前，各园区规模以上企业达到512家，高新技术企业43家，以陶瓷、花炮、玻璃、汽车零配件、服饰五大产业集群和现代物流业、新材料"5+X"多极支撑的现代产业体系初步形成，经开区技工贸总收入年均增长21%，全省排名由第43位跃进升至第20位。

三是培植新兴产业。出台"工业十条""招商六项"，培育引进轨道交通、玻璃新材、智能电网、电子商务、现代物流、休闲旅游等战略性新兴产业，新兴产业增加值达200亿元，占规模工业值比重达25%，旗滨玻璃五条生产线全面投产后，年产值可达50亿元；时代金属扩产项目12条生产线达产后，年产值可新增5亿元。积极对接长株潭产业转移，鼓励乡镇承接沿海劳动密集型产业，各乡镇已落地项目62个，其中工业项目25个，形成大企业"顶天立地"、小企业"铺天盖地"的局面。

三 科学驾驭"三套车"，增强协调拉动新动力

进入发展新常态后，醴陵清醒地认识到，过度依赖投资拉动经济增长的发展方式已经难以为继，必须顺应发展要求，切实把发展方式转变到依靠投资、消费、出口协调拉动的健康轨道上来，在努力扩大投资需求的同时，着力扩大

消费和出口需求。

一是项目主导投资。着力落实投资项目、强化要素保障，精心谋划和实施策划了"渌江新区"、"醴北人家"、智能电网及电子信息产业园、总部经济产业园、一江两岸之"瓷城古韵"、醴陵窑考古遗址公园、陶瓷博览园等一批大项目、好项目，实现梯次投入、持续投入和稳定投入，近三年完成重点工程90余项，推动了741个项目落地，投资总额相当于前20年的总和。

二是三产拉动消费。按照"发展提速、比重提高、层次提升"的要求，大力发展电子商务、金融保险、信息服务等生产性服务业和养老服务、社区服务等生活性服务业，出台"引客入醴"旅游奖励办法，让本地消费留在醴陵，让外地消费涌入醴陵，全社会消费品零售总额对经济增长贡献率达42%。

三是开放促进出口。加强多层次区域合作，推进湘赣边际合作示范区建设，借助瓷博会、湘东民俗文化节、广交会、湘商大会等平台，加快企业"走出去""引进来"步伐，进出口总额达3.42亿美元，居全省各县市前茅。

四 打好协同"组合拳"，拓展转型发展新空间

发展转型是一项系统工程，既需要内力驱动，又要靠外力推动；既需要因时而动，又要顺势而为，必须多方发力，打好"组合拳"，为成功转型注入强大动力。

一是把环境做优。下大力气整治发展环境，对破坏发展环境的反面典型进行了全市曝光，仅2014年就通报了18起破坏发展环境的典型案件，党纪政纪处分25人，起到了教育、警示、震慑作用。强化法律保障，从严从快打击破坏发展环境的人和事。强化部门协作，推行相关职能部门进驻项目制度，实行"一站式"审批，精简行政审批事项31项，有效提升了企业办事效率。近年来，吸引了成都置信、波特城、华南城、香港东誉控股、新加坡晋合等众多战略投资者，2015年合同引资达到485亿元，到位资金154亿元，分别是2014年的3.8倍、3.6倍。

二是把优势用足。醴陵有着深厚的人文底蕴，良好的产业基础，优越的交通区位。借助醴陵商会资源，先后在北京、上海、广州、深圳等地召开项目推介会，吸引新华联集团傅军、金荣集团李文金、华泽集团吴向东等在外醴籍人

士回乡投资兴业，三年共引进项目186个，合同引资720亿元，到位资金363亿元。发挥陶瓷、花炮产业文化优势，建成醴陵·世界陶瓷艺术城，吸引中央电视台著名主持人董浩等来醴陵进行陶瓷创作，策划建设1915陶瓷特色街区、陶瓷商贸城、花炮大市场等特色项目，成功举办了首届湖南（醴陵）陶瓷博览会，并将持续举办瓷博会、烟花节。特别是沪昆高铁在醴陵设站，拉近了醴陵与长株潭、长三角核心城市群的时空距离，顺畅融入"长沙半小时经济圈""广州2小时经济圈""上海4小时经济圈"。

三是把体制理顺。落实"权力下放、任务下沉、力量下移、利益下得"的建设体制，推行"奖随人走"的奖励机制，启动实施"农民福利计划"，2015年征地5399亩，腾地6026亩，征拆房屋1007栋（套），完成土地报批4936亩，实现了"项目等土地"到"土地等项目"的转变。按照"运作市场化、作业精细化、管理网格化、考核常态化"思路，推进城市管理体制改革，将清扫保洁等城市管理事务全面推向市场。坚持"资源资产化、资产资本化、资本证券化"，整合6大平台公司组建渌江投资控股集团，成功发行地方债券20亿元，成为全省第一家成功发债的县市；2015年完成直接融资52.6亿元，撬动社会投资超百亿元。政府机构改革有力有序，乡镇区划调整圆满完成，"李畋镇""左权镇""国瓷街道"等一批极富醴陵产业特色和文化特征的地名成为对外形象展示的"新名片"。

四是把创新抓实。近年来，醴陵市积极为企业搭建科技创新平台，提升自主创新意识，加强科技服务。明确规定对企业创新行为进行扶持奖励，对引进先进装备的本土企业最高补贴达到50万元，对企业的自主技术创新最高奖励达到200万元。通过项目立项、政策兑现、产学研合作等多种方式，不断扩大生产高新技术产品的企业比例，并积极引导现有高新技术企业做大做强。该市的民营企业时代金属制造承担着国内轨道交通车辆大部分冷却器的设计开发，同时还负责了国家动车组牵引系统冷却器、变流柜体国产化生产任务，2015年销售收入达3亿元，利润总额达到2800万元。

五 用好用活"指挥棒"，激发干事创业新状态

近年来，醴陵以激励机制为"指挥棒"，注重调动干部群众干事创业的积

极性，不仅有力地激发了人民群众参与全面小康建设的热情，也极大地提升了人民群众的幸福感和获得感。

一是以网格管理创新社会治理。2013年7月启动"连心解困"大走访活动，推行网格化社会治理，将5578名机关、乡镇（街道）、村（居）干部，两代表一委员纳入全市5片区4层级10338个网格，网中有格，格中定人，人负其责，问题包干，同时将每月18、19日定为"群众工作日"，确保了每一户家庭都有人联系，每一寸土地都有人管理。累计走访企业、学校和城乡居民家庭23万余个，收集问题6.3万个，解决5.4万个，收到发展明显加快、信访量明显下降、综治民调满意率明显上升、干部作风明显好转的"四个明显"成效，经验得到新华社、《湖南日报》推介，国防科大将其列入MPA案例教学教材。

二是以惠民举措赢得群众支持。三年来，醴陵民生支出占财政支出比重始终保持在70%以上，实现了社保政策全覆盖、卫生惠民全落实、合格学校全建成。推动大众创业、万众创新，搭建创新创业平台9个，新增创业主体7398户，带动5万劳动力就业。完善社会保障体系，9大险种参保人数达90万人。全力推进精准扶贫，完成11757户36758个贫困人口和20个省级贫困村的建档立卡。大力开展城乡同治，在株洲五县市城市管理考核中排名第一，蝉联全省"最干净"县级市，并获评"全国100座宜居宜业魅力城市"。"两改六化"顺利推进，增绿、补绿5800平方米，旗滨大道（一期）建成通车，泉湖体育馆投入运营。旅游环线建成通车，全省领先、县级一流的智能交通指挥系统投入使用。群众普遍反映，醴陵的快速发展让老百姓有了更多的获得感。

三是以正确导向鼓励干事创业。坚持"班子做榜样、机制激活力、作风正形象"，大力提拔重用谋划发展有思路、开拓创新有实效、推进项目有业绩、稳定安全有办法、忠职担责有勇气、攻坚克难有突破、务实干事有激情、扎根基层有耐心、不事张扬有贡献、团结协作有胸怀的"十类人才"，"不让实干的人白干，不让流汗的人流泪，不让吃苦的人吃亏"，干部群众"激情创业、勇争一流"成为常态。建立健全"三重一大"议事规则、任前公示制、常委会票决制、市委常委会议纪律"十个不准"等，坚持靠制度管人管事管权，营造了"既有集中又有民主，既有纪律又有自由，既有统一意志又有个人心情舒畅的那样一种生动活泼的政治局面"。

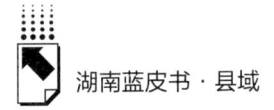

四是以坚实基础发挥引领作用。安排1500万元以"五个统一""八室一厅"为标准，启动19个"五彩社区"建设，使"居民找社区像找派出所那样简单，居民办事像在政府政务大厅那样方便"；2015年投入300万元在30个乡镇、街道各打造1个农村党员教育培训示范基地；投入300万元改善薄弱乡镇"五小设施"。从全市3万名农村党员中推选出10名"乡村最美共产党员"；在株洲地区率先设立党内关怀帮扶资金，采取"党费挤、财政拨、党员捐、社会筹"的办法筹措帮扶资金200多万元，使党内帮扶从临时性救助变为制度化关怀。基层基础不断夯实，党组织的引领作用逐渐显现，全省综治民调排名由2013年的第122位上升至2015年的第55位。

五是以严实作风强化决策执行。全面推行"五问工作法"，以评价倒逼作风，以问责倒逼落实，提升工作效能，新华社内刊、省纪委专刊和《株洲日报》进行了专题报道。旗滨玻璃项目仅用2个月就完成1886亩153栋房屋的征地拆迁任务，创造了"醴陵速度"。S333改造平均每个工作日完成3000方的土石方量。晚清民居耿传公祠从征拆到建成开放仅用10个月。莲株高速公路改扩建项目醴陵范围内征地拆迁任务是1007亩157栋房屋，党员干部带头，协同征拆工作人员日夜奋战，醴陵仅用25天完成全部任务。

B.5
2015年湖南省县域金融生态评估报告

中国人民银行长沙中心支行　湖南大学金融管理研究中心

金融生态评估，是湖南省金融生态建设长效工作机制的重要组成部分，已经成为湖南省金融生态建设行之有效的工作措施和手段，对地方政府改善金融生态形成了强大推动力，作为金融机构信贷资源配置的风向标，对区域经济发展与结构优化起到了积极作用。2015年，中国人民银行长沙中心支行与湖南大学金融管理研究中心联合组成的湖南省金融生态课题组对湖南省14个市州和87个县市的金融生态进行了评估。

一 湖南省县域金融生态评估结果

湖南县域金融生态评估工作已进行了多年，形成了科学有效的评估体系。评估指标体系涵盖经济基础、金融运行、司法环境、行政环境、信用环境、金融服务环境等六个方面，共61个指标。评估采用层次分析法，按照原始数据采集、原始数据标准化、确定各层次指标权重、逐层计算并汇总综合得分的工作流程，对14个市州和87个县市金融生态进行评估，得出科学合理的评估结果。2015年评估主要结果如下。

（一）湖南省金融生态综合排名

金融生态评估综合排名前5位的市州依次为：株洲市、长沙市、湘潭市、岳阳市、永州市。

金融生态评估综合排名前50位的县市依次为：韶山市、浏阳市、耒阳市、长沙县、华容县、炎陵县、宜章县、资兴市、会同县、吉首市、汨罗市、临澧县、宁乡县、新晃县、衡东县、江华县、湘乡市、攸县、芷江县、汝城县、安仁县、湘阴县、桑植县、津市市、澧县、湘潭县、洪江市、邵东县、醴陵市、洞口县、衡南县、平江县、凤凰县、蓝山县、冷水江市、双峰县、桃江县、安化县、慈利县、麻阳县、东安县、株洲县、衡山县、桂阳县、祁阳县、茶陵县、双牌县、永兴县、常宁市、江永县。

从2014年和2015年评估结果对比来看，共有43个县市两年都进入了前50名。2015年退出前50名的县市为郴州3个县、岳阳2个县、娄底1个县、邵阳1个县；2015年进入前50名的县市为永州3个县、衡阳2个县、株洲1个县、张家界1个县。

综观综合排名进入前50位的县市，长株潭地区①整体金融生态环境相对较好，11个县市全部进入前50名，入围率达100%；其次为湘南地区，25个县市有17个入围，入围率为68%；环洞庭湖地区17个县市有9个入围，入围率为52.9%，较上年略有下降；武陵山区21个县市有9个入围，入围率为42.9%；湘中地区13个县市只有4个入围，入围率仅为30.8%，较上年有较大幅度下降（见图1、图2）。

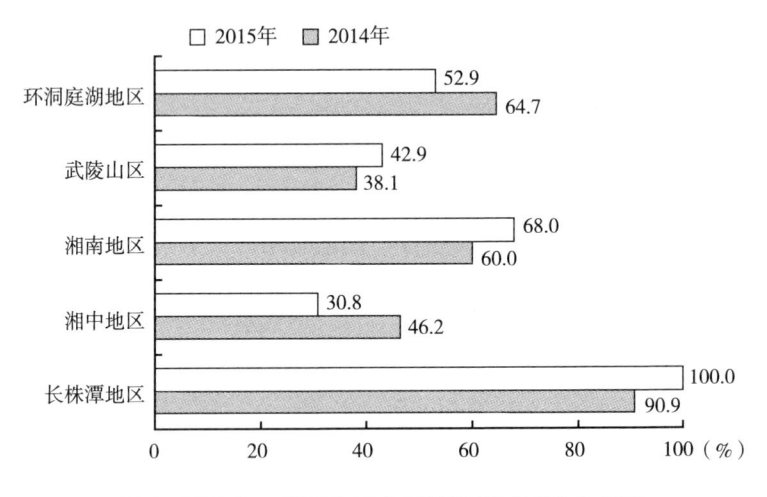

图1　2014年、2015年五个区域前50名县市入围率

---

① 湖南省14个市州按地域划分为：长株潭地区（长沙、株洲、湘潭）、环洞庭湖地区（岳阳、常德、益阳）、湘南地区（衡阳、郴州、永州）、湘中地区（娄底、邵阳）和武陵山区（湘西、张家界、怀化）。

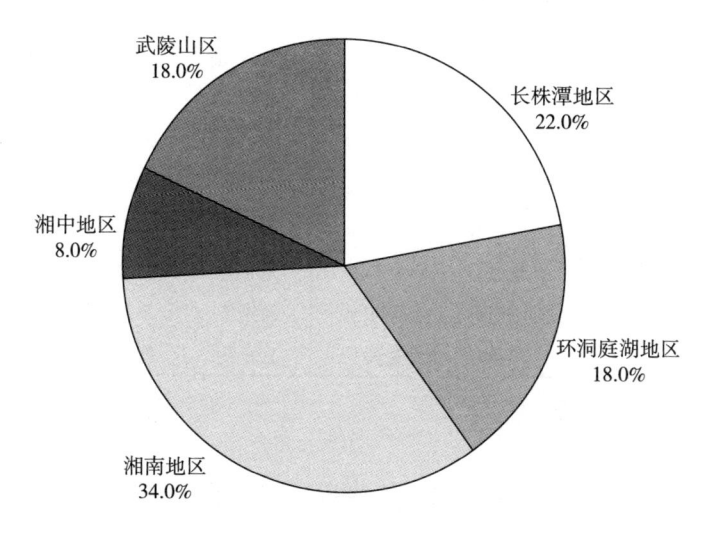

图2 2015年前50名县市所在区域分布

（二）湖南省金融生态单项排名

金融生态评估各单项排名前3位的市州见表1。

表1 子项目层排名前3名的市州

排名	经济基础	金融运行	司法环境	行政环境	信用环境	金融服务环境
1	长沙市	长沙市	岳阳市	长沙市	株洲市	长沙市
2	株洲市	株洲市	株洲市	怀化市	湘潭市	湘潭市
3	岳阳市	湘潭市	永州市	株洲市	永州市	株洲市

金融生态评估各单项排名前10位的县市见表2。

表2 子项目层排名前10名的县市

县市	经济基础	金融运行	司法环境	行政环境	信用环境	金融服务环境
1	资兴市	浏阳市	凤凰县	浏阳市	耒阳市	韶山市
2	浏阳市	吉首市	耒阳市	长沙县	新晃县	资兴市
3	长沙县	宁乡县	湘乡市	会同县	汨罗市	吉首市

041

续表

县市	经济基础	金融运行	司法环境	行政环境	信用环境	金融服务环境
4	桂阳县	江华县	安仁县	麻阳县	东安县	浏阳市
5	宁乡县	韶山市	江永县	耒阳市	江华县	耒阳市
6	永兴县	炎陵县	湘阴县	衡东县	会同县	长沙县
7	醴陵市	安仁县	芷江县	韶山市	韶山市	新晃县
8	汨罗市	长沙县	洞口县	慈利县	华容县	桑植县
9	韶山市	临澧县	衡东县	新晃县	平江县	湘乡市
10	冷水江市	湘潭县	炎陵县	宜章县	津市市	冷水江市

二 湖南省金融生态评估情况综述

2014年,在经济"新常态"下,全省经济社会发展稳中有进、稳中提质,金融运行总体平稳,司法环境整体向好,行政环境不断改善,信用体系建设持续加强,金融服务体系完善进一步加快。各要素相互支持,金融生态建设水平稳步提升,金融生态环境持续优化。

(一)金融生态评估综述

湖南省金融生态环境不断优化。对2013~2015年的金融生态评估原始数据进行汇总评估①,2013年县市平均得分为67.98分,2014年为69.73分,2015年上升至72.47分,2015年相对上年上升3.9%(见图3)。各地区加强了行政环境、信用环境与金融服务环境的建设,体现了优化金融生态对经济社会发展的支持作用。

项目层②环境发展趋势分化,评估平均得分有升有降,但主体上呈上升趋

---

① 2015年金融生态评估的是2014年度数据,依此类推。
② 湖南省金融生态评估指标体系分为项目层、子项目层、原始指标层等3个层次。项目层由经济基础、金融运行、司法环境、行政环境、信用环境、金融服务环境等6个指标组成,子项目层由发展水平、投资与消费、收入水平、金融发展、盈利能力、金融意识、司法力度、债权保护、行政支持、清欠力度、社会诚信、中介服务、金融基础设施、金融风险防范等14个指标组成,原始指标层由61个指标组成。

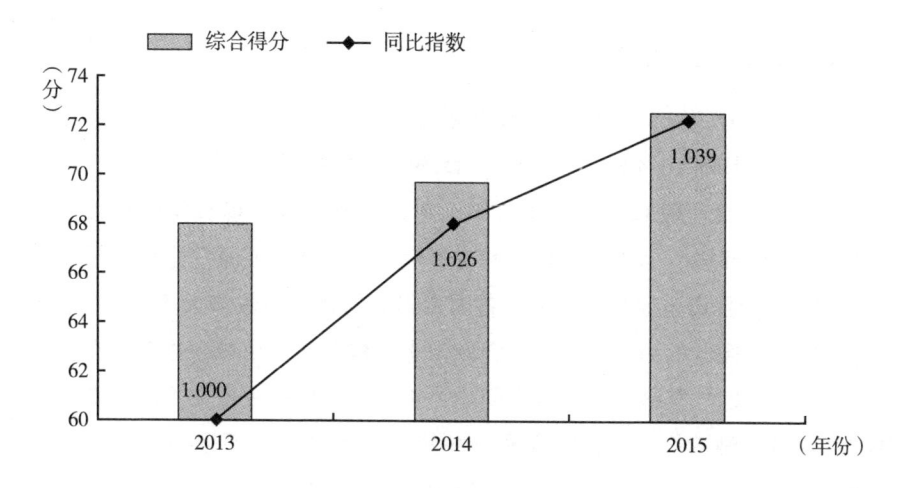

图3 2013~2015年湖南省各县市金融生态平均得分趋势

势。其中，经济基础、行政环境、信用环境、金融服务环境平均得分较上年提高。2015年，经济基础平均得分同比上升5.1%，行政环境平均得分同比上升5.1%，信用环境平均得分同比上升5.9%，金融服务环境平均得分同比上升9.7%。金融运行、司法环境平均得分较上年下降。2015年，金融运行平均得分同比下降0.2%，司法环境平均得分同比下降3.3%，导致这两个项目得分下降的主要因素是经济下行压力增大，金融机构贷款增长与盈利水平下降；经济案件增多、处理难度加大等（见图4）。

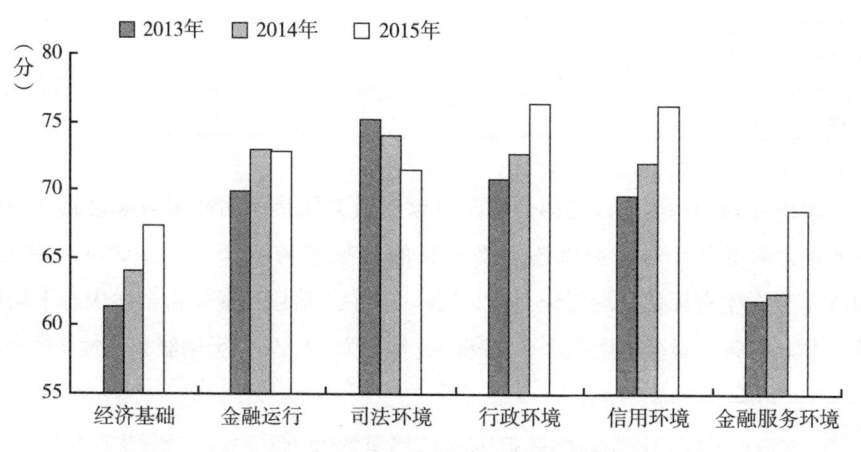

图4 2013~2015年湖南省各县市金融生态项目层得分趋势

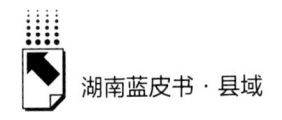

（二）湖南省金融生态因素分析

湖南省金融生态评估六个因素重要性[①]由高到低依次为：信用环境27.5%、经济基础16.4%、金融运行15.9%、金融服务环境15.3%、司法环境12.8%、行政环境12.2%。相对于上年，金融服务环境权重上调较大，经济基础、司法环境、信用环境权重略有下降，行政环境权重基本持平。

2015年，县市金融生态得分与各因素得分的相关系数均大于0.5，最高的为信用环境，最低的为司法环境，金融生态总排名与县市单项排名存在较大趋同性。经济基础与其他五个因素之间均为正相关，但相关系数不高，说明经济基础（或者金融运行、司法环境等）好并不代表其他方面表现一定就好，其金融生态评估排名不一定靠前，充分展现了金融生态评估工作的全面性。从各因素相关系数来看，仅有信用环境与行政环境的相关系数大于0.5，结合实际情况，行政环境提升对信用环境有较大的正向促进作用；其次为经济基础与金融服务环境的相关系数，为0.42，一般来看，经济基础越好，金融基础设施更为完善，金融风险防范意识更为强烈（见表3）。

表3　2015年评估金融生态与各因素相关系数

相关系数	金融生态	经济基础	金融运行	司法环境	行政环境	信用环境	金融服务环境
金融生态	1	0.60	0.63	0.52	0.62	0.74	0.55
经济基础	—	1	0.24	0.14	0.23	0.19	0.42
金融运行	—	—	1	0.19	0.28	0.34	0.36
司法环境	—	—	—	1	0.25	0.30	0.04
行政环境	—	—	—	—	1	0.51	0.27
信用环境	—	—	—	—	—	1	0.14
金融服务环境	—	—	—	—	—	—	1

2015年对金融生态评估得分提高贡献率最大的是信用环境与金融服务环境的改善，两者合计对金融生态水平提高的贡献率为76.6%。与2014年相比，2015年金融生态评估平均得分上升3.9%。其中，信用环境使得金融生态平均得分上升1.57%，对金融生态水平提高的贡献率为39.8%，金融服务环境使得金融

[①] 湖南省金融生态评估指标体系项目层六个因素重要性由权重决定。本次评估通过对20位经济金融专家填写的问卷采用层次分析法计算得出。

生态平均得分上升1.41%，对金融生态水平提高的贡献率为35.8%。经济基础使得金融生态平均得分上升0.80%，对金融生态水平提高的贡献率为20.4%，行政环境使得金融生态平均得分上升0.60%，对金融生态水平提高的贡献率为15.2%。

而金融运行与司法环境使得金融生态水平有所下降。金融运行使得金融生态平均得分下降0.03%，对金融生态水平提高的贡献率为-0.8%，司法环境使得金融生态平均得分下降0.41%，对金融生态水平提高的贡献率为-10.4%。

1. 信用环境：社会诚信改善对2015年金融生态水平提高的贡献率达37.7%

2015年信用环境指数①为1.059，对金融生态水平提高的贡献率为39.8%。信用环境改善主要得益于社会诚信水平的提高，社会诚信指数为1.054，对2015年金融生态评估平均得分上升的贡献率为37.7%，据计算，社会诚信得分与金融生态得分有显著正相关，相关系数达0.655。由于信用环境在金融生态评估中的比重较高，大部分地区都高度重视信用环境的建设工作，行政单位以身作则。2014年，行政单位拖欠银行贷款占不良贷款比例平均值为1.7%，同比下降0.4个百分点，违约客户平均值也大幅度下降，同比下降30.8%。信用乡镇、信用社社区创建总体上稳步推进，2014年，信用乡镇与信用社区创建率平均值为48.3%，较上年增长4.0个百分点（见图5、图6）。

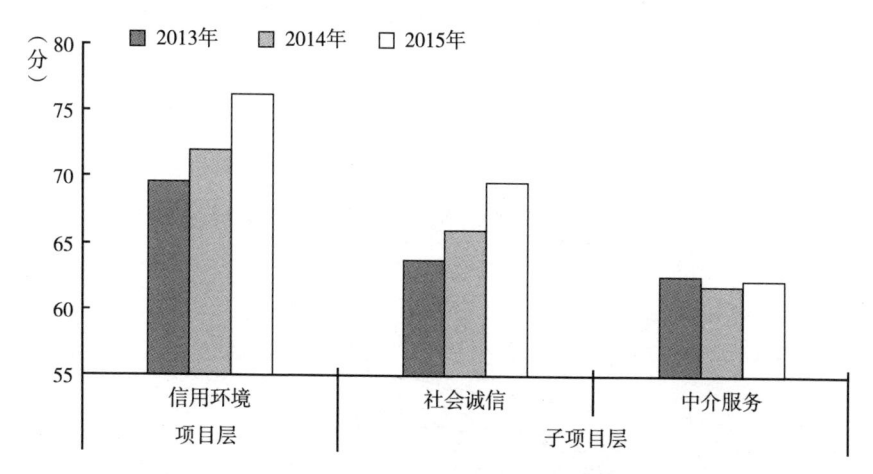

图5　2013~2015年湖南省各县市金融生态项目层信用环境得分趋势

① 以2014年金融生态评估结果为基期。

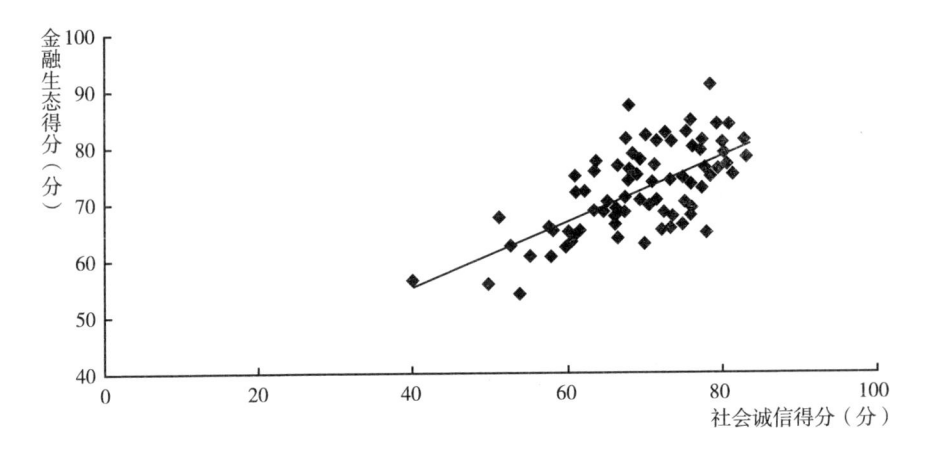

图 6 2015年金融生态得分与社会诚信得分散点分布

从区域看，五大区域均加强社会诚信建设，区域差异较小且呈缩小趋势，2015年，最高的长株潭地区只比最低的环洞庭湖地区高6.3%，湘南地区社会诚信水平上升最快，同比上升8.5%。进一步印证，评估中信用环境权重较高，对各地加强信用环境建设起到较好的激励作用（见图7）。

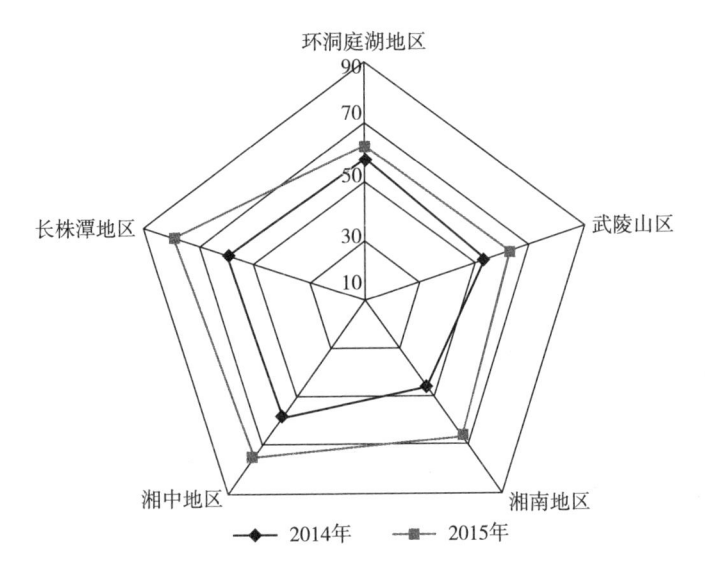

图 7 2014年与2015年湖南省五大区域社会诚信得分对比

2. 金融服务环境: 有力地提高了湖南省金融生态水平

金融服务环境优化有力地提高了湖南省金融生态水平。2015 年金融服务环境指数为 1.097，是提高最快的一个项目层，由于其权重较低，金融服务环境对金融生态水平提高的总贡献率次于信用环境，为 35.8%（见图 8、图 9）。

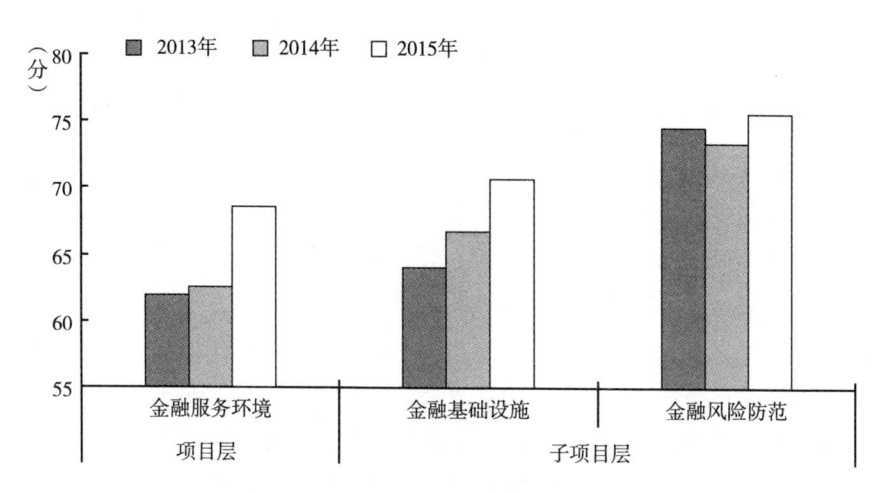

图 8　2013～2015 年湖南省各县市金融生态项目层金融服务环境得分趋势

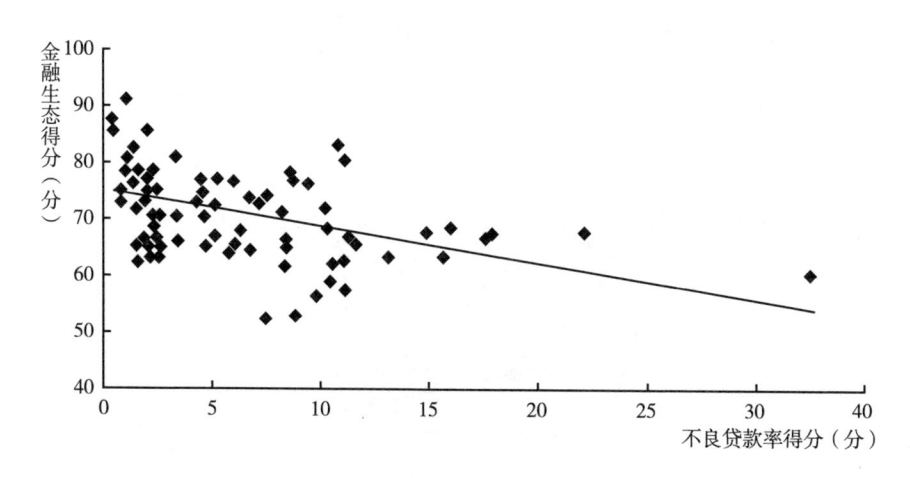

图 9　2015 年评估的县市金融生态得分与不良贷款率得分散点分布

金融基础设施建设不断加快。金融基础设施指数为 1.060，金融基础设施改善对金融生态水平提高的贡献率为 21.34%，2014 年，各地区在 ATM 布放数、POS机及电话支付终端布放数、人均个人银行结算账户数、银行卡业务渗透率等指标上均有较大幅度提升。县市ATM布放数平均值为1.5台/万人，同比上升12.1%，有74个县市同比增加；县市POS机及电话支付终端布放数平均值为31.3台/万人，同比上升33%，有64个县市同比上升。

金融风险防范工作加强。金融风险防范指数为1.030，金融风险防范加强对金融生态水平提高的贡献率为14.46%，2014年，县市法人金融机构流动性比例的平均值为59%，同比上升6.9%，全省有49个县市上升。在降低不良贷款率的工作方面，县市不良贷款率平均值同比下降超过30%。不良贷款率与金融生态得分存在明显负相关，两者的相关系数为-0.40，健康的地方中小型金融机构有利于金融对经济的支持，有利于一个地区保持良好的金融运行，也有利于改善一个地区的信用环境氛围。

长株潭地区在金融服务环境方面相对领先，武陵山区的表现也较好。2014年，长株潭地区与武陵山加大力度改善了金融服务环境，其中，长株潭地区金融基础设施改善较大，而武陵山区金融风险防范改善较大。受娄底市债务事件等影响，湘中地区金融风险防范得分没有明显提高（见图10）。

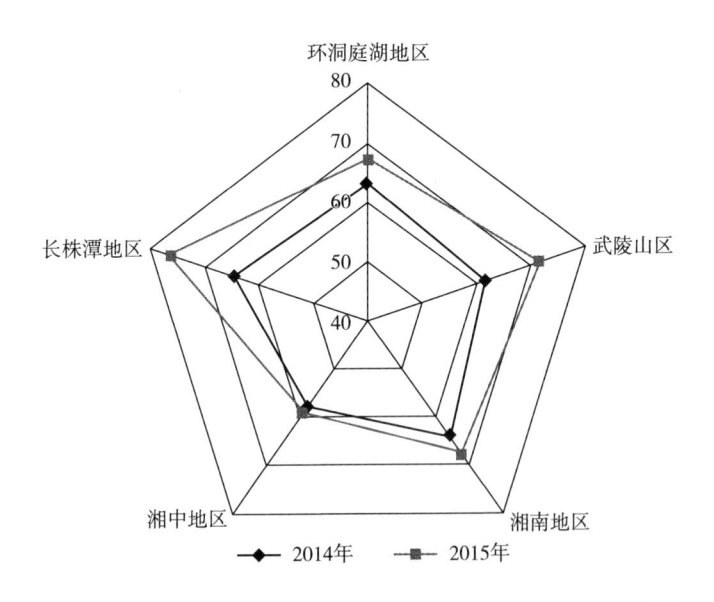

图10 2014年与2015年湖南省五大区域金融服务环境得分对比

3.经济基础与金融运行：经济下行对金融运行造成压力，使得金融运行对金融生态水平提高的贡献率为负

2015年，经济基础指数为1.051，对金融生态水平提高的贡献率为20.4%。其中，发展水平指数为1.037，对金融生态水平提高的贡献率为8.31%；投资与消费指数为1.089，对金融生态水平提高的贡献率为11.67%；收入水平指数为1.004。在政策引导下，全省经济结构不断优化，2014年第三产业比重比上年提高1.3个百分点，生产性服务业增加值对经济增长的贡献率为22.8%。县市单位GDP能耗平均值同比下降15.7%，65个县市同比都有下降（见图11）。

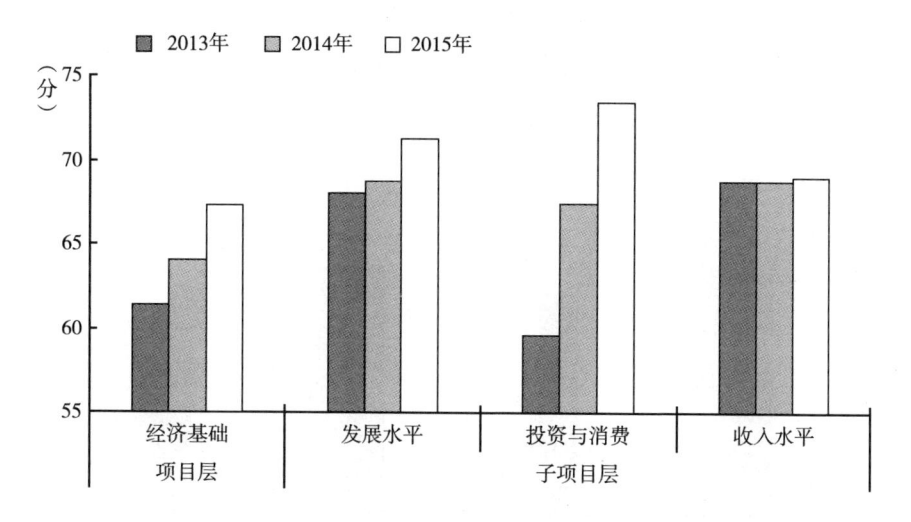

图11 2013~2015年湖南省各县市金融生态项目层经济基础得分趋势

宏观经济转向新常态，实体企业经营和地方财政收支平衡面临压力较大。2014年，县市规模以上工业资产利税率较上年下降2.6个百分点。同时，受房地产行业低迷、政府债务上升影响，地方财政收入吃紧，一般预算收入增长率下降较快，财政对实体经济的支持力度减弱。2014年，县市一般预算收入增长率平均值较上年下降8.5个百分点至9.9%，有76个县市同比下调，12个县市增长率为负数。

受经济下行压力增大、微观层面企业运营困难等因素的影响，金融运行受阻。2015年，金融运行指数为0.997，其中，金融发展指数为0.967，盈利能

力指数为0.989，金融发展对金融生态水平提高的贡献率为-18.03%。进一步看，受上年贷款增速较快、存贷比上升、理财收益上升、存款增速下降影响，金融机构贷款增长速度下降、盈利能力减弱，2014年贷款增长速度下降，各县市贷款增长率平均值为17.1%，增速较上年下降4.2个百分点，有61个县市贷款增长率降低，"涉农"贷款增长率也基本相同。同时，在利率市场化有序推进、存贷款基准利率非对称下调等背景下，金融机构利差不断收窄，盈利能力受到较大影响，2014年，全省金融机构实现盈利589.2亿元，同比增盈50.7亿元，增长9.4%，同比下降17.0个百分点。

金融运行中的亮点是金融意识不断提高，金融意识指数为1.064，金融意识对金融生态水平提高的贡献率为19.67%，具体表现为：各县市人均个人消费信贷较上年增长17.1%，有72个县市同比上升；保险密度平均增长11.3%，有72个县市同比增加（见图12）。

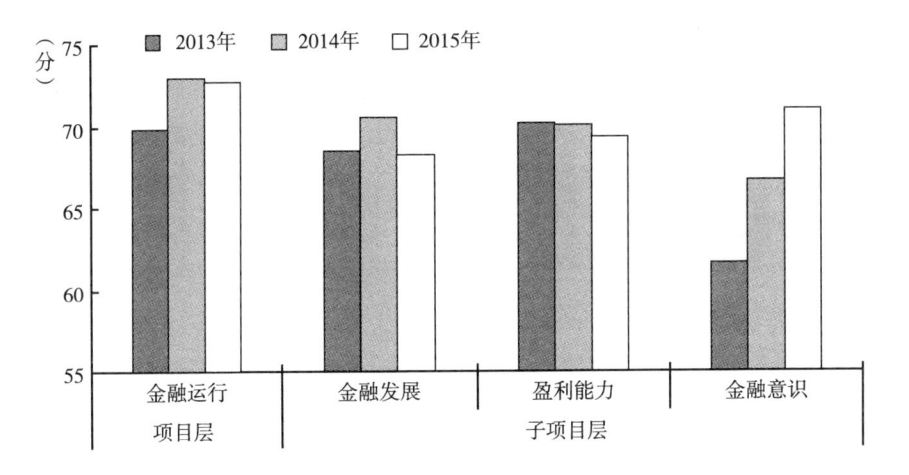

图12　2013～2015年湖南省各县市金融生态项目层金融运行得分趋势

从区域看，各区域经济基础差异较大，体现在两方面，一是经济发达地区整体水平较高；二是发展不平衡，长株潭地区、环洞庭湖地区等同上年相比提高较快，而武陵山区则下降较快。

金融运行的区域差异相对较小，但除了长株潭地区外，其他地区较上年下降或者基本没有上升。长株潭地区经济基础与金融运行互动更为良好（见图13）。

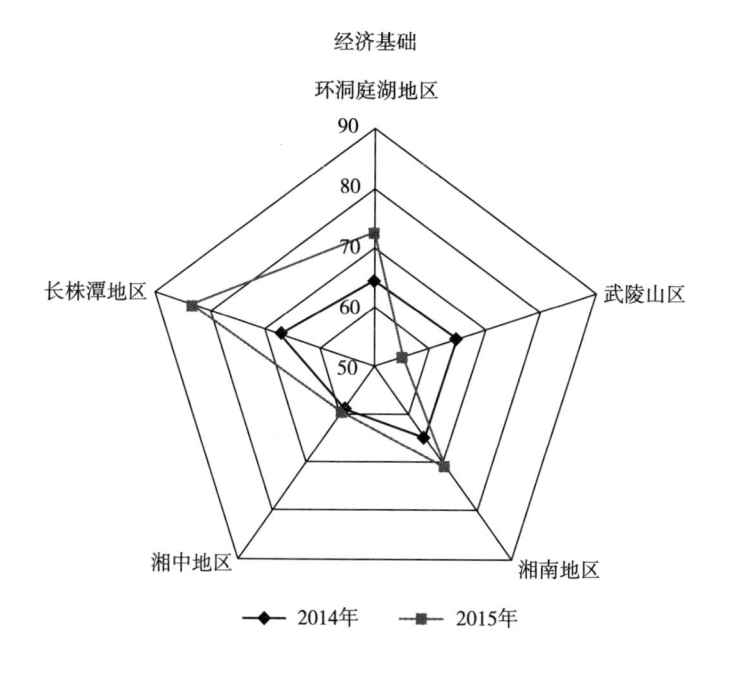

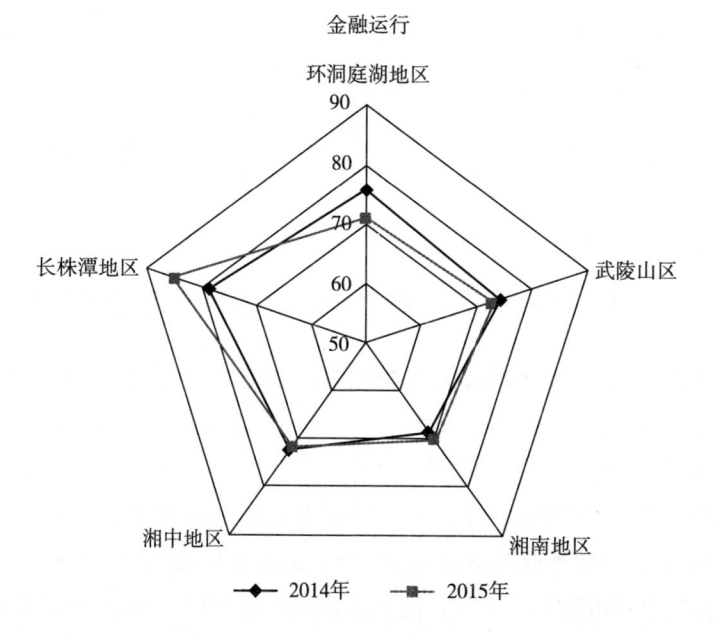

图13 2014年与2015年湖南省五大区域经济基础、金融运行得分对比

4. 司法环境与行政环境：金融案件处理难度加大，司法环境得分下降，拖累金融生态水平提升；政府积极作为，加大行政支持力度

受经济下行压力加大，涉贷案件增多，执行难度加大影响，虽然各县市司法机构高度重视经济金融案件的处理，司法环境得分仍然下降。2015年，司法环境指数为0.967，对金融生态水平提高的贡献率为-10.40%。其中，司法力度指数为0.985，对金融生态水平提高的贡献率为-2.07%。债权保护指数为0.959，对金融生态水平提高的贡献率为-8.33%。具体来看，2014年，金融案件结案率平均值较上年下降1.2百分点，金融案件执结率平均值较上年下降4.1个百分点，下降幅度相对较大，分别有28个县市、39个县市金融案件结案率、金融案件执结率较上年下降（见图14）。

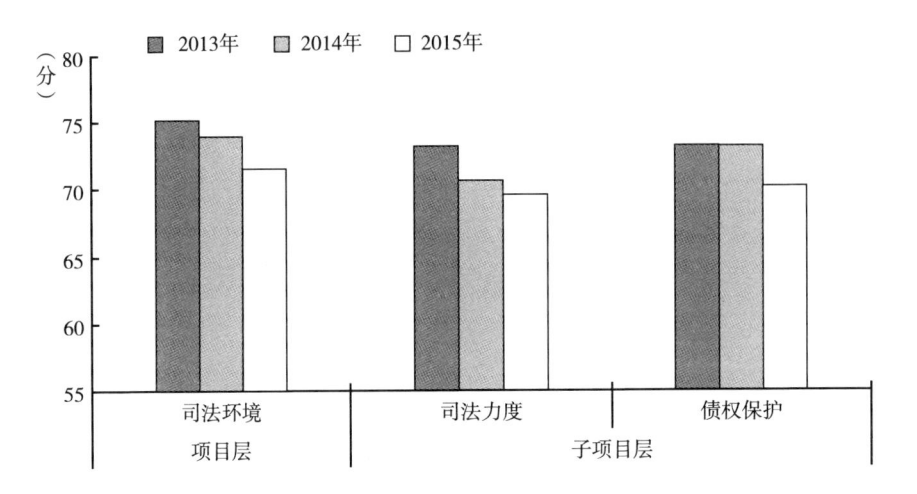

图14 2013～2015年湖南省各县市金融生态项目层司法环境得分趋势

地方政府积极作为，加大了对金融的支持力度以及行政事业单位和国家公职人员拖欠银行贷款的清收力度，2015年行政环境指数为1.051，对金融生态水平提高的贡献率为15.20%。其中，行政支持指数为1.039，对金融生态水平提高的贡献率为7.37%；清欠力度指数为1.056，对金融生态水平提高的贡献率为7.83%。

具体来看，行政事业单位拖欠银行贷款清收率平均值较上年提高6.0个百分点，有77个县市较上年上升；国家公职人员拖欠银行贷款清收率平均值较上年提高4.4个百分点，有66个县市较上年上升。政府融资平台贷款偿还率较高，有79个县市偿还率达到100%（见图15）。

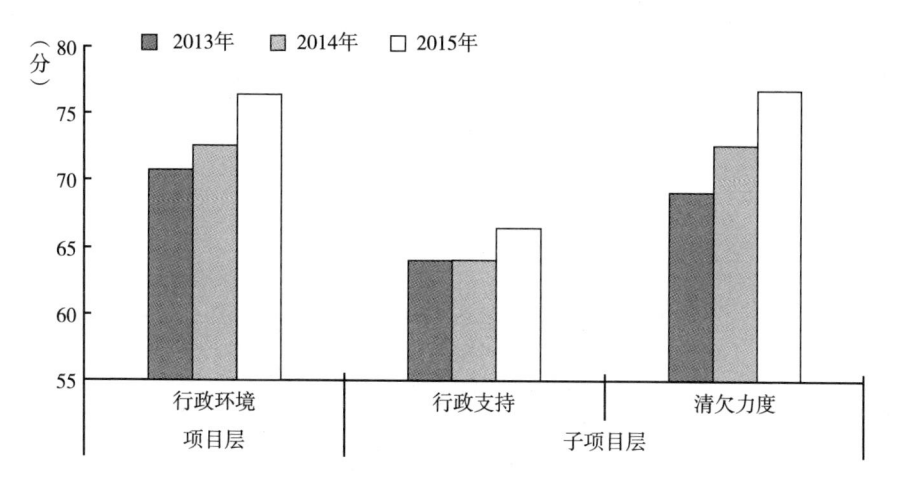

图 15　2013～2015 年湖南省各县市金融生态项目层行政环境得分趋势

从区域变化趋势可以明显看出经济下行、金融案件增多、难度加大对司法环境的影响。2014 年受娄底市债务风波影响，湘中地区司法环境较上年下降明显，武陵山区也存在类似问题，只有长株潭地区司法环境较上年有所改善且明显较其他地区高。行政环境改善较大的地区主要是长株潭地区与武陵山区，各地区行政环境对金融生态的支持差异较小（见图 16）。

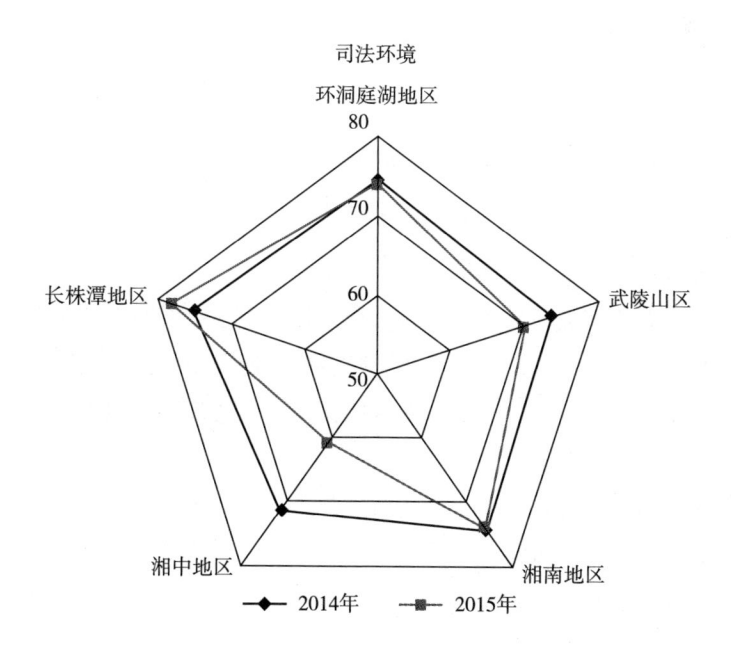

053

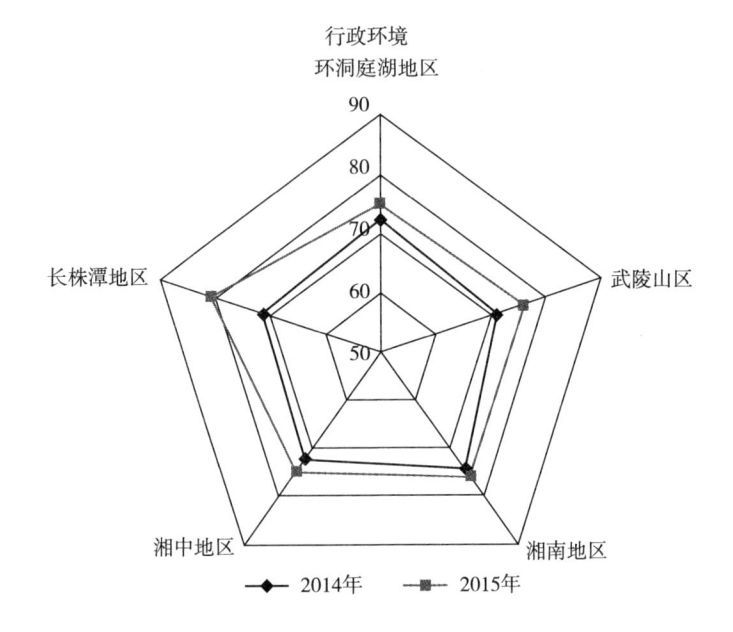

图16　2014年与2015年湖南省五大区域司法环境、行政环境得分对比

三　湖南金融生态建设面临的制约因素

（一）在经济新常态下，部分地方政府对金融生态建设重视不够，各部门参与创建的动力有待加强

在经济新常态下，地方政府面临更加重要的发展任务，对金融支持经济发展的要求加大，而对金融生态的建设重视不够。

一是对金融生态建设认识不到位。作为金融生态建设的主导部门，部分县市政府对自身定位不准，缺乏金融生态建设的长期规划和长效机制，面对金融机构维护金融债权事件时，政府多会因维稳而不支持甚至干涉金融机构通过司法途径维护自身合法权益。

二是对金融生态建设支持力度不够。部分县市由于财政收入增长趋缓，地方政府预算下降，取消金融生态建设专项经费，个别县市存在信贷投放奖励、促进就业小额担保贷款信用担保中心担保基金不到位现象。部分县市对于国家政策支持的行业贷款贴息和信贷风险补偿都难以到位，2014年，县市财政贴息（含风险补偿）占比平均值为0.4%，较上年下降0.1个百分点，仅有35个县市较上年略有上升。

同时，各部门参与创建动力有待加强。金融生态建设是一项复杂的系统性工程，需要各部门相互配合、齐抓共管。但由于金融生态建设无法直接为参与的部门带来切实利益，加之缺乏健全的金融生态创建考核激励机制，相关部门参与创建的积极性不高。

（二）信用体系创建工作积极性不够，考核缺乏约束力

信用环境是金融生态建设中权重最大的一块，对金融生态的影响也更为明显。

部分地方政府信用乡镇、信用社区、信用村创建积极性有待提高。信用乡镇和信用社区创建工作开展以来，部分县市重视程度不够，导致创建工作滞后，创建流于形式，县域信用乡镇和信用社区创建率较低。怀化市溆浦县、通道县、中方县的信用乡镇和信用社区创建率不足10%。

地区中介服务发展欠平衡。截至2014年末，全省融资性担保机构215家，较上年末增加了11家。担保机构贷款担保比例平均值为4.2%，同比增加1.2个百分点，27个县市同比上升或保持稳定。部分县市担保机构贷款担保比例仍然较低，32个县市的融资性担保机构贷款担保比例为0。

（三）经济下行趋势不利于金融生态水平的巩固和提高

经济下行导致区域性金融风险上升，进而使得金融案件增多，处理难度加大，降低司法环境得分，对信用环境建设也存在负面作用。

金融机构不良贷款率仍然较高、资本充足率不足、贷款集中度较高，导致金融机构对实体经济放贷的意愿下降。2014年，各县市不良贷款率平均值为5.9%，18个县市法人金融机构的不良贷款率甚至超过10%。各市州的不良贷款率平均值也有4.2%。部分地方中小法人金融机构存在不良贷款率高企，资本充足率、拨备覆盖率过低等问题，全省136家农信社有18家资本充足率为负。非法集资案件高发，据报至湖南省"打非办"的统计数据，2014年，娄底市非法集资案件达73起，其次为衡阳、株洲和长沙，均超过14起。

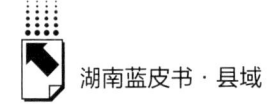

房地产业面临资金链断裂的压力加大，住房按揭贷款的风险系数相应增加，银行房地产贷款的潜在风险需关注。民间融资风波频发，2014年以来，全省各地已发生多起民间非法集资案件，涉及多家金融机构。如涟源市在主要支柱产业涉煤行业效益下降的同时，爆发民间融资风险，贷款投放等受到严重影响，多项评估指标明显低于上年。房地产信贷风险与民间融资风险加大，导致金融机构盈利水平与盈利面下降，金融案件高发，拖累了金融运行、司法环境评估得分。

四 进一步优化湖南省金融生态的建议

（一）发挥政府主导作用，完善工作联动机制

各级政府应充分认识金融生态建设的重要性，主动承担起金融生态建设的重任，督促金融机构和有关部门落实相关金融生态建设机制，有效发挥金融创安工作主导作用。

各地市金融生态建设工作领导小组应充分发挥自身职能，定期或不定期召开成员单位联席会议，定期通报县域金融生态环境建设情况，实现联动机制的制度化、长期化，形成创建合力。

在中国人民银行的推动下，以创建金融安全区为载体，政府相关职能部门、金融监管部门等要明确创建目标，进行工作部署，动员各界力量，落实各项措施，全面纵深推进县域金融生态建设。

建议各级政府建立完善金融生态建设考核评比制度，并纳入政府年度工作考核目标。

（二）加大中介机构发展，推动信用体系与文化建设

定量分析表明，行政环境对信用环境有较强的正向促进作用，地方政府应加大力度，支持信用环境建设。

不断扩大信用乡镇、信用社区建设面，以此引导广大农村不断增强诚信意识，提高对诚信的认知度，加强信用典型的宣传报道，发挥模范带头和示范作用。

加快培育、扶持和引进有信誉、有实力的信用中介担保机构，及推动现有县级担保机构多渠道融资壮大资本实力，政府相关部门及行业监管部门要加大促进担保机构与金融机构的合作力度，对于支持农户、小微企业发展的担保机构，政府可安排一定的财政资金用于担保机构的风险代偿或奖励，激励担保机构业务快速发展，较好地满足地方经济发展的需要。

加强信用文化建设。加强信用典型的宣传报道，提高群众对诚信的认知度，营造"守信光荣、失信可耻"的社会信用氛围，逐步形成比较完善的"守信激励和失信惩戒"机制，给予守信者更多的优惠和便利，对失信者予以必要的制约和惩戒，从而使"守信成就未来，失信寸步难行"成为社会各界的共识。

（三）提升风险监测与预警能力，规范民间融资

进一步健全系统性和区域性金融风险监测评估和预警体系，完善防范处置措施和应对预案；密切关注金融创新业务及潜在的风险，加强对资产价格变化、民间借贷、交叉性金融工具的风险监测和评估；督促金融机构加强内控和风险管理，继续加强对地方政府融资平台公司贷款、金融机构表外业务和房地产金融的风险监测与管理；防范跨行业、跨市场风险，防范实体经济部分地区、行业、企业风险及正规金融体系外的各类融资活动风险向金融体系传导。

规范民营企业融资行为，建立监测申报登记制度，严格控制民营企业民间融资规模，引导民营企业合理规范融资。加强对民间借贷的监管和疏导，结合金融市场的逐步开放，鼓励民间资本进入金融领域，使民间借贷规范化，成为银行信贷服务体系的有益补充。

B.6
湖南省特色县域经济发展情况报告

湖南省农业委员会　湖南省县域经济工作领导小组办公室
湖南省特色县域经济强县工作办公室*

　　根据湖南省委统一部署和湖南省委督查室的具体安排，2015年8月下旬以来，由湖南省农业委员会、湖南省县域经济工作领导小组办公室、湖南省特色县域经济强县工作办公室联合组成的调研组就特色县域经济工程实施情况进行了专题调研。先后实地考察了33个特色县域经济重点县（市、区）的农产品加工业、制造业、文化旅游业的130个项目，召开多种形式的座谈会20多次，与基层干部、企业负责人、工农业及旅游业从业人员进行了座谈。从调查情况看，相关县市对特色县域经济发展工程高度重视，发展思路科学清晰，项目实施特色鲜明，运行机制开放灵活，建设阶段性效果较为显著，但项目后续管理十分艰巨，县域经济转型发展任重道远。现将调查情况报告如下。

一　特色县域经济发展工程实施进展顺利，发展来势较好

　　2013~2015年，湖南省分三批次在33个县市启动实施特色县域经济发展工程，重点培育农副产品加工、特色制造、特色文化旅游重点县，其中农副产品加工重点县10个，特色制造业重点县10个、文化旅游产业重点县13个，共涉及国土面积4.7万平方公里、人口2300万，分别占全省的34.7%和48.5%。3年来，各重点县认真贯彻落实湘发〔2012〕19号、湘政发〔2013〕1号文件精神，按照"三量齐升""四化两型"的总要求，统筹谋划，突出重

---

* 调研组牵头人：陈吉芳；成员：刘宗林、欧阳煌、钟正洪、任安、张才道、陆福兴、彭伯友、陈富珍、尹邦友、童建华、熊飞、任晨阳、王君。

点，彰显特色，扎实稳步推进，工程实施进展符合预期，阶段性成效较为显著。

1. 县域特色产业发展步伐明显加快

2014年，第一批10个重点县经过一年的培育，特色产业共实现产值1999亿元，比2012年增长47%。其中宁乡县、湘潭县、祁阳县共实现农副产品加工业产值640亿元，增长44.5%；醴陵市、汨罗市、永兴县共实现特色制造业产值1212亿元，增长42%；凤凰县、新宁县、新化县、韶山市共实现文化旅游业总收入235亿元，增长55.9%，旅游人数3818万人次。2015年，在宏观经济下行压力加大、发展增速放缓的情况下，各重点县特色产业发展仍保持强劲增长势头。2015年1~9月，33个重点县特色产业共实现产值2656亿元，增长19.4%。其中10个农产品加工业重点县实现产值876亿元，增长24.7%；10个特色制造业重点县实现产值1358亿元，增长15.4%；13个文化旅游产业重点县实现旅游总收入590亿元，增长18.1%。2015年全年33个特色产业重点县可实现特色产业产值3748亿元，增长11.6%。靖州县、桃源县、涟源市、安化县、临湘市、云溪区等6个县市2015年全年特色产业产值增长幅度在20%以上。特色经济已成为新常态下湖南省县域经济发展的重要支撑和新的亮点。

2. 园区建设规模明显加大

3年来，重点县新建特色园区85个，其中农副产品加工园区50个、特色制造业工业园区16个、文化旅游景区（园区）19个；园区内项目建设2323个，其中农副产品加工项目1050个、特色制造业工业园区内项目761个、文化旅游景区（园区）内项目512个。2014年，第一批10个重点县园区产值达1114亿元，比2013年提高11个百分点。2015年1~9月，33个重点县园区产值达2039亿元，占GDP的比重达39.7%。沅江船舶综合产业园、永兴柏林工业园、江华循环经济产业园、双峰农机产业园、安化黑茶产业园、靖州县茯苓杨梅产业园、涟源桥头河现代农业园、湘潭湘莲原种保护园等一批园区不仅特色鲜明，而且形成了较大的经营规模和市场影响。一批特色县利用联合申报重点县的机遇，整合区域产业资源，发挥各自产业优势，联合打造区域优势特色产业，有效增强了区域特色产业的竞争力和影响力。洞口县和隆回县共享共建优质水稻、茶叶、水果、中药材基地，共享共建农产品加工园区和农业服务体系，实现了"1+1＞2"的特色农业产业优势。通道、永定、凤凰、新宁、新化县根据各自特色旅游资源，统一联合规划，做到交通互通、信息共享、线路共建，形成了一条大湘西区域特色旅游走廊。

3. 创新发展能力明显提升

特色产业科技研发能力明显增强，重点县新建和续建特色产业研发中心80多个，靖州医药茯苓、安化黑茶、永兴稀贵金属等研发水平全国领先。醴陵市、常宁市、临湘市、江华县等一批重点县与高等院校和科研院所实行产学研联合，开展关键技术攻关，掌握了一大批工业4.0高端制造技术，建设了一批高科技研发和质量检测平台。双峰农机、邵东小五金、云溪和临湘化工新材料、常宁铜压延、江华稀土有色金属等加工与制造业，通过内引外联、技术创新来加快推进产业升级，步入了健康发展的快车道。在特色县域经济发展工程带动下，重点县发展方式快速转变，一批资源消耗、要素投入型的传统产业正向资源节约、创新驱动型的高端新兴产业转变，一些传统农业大县正向农业和文化旅游融合强县转型。

4. 品牌和文化影响力明显扩大

3年来，33个特色县已拥有特色品牌552个，占全省品牌的一半左右。新创建中国驰名商标105个、省著名商标256个、国家地理标志产品107个。安化黑茶、加加酱油、临武鸭、东江鱼、桃源黑猪、涟源湘中黑牛、祁阳新金浩茶油、湘潭湘莲、洞口雪峰蜜橘、永兴银饰、沅江太阳鸟等一些地方特色品牌美誉度大幅提升，越来越受到消费者青睐。文化旅游品牌影响力日益强大，韶山、张家界、凤凰、南岳、东江湖等一批5A级景区旅游业持续升温。韶山新建的"中国出了个毛泽东"大型实景剧场、非物质文化博览园、醴陵世界陶瓷艺术城等成为吸引旅客的新景点。南岳坤道院、炎陵红军标语博物馆等特色文化馆相继建成。崀山天彩文化小镇、通道皇都侗文化村、宁远下灌古村、炎陵神龙古镇、汝城理学古镇等一大批特色村镇恢复了昔日的风貌。靖州杨梅节、湘潭采莲节、新化梯田文化节、宜章杜鹃花节等文化旅游活动亮点纷呈。

5. 生态环境明显改善

各重点县坚持绿色崛起、生态立县，3年来共完成植树造林610万亩，实施文化旅游景区和农村环境综合整治工程8383个，建设城镇污水处理和生活垃圾处理设施配套工程3413处，开展河道整治3678公里。特别是文化旅游特色县，更加注重文化建设与生态环境的保护和改善，对区域非物质文化遗产、古文化镇村加强修缮保护，做到人与自然和谐相处，文化、经济与生态协调发展。宁远县、汝城县、炎陵县把文化旅游与生态保护相结合，全面实行禁伐和限伐，"十年不砍树，十年栽好树"，尊重自然、顺应自然，保护绿水青山，换得金山银山。炎陵县凭借优良的生态环境成为全国养老健康产业发展的胜地。

6. 辐射带动能力明显增强

通过实施特色县域经济发展工程，重点县发展呈现"三量齐升"、劳动就业增加的良好局面。2014年，第一批10个重点县实现GDP 2834亿元，比上年增长11.8%，实现人均GDP 4.7万元，实现财政收入197亿元，比上年增长12.5%。城乡居民人均可支配收入加快增长，2014年达21528元，增长8.7%。产业结构更趋合理，三次产业结构由2012年的16.9∶50.8∶32.3调整为15.5∶47.8∶36.7。3年来，特色县域经济工程带动新增就业134.98万人。

在特色产业工程建设过程中，各地坚持从实际出发，务实创新，创造了许多值得借鉴的工程管理经验，其共同特点如下：

一是注重科学规划。各重点县坚持规划先行，精心做好特色产业工程项目的顶层设计。33个县均制定了详细的特色产业发展规划，制定了任务书、路线图、时间表。临武县把发展农业产业化作为县域经济转型的首选战略，编制了《特色农产品加工产业发展规划》，实施"586"战略，即全面实施优势企业培育等5大工程，重点扶持舜华鸭业等8大龙头企业，全面发展临武鸭等6大产业，形成亿元企业集群。新宁县聘请国内知名团队，高起点、高标准修编县域旅游发展7大规划，确定了未来5年全县文化旅游产业实现"一体两翼四组团"的文化旅游发展总体布局。汨罗市按照"分区布局、集中扶持"的原则，统筹推进以园区为核心的特色制造业基地建设。

二是坚持项目支撑。把特色产业的发展落实到具体项目上。33个重点县总体规划2323个项目，计划投资1371亿元，涉及基础设施建设、科技创新、技术改造、基地建设、产业服务等方面。截至2015年9月，33个重点县已投资项目建设1500个，完成投资690亿元，其中农副产品加工业投资项目678个，投入资金307亿元；特色制造业投资项目491个，投入资金158亿元；文化旅游业投资项目331个，投入资金225亿元。中国五矿、中国稀土、安徽海

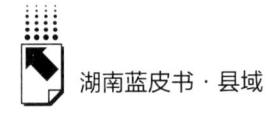

螺、中国风电、中粮集团、中茶集团、洋河集团等一大批国字号企业、跨国公司和海内外上市公司落户重点县,安化县凭借特色农副产品加工重点县的金字招牌,一年来先后有10家茶叶企业扩大投资规模,7家省内外知名茶叶企业来安化投资兴业。

三是着力机制创新。各地坚持政府引导,以市场配置资源,创新项目投入方式,采取以奖代补、先建后补、贷款贴息、产权投资、担保平台等形式,吸引各类主体投入,提升产业发展层次。宁乡县建立以财政奖补、金融投放和业主自投的多元化投入方式,融合相关涉农资金,设立农副产品加工业专项风险补偿金,开设县农商行农副产品加工专业服务银行,贴息支持企业固定资金投资信贷,重奖企业上市融资和新三板或区域性股权交易所挂牌融资。桃源县、湘潭县、涟源市、永兴县、祁阳县等成立特色经济发展担保基金,促进银企联合,撬动了社会资本投入。目前,特色产业县产业开发总投入达到690亿元,其中湖南省财政已投入37.33亿元,撬动了约18.5倍的社会资本投入。宁乡县3亿元的专项资金撬动了52亿元的信贷投放和37亿元的企业自有资金投入,湘潭县撬动社会各类资本投入在58亿元以上。通道县实施旅游与扶贫综合联动,把乡村旅游作为带动精准扶贫的有力杠杆,统筹谋划农村环境整治、特色景观旅游村镇建设和传统村落及民居的修缮保护。皇都侗文化村、芋头古侗寨等9个村寨入选全省"美丽乡村旅游扶贫工程"。

四是强化组织保障。各重点县把特色产业工程作为县域经济发展的"一号工程""一把手工程"来抓,成立了由县委、县政府主要领导挂帅的领导小组,抽调精干人员组成了专门工作机构,建立了严格的项目工程领导负责制。永兴县、资兴市、隆回县、南岳区、永定区所有县级领导都各自联系一个项目,实行领导与项目"一对一"包扶机制,全程跟踪做好服务。县市各单位层层都有任务,特色产业项目实施进展情况与单位和单位负责人的绩效考核挂钩,确保特色产业项目顺利实施。

二 新常态下加快县域经济转型发展,仍应坚持打好特色牌

近几年的实践证明,湖南省委、省政府实施的特色县域经济发展工程的决

策是正确的，牵住了加快县域经济发展的"牛鼻子"，是一项富民强省的德政工程，深受人民群众拥护。新常态下，随着经济社会的发展和人民生活水平的提高，居民消费逐步进入品牌消费阶段，模仿型、排浪式消费开始降温，个性化、品牌化消费渐成主流。因此，新时期加速推动县域经济转型发展，仍应握紧拳头保重点，打响打好特色牌。如何打好特色牌，走县域有特色的"四化两型"发展之路，从这次调查中可得到以下几点启示。

1. 发展农产品加工业应着力塑造品牌，延长产业链条

品牌是标志、是旗帜、是方向。从这次实地调查的10个农产品加工县的情况看，品牌特色越鲜明，市场叫得越响，产业发展就越快，效益就越明显。安化县近几年围绕安化黑茶塑造大品牌，建立大基地，开发大市场，实行产业化经营，2015年可实现茶业综合产值102亿元、税收1.5亿元，分别比上年增长30.8%、25%。宁乡加加酱油、临武鸭业、湘潭湘莲、靖州茯苓杨梅、隆回金银花及百合、祁阳油茶、桃源优质稻、洞口柑橘等产业和品牌都抓得很有特色和成效。但从总体上看，湖南省农产品加工业水平、产业化水平仍然很低，生产发展大都停留在小打小闹、片段式开发，产业融合度不高，经营效益低。台湾台东县池上乡的水稻生产，不仅仅作为粮食来生产，还作为一个大的产业来经营，从浸种育秧、栽种、管理、收割、大米加工，到营销、餐桌全过程，进行实景和视频展示，讲出了很多故事，把生产与教育、体验和文化有机地结合起来，一个普通的大米加工厂变成了名副其实的观光园，一个传统的水稻产业，转变成了农业文化休闲旅游产业，从产前、产中到产后每个环节都能赚钱，取得了可观的经济社会生态效益，现在每年去体验的人成千上万。今后发展县域特色农业，应在注重品牌塑造的同时，着力推进产业延伸、产业链接，提高产业化水平。

2. 发展特色制造业应着力传统制造业转型升级，加快发展新型高端制造业

从10个特色制造业重点县调查情况看，由于发展基础、要素投入、资源利用、消费领域等方面情况各异，发展速度、质量和持续性上有较大区别。近几年，醴陵非金属矿物制品、邵东金属工具制造、双峰农机、永兴稀贵金属再生等传统产业，依靠科技的力量，不断推进产品升级，巩固和强化了市场地位。沅江太阳鸟游艇有限公司着眼全球海洋消费前沿，专注于高端船艇研发、

销售与服务，2015年总资产有10多亿元，自主品牌产品打入国际市场，成为国内游艇行业第一家上市公司，未来市场前景十分看好。江华县创设湖南（江华）海联产业园，招大商、招好商，中国五矿集团、中国稀土控股、中国风电落户制造产业园区，新型能源、稀土新材料、电子信息等一批新型高端制造业呈现勃勃生机。但一些县市的制造业转型升级跟进不及时，传统低端产品多，适应消费需求的新产品、高端产品少，受国际国内经济增速放缓、传统产品产能过剩的影响，产品价格下降，发展融资难，有的处于停产半停产状态。有的县市是小企业、小作坊，行业起点低，环保配套设施不够健全，生产方式比较粗放，环境污染问题仍然比较突出，群众反映比较大，发展面临困境。今后县域制造业的发展，应主动顺应新常态，对适合消费需求、具有前瞻性持续性的高端制造业，应放手放胆加快发展；对传统的具有消费潜力的优势制造业，应加快产业升级步伐，不断巩固和强化市场地位；对一些虽然目前经济效益好，但对环境污染严重的低端制造业包括一些循环经济企业，应严格控制发展或不发展；对一些低端、过剩、污染环境的企业，应下决心淘汰。宁愿损失一些GDP，也要保护好环境，为子孙后代留下一片绿水青山。

3. 发展文化旅游产业应着力坚持保护与利用并重，推进文化与生态相融合

近几年，特色县域文化旅游产业蓬勃发展，在富民强县、全面建成小康社会中撑起一片天，成为县域经济发展的一大亮点。2015年1~9月，13个文化旅游重点县旅游总收入占到GDP总量的46%，在三大特色产业中占比最大、增速最快、亮点纷呈，传统文化旅游资源大县（市、区）焕发新的生机。韶山、凤凰、南岳2015年1~9月接待游客2767万人次，旅游收入达109亿元，分别比上年同期增长24%、21.5%。资兴东江湖旅游资源开发迈出新步伐，已创建成为国家新的5A级旅游景区。一批新的文化旅游县崛起。新宁、宁远、通道、新化、双牌、炎陵、宜章、汝城等贫困县文化旅游产业，成为精准扶贫的重要支柱产业。但在文化旅游的开发中，有的保护与利用的关系处理得不够好，重利用轻保护，一些自然山形风貌、传统民族风格建筑、文化遗产、生态环境在开发中受到损害；有的操之过急，摊子铺得过大，项目不配套；一些乡村旅游项目雷同，农家乐、客栈、农庄、游乐等项目缺少特色和文化内涵，有的古文化村落的修缮，虽然讲的是回归自然，修旧如旧，但修缮后显得

不伦不类。旅游资源和文化遗产的开发利用，应坚持科学规划，保护与利用并重，保护优先。宁愿开发利用得慢一点，也要保护得好一点。自然资源和文化遗产的开发利用，应坚持与生态环境相融合，人与自然和谐发展。

4. 补齐县域经济短板应着力以开放促开发，坚持创新搞活

强省必须先强县。小康不小康，关键看老乡。尽管这些年特色县和其他各县（市、区）加速实施"四化两型""三量齐升"战略，并取得长足发展，但县域经济总体水平低、产业结构层次低、城镇化水平低的问题仍然没有从根本上得到扭转，城乡居民收入差距仍然很大。2014年，县域占全省面积的88%、人口的95%，经济总量仅占全省的66%，财政收入仅占34%，城镇化率低于全国6.8个百分点。城乡居民收入达2.64:1，县域经济仍是湖南省经济发展的第一短板已经成为共识。补齐县域经济发展的短板，从近几年特色县域经济发展的实践来看，有几条经验值得借鉴：一是创新县域经济发展方式。以建设特色县城为中心，提高县城要素集聚、产业集聚、人口集聚能力，推进城乡产业、基础设施和公共服务一体化。二是创新县域经济发展平台。以建设县域特色园区为重点，推进特色产业集群发展，着力品牌塑造，提高产业综合竞争力。三是创新经营主体。推进农业现代化，应积极引导土地有序流转，发展适度规模经营，着力扶持培育家庭农场、农民专业合作社、农业龙头企业，鼓励工商资本进入农村，发展现代农业。推进全省全面建成小康，应制定更多的激励政策措施，鼓励大众创业、万众创新，鼓励多元主体创新创业。四是创新县域投融资机制。最大的潜力在农村土地资源。应积极稳妥推进农村土地制度改革，积极稳妥地引导和促进农村土地资源变资产，资产变资本，资本走向市场。坚持改革开放，以开放促开发。县域应下更大的气力招商引资，招大商、招好商；下更大的决心将县域优势资源、优质企业推向市场，通过参股控股、上市融资等多种形式和途径，把县域这个蛋糕做大，为推动县域经济快速健康发展注入新的活力。

三 几点建议

1. 加强县域经济发展宏观管理

一是加强县域经济规划引导。建议在编制审定"十三五"规划时，强化

县域特色发展的功能定位，引导县域经济差异化、个性化、特色化发展。二是强化品牌集聚。推动县域围绕品牌集聚要素资源。三是完善县域经济考核办法。提高品牌和特色产业发展在考核中的比重。四是继续落实对已定特色县的考核办法，所定特色县三年工程项目实施结束后，均需以县政府名义向省政府做出专题报告。

2. 增加县域经济发展财政引导投入

近几年特色县域经济发展工程投入多，实施效果好，社会反响大，基层干部和人民群众纷纷要求要继续扩大项目实施面，延长实施期。为此建议：一是适时启动第二轮特色县域经济发展工程，并列入"十三五"规划。二是增加面上县域经济发展专项投入。省级一般县域经济引导资金目前只有3500万元，规模太小。从统筹城乡发展、促进区域平衡、全面建成小康的角度出发，建议湖南省财政逐步增加县域经济专项引导资金。考虑当前深改任务重，财政压力大，2016年面上县域经济专项引导资金先恢复到5000万元，以后逐年增加，达到周边省份的水平。

3. 进一步落实和完善县域经济发展政策

湖南省支持县域经济发展的政策已出台不少，关键是抓落实。在这一基础上建议：对一些特色鲜明、发展前景好、辐射带动能力强的优势产业、特色园区、文化旅游景区，在水利、交通建设和用地等方面计划单列，开"小灶"，促进其加速健康发展。

4. 加大县域特色产业、品牌和文化旅游资源宣传力度

建议在湖南广播电视台开辟县域特色产业、著名品牌、国家驰名商标、国家地理标志产品、特色文化旅游景区公益频道，打"包"集中推介、系列推介。同时，广泛运用现代传媒手段，开展形式多样、群众喜闻乐见的多种宣传活动，坚持正确舆论导向，加强正面宣传，严格把控负面舆情对县域特色产业、品牌和文化旅游景区的负面影响。前几年连续出现的祁东县"毒黄花"、隆回县金银花、祁阳县"金浩"茶油，以及镉大米舆情等事件，对这些产业、品牌带来了严重不良影响，有的甚至是毁灭性打击，历史的沉痛教训应认真吸取，防止重蹈覆辙。

B.7
发展现代农业　培育特色县域经济强县
——台湾发展现代农业的启示

张才道　童建华[*]

为了加快特色县域经济农产品加工重点县的建设，学习借鉴台湾发展现代农业的成功经验，2015年11月7～14日，湖南省农业委员会组织宁乡县、湘潭县、祁阳县、桃源县、靖州县、洞口县、隆回县、临武县、安化县、涟源市等10个特色县域经济农副产品加工重点县市的分管领导及部门负责人，到台湾地区有关县市对现代农业发展情况进行了深入学习考察，先后考察了台中市优恩蜜温室蔬果观光农业园、南投县清境农场、嘉义县阿里山鼎鼎有茗茶叶加工厂、南投县台一生态休闲农场、屏东县池上乡农会。与台湾方面相关人员进行了交流，听取了当地的经验介绍。学习贵在致用。全力推动湖南省现代农业的发展，一定要解放思想、更新观念，正视差距、借鉴经验。

一　台湾发展现代农业的主要特色

1. 生产技术讲求精细

考察组一行主要参观了水果、蔬菜和水稻的生产过程。生产技术是高端的，如水果生产基本实行了树冠矮化、田间土工布覆盖、果实套袋、喷灌滴灌技术。蔬菜生产大量采用塑料大棚、有机质栽培、智能化浇灌，彻底改变了农业生产两脚泥的现象。种苗技术是高端的，如采用杂交技术后，仅辣椒就有红色的、黄色的、咖啡色的，把普通的辣椒变成了艺术品，让人赏心悦目。农事

---

[*] 张才道，湖南省农业委员会县域经济发展处处长；童建华，湖南省农业委员会县域经济发展处调研员、副研究员。

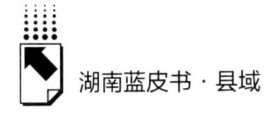

人员是高素质的，基本都受过专门技能培训，是真正的农业工人。产品包装是精美的，根据市场需要，生鲜果蔬均进行了精美包装。服务组织是精细的，产品销售通过农会或网商实行预约销售。

2. 产品质量讲求安全

农产品安全问题是这些年各地最受关注和诟病的，台湾各地高度重视农产品安全生产。仅以蔬菜和水稻为例。蔬菜生产基本采用塑料大棚，实行立体种植，有效地改善了生态环境，减少病虫发生，使用了黄板纸、频振灯灭虫，全部施用生物农药，极大地减少了农残；实行有机质栽培，一株或几株蔬菜有独立的有机质种植包，防止交叉减染病菌，可以科学的控制土壤重金属污染。同时各地都建立了完备的农残检测和质量追溯体系。如参观的池上乡农会大米加工厂就实行十分科学的检测制度，对每个农户生产稻谷所用的水分、农药残留等十来项指标都分开检测，并建立档案，按质论价。每个仓库用太空袋低温储存稻谷，每袋都记载有生产农户、生产地块信息，方便质量追溯。

3. 产品营销讲求品牌

台湾岛内各地根据各自的地域优势、资源禀赋，着力打造各自特色产品和"主打"品牌。经过多年的发展，形成了地域特色鲜明、区域化生产相对集中、差异化互补发展的良性格局，每个县乡都有知名的农产品品牌。台中气候宜人、环境清新，以种植柑橘、现代蔬菜等为主；嘉义县是台湾温度最低的地区，早晚温差大，宜种植甜美的果实，该县把玉米、茶叶、菊花等产业作为主打产业，大阿里山茶区茶叶种植面积就达1万公顷，茶农根据不同海拔高度，开发出不同品牌不同价值包装的茶叶。以阿里山高山乌龙茶、阿里山总统茶等为代表的精品茶，每斤售价最低为新台币3800元，高的达1万多元。台东池上乡雨量丰沛、土壤内含丰富的有机矿物质，水稻是该乡最重要的农作物，生产的"池上米"培育为台湾"十大经典好米"，并作为礼品米。1公斤池上米价格销售价为150~200元新台币，大大提升了稻米种植效益。

4. 政府支持讲求服务

当地政府对农业的支持主要以农会的形式来实现，具体体现在对农业生产者的周到服务上。农会是台湾分布最广、影响最大、最为完善、功能最为齐全的农民组织，是农业发展的龙头，真正的农民之家，更是政府发展和扶持农业、联系农民的桥梁。农会由理事会、监事会组成,聘任总干事经营。内设信贷部、保险部、产销部、经营良种场、科技园、农民培训专业班组、农产品质量安全监测、农产品加工、分组包装、超市、储运等环节。参观的池上乡农会,组织功能齐全且运行规范,是集农村信贷、保险、产销、加工、科技、质检于一体的"六合一"的农村经济服务组织,在维护农民利益、提高农民素质、开拓产品市场、推广农业科技、提高农产品市场竞争力等方面发挥了巨大作用。

5. 农业旅游业讲求融合

台湾农业在结构调整和发展转型中逐步向二、三产业延伸,特别是结合台湾旅游业的发展,注重农产品的深度研发和精深加工,从卖农产品转向卖精美食品、保健品以及旅游纪念品等,大力促进了旅游观光农业与休闲农业的发展。台湾岛内遍布各种农业观光园、农事体验园、农民活动园、综合性休闲农场等。通过延长产业链,提升农产品附加值,使农民获得最大收益。他们的主要方式有采摘观光休闲农业,农产品精深加工。如参观的优恩蜜家庭农场,由于开展采摘和旅游体验农业,农场主邱先生8亩土地每年收益500万元新台币。池上乡大米加工厂不仅加工生产优质大米,还将水稻种植、栽种、管理、收割、大米加工等生产的全过程通过实景和视频展示,同时还增加了大米深加工成各种食品的小车间,供学生参观体验,每项体验都实行收费制。通过农业与旅游的融合,一个普通的大米加工厂变成了名副其实的观光工厂。如所考察的南投清境农场,过去是开垦出来的果蔬基地,现在退耕后种草养羊,将自然景观与农牧生产相结合,成功转型为集青青草原、畜牧中心、住宿宾馆、旅游服务中心等于一体的休闲产业基地;台一生态休闲农场原是一家农家餐馆,现在搞多元化发展,结合农业生产、农民生活、农村生态和生命科学,利用自然景观资源、生态环境资源、农业生产资源和农村文化资源,提出"顺路、顺口、顺心、顺眼、顺手"的农场经营思路,打造出台一本场和七大分场。

二 几点启示

台湾与湖南省农业生产方面具有一些相似的地方,台湾发展现代农业的经验对当前湖南省发展现代农业,指导特色县域经济农产品加工重点县建设,具有宝贵的借鉴意义。

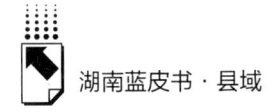

1. 更新农业发展理念，由保供给向强科技、增效益转型

湖南省是传统农业大省，农业产业结构相对单一，以粮、猪为主，量大而不强，农业发展的着力点长期更多在确保量的增加上，增产而不增收的矛盾突出。在迈向全面小康社会目标的新时期，要在确保粮食供应基本稳定的前提下，以市场为导向，以效益为中心，以科技为支撑，优化农业结构，构建新型农业产业格局。

2. 转变农业生产方式，由粗放型农业向精致农业转型

为了求得高产，长期以来，湖南省农业生产实行的是大肥、大药、大水的粗放式生产，以高投入、高污染获得高产出，这种生产方式越来越难以为继。台湾精致农业发展的经验告诉我们，以适量投入、科学节约的生产方式，同样能获得高产出和高效益。如参观的优恩蜜家庭农场，仅有8亩土地，农场主邱先生介绍说，由于采用大棚设施栽培，肥水实行滴灌，生物防治病虫，结合开展采摘和旅游体验，栽种新品种，每年收益达500万元新台币，效益是传统种植方式的5倍。

3. 发展新型经营主体，由单一的农户生产向农民合作社、家庭农场等转型

借鉴台湾的做法，改变政策导向，重点发展专业合作社和家庭农场。引导合作组织围绕产业发展，为农户提供产前、产中、产后环节的单项服务和综合服务；指导合作组织优化配置土地、资金、技术、市场等生产要素，提高劳动生产率和土地产出效益；鼓励合作组织规模购买农业生产资料，降低生产成本，完善资金筹措、民主管理和利益分配等机制，解决农产品终端问题，消除农民的后顾之忧。大力培育家庭农场。目前湖南省已发展家庭农场近29000家，呈现勃勃生机，一方面他们积极使用新技术，推进新方法；另一方面取得了规模效益，成为湖南省农业现代化的生力军。

4. 拓展农业功能，由农业生产单纯提供产品向既提供产品，又为人们提供休闲娱乐转型

千百年来，农业为工业生产提供原料和为人们生活提供保障，随着人们生活的改善，吃得饱基本已不成问题，要在农业增效上下功夫。把农地变庄园，变成观光、品尝、体验、休闲、娱乐、购物的场所，把农业由第一产业向二、三产业延伸。

5.完善政府支持,由政府管理指导向政府提供服务转型

更好地发挥政策引导作用,更多地发挥市场机制的决定性作用。把农业生产主动权交给农业生产经营主体,生产是生产者的事,由生产者根据市场规律和需求决定生产取舍。政府主要职责是抓产后、抓市场、抓效益,政府负责支持农田水利基础设施建设、加强农产品安全质量监管、推动农村金融扶持等。

三 几点建议

1.更大力度支持农业基础设施建设

湖南省农业基础设施建设与台湾相比有较大的差距,落后的基础设施与现代化农业生产还很不匹配,最后1公里问题还比较突出,靠天生产的状况还没有根本改变。要整合资金加强农田基础设施、农产品物流体系、农产品冷链和冷冻储存设施建设。借鉴台湾对农田基础设施整治的成功经验,统筹城乡一体化建设,整合各级财政资金,分期、分片对农田基础设施建设进行集中整治,按照产业化发展要求,形成休闲观光农业资源和田园生态资源景观,促进休闲农业发展。

2.继续培育特色县域经济农产品加工重点县

自2013年起,湖南省政府启动了重点培育10个特色县域经济农副产品加工重点县,经过2~3年的培育,已经取得了初步成效。湖南省农产品加工业总产值排全国第11位,与农业产值的比值只有1.6,而全国是1.9,规模农产品加工业总产值仅相当于山东的20.8%、江苏的36.7%、广东的42.5%。农副产品加工业发展滞后,已经成为制约湖南省现代农业发展、实现农业大省向经济强省转变的一个主要瓶颈。要继续培育特色县域经济农产品加工重点县,培育壮大一批农产品加工龙头企业,提高加工企业的科技含量,加强高新技术对传统加工企业的渗透嫁接,培育企业的核心竞争力。

3.制定农业品牌创建的扶持措施

要学习台湾及浙江、河南、黑龙江的相关经验,着眼省内外、国内外市场,从基地规模、原材料质量控制、加工品科技含量和相关品牌整合等方面入手,着力培育打造一批利用湖南资源、体现湖南特色的农产品加工品牌。设立农产品品牌扶持专项资金,重点扶持品牌创建工作,对创立国内著名品牌的企业进行奖励。

B.8
进一步推进湘西地区特色产业发展对策研究

蔡建河 刘海涛[*]

2004年湖南实施湘西地区开发战略决策以来，湘西地区大力推动产业发展，努力提升自我造血功能，特色产业发展呈现良好态势。当前，湘西地区应继续走特色发展、绿色发展之路，进一步培育壮大特色产业，推动产业结构的调整优化，为全面建设小康社会提供坚实保障。

一 湘西地区特色产业发展现状分析

2004年以来，湘西地区依托生态、资源优势和区位特色，加快培育和发展特色优势产业，以农林种植业、特色优势工业、生态文化旅游业、边贸物流为主的特色产业体系初步形成，产业集群效应逐步显现。

1. 农林种植业快速发展

湘西地区生态优势显著，特色农林种植业已成为区域经济发展的重要支撑。一是特色农业体系初步形成。如湘西州初步形成"两叶两果"（茶叶和烟叶、椪柑和猕猴桃）特色产业体系；怀化市突出发展杂交稻、名优茶、柑橘、工业原材料、油茶、生猪、肉牛、烟叶、中药材、蔬菜等十大优势产业；邵阳市"一县一品"的格局基本形成。二是特色农产品基地建设加快。湘西州2014年已建成各类农产品基地240万亩；怀化市2015年建成各类农林种植基地约500万亩，实现生猪标准化养殖50万头，优质肉牛10万头；邵阳市大祥国家级现代农业科技示范园等一批特色农业基地和农产品深加工基地发展态势

---

[*] 蔡建河，湖南省人民政府发展研究中心处长、副研究员；刘海涛，湖南省人民政府发展研究中心副主任科员。

良好；永州江华建成各类农产品基地近100万亩。三是一批龙头企业快速发展。2014年，怀化市市级以上农业产业化龙头企业达191家，上市龙头企业1家，正清集团等9家龙头企业入围全省"百千万"工程；湘西州农产品加工企业达630家，农产品销售收入突破50亿元；邵阳市湘窖酒业、南山乳业、李文食品等龙头企业享誉全省。四是品牌效应不断扩大。湘西州培育了椪柑、猕猴桃、"湘西金叶"、"古丈毛尖"、"保靖黄金茶"、"龙山百合"等一批知名品牌。怀化麻阳柑橘和金珠米成为中国驰名商标；芷江鸭、靖州茯苓等12种农产品成为国家地理标志证明商标，数量居全省第一位；沅陵碣滩茶、新晃黄牛等7个农产品成为国家地标保护产品；张家界大鲵成为国家地理标志产品。五是农业发展方式不断创新。怀化市成功创建湖南西部农产品博览会会展品牌，扩大特色农产品影响力。湘西自治州深入推进农业标准化，完成种植业标准化园区401万亩、标准化养殖4000多万头（羽），建设农业标准化核心示范园区120个。新型农业经营主体稳步发展。怀化市种养大户、家庭农场、农民专业合作社分别达15000户、349家、2997家。

2. 特色优势工业逐步形成

湘西地区工业立足资源优势，大力培育农林产品精深加工、矿产资源精深加工、生物医药、新能源等特色优势产业，2014年工业增加值超过1100亿元。一是特色优势工业体系基本成型。邵阳市加快实施工业"四百工程"，2014年形成产值过百亿元的产业有4个，其中轻工产业超过400亿元。怀化市能源、食品、森工、材料、生物医药五大支柱产业粗具规模，2014年全市有规模工业企业555家，增加值308.34亿元。湘西自治州初步形成以锰锌为主的矿产品加工业、以白酒为主的食品加工业、以中药材加工为主的生物制药业、以民族工艺品为主的旅游商品加工业等四大特色工业产业。江华成为湘南承接沿海产业转移的重点基地。二是一批骨干企业壮大发展。如酒鬼酒、金天铝业、茂源化工、湘窖酒业等企业列入全省"四千工程"重点企业。邵阳市2004~2014年共培育规模以上工业企业758家，其中产值过20亿元企业4家、过10亿元企业8家。三是特色优势工业产业集群发展。湘西自治州锰锌精深加工群、张家界旅游商品加工集群、邵阳酒果蔬糖加工集群、邵阳造纸产业集群、怀化粮油果蔬加工集群、怀化林纸一体化产业集群等列入全省重点培育发展产业集群。四是园区经济发展加快。2014年，湘西地区（不包括江永、江华）省级产业园区增加到39个，技工贸总收入约2231亿元；园区规模工业增加值占全市规模工业增加值的比重，邵阳市达到63.8%、湘西自治州达53.7%、怀化市达53%。园区基础设施条件日益改善，园区聚集发展优势不断显现。

3. 生态文化旅游业不断壮大

一是旅游业规模日益扩大。2014年湘西地区接待旅游总人数为7944万人次，占全省的比重达19.28%；旅游总收入657.19亿元，占全省比重达21.54%。湘西自治州旅游业率先成为全州首个百亿产业，旅游业直接从业人员在5万人以上，间接从业人员在20万人以上。二是旅游产品结构不断优化。湘西自治州突出民族风情、历史文化、生态山水三大特色，凤凰、吉首、芙蓉镇、里耶四大旅游板块基本形成。张家界天门山获评国家5A级旅游景区，天泉山申报为国家森林公园。邵阳市崀山旅游区所在地新宁县正式被定为第二批全国旅游标准化示范县，一批国家公园加快建设。怀化市芷江受降坊、洪江古商城等一批旅游品牌打造取得明显成效。三是旅游基础设施不断完善。旅游航线拓展取得新突破，如张家界至台湾定期直航开通，新增张家界至合肥、珠海航线，航空口岸入境旅客成倍增长，旅游接待服务能力进一步增加。四是旅游创新发展成效显著。如张家界大力推进旅游与文化、体育等融合发展取得新成效，休闲度假、文化体验、康体疗养等新型旅游业态不断丰富。创建"智慧旅游"系统，推行旅游标准化服务，旅游城市的美誉度和满意度明显提升，被评为"2013年中国旅游竞争力百强市"。

4. 商贸物流业稳步成长

一是商贸物流基础设施渐趋完善。实施湘西地区开发以来，交通基础设施建设为重中之重，高速公路、铁路、机场建设不断加强，商贸物流基础大为夯实。二是一批商贸物流项目大力推进。怀化市商贸物流业层次和水平提升，佳惠物流、怀仁物流、海联物流等一批重大项目加快实施，物流行业服务功能进一步增强，作为五省接边地区商贸物流中心的地位进一步强化。目前佳惠物流、怀仁物流网点已遍及贵州、重庆等周边省市和整个湘西地区。邵阳市邵东廉桥药材大市场改造全面启动，湘西南国际物流城加快推进。三是商贸物流业发展效益显著。如怀化商贸物流业一直保持良好的增长态势，成为全市经济稳定的增长点。2014年佳惠物流配送中心实现销售59亿元，新增就业人数为

2000余人，带动近3万农户每户年增加收入约5000元，辐射周边五省44个市县近1500万人。项目2015年可实现销售70亿元以上。

二　当前湘西特色产业发展存在的问题

1. 特色产业总体水平仍然不高

湘西地区发展基础薄弱，优势产业仍比较单薄。如湘西州特色工业"一矿独大"，2014年锰锌铝矿产业增加值为47.3亿元，是排名第二的食品加工业的6.14倍。张家界以旅游业为主导的第三产业占GDP比重超过60%，但旅游业仍面临产业体系不成熟、客源国际化程度不高、产业带动性不强等诸多问题。邵阳低附加值、低技术含量的加工制造业占比较大，如武冈市高能耗企业占全市企业总数的40%以上，粗加工企业和原料型、加工型企业占80%左右。

2. 产业发展要素制约明显

湘西地区贷款难问题一直突出，2014年存贷比为50.28%，低于全省平均水平18.41个百分点，四个市州中最低的邵阳只有43.31%，很多县域仅为30%多。尤其是中小企业贷款需求难以满足。各地普遍缺乏人才。本地人才留不住，外地人才引不进，特别是企业家、研发领域的科技专家、市场拓展的营销骨干和生产环节的技术人才更为紧缺。企业自主创新不强，产品科技含量总体较低，新品种、新技术的引进示范和推广普及工作跟不上，标准化生产体系及农产品安全、质量检疫体系建设不适应发展需要。一些县市还反映土地供求矛盾突出，项目落地难、开工难。

3. 园区集约化程度较低

湘西园区总体发展还处于"散、小、差"的粗放型发展阶段，产业项目集聚度不高、集群效应不明显，辐射带动能力不强。各园区主导产业特色不鲜明，如怀化市有6家园区同时选择农副产品及食品加工产业，5家园区同时选择非金属矿加工及制品产业，4家园区同时选择医药制造产业，3家园区同时选择木材加工和竹木制品产业。湘西自治州园区企业多以劳动密集型为主，企业装备多数处于中低层次技术水平，产品技术含量和附加值较低。

4. 主体功能区功能定位对产业存在制约

按照国家主体功能区规划，湘西地区整体为限制开发区，其中有26个县市区为国家级或省级重点生态功能区，6个县市为国家级农产品主产品区。这些区域难以进行高强度工业化城镇化开发。目前对湘西地区的生态补偿有限，如怀化靖州县是全国生态示范县、湖南省重点林区县，县本级财政收入及农民收入的60%以上直接来源于林业，但核定的73.4万亩公益林中实际享受补助的仅为50万亩，公益林每年的补偿标准为10元/亩，与每年用材林地收益相比差距明显。湘西地区还有多个县市属于军事禁区，限制外资的进入。

5. 政府扶持力度有待加强

不少县市反映，与湘西地区相比，周边贵州、重庆、湖北等省市扶持贫困地区产业的一些政策更实、更有力度。2004~2014年，湘西地区产业发展专项资金对湘西地区39个县（市、区）共安排财政扶持资金约26亿元，但分蛋糕的县市多，使得各地所得并不多。一些投资省里补助金额低，对项目推动作用不够。

三 进一步推进湘西地区特色产业发展的对策建议

1. 突出发展重点，推动特色产业结构升级

继续依托湘西地区资源优势和区位生态优势，打造有比较优势的产业集群和产业板块，促进湘西地区产业结构从"全面、分散"向"特色、集中"转变，形成更加注重环境成本、资源成本、生态效益和社会效益的产业结构。要突出以下重点：一是坚持绿色发展，形成区域化、专业化、规模化的特色农业生产格局。在稳定粮食生产的基础上，逐步形成湘西地区北部精品水果、特色种养殖产业带，中部经济作物产业带，中部山地种植和养殖产业带，南部特色种植产业带，南部山地种植与养殖产业带等五大特色农业产业带，形成一批国内外知名农业品牌。二是依托丰富的中药材资源优势，围绕中药材深度开发，延伸产业链，发展中药材加工及生物医药产业。三是依托武陵山片区自然资源禀赋，发展具有鲜明地域特色的文化旅游业。构建一核心（张家界国际旅游区）、三支点（湘西吉首-凤凰神秘风情文化旅游、怀化"鹤-芷-中-洪"古镇文化旅游、邵阳崀山原生态文化旅游）、一走廊（大湘西生态文化旅游黄金走廊）的旅游格局。四是加快工业结构深度调整，逐步形成以农副产品精深加工、矿产资源精深加工、生物医药、新能源、特种装备制造等为主导的工

业产业结构。按照生态、循环、低碳、集中发展的原则，推进资源型工业技术改造和落后产能有序退出，推进工业向重点地区、工业园区集中，培育形成湘西州中部、怀化东部、邵阳东部、娄底西部四大特色工业基地。并以四大工业基地为支撑，形成与主体功能区相匹配的工业布局。五是利用湘西地区与多省市区接壤的地缘优势，以综合物流和专项物流为重点，进一步加快培育高效的现代物流网络体系。依托三大核心旅游资源（张家界、凤凰、崀山等）、两大区域交通枢纽（怀化、娄底）和一个商贸流通集中区（邵阳东部），加快发展与提升旅游、物流和商贸流通业，构建以旅游、物流与商贸为支柱的服务业产业结构。

2. 提质特色产业园区，打造良好发展平台

湘西特色产业应走集约发展之路。制造业应加快聚集到园区，物流等现代服务业要引导到园区。打造绿色食品加工、新材料、非金属矿物加工、特色中药材精深加工、生态旅游、商贸物流等特色产业园区，带动集群特征明显的重点产业向产业园区集聚，围绕集群核心企业的初加工、精加工、深加工配套协作体系，做活上下游产业。积极发展生态园区，对环境存在污染隐患的加工、冶炼、化工等项目，都要在环保达标的基础上集中到园区，统一推动节能减排，提高园区绿色发展水平。

统筹推进湘西产业园区的布局和发展。实现每个县市建设好一个省级特色产业园区，支持具备条件的省级园区升级、扩区和调整区位。出台有针对性的措施，尽快形成一批基础比较完善、发展环境比较优越的产业园区。继续支持园区完善水、电、路等基础设施，大力支持标准厂房建设，促进土地集约利用。积极支持园区招商引资，创新招商引资方式，实行集群式、产业链招商发展战略。加强与长株潭、大湘南园区的招商合作。支持园区优化产业发展环境，建立健全产业支撑体系。促进产城融合，对具有良好前景的产业园区，要将产业聚集与人口聚集有机结合，形成新的城市功能区，推进新型城镇化进程。

3. 突出解决要素瓶颈制约，为产业发展提供有力保障

进一步创新体制机制，加大支持力度，提升金融服务能力，培育人才队伍，增加土地供应，为湘西发展提供有力保障。

积极有效破解融资难题。扩大县域法人金融机构信贷审批权限，推动新增

存款的70%用于当地。进一步细化差别化金融政策，采取政策评估、工作督导、工具引导等方式，强化对差别化金融政策的硬性约束。进一步推进银政合作，促进"银政通"等信贷产品落地实施。继续扩大农户小额贷款和农户联保贷款。完善信贷担保和风险补偿机制。探索建立农村产权评估、流转、交易服务平台，推进农村"三权"抵押贷款业务及配套工作。深化农村信用社改革，培育小额贷款公司、农村资金互助社等非银行金融机构，鼓励在县以下设立银行网点。扩大湘西地区直接融资范围和规模，支持湘西地区企业发行债券、进行股份制改造和上市融资。支持设立股权投资基金，发展创业投资。

加强人力资源保障。推动公共教育资源向湘西农村和贫困地区倾斜，落实好九年义务教育免费政策和高中阶段国家助学政策，使贫困偏远地区适龄人口都能接受合格的义务教育。大力发展职业教育，围绕重点产业需求培养本地实用人才，建立一支本地化的专业技术队伍和技工队伍。推动职业教育深度融入产业链，每个县（市、区）重点建设好1~2所示范性中等职业学校。灵活运用集中办班、现场培训、办点示范等多种形式，大力开展农村实用技术培训。

提高土地保障水平。适当增加湘西地区土地利用年度计划指标。通过盘活土地存量、建设标准厂房等途径，促进集约节约用地。用好土地增减挂钩、只征不转、低丘缓坡、区位调整等用地政策，保障湘西地区重大基础设施、特色优势产业和扶贫开发项目用地需求。

4. 实施创业富民工程，不断提升产业发展活力

富民是湘西产业扶持核心目标，创业是富民的重要途径，也是落实精准扶贫的有效方式。要以推进"大众创业"为契机，实施湘西创业富民工程。

湘西特色产业领域可开拓的创业机会很多。当前可突出以下重点：①有机生态种植业和园艺业，包括蔬菜、水果、中药材、粮食等；②高品质畜禽产品养殖业，如牛、羊、淡水鱼等；③绿色食品、民族和地方特色风味食品加工制造业；④民族和地方特色的手工艺品、旅游纪念品生产业；⑤生物医药、矿产品精深加工及其他基于地方资源优势的高技术产业；⑥具有地方特色的个性化旅游服务业，如"农家乐"等；⑦基于地方自然生态与民俗风情的文化创意产业，利用湘西丰富的原生态元素，提供创业的场所和舞台，提供丰富的文化创意产品；⑧具有地方特色的演艺业等。

要着力健全创业扶持体系。一是建立健全创业公共服务体系。通过政府组织和向社会组织购买服务相结合的方式，为创业提供包括创业培训、技术、法律、商务咨询、信息、融资、营销服务等方面的扶持服务。二是面向全体居民提供创业服务。将创业扶持的对象扩大到全湘西有创业意愿的居民，优先关注有一技之长的能人、大学生、技术人员、返乡农民工等群体。要大力发展合作经济组织。城乡合作经济组织既能发挥集体力量也能集聚能人，要将主业突出、运作规范、诚实守信的初创期实体经济合作组织纳入创业扶持范围。要发挥园区、高校、群团组织在创业中的重要作用。三是加大扶持力度。资金上要逐步提高财政资金投入水平，引导居民创业；政策上要落实国家税收优惠政策，大幅度减免地方的各种收费。四是创新扶持机制。如政府资金投入可作为启动资金、贴息、担保资金提供给创业者，加强政府扶持资金的管理，建立规范化、透明化的机制，使扶持资金用到刀刃上。

5. 创新政府扶持方式，推动特色产业加快发展

实施差别化产业扶持政策。支持每个县培育1~2个主导产业，每个产业着力打造集群式发展的企业、构建有机衔接的优势产业链。从规划引导、项目安排、要素保障等方面，对文化旅游产业、现代农业、特色工业和边贸物流等给予支持和倾斜。

加快发展开放型经济。支持湘西地区通关平台建设，优化投资环境。加大招商引资力度，积极承接绿色两型的产业转移，鼓励省内外优势企业到湘西投资基础设施、生态环保和特色产业项目。鼓励发达地区与湘西地区开展园区合作共建，发展"飞地经济"。

加大对小微企业的扶持力度，培育造就新的产业生力军。因势利导用好"互联网+"，帮助小微企业建立电子商务平台，为企业打造市场宣传营销平台。落实国家税收优惠政策，加大政策资金投入力度，支持小微企业融资渠道创新，为小微企业快速成长创造条件。

完善产业扶持机制。产业扶持项目的选择，要择优与兼顾地域公平性结合，根据地区差异和产业基础，建立省规划项目入围分级制度，适当降低国扶县、省扶县等贫困地区项目准入门槛，使不同发展水平的县市都有入围的项目且得到扶持。对面向全省而湘西缺乏竞争力的扶持政策，可根据实际情况考虑给湘西一个"保底"基数。除继续以贷款贴息、引导资金等方式支持产业投资项目外，还可探索和试点以基金投入、股权投入、以奖代补等方式，充分发

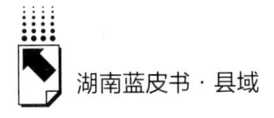

挥财政资金杠杆作用，更广泛地推动社会资本投资产业。

建立健全科技创新、推广、服务体系。政府要加大支持扶持力度，将科技创新工程作为实现湘西特色产业发展重大动力。着力加强共性技术的研发与推广，推动湘西科技平台的建设，加强科技创新服务工作，积极营造良好创新环境，不断提升湘西自主创新能力，为特色产业发展提供智力保障。

B.9
从县级层面探索"四位一体，逐层推进"的农村宅基地改革试点

左 宏*

2015年，《关于农村土地征收、集体经营性建设用地入市、宅基地制度改革试点工作的意见》《深化农村改革综合性实施方案》相继发布，全国农村宅基地改革试点进入深水区。湖南如何准确领会中央精神，探索可复制、可推广的农村宅基地制度改革经验，是当前亟须考虑的问题。本调研组在对中央文件进行梳理，并对芷江、浏阳等地开展实地调研的基础上，建议以县域层面为突破口，形成"四位一体，逐层推进"的农村宅基地改革试点方案，为全国提供湖南样本。

一 湖南农村宅基地改革试点的可作为空间分析

确定湖南宅基地改革试点的可作为空间可从中央文件精神、湖南现有基础和各地典型经验三个方面来着手。

（一）认真领会中央文件精神，厘清改革范围边界

通过对中央十八大以来相关文件精神的梳理，将中央对农村宅基地改革的思路分为三个层次：第一个层次是守住底线，主要是三方面不可触碰的原则；第二个层次是审慎探索，是指在一定的限制框架下，逐步、谨慎开展探索的五方面改革难点；第三个层次是加快推进，是指已经明确了改革方向，现在需要加快推进落实的五项基础性工作（见表1）。此外，《关于农村土地征收、集体

---

* 左宏，湖南省人民政府发展研究中心产业处副处长。

经营性建设用地入市、宅基地制度改革试点工作的意见》明确要"兼顾不同发展阶段和模式，选择若干有基础、有条件的县或县级市开展试点"。这表明，突出特色和以县为主是本次改革的主线。基于以上分析，建议湖南农村宅基地改革的基本路径为：守住底线，突出特色，以县为主，由易而难，逐层推进。

表1 农村宅基地改革的三个层次

类别	改革内容
守住底线	▷底线一:坚持土地公有制性质不改变 ▷底线二:耕地红线不突破 ▷底线三:农民利益不受损
审慎探索	▷探索农民自愿有偿退出或转让宅基地 ▷建立农村产权流转交易市场,形成城乡统一的建设用地市场 ▷扩展宅基地使用权权能,探索农民住房财产权抵押、担保 ▷修改和完善土地相关法律法规 ▷探索兼顾国家、集体、个人的土地增值收益分配机制
加快推进	▷完善宅基地管理体制机制,改革宅基地审批制度,发挥村民自治组织的民主管理作用 ▷宅基地确权登记颁证,建立完善的宅基地使用权统一登记体系 ▷完善宅基地权益保障和取得方式,探索农民住房保障在不同区域户有所居的多种实现形式 ▷加快农村土地综合整治,推进建立宅基地复垦奖励机制 ▷对因历史原因形成超标准占用宅基地和一户多宅等情况,探索实行有偿使用

（二）深度剖析湖南现有基础，明确改革试点重点

通过资料搜集和实地考察对湖南现有基础进行剖析，以此明确湖南省改革试点的重点。

1. 三个方面管理体制有待完善

一是农村住宅建设缺乏村规划和控制性详细规划，宅基地分布零散。二是农村宅基地审批制度不尽合理，主要体现在审批权限过高、审批程序烦琐等。三是宅基地利用监管不到位，国土执法缺乏刚性，违法用地屡禁不止。

2. 四个方面存在问题较为突出

一是一户多宅和超标准现象普遍。调研发现，一些县市甚至出现85%以

上的村民宅基地在200平方米以上，远超过国家规定标准。二是宅基地闲置浪费问题突出。一些村民外迁或异地新建住房，年久无人居住，形成"空心村"现象。三是违章建房和无序建房较多。一些农民非法占用耕地建住宅，村庄布局混乱，村庄公共设施建设不健全。四是存在宅基地私自转让现象。部分农民将宅基地卖与他人建房，或者与城镇居民合伙建设小产权房，这种现象在城镇规划区周边地区较突出。

3. "两市三县"改革试点稳步推进

湖南目前有"两市三县"纳入了全国改革试点范畴，其中，长沙市、株洲市、资兴县、芷江县（国家发改委已批准，尚未对外公布）纳入了全国新型城镇化综合配套改革试点范围，浏阳市纳入了全国农村土地制度改革试点范围，都承担农村宅基改革试点的任务。其中，浏阳作为农村宅基地专项试点地区，工作稳步推进。一是率先推行不动产统一登记体系，将实现登记机构、登记簿册、登记依据、信息平台"四统一"，截至2015年4月，累计办理农村宅基地用地许可30.13万宗，办证率达83.28%，比全国平均宅基地发证率高1.28%。二是开展"农民住房财产权抵押担保"试点，截至2014年12月底，已累计确认农村房屋产权3万余宗，办理农房抵押登记13万余宗，为农民提供流动资金100多亿元。

（三）充分借鉴各地典型经验，突破改革试点难点

调研选择了几个方面的难点，分别整理了各地的典型经验，为湖南开展改革提供借鉴（见表2）。

表2 农村宅基地改革难点及经验借鉴

改革难点	可资借鉴经验
产权明晰	广东佛山"宅基地固化"：以"一户一宅"标准，按照到某一时点的实有人口数量，一次性下达住宅用地指标，将宅基地进行固化，并逐年安排建设
集中居住	江苏苏州"新村庄建设"：编制全区镇村布局规划，以改善村庄环境和公共服务为重点，分类实行新村庄建设 湖南长沙"公寓式安置农村居民模式"：将农民安置纳入城市规划，改变"一户一宅"的粗放用地方式和"从天到地"的居住传统，集约利用生活安置用地

续表

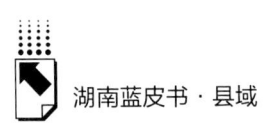

改革难点	可资借鉴经验
宅基地置换与增值收益分配	重庆"地票模式":政府拿出原农村宅基地的1/5左右,集中建新型农村社区,腾出的4/5左右复垦为耕地,其农村建设用地指标置换为本城镇建设用地指标 天津华明"宅基地换房":近郊农民可自愿以宅基地换取小城镇一套住宅,同时复垦原有建设用地,节约的土地招、拍、挂出售,收益弥补城镇建设资金不足 浙江嘉兴"两分两换模式":把搬迁与土地流转分开,把宅基地与承包地分开,以宅基地换货币、换房产或换地方,以土地承包经营权换租金、换股份或换社会保障 成都温江"双放弃模式":农民自愿放弃农村土地承包经营权和宅基地使用权,由政府安排在城区集中居住,并享有城镇社保
农房与宅基地抵押	浙江宁波在确权颁证基础上,设置四条防线,一是建立政府牵头,宁波市区信用联社与各部门协同推进的管理模式;二是贷款审核严把关,尤其是发挥村集体作用;三是设立农民债权委员会,调处抵押贷款纠纷;四是设立风险补偿基金 福建沙县"银村共建"模式:试点村村民可将房屋抵押给金融机构,获得一次性贷款,县政府出台农房抵押贷款风险补偿金制度作为配套,一旦出现风险,承办银行和县财政各承担贷款本息的50%

二 改革试点的思路与对策建议

基本思路:以党的十八大,十八届三中、四中全会精神为指导,按照"坚决守住底线、加快推进基础工作,审慎探索改革难点"的原则,以县级为重点,实施"四位一体,逐层推进"的改革试点方案,即以"规范放权"为方向创新宅基地管理机制,以"固化明晰"为核心推进宅基地确权登记,以"特色新村"为重点打造一批农村集居示范点,以"集约利用"为关键探索宅基地开发新模式,探索形成一套湖南农村宅基地改革试点,为全国提供有益经验(见图1)。

(一)以"规范放权"为方向创新宅基地管理机制

以"规范审批,下放权限"为核心,推动宅基地管理创新,重点在以下四个方面开展改革试点。

从县级层面探索"四位一体，逐层推进"的农村宅基地改革试点

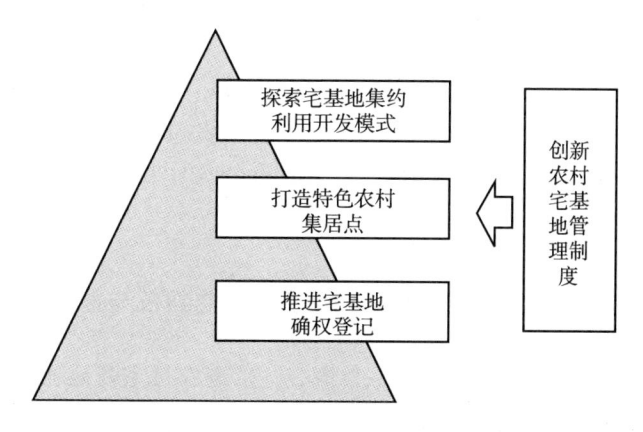

图1 "四位一体，逐层推进"的改革方案

1. 完善和创新县级宅基地管理体系

根据湖南省国土资源厅《关于规范和改进农村宅基地管理的若干意见》，加快完善县级宅基地管理体制，鼓励试点县出台具体的《农村宅基地管理办法》，并探索审批权下放。加强县级宅基地计划管理制度，将农村宅基地占用农用地纳入年度计划指标。

2. 加快编制村庄建设规划

按照"多规融合"思路，加快编制与土地规划、城镇规划、交通规划相衔接的村庄建设规划，内容应包括：各村居民点的分布、人口总数、人均宅基地面积与用地现状及趋势分析；各居民点内各户宅基地的位置和界址范围；拟调整、控制、整治、新建的宅基地及居民点的布局利用情况及规划实施的保障措施等。

3. 简化下放宅基地审批权限

可具体在四个方面推进改革：①批次呈报。改变单独零散报批模式为统一集中报批。②两级审批。农村宅基审批模式变为"农户申请、村级审查、乡镇审批、县管转用"，只需经村、镇（街道）两级层面审批，同时，建立宅基地村级民主管理、联合实地踏勘等相关制度。③先批后核。每年年初组织宅基地审批，其农转指标当年内落实到具体地块，并在年终上报核实。④批证合一。在申请批准使用宅基地的同时进行宅基地使用权登记，不需再进行申请登记。

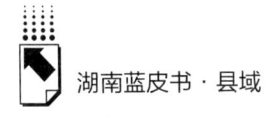

4.建立高效协同的分级监管机制

分别明确县、镇、村的监管责任,建议以镇(乡)级政府为主体加强监管责任,逐步形成对土地违法监管的责任主体明确、协调联动、发现及时、反应快捷、处置有效的监管机制,使村民建房违法用地的情况得到有效遏制。

(二)以"固化明晰"为核心推进宅基地确权与整理

以"固化宅基地,产权明晰"为核心,推进农村宅基地确权登记和统一整理,重点在四个方面开展试点。

1.稳步推进农村宅基地确权登记

借助"湖南省开展不动产登记发展试点县"的契机,加快试点县完善宅基地确权登记制度,制定颁布《农村宅基地使用权确权登记发证实施细则》和《不动产统一登记办法》。对农村宅基地进行全面详查,建立宅基地地籍档案。在坚持集体土地所有权不变的前提下,依法将宅基地使用权落实到本集体经济组织的农户,积极探索实行"两图一表"管理模式。加快推进农村宅基地确权登记,制定技术标准和规程规范,逐步建立县域内城乡建设用地统一登记信息查询系统。

2.试点推进农村宅基地固化

严格按照"一宅一户"标准推进宅基地固化。在一定期限内,按照符合分户条件的户均用地面积不超过130平方米(不含道路、绿化等用地)的标准,划定每一个村民小组的住宅建设用地总量,进行固化并具体到个人,由土地行政主管部门一次性下达建房用地指标,指标按年度需要分期实施。在该时期之后则一律不再新批任何宅基地,新增人口只能通过继承和购买的方式获得宅基地。建立存量宅基地的平衡与调剂机制,建议以村为单位,对村内所有宅基地进行了一次总体清算和处置,着力解决一户多宅、一户超占宅基地的问题。

3.探索宅基地有偿取得、有偿退出制度

改革目前的"三无偿"(无偿取得、无偿退出、无偿回收)制度,减少宅基地闲置浪费现象。探索有偿取得制度。农民取得固化宅基地时必须缴纳一定费用,费用金额根据各地区土地补偿费和劳力安置补助费标准确定。该费用由

县政府委托镇政府统一收取，再返还给村集体，主要用于本应由政府完成的固化宅基地区域的水路管网等基础设施配套。探索建立退出补偿激励机制，建立规范的宅基地退出结余指标调整利用及利益分配机制，制定多样化的补偿方式和合理的补偿标准，增加农民财产性收入。

4. 建立宅基地复垦奖励机制

建立宅基地复垦项目储备库，组织人员对老宅基地、废弃宅基地、违法宅基地逐一清查全面登记造册，建立复垦项目储备库。依法制定奖励政策，对拆除不符合土地利用总体规划或村庄建设规划的房屋，腾出原有宅基地并复垦复耕的，可以用于折抵当地新增建设用地指标，也可以作为新增耕地指标异地调剂。

（三）以"特色新村"为重点打造一批农村集居示范点

以"突出特色，统筹集居"为核心，在保护历史文化名镇名村和传统村落的基础上，推进集中居住，打造一批具有旅游休闲价值的特色新村落，重点在三方面开展试点。

1. 统一规划集中居住区

根据村庄建设规划要求，编制农村集中居住点规划，对村民居住点按照特色进行风格上的统一设计。简易流程设计（见图2）。鼓励各村因地制宜，探索集中居住区建设的具体模式。在城区近郊，主要结合新型城镇化建设，将农村人口吸引到集中居住区定居，逐步由按户分地向按人分房模式转变；通过土地信托流转促进现代农业发展，依托农业示范园、种养殖基地、休闲观光农业基地建设农民集中居住区；利用水利设施、旅游开发、生态保护等大型工程建设项目开展的征地搬迁补偿契机，安置农民集中居住；沿干线公路、城郊打造特色旅游村镇，发展"农家乐"乡村旅游业态，形成"统规自建"农民集中居住区建设模式。

2. 构建城区为骨干、集中居住区为节点的集约居住格局

打造一批农民集中居住区的同时，加快农民向城镇转移、向中心村集中的步伐，最终构建起以分层次的城镇为骨干、集中居住区为节点的城乡一体化新格局（见表3）。

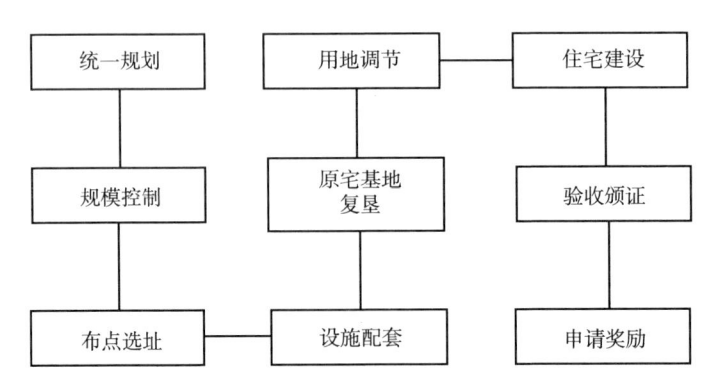

图 2　农村居住点建设程序

表 3　农村集中区层级划分

集中层级	集中区个数	集中户数
村民集中	视村的大小确定1～2个集中居住区	每个集中居住区集中户数不超过200户
跨村集中	相关邻村确定1个集中居住区	每个集中居住区集中户数控制在600～800户
城镇集中	①新型城镇化发展政策给予建议;②结合县实际,制定鼓励土地全部按土地信托流转方式流转出去的农民集中到城镇居住的相关政策	

注：参考了益阳市委政研室《农民集中居住区建设研究报告》。

3.打造一批特色新村示范项目

在县城区周边,特别是沿干线公路等区域,选择一批有条件的村试点,打造风格鲜明的特色村落,例如,芷江县"侗族村寨";浏阳可以借鉴长沙县"板仓小镇"模式,打造乡村游目的地。以修复民居保护与改造建筑风貌入手,引导农村居民集中居住,完善村落的基础设施,挖掘村落文化内涵,突出村落的家族、建筑、民俗、饮食、民间工艺、生态六大文化特色,将民居建筑风格艺术、奇特的民风民俗文化及自然生态环境等旅游资源进行有机整合,形成宅基地改革与旅游开发的协同创新。

（四）以"集约利用"为关键探索宅基地开发新模式

以"依法流转,集约利用"为核心,探索宅基地开发新模式,重点在以下四个方面开展试点。

1. 逐步建立县级城乡统筹土地市场

探索建立县级农村土地信托中心，赋予其土地收储、供应、交易、抵押担保等功能，使其成为农村宅基地权流转的主平台。参照建立城镇房屋交易市场的办法，由县国土、住房建设、农业等部门共同拟定宅基地流转市场制度与规则，建立专门的农村房屋与宅基地流转市场。推进该市场与城镇房屋交易市场或土地承包经营权流转市场合并，形成包括农村资产流转与交易的公开市场，村一级同步建立房屋与宅基地流转点。在农村因继承、分割、超面积等形成的一户多宅以及随着人口迁移空闲的宅基地，可以首先在集体组织内部流转，在条件成熟后，再逐步扩大流转范围，向镇（乡）域范围及县域范围内的流转。

2. 探索宅基地使用权－农房抵押制度

根据国务院印发的《关于开展农村承包土地的经营权和农民住房财产权抵押贷款试点的指导意见》，开展农民住房财产权抵押贷款试点，坚持依法有序、自主自愿、稳妥推进、风险可控的原则，有条件允许宅基地使用权与房屋所有权一同抵押，制定抵押管理办法。探索建立县级政府注资的宅基地使用权－农房抵押风险补偿基金，形成政府－金融机构分担风险的机制。为避免抵押家庭无房可住的情况出现，抵押家庭应当另有一处住房，才可将其房屋及宅基地使用权抵押。抵押权实现方式包括原房屋所有人以租赁的方式继续租住房屋或流转等。

3. 试点农村宅基地置换

在近郊地区，开展试点农户宅基地面积及住宅面积置换成城镇商品房的置换机制。将宅基地置换与所在地区产业发展、重大项目建设结合，与保留有价值的村宅风貌结合，与就地村庄改造新农村建设结合，推进新市镇建设。建立政府、企业与农民和农民集体间对宅基地增值收益的分配机制。在宅基地置换整理的增值收益中，要对置换整理的成本给予补偿，收益由政府、开发企业与农民集体协商决定。

4. 鼓励探索集约开发新模式

在市场参与和政府监管的前提下，以农家乐或乡村旅游为主题，积极引进企业统一规范经营农村宅基地的使用权；鼓励农村集体组织在获得审查批准的前提下，通过宅基地置换建设统一集居地，将原有宅基地一部分进行复垦为耕地恢复农用地性质，其余部分可考虑采取村集体、合作社或者公私合营的方式统一经营；鼓励村集体经济组织或农户将自有的闲置的农村房屋对外出租，开展合法的经营活动。

B.10
供给侧结构性改革背景下的汨罗市再生资源特色产业发展研究

彭鹏 杨雨 王莹*

随着经济社会快速发展，我国生态建设和环境保护遭遇日益严峻的挑战。再生资源产业能够将各种有价废弃资源从社会经济系统输出端输送回输入端，从而实现资源的循环利用，是解决资源枯竭、能源短缺、环境污染等诸多问题的根本途径，也是符合"五大发展理念"、顺应供给侧结构性改革的新兴产业和朝阳产业。湖南省再生资源产业目前已粗具规模，产业集群逐步形成，在全国占有重要地位。全省共有6家国家级循环经济试点工业园、2个"城市矿产"国家级示范基地、6个国家级大型再生资源回收利用基地，2015年总产值突破千亿元，到2020年产业规模接近两千亿元。汨罗市作为我国第一批再生资源回收利用建设试点基地，再生资源产业已有200多年的历史，初步建立了社会化的再生资源回收系统、加工利用系统和废弃物资无害化处置系统，"城市矿产"产业集群逐步形成。

在供给侧结构性改革背景下，我国更加重视产业的高端化、智能化、绿色化、服务化，对产业结构优化、企业技术改造以及传统产业转型提出更高的要求，汨罗再生资源产业发展面临机遇与挑战，本文在此背景下以汨罗再生资源产业为研究对象，分析指出其在供给侧结构性改革下的发展对策，以期为湖南省县域再生资源产业转型发展提供思路和借鉴。

一 汨罗市再生资源特色产业发展概况

（一）基本现状

汨罗市再生资源产业的前身是废品收购业，历经三个发展阶段：一是晚清

---

* 彭鹏，湖南师范大学副教授、硕士生导师；杨雨、王莹，湖南师范大学硕士研究生。

民国时期，农民走村串户收购废品的初始阶段；二是解放后，新市镇一带自发形成集散市场的废品回收形成阶段；三是21世纪初，建成专业市场、建设工业园的废品回收加工利用发展阶段。2000~2004年，汨罗市政府先后筹建了团山中心交易市场，建立了"中南再生资源大市场"，成为全国三大再生资源市场之一，并以再生资源集散市场建设为依托，成立了再生资源行业管理融资平台，使汨罗市再生资源产业的集群式发展迈上新台阶。通过多年发展，汨罗市再生资源产业已经从最初废品单一回收、分拣、打捆、外运，延伸到中期分类加工、拆解熔铸以生产可再生利用的工业原料，进而向加工生产终端产品发展，初步形成铜材回收加工业、铝制品回收加工业、不锈钢回收加工业、塑料回收加工业等板块，产业逐步向集群方向发展，目前已发展专业回收公司206家、经营户3500余户、收购网点5000多个，形成了以再生资源集散市场为中心、覆盖全国30个省（市、区）的回收体系，再生资源产业已成为全市的一大支柱产业。汨罗市再生资源产业的发展主要依托当地的循环经济产业园，目前园区已形成了五大主要功能区，包括再生资源交易市场区、电子产品制造区、塑料加工区、农机制造区、有色金属加工区，这五大功能区的产品延伸链条和废物代谢链条也已基本形成（见表1）。

表1 汨罗市再生资源产业发展现状

行业	主要生产工艺	主要生产设备	主要产品类型
铜	废铜→人工拆解→打包→熔铸→挤压成型→产品	工频炉、挤压机、拉丝机	再生铜锭、铜排、光亮杆、铜棒、铜板
铝	废铝→人工拆解→打包→压铸→产品	反射炉、铸轧机	铝锭、铝杆、铝板
不锈钢	废钢→人工拆解→打包→铸造→产品	反射炉、铸造机	不锈钢管、不锈钢板
塑料	废塑料→人工拆解→破碎→制粒→加热挤压成型→产品	挤塑机、挤压机、破碎机、加热炉	PVC板、型材、颗粒
橡胶	废橡胶→切胶→破胶→炼胶→加热挤压成型→产品	炼胶机、精炼机、切块机、加热炉	再生胶与鞋底等制品

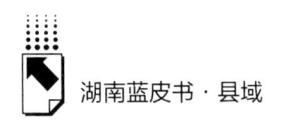

（二）存在问题

1. 产业集群规模小，组织化程度低

由于再生资源交易市场的空间限制，目前在交易市场内集中经营的企业少，尚有一定数量的经营户仍是分散经营，且规模企业数量少，资源没有得到充分整合。

2. 产业层次较低端，产业链需完善

目前多为加工作坊式的小规模生产经营形式，依赖于低素质的劳动力资源和经回收的再生资源。大多数企业仍是简单的初级产品加工，手工操作居多，生产效率低下。产品处于中低技术层面，缺乏技术创新能力，现加工的产品基本是半成品，产业链条短、产品的附加值不高。缺少自主知识产权、核心技术、研发能力和名牌产品。

3. 环境污染较严重，亟待绿色转型

在废旧物资的集中和分拣加工过程中产生新的固体废弃物和污水、废气，现有企业与居民区混杂，生产对城市水源、空气及声环境方面造成了一定的影响，环境污染治理措施及工艺有待进一步提高。

4. 发展机制不健全，地方财政压力大

随着再生资源产业的迅猛发展，对汨罗市的基础设施建设提出了更高的要求。再生资源回收企业经济效益低，对地方财政贡献有限，加之为推进再生资源产业发展制定实施了一系列优惠政策，这些优惠政策加重了地方财政负担。再生资源企业由于规模小、缺乏可靠的信用记录、财务管理体制不健全等问题，融资渠道狭窄，内源融资比例高而外源融资比例不足，且外源融资主要以中小资本为主。

二 供给侧结构性改革下汨罗市再生资源特色产业面临的形势

（一）发展机遇

1. 制度保障得到强化

高耗能的产业体系难以满足经济持续增长的要求，急需节能降耗，构建能源节约型的产业体系。再生资源特色产业是资源、能源节约型产业。国家对再生资源特色产业进行制度上的引导，从宏观政策上提出要加快培育再生资源产业，促进再生资源法律法规和标准体系进一步完善，明确再生资源特色产业在国家的法律地位，明确政府管理的职能，并设立若干条例做支撑。再生资源特色产业在园区上的相关政策也会逐渐得到加强。

2. 资金投入得到加强

中央尽可能避免对企业进行直接投资，而是将投资逐步投到区域层面。再生资源产业作为汨罗的特色产业，有机会吸纳更多的投资。同时，再生资源特色产业作为朝阳产业，国家将制定长期稳定的资源综合利用鼓励和扶持政策，加大对资源综合利用项目的资金投入力度。

3. 创新动力得到激活

国家层面将更加注重对再生资源特色产业创新的支持和引导，鼓励经营模式创新、加工利用模式创新，特别是"互联网＋"与再生资源特色产业的融合创新。目前已发布《"互联网＋"绿色生态三年行动实施方案》，并提出制订《"互联网＋"资源循环行动方案（2016-2020）》，对完善废旧资源回收利用和在线交易体系、促进再生资源回收行动转型升级等创新起到了推动作用。

（二）面临挑战

1. 行业阵痛不可避免

由于再生资源产业进入门槛低，市场存在乱象，国家将通过兼并重组联营的方式加快行业整合，提高行业的集中度。那么，技术水平落后，以人工拆解为主的小作坊式企业将被淘汰或兼并重组。而汨罗再生资源特色产业中存在数量较多的小作坊式企业，因此汨罗再生资源特色产业在一段时期内的发展仍会很艰难。

2. 风险防范能力脆弱

汨罗再生资源企业大多处于初级发展阶段，市场化转型相对滞后，以家庭经营为主，尚未建立现代企业制度，没有掌握规避市场风险的金融工具，甚至对于市场波动的反应都不够灵敏。目前制度环境较为不利，无法提供有力的保障，在此背景下，将会使尚未成熟的再生资源产业暴露于价格波动和市场不稳的双重风险中。这将是一个沉重的打击。

3.产业发展后劲不足

汨罗的再生资源特色产业企业普遍存在初加工多、精加工少，创新能力不强，产品开发能力弱，专业性差，产品技术含量低，产品质量不高等问题，缺乏市场竞争优势。面临经济下行的压力，生产企业将会陆续减少再生资源消耗，对于在前期巨额投资建设的再生资源回收企业来说，影响更甚，其经营规模将会大幅缩减，产能无法得到全部释放，再生资源回收加工量会逐渐减少。汨罗循环经济产业园建设已投入大量资金，还有大量基础设施需要持续投入，园区扩规模与调结构处于两难境地。有色金属价格波动大，价格因素影响着金属产品销售，利润明显下降。以上这些问题都制约着再生资源特色产业的发展。

三 汨罗市再生资源特色产业"十三五"时期发展对策

（一）突出"去产能"，优化提升产业结构

1.清退落后企业

做好再生资源行业的"主动减量"，以更加严格的安全、环保、质量、能耗等标准，依法依规淘汰再生塑料产业、再生有色金属产业方面存在的大量"过剩企业"和"僵尸企业"，引导企业通过兼并重组、转型转产、搬迁改造等主动退出产能。在引进一批生产、管理、销售成熟的塑料加工企业的同时，清退再生塑料产业中技术落后、长期亏损、污染严重的"僵尸企业"。在再生有色金属产业中，淘汰技术装备落后、环境污染严重、环保不达标的小规模再生铜、再生不锈钢企业；对再生铝加工行业进行分类、整合，由规模较大的企业牵头进行以大并小进行资产重组，并淘汰其中不可兼并重组的落后企业，使企业从数量多逐步向规模集中化转变，从而形成一批有一定规模能力的龙头企业。此外，对于列入淘汰名单的企业，停止补贴和保护，实现市场出清。

2.升级回收网络

构建遍布全国的回收网络体系，全面布局回收网点，创新回收模式，推行"互联网＋回收"模式，实行网上交易，优化回收体系，提升回收设施的智能

化水平与回收分拣的自动化水平。建立岳阳汨罗公路口岸暨固体废物进口口岸汨罗后续监管区和建立再生资源质量检测中心，优化物流渠道，保障固体废物供应充足和低成本，同时提高检测技术水平，进一步建立和健全工程质量检测体系。积极规范再生资源企业回收行为，以回收公司、经营户、网点为主，着力加大监管力度。重点建好再生资源二期市场，全力打造中南地区最大的再生资源物流园，以夯实再生资源产业回收平台。鼓励各类资本进入回收领域，加大对社会资本参与改造再生资源回收企业的支持力度，并支持进入再生资源回收、分拣和加工环节，形成集回收、加工、利用于一体的回收利用网络。此外，为促进废旧物资高效回收，依托社会中介服务组织和行业组织，利用互联网等手段，建立便捷的信息平台，定期发布各类废旧物品的相关信息。

3. 提高准入门槛

提高再生资源回收利用行业技术标准，提高准入门槛，在企业的规模、技术、装备水平和环境的要求上严格标准，以应对和解决再生资源行业普遍存在的企业规模偏小、技术水平较低，以及资源能源利用效率不高等典型问题，促进再生资源行业达到节能减排、资源高效和高值化利用的标准，最大限度实现"去产能"。以限定企业规模为行业准入首要条件，逐步淘汰全市不符合规定的生产小作坊，并具体规定新建规模和改建规模，培育行业龙头企业。在区域方面对设立企业的实行限制，严格进行节能减排，禁止或限制能耗污染较大的企业和项目进入再生资源相关领域，再生资源企业的设立要符合省、市的要求，禁止在生态敏感区设立废塑料、废金属再生企业。此外，积极鼓励企业进行自主创新，对于达到国家标准的企业创新技术和创新产品提供多项支持。

（二）突出"降成本"，营造良好市场氛围

1. 减轻企业负担

为了再生资源产业的减负提质，从税收、投资、收费、资金支持等方面入手，政府应着力提供政策保障。税收方面，基于现有优惠政策，进一步加大再生资源企业税收减免力度，对再生资源企业增值税、所得税采取退、返、免、减等政策；在投资方面，投资再生资源产业相关的建设项目，给予城市基础设施配套费等补助，实行减免各种规费的优惠；在收费方面，达到一定标准的企业享受优惠水价、电价等；资金支持方面，设立再生资源产业发展相关基金，

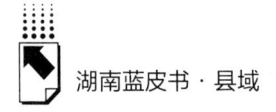

采用拨款资助、贷款贴息、补贴奖励等方式对企业进行多种形式的资助。在人工成本、税费负担、"五险一金"、财务成本、电力价格、物流成本等方面出台相关政策，帮助再生资源企业降低成本。

2. 减少行政干预

要继续深化行政审批制度改革，进一步减少政府对再生资源行业的行政干预，大幅缩减行政审批事项，实施负面清单管理模式，破除限制再生资源产业新技术新产品新商业模式发展的不合理准入障碍，减少企业创业创新成本。以市场为主导，强化和深化市场管理，减少政府对再生资源企业投资活动的过度干预，抵制不公平竞争行为，着力营造公开公平的竞争环境。同时，要以市场准入为基本条件，按照要求对现有未经过审批的大量再生资源产能进行规范化治理。

（三）突出"补短板"，推动产业升级发展

1. 夯实平台建设

按照功能分区，建好再生资源产业区、高新电子产业区、安防建材区、中小企业孵化区，实现产业多元、创新开放、创业兴旺的"一园四区"新格局。依托G107，建设绕城路、车站大道、创新大道等主干道13.5公里、次干道17.4公里、支路8.7公里，到2020年，形成"三横三纵"的路网骨架。建成岳阳汨罗公路口岸暨固体废物进口口岸汨罗后续监管区，全面承接岳阳城陵矶港进口的固体废物。坚持"市场化推进、规模化开发、标准化建设、功能化配套"的原则，着力实施创新创业园区发展"135"工程，加快标准厂房建设，力争到2020年，建成统一规划、功能配套的标准厂房30万平方米，引进创新能力强、成长性好的新型企业100家以上。建立和健全工程质量检测体系，建好再生资源质量检测中心、固体废物处置中心、生活垃圾填埋场等，完善供水、供电、供气、通信等基础设施，提升园区综合承载力。

2. 增强创新能力

深入落实《中国制造2025》，发挥"双创"在优化存量和催生增量方面的积极效用，提升再生资源产业创新发展能力。主要围绕质量提升、节能降耗、安全生产等方面改造，加快推进技术、工艺、装备和生产组织模式创新，推动再生资源产业数字化、网络化、智能化转型。积极创建再生资源创新中心，加大地方、企业等多层次创新中心建设。加快企业技术中心、工程

（技术）研究中心、重点实验室等创新平台的发展。鼓励有条件的再生资源企业在境外通过新建、入股、并购等方式建立研发机构、技术中心。深化产学研合作，围绕再生资源产业关键领域，支持高校、科研机构联合企业共同开展相关科技计划。发挥再生资源行业骨干企业的主导作用和高等院校、科研院所的基础作用，推进产业创新联盟建设和博士后科研工作站建设，开展产学研用协同创新。

3. 延伸产业链条

汨罗再生资源产业发展以特色化、专业化、集群化为主要方向，大力引进一批精英企业，包括产业关联度大、带动性强的精深加工企业，市场广阔、成长性好的下游企业等，同时引进一批战略投资者，促进再生资源企业之间进行产品、副产品以及原料的再循环和再利用，推动上下游企业实现无缝链接，不仅能提高资源的利用率，同时产品的附加值也得到最大提升。增强汨罗再生资源产业的开放性，形成完善的现代化物流体系，建立高度开放的信息服务平台，对外加强再生资源利用加工产业链联系。加强与国内外、省内外大型工业制造业、建材、家具、食品等企业的合作，采用"一对一"的发展模式，形成上下游连接关系。一方面可利用大型企业的资源和物料网络，加快要素的流动；另一方面依靠大型企业发展规模，带动再生资源企业产能的提升，促进再生资源产品工艺的升级。

4. 推动绿色转型

围绕全市节能减排和强化污染物总量控制，大力开展再生资源产业园区环境保护和节能减排工作，发展绿色园区，争取国家低碳工业园区试点示范，加快再生资源产业低碳化改造，促使已有和新建的再生资源企业低碳转型。基于全市环境容量进行产业结构调整和优化布局，使再生资源产业布局、经济发展规模和速度与全市环境承载力相适应。推进再生资源产业循环化改造，促进企业内部、企业之间废物交换利用、能量梯级利用、废水循环利用，打造一批国家级、省级循环经济示范企业。逐步建立和完善再生资源产业项目准入和退出机制。建设智慧环境保护与节能减排管理平台。加快再生资源产业园区污水回收管网、绿色防护带、垃圾处置中心等建设。加强再生资源园区土地节约集约，提高闲置土地利用效率，增强土地效益。

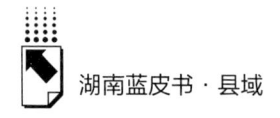

参考文献

王良健、何琼峰、文嫣:《湖南省汨罗市再生资源产业集群升级研究》,《中国人口、资源与环境》2008年第2期。

何琼峰、高志敏、王良健:《汨罗市再生资源产业现状及发展战略研究》,《再生资源研究》2006年第4期。

张德元:《再生资源行业四大问题及对策》,《中国投资》2015年第12期。

田西、吴玉锋、刘婷婷等:《京津冀城市圈生态一体化下的再生资源产业链协作模式初探——以再生铅为例》,《环境保护》2015年第2期。

B.11 湖南县域经济特色化战略研究

唐 瑾[*]

从县域经济的自身发展规律与发展特点来看，没有特色的县域经济不可能是发展合理的、发展潜力大的县域经济，没有特色的县域经济必然会是结构不合理、水平落后的县域经济。特色经济必然是县域经济发展的突破口和重头戏。

一 县域经济必然是特色经济

（一）特色经济是发展县域经济必然选择

县域特色经济发展是一个科学的战略决策，是增强县域经济核心竞争力的客观需要，是县域经济可持续长远发展的必然要求，更是谋求县域经济发展的重要举措。

1. 发展特色经济是顺应区域经济发展的大势所趋

一个地区的经济发展必须要具备自身的特色，形成特色经济，这是区域经济发展的必然趋势与规律。区域的分工与协作理论就是要求不同的区域根据自身的特点发展不同的产业，在分工的基础上进行协作，共同促进。从世界范围内的区域经济发展实践来看，他们各自都有鲜明的特色产业与产品，都把发展特色经济作为谋求发展新优势的重要举措。对于湖南县域经济的发展来说，既有机遇，更面临很多挑战。要想在挑战中快速发展自己，就要着重培育自身的核心竞争力，而核心竞争力的培育离不开特色产业的发展。

---

[*] 唐瑾，湖南外贸职业学院院长，教授。

2. 发展特色经济是社会主义市场经济发展的客观要求

从一定程度上说，市场经济也是一种特色经济。市场经济是一种竞争经济，有市场就必然有竞争，任何产业与产品要想在激烈的市场竞争中取胜，就必然要独具特色。同样，市场经济背景下的县域经济发展也会面临着激烈的竞争压力，如何在竞争中抢占先机，就必须要求各县大力打造自己的特色经济，这是市场经济发展的客观要求。

3. 加快发展特色经济是县域经济超常规发展的必然选择

一个县的经济要想超常规发展，就必然要求其在充分发挥自身优势的基础上加快发展特色经济。如果每个县的经济都一样，结构趋同，就形成不了自己的特色，那么这个县的经济不但不能很好地发展，更不可能超常规发展。因此，县域经济要加快发展，必须要有超常规的思路与措施，要在紧紧依托自身发展比较优势的基础上科学决策，选择好特色产业与特色产品，培育独具特色的主导产业，提升竞争力，从而实现县域经济的跨越式发展。

（二）特色县域经济的基本内涵

湖南所有县市的经济、社会、文化、自然条件和基础条件各不相同，而且差异较大，虽不能说每个县市都能找出与众不同的特殊之处，但按比较优势理论，相比而言绝大多数县还是存在特色经济的。全面把握县域特色经济的基本内涵是以具有比较优势的特有资源为基础、以市场需求为导向、以特色产品及其品牌为核心、以特色产业体系为依托的一个系统工程。

特色县域经济在内涵上应包括以下六个层面的内容。

一是要有极具特色的产品。县域特色经济以特色产品为载体。这些特色产品一般都有自己的品牌，有较大的产量并具有较强的市场竞争力。

二是要有特色的主导产业。在市场经济体制下，在特色产品的基础上必然会形成特色的产业，形成县域的主导产业，县内会有众多的企业来支撑主导产业的发展，并在此基础上形成特色产业群，规模与产值较大，围绕着特色产业的发展会配套许多相关产业，从而形成上游与下游产业紧密联系、互相促进的产业链。

三是要依托特有的资源。县域要发展特色的产业，生产特色的产品，必须立足本地实际，依托其一些特有的资源，如自然资源、旅游资源、人文资源、区位与交通资源等。只有建立在县域特色资源的基础上的特色产业，才是真正的特色和长久的特色，否则是不可能发展特色经济的。

四是要有特色的技术。发展特色经济，生产特色的产品，要使特色的产业能够可持续地发展，就必然要有自身特色的技术，就必须要开发和使用先进的技术与先进的工艺。

五是要有特色的品牌。同一种产业、同一种产品，要想能尽量大地占领市场，品牌打造也很重要。这就要求在特色产业中的企业能够做大做强，有自己自主的技术、自主的核心产品以及自己的品牌，并通过市场营销等多种手段，树立自己的品牌，打造自己的特色品牌，通过品牌来占领市场，通过品牌来彰显特色。

六是要有特殊的政策。县域经济发展中要体现特色，就必须要有特色的产业与特色的产品，特色的技术与品牌，而这些特色产业与产品的发展，也必须要有特殊的政策来扶持与引导，来支持、帮助、服务及保护县域特色产业与企业的发展，为打造县域特色经济提供支撑与保障。

二　着力培育县域主导产业

（一）突出主导产业在县域经济发展中的重要地位

主导产业是县域经济的龙头，每个县的经济发展都要有其主导产业，只有选准并培育好县域主导产业才能使县域经济得到快速发展。培育主导产业是发展县域经济的重要内容与主攻方向。县域经济的过程，实质上就是不断培育主导产业的过程。

县域主导产业是指在一定发展阶段县域产业结构中起重要主导作用的产业。它在县域的所有产业中占有较大比重，产品的市场前景广阔并具有较强的市场竞争力，带动能力强，往往能形成上下游产业紧密联系的产业链或产业集群。

县域主导产业对县域经济发展的作用体现在三个效应上：回顾效应、旁侧效应和前瞻效应。所谓回顾效应是指主导产业对其上下游产业及其他相关产业和部门的带动效应；旁侧效应是指主导产业对其所在地区周边区域经济发展的影响；前瞻效应是指主导产业对新工业、新技术、新原料、新能源等的刺激和

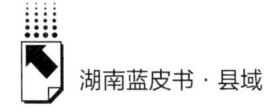

诱导作用。主导产业之所以是决定县域经济发展的龙头，可以从主导产业与其他产业的区别中体现。主导产业有别于一般的产业概念，也有别于一般的行业概念，其是以发展一个行业为主的，包括为这个行业发展所需要的一、二、三次产业的集合，是一种团队性、链条式的经济。根据经济学的相关理论，按产业功能分类，可将区域的全部产业分为主导产业、辅助产业和基础产业三大类。

主导产业具有规模大、产品适应性强、市场占有率高、产业链条长、市场组织化程度高，以及有专业性的配套科研机构和培训机构，形成了较广泛的科技引进、交流网络等特征。

辅助产业是围绕着主导产业发展起来的协作配套产业。作为配套产业，辅助产业分别在后向、前向、侧向三个方面与主导产业相衔接。后向联系产业就是为主导产业提供产前服务的产业；前向联系产业就是为主导产业提供产后服务的产业；侧向联系产业就是为主导产业提供配套的产业。主导产业的发展程度决定着辅助产业的发展程度，有什么样的主导产业，就会相应地要求发展什么样的辅助产业。

基础产业是指为了发展社会生产和保证生活供应而提供公共服务的部门、设施和机构的总称。主导产业与辅助产业的建立与发展都依赖于基础产业的发展。因此，主导产业不仅决定着县域经济的发展方向、速度、性质和规模，而且决定着整个县域经济发展和产业结构的合理化。

县域主导产业缺位主要表现在两个方面：一是县域经济发展过程中一直没有形成自己的主导产业，或者原有的主导产业随着经济社会的发展已经过时，并面临衰退与淘汰的境遇，不能再作为县域的主导产业；二是虽在县域经济发展中形成了主导产业，但还不能真正起到"主导"的作用，其带动能力很有限。这些地方一般都存在着"三多三少"的现象，即传统产品、产业多，高新技术产品、产业少；数量多，上规模的少；粗加工的多，深加工的少。发展县域经济需要主导产业的带动，一旦主导产业缺位，就会造成整个县域经济发展受阻甚至停滞，就会使得县域所有产业形不成结构紧凑、相互依存的县域经济有机整体。

（二）加快培育县域主导产业

选择培育县域主导产业是一项复杂而长期的系统工程，要加快培育县域主导产业，应该从以下几个方面努力。

1. 充分把握县情、立足县情

在选择与培育县域主导产业时，必须要对县域的基本情况进行充分调研，要对县情进行 SWOT（优势、劣势、机遇与挑战）分析，深入把握县情，对一个县所存在的绝对优势与相对优势要进行分析，找出一个县的比较优势，或者最具优势的资源或者条件；分析一个县经济发展所面临的问题与存在的不足，同时，对县域经济发展的机遇与挑战从微观与宏观层面进行分析。在此基础上，立足本县的优势与特色，采取非均衡的倾斜的发展战略，来重点培育 1~2 个产业，最终将这些产业发展成为县域主导产业。

2. 合理调整产业结构

在县域经济的发展中，根据县情实际选择与培育好主导产业的目的，政府则应该通过政策引导或者限制，对县域的产业结构进行战略性调整。要想主导产业做强做大，做出上规模、上品牌，仅靠单个产业或者单个企业不可能做到。一方面要大力开办以主导产业为核心的企业，让同类的企业集聚而形成产业集聚效应；另一方面，要大力发展与主导产业相配套的辅助产业与基础产业来支持与帮助主导产业的发展。要以主导产业为龙头，以产业链为主线，辅助产业与配套产业为支撑的县域产业结构和综合体系，使主导产业与其配套产业、辅助产业相辅相成、相互促进、共同发展。

3. 多样化与差异化发展

县域主导产业必须采取多样化与差异化的发展方式来推动。对于县域的传统产业，要通过技术改造与设备更新来提质提升，从而进一步确立传统产业的优势。对于县域的新兴产业和市场前景广阔的产业，应当集中资金、技术、人才来重点开发和重点培育，逐步形成产业优势，并培育成县域主导产业。对于县域有潜力的产业，通过搞好科研、开发品种、储备人才等措施为其今后开发做好准备。

4. 严肃产业的继承性与连续性

县域主导产业的选择与培育一定不能朝令夕改。经过科学论证后选准的县域主导产业一经确定，就应当做好县域经济发展的战略重点来大力推进，要严肃产业的继承性与连续性，要保持相关产业政策的连续性。在调查中发展，我们了解到在湖南县域经济的发展中，由于县里主要领导的变动比较频繁，出现了"换领导就换思路""换领导就换项目"的现象。县领导一味地追求政绩，不同的领导选择不同的主导产业，追求自己任期内的业绩，结果导致当地没有真正的主导产业。这种缺乏连续性的领导行为必将阻碍县域经济健康持续的发展。因此，只要是通过充分论证而被证实了的主导产业是科学合理的，就必须按照前任或者前几任的规划持续干下去，要保持主导产业的继承性与连续性。

5. 提高主导产品的知名度

县级政府及相关企业要一起努力，做好主导产品的广告宣传，从而提高主导产品的知名度。可由县政府出面牵头，对县域内的所有主导产业的产品进行整体策划与有效包装，根据目标市场的需求特征，突出自身的特色与优势，从而打造自己独特的品牌。同时要做好广告的媒体选择，不同的媒体宣传效果不一样。要加大网络宣传的力度，确保宣传的效果。还要做好广告的预算，并能确保经费的投入到位。通过多途径、多形式的宣传促销，来着力提高主导产品的知名度。这对发展县域特色经济、促进产品的销售等都具体十分重要的作用。

6. 加大对主导产业的资金投入

一方面要增加各级财政资金的投入。通过财政资金的支持来重点扶持好效益好、带动能力强的主导产业项目。二是主导产业下的相关企业要自己筹集资金来发展壮大自身，加大企业技改资金与科技研发资金的投入。三是要尽量争取金融信贷机构的支持。要尽快建立基层农业发展银行，完善农业政策性银行体系，并通过发放小额贷款、发展小银行、充分利用民间资本、发展民间信贷等形式，为发展主导产业增加资金投入量。

7. 着力提高主导产业的科技水平

一是主导产业下的相关企业要通过技改、创新、研究发明、引进等多种途径来提高自身的生产技术与生产工艺和增强主导产品的科技含量。二是县级政府要制定相关优惠政策，动员科技部门、研究机构、大专院校深入推广先进的实用技术，进而提高科技的转化率与应用率。三是要围绕本地区的主导产业，大力开展对青壮年的职业教育，使劳动者都能掌握一两项实用技术，逐步形成多层次、多领域的科技培训机制，提高劳动者和管理者的素质与能力。四是要采用"走出去，请进来"的办法，培养各类技术人才。要鼓励各类专业人才特别是大中专毕业生到县里来工作，并制定相应的优惠政策，让他们能发挥所长，促进主导产业的发展。同时，从县域选拔一些骨干到大专院校、国有企业和科研院所进修学习，提高主导产业管理人才的素质与能力。

8.要营造良好的发展环境

为培育与促进县域主导产业的发展，县级政府必须要营造好一个良好的发展环境，具体主要包括"硬环境"与"软环境"两个方面。从"硬件"来看：一是要加快以交通、水利、能源等为重点的县域基础设施建设。二是要注重提高科技研发与应用的水平。从"软件"来看，一是要强化制度建设，完善相关优惠与引导政策，以政策来促发展，以制度来规范发展。二是要不断完善利益分配机制和监督机制。三是要注重人才的培养与引进，提高管理者与生产者的能力水平与素质，为主导产业的发展提供支撑与保障。

三 转型发展以提升县域经济特色化内生增长能力

特色发展是县域经济发展的必由之路，但在当前我国经济新常态下与供给侧结构性改革的新背景下，要更好更快地发展县域特色经济，就必须通过一系列转型来提升县域特色经济内生增长能力。

（一）资源配置方式的转型

党的十八届三中全会中指出，市场要在资源配置中起决定性作用。为此，县域经济发展中的资源配置就应该由计划配置向市场配置方式转变，充分发挥市场在资源配置中的决定性作用。资源配置方式的转变，从某种意义上说也是政府职能的转变，政府的职能应从过去那种行政命令与计划安排型向宏观调控与引导服务型转变，政府应逐步退出竞争性领域，尽可能运用市场机制来配置社会各种资源。如县域范围内的带垄断性质的产业和公共基础设施资源配置，可以引入市场竞争机制，提高资源配置的市场化程度和配置效率；县级政府掌握的公共资源的配置，也可通过市场提高其配置效率，做到公共资源配置的价值最大化。当然在实施市场配置中也离不开政府的引导与调控，在当前我国社会主义的初级阶段，市场经济体制还很不完善，市场也不是万能的，完全依赖

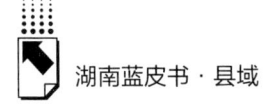

市场配置资源也会存在着很多缺陷。因此，在市场失灵时政府应主动做出决策来弥补这些市场缺陷。

（二）所有制结构的转型

县域所有制结构的转型就是指县域经济的发展中要大力发展民营经济，逐步实现由以公有制经济占主导地位的经济结构向以非公有制经济占主导地位的经济结构转变，从而实现县域经济结构中的所有制结构的转型。从沿海发达省份的县域经济发展来看，他们的所有制结构转型完成得很早，在其县域经济的所有制结构中，民营经济所占的比重相当大，至少超过了70%，是县域经济发展中的重要组成部分，其起着主导和决定性的作用。通过他们的发展经验可以看出，凡县域民营经济发展快发展强的县，其县域经济的发展就快而强，凡县域民营经济发展慢的县，其县域经济的发展就肯定慢而弱。在当前湖南县域经济的发展中，民营经济发展速度整体加快，在县域经济中的比重在逐步提升，但占的比例还不大，还没有起到主导作用甚至决定性的作用。民营企业的规模小、效益低、技术水平不高，管理体制大都以家族式为主，要加快推进民营经济的发展还存在着诸多困难与阻力，因此，加快推进县域所有制结构的转型势在必行，刻不容缓。

（三）县域三次产业结构的转型

根据英国经济学家克拉克的理论，区域三次产业结构是不断向高级化阶段演进的，三次产业的演进变化趋势是不一样的，第一次产业在产业结构中的比重逐步下降，第二、三次产业在产业结构中比重是逐步上升的，合理的高级化的产业结构应该是"三、二、一"的结构。按照克拉克的观点，县域经济的三次产业结构的演变也应遵循此规律，县域三次产业结构也应逐步实现战略性的转型，即由过去的农业或以第一产业为主体的县域经济向以工业或第二产业为主体的县域经济转型，在第二产业发达的基础上，再逐步实现向第三产业主体的县域经济转型。从目前来看，湖南省仍有很多县的三次产业结构中，第一产业所占的比重太大，有的甚至超过50%，县域三次产业结构转型的任务还很艰巨。农业是国民经济的基础，县域工业与第三产业的发展均应建立在发达的农业基础之上。但一个县域经济要实现现代化，县乡财政要增长，农民要增收等，主要还是靠工业与第三产业。三次产业结构转型从本质上说在县域经济转型任务中最为关键。

（四）县域主导产业的转型

在县域经济的发展中，要发展特色经济，就必然有特色产业，这些特色产业也必将成为县域经济发展中的主导产业，因此，县域经济的发展要培育、扶持和打造具有该县特色的主导产业，这是县域经济发展的必然规律。综观县域经济发展的历程和全国不同地区的县域经济发展，各县的主导产业是各不相同的，而且每个县在发展的不同阶段，其主导产业也是不一样的，主导产业在同一个县的发展中也是动态的、变化的。这是因为在不同的历史时期，不同的发展阶段，主导产业的自身也有其生长发展的内在规律，有其成长、成熟和衰落的过程，当主导产业处于衰落阶段时，其就不能再作为县域的主导产业来重点发展了，就必须重新寻找和培育新的主导产业，主导产业必须进行转型。

根据湖南县域经济发展的实际情况，县域主导产业的转型可以分为三种类型：第一类型是以农业为主导产业向以农产品加工业为主导产业转型。通过农业产业化和农业工业化大力发展农产品加工业，以此来吸纳农村剩余劳动力，增加农民收入，开拓农村市场，从而推进县域经济的大发展。第二类型是以农业为主导产业向特色工业或者重工业为主导产业转型。第三类型是以农业为主导产业向以第三产业为主导产业转型。如以新型服务业为主导产业、以旅游业作为县域经济发展的主导产业、以商贸流通和物流业作为主导产业等。

（五）县域经济增长动力转型

从区域经济学的实践来看，区域经济增长的动力主要来源于内需拉动、出口牵引和投资推动三个方面，这三方面又号称"三驾马车"。一个区域的经济要想实现持续稳定地增长，这"三驾马车"必须并驾齐驱，缺一不可。然而从湖南县域经济发展的现状来看，其增长的动力明显不够，三个方面的动力只有一到两个，基本上所有县的经济增长都依靠投资来推动，这种投资的来源主要是财政的投资和招商引资两个渠道。作为拥有广大农村区域的县域，受各种因素的限制，内需明显不足；而对于出口牵引，除了像浏阳市、醴陵市、邵东县等少数县市外，绝大多数县几乎没有什么产品出口，因此，靠出口牵引为动力来推进县域经济的发展就显得力不从心了。为此，湖南县域经济要加快发展，县域经济结构要实现战略性转型，就必须推进县域经济增长动力的转型，使县域经济的增长动力从单一的投资推进型向内需拉动、出口牵引和投资推进"三驾马车"共同推动型转变，促进湖南县域经济走上可持续健康发展的轨道。

（六）县级政府职能的转型

在新形势下，县级政府的职能转变是对县域经济发展提出的必然要求，必须做到县级政府职能与县域经济发展相一致，为县域经济发展提供规划引导，督促市场主体在法治化的环境里运营，为县域经济的发展做好服务。党的十八届三中全会明确指出，要切实转变政府职能，深化行政体制改革，创新行政管理方式，增强政府公信力和执行力，建设法治政府和服务型政府。因此，县级政府转型的目标就是要构建法治政府与服务型政府。县级政府要积极做好主导产业引导，当好引路人；要把特色经济发展导入市场经济发展的轨道，充分发挥市场的作用，当好经纪人；要为特色经济发展提供全方位的支持与服务，当好服务人；要发挥经营大户与大企业的示范作用，广泛利用各种媒体资源，当好宣传人；要维护好特色经济主体的切身利益，保障其合法权益，当好保护人；要加强有助于县域特色经济发展的基础设施建设，当好铺路人；要尽快构建支持县域特色经济发展的投融资新体系，当好引资人；要切实加强政府自身建设，当好模范人。

参考文献

舜太运、顾宝凤：《加快发展县域特色经济的战略思考》，《经济工作导刊》2001年第8期。

李铜山：《论我国农村主导产业的选择和培植》，《中州学刊》1999年第5期。

唐瑾：《发展特色经济　增强湖南县域经济内生增长能力》，《经济师》2014年第5期。

陈朝宗、张春霞：《提升县域经济竞争力的战略思考》，《福建行政学院福建经济管理干部学院学报》2003年第9期。

湖南省县域经济领导小组办公室：《努力探索各具特色的县域经济发展新路子》，《湖南日报》2013年11月7日。

刘洪明：《特色产业对经济发展的影响研究——以大樱桃为例》，《湖北广播电视大学学报》2010年第4期。

高文：《发展特色农业是转变农业增长方式的有效途径》，《农业知识》2010年第8期。

闫永琴：《县域经济内生增长机制是怎样形成的》，《人民日报》2010年6月24日。

胡祥勇：《湖南县域经济转型发展研究》，湖南农业大学，博士学位论文，2013。

唐瑾：《新一轮农业结构调整中基层政府的行为优化》，《地方政府管理》2001年第6期。

县 域 篇

Reports on County – Level Issues

B.12
构建浏阳现代产业体系研究

余勋伟*

党的十八大提出,要以科学发展为主题,以加快转变经济发展方式为主线,着力增强创新驱动发展新动力,着力构建现代产业发展新体系。现代产业体系,是指以高科技、高附加值为主要特征,以先进制造业、现代服务业、现代农业为核心,产业间关联紧密、协调有序的新型产业形态。加快构建现代产业体系,是推动结构大调整的现实需要、打造发展新支点的必然要求、提升综合竞争力的战略举措,对浏阳率先全面建成小康社会和建设省会副中心、湘赣边区域性中心城市具有十分重大的意义。

一 浏阳构建现代产业体系的现实基础

(一)浏阳现代产业发展历程回顾

自新中国成立以来,浏阳产业发展历经了以下三个阶段。

---

* 余勋伟,中共浏阳市市委副书记、市长。

1. 现代产业萌芽期（1949~1978年）

新中国成立初期，浏阳三次产业的产值结构和从业人员的数量结构都呈现"一、二、三"分布格局，农业的产值占比在80%左右，从业人员占就业总人数的90%以上；工业呈现整体薄弱而零散的特征；服务业主要集中在传统的商贸领域，三次产业的联系主要体现为自然经济条件下的简单商品交换。随着国民经济恢复和工业化起步，产业结构逐步转向"二、一、三"，现代产业开始萌芽。

2. 现代产业起步期（1978~1997年）

党的十一届三中全会后，浏阳开始由计划经济向市场经济转变，产业结构不断调整变动。1978年，全市三次产业结构为"一、二、三"；1991年，三次产业结构调整为"二、一、三"；1998年，第三产业首超第一产业，三次产业结构调整为"二、三、一"模式，这一模式一直延续至今。在这期间，三次产业间的联系逐渐紧密，现代经济结构特征逐步显现，产业结构和从业人员比重开始趋向合理。

3. 现代产业成长期（1998年至今）

经济学界认为，在发展中国家，现代产业是指工业增加值占GDP 50%左右，第三产业所占比重稳步上升的产业构成。1997年，浏阳第二产业在三次产业中占比首次超过50%，达到51.7%，此后逐年上升，在2013年达71.8%。与此同时，第三产业增加值比重在2006年达到最高值（31.4%）后，由于第二产业的强势崛起，三产比重呈逐年下降趋势。从发展阶段来看，浏阳已处于工业化中后期，现代产业基本构架已经形成。但要构建更高层次的现代产业体系，还需在保持工业高速发展的同时，加快产业融合，增加现代服务业在经济结构中的比重（见表1）。

表1　浏阳三次产业结构变动趋势

单位：%

年份	第一产业	第二产业	第三产业
1978	63.4	21.0	15.6
1991	38.7	39.1	22.3
1997	24.3	51.7	24.0
1998	22.2	53.3	24.6
2006	12.7	55.9	31.4

续表

年份	第一产业	第二产业	第三产业
2007	11.9	57.6	30.5
2012	8.8	70.9	20.3
2013	8.5	71.8	19.7
2014	8.5	71.1	20.4
2015	7.0	73.5	19.5

（二）浏阳现代产业发展现状

1. 农业：现代农业引领农业提质发展

——农业产业结构不断优化。花木、水果、蔬菜、油茶、油菜、烤烟、农产品加工等特色产业稳步发展，全市种植花卉苗木20.3万亩，水果17万亩，蔬菜45.6万亩，油茶80万亩，油菜46万亩，烤烟7万亩，年出栏生猪197万头，保持全国粮食、生猪生产重点县市地位，是"中国花卉苗木之乡""中国油茶之乡"。

——农业规模经营日益壮大。2015年新培育农民合作社489家，累计达3989家，居全省各县市之首。沿溪、古港蔬菜产业结构调整示范片和大围山水果特色产业园入围省"百片千园万民"工程。创建长沙市级标准化农业生产示范基地46个。土地流转依法、规范、有序开展，实现土地流转169.6万亩，基本实现了农业规模化生产、集约化经营。

——农产品精深加工强劲发展。截至2015年，全市农产品加工企业发展到1821家，产值2000万元规模以上企业有115家，新增省级龙头企业3家、长沙市级龙头企业10家。2015年全市实现农产品加工总产值246亿元，增长21%。

2. 工业：新兴工业逐步成为工业主体

——生物医药产业迅速壮大。目前，全市共有尔康、华纳大、威尔曼等医药企业76家，其中规模以上企业38家，2015年实现规模工业总产值248.7亿元，增长28.5%。浏阳经开区作为专业性的生物医药园，其综合实力位居全国第四，是联合国工业发展组织示范基地之一。尔康制药作为园区医药龙头企业，研发的木薯淀粉胶囊处于国际顶尖水平，总投资58亿元、年产值300亿元的粒淀粉胶囊生产基地一期项目已竣工投产，将成为浏阳新兴工业新的增长点。

——电子信息产业发展迅猛。目前，全市共有电子信息企业30余家，其中规模以上企业8家，2015年实现规模工业总产值470亿元，增长20.2%。其中，蓝思科技已发展成为湖南省出口总量最大的企业，2015年实现产值390亿元，增长23.4%。投资80亿元的蓝思科技三期及总部基地项目即将建成投产，投资120亿元的基伍手机整机生产项目正在加快推进，电子信息产业有望迎来新一轮跨越发展。

——装备制造产业前景广阔。按照长沙工业"西高东制"（长沙西部发展高新技术产业，东部发展制造业）的发展战略基本布局，浏阳制造产业基地属于长沙制造业发展的规划区，能够较好地承接长沙市内制造企业的外迁，与长沙高新区、经开区等工业园区形成环绕长沙城区的制造产业带，发展前景广阔。目前，浏阳制造产业基地作为全国首家国家级再制造产业示范基地，形成了工程机械、汽车零配件和再制造三大特色产业体系。2015年，装备制造企业实现产值222.4亿元，增长30%。

——食品饮料产业后劲十足。作为传统蔬菜种植大县，浏阳具有巨大的原辅材料优势和加工工艺优势。目前，全市共有食品饮料生产企业160余家，其中规模以上企业57家，70家企业被评为省、长沙市农产品加工龙头企业；食品饮料产品类别上百个，拥有中国驰名商标2个、湖南名牌8个、湖南著名商标19个，以食品饮料生产企业为主体的两型产业园成功获批湖南首家"特色食品产业园"。2015年，食品饮料产业实现规模工业总产值98.7亿元，增长22%。

——鞭炮烟花加速转型升级。浏阳作为"中国花炮之乡"，具有悠久的鞭炮烟花生产历史，已成为全国乃至全世界最大的花炮生产基地。近年来，面对安全环保的压力，积极推进鞭炮烟花产业走"四化两型"之路，即加速集约化经营、专业化分工、机械化生产、信息化管理的进程，推进花炮产业朝"安全型""环保型"方向发展，成功实现了转危为机。两年来共淘汰小、散、乱、差花炮企业200家，组建了三联、颐和隆、东信等14家集团公司。2015年，花炮产业集群实现总产值220.1亿元，增长8.9%。

3. 三产：休闲旅游业成为新的增长点

——文化休闲旅游增势强劲。浏阳旅游资源非常丰富，有大围山国家生态旅游示范区、胡耀邦故居、秋收起义纪念园等一批旅游品牌，有周洛、凤凰峡等十大漂流基地和中南地区独有的室内、室外两大滑雪场。旅游服务功能齐全，有星级旅游饭店9家，其中五星级1家，有星级农家乐37家、旅行社36家、专业旅游车队3家、省级旅游购物示范点1处，有菊花石雕、豆豉、根雕、茴饼、黑山羊等一批享有盛名的旅游特色产品。市内各景点实现全程高速直通，形成了"春赏花、夏漂流、秋品果、冬滑雪"的中南地区独具特色的旅游线路。2015年，全年接待游客1433.1万人次，实现旅游收入146.2亿元，分别增长13%和18%（见表2）。

表2 2009～2015年浏阳境内旅游经济指标

年度	国内旅游者（万人次）	同比增长（%）	国内旅游收入（亿元）	同比增长（%）
2009	440.30	—	26.40	64.8
2010	570	29.5	35.01	32.6
2011	702.10	23.2	47.90	36.8
2012	898	27.9	82.20	71.6
2013	1033.28	15.1	100.48	22.2
2014	1268.73	22.8	123.95	23.4
2015	1433.10	13.0	146.20	18.0

——文化创意产业来势喜人。以文化产业园为依托，充分发挥人文历史、生态环境和交通区位优势，把文化资源优势转化为文化产业优势。目前，园区共有16家移动互联网企业和一批优秀数字创意团队，打造了省内首个移动互联网创业中心和"焰遇浏阳河"城市公众平台，搭建了"文化产业股权融资交易平台""创意格子铺""创意集市"等融资孵化平台，以"欢乐浏阳河""智慧浏阳河""浪漫浏阳河"为内容的浏阳河文化价值体系正得到逐步完善。2015年，全市共有各类文化企业1200多家，实现文化产业总产值385亿元，增长13.5%。

——电子商务产业加速成长。截至2015年，在工商注册登记的电子商务公司共有390家，其中2015年新成立28家；在阿里巴巴登记注册的企业共有4124家，其中以花炮、苗木、医药、炭雕、机械、食品为主，有淘宝卖家2350家。湖南一朵、泰尔制药、绿之韵、九道湾等企业积极拓展电子商务营销，带动超过50%的企业启动了电子商务平台的运作。

——金融保险产业健康发展。目前，全市共有银行金融机构17家，融资性担保公司2家，小额贷款公司4家，证券营业部2家，保险公司24家。2015年，全市金融机构存贷款余额分别为527.2亿元、421.6亿元，增长21%和16.8%。金融环境不断优化，先后被授予"金融安全区达标单位"、全省首家"金融安全区"等称号，并一直保持至今。

二 浏阳构建现代产业体系的条件分析

（一）有利因素

1. 产业基础优势

浏阳产业经过多年的积累与发展，产业结构不断优化，产业链不断延长，发展质量不断提升。目前全市已逐步形成了电子信息、生物医药、机械制造、鞭炮烟花、健康食品、生态旅游、现代服务、文化创意等八大产业集群。截至目前，全市共有登记注册企业1.2万家，规模企业829家，高新技术企业98家，产值过亿元企业300家，上市企业5家。2015年，全市实现规模工业总产值1975.3亿元，增长16.8%。其中传统花炮产业实现税收10.9亿元，占全市税收的13%，电子信息、生物医药、机械制造三大产业实现税收18.1亿元，占全市税收的29.6%，形成了新型工业与传统花炮产业多点支撑的格局，为构建现代产业结构体系奠定了坚实的基础（见表3）。

表3 2012年和2015年浏阳主要优势产业发展变化情况

单位：亿元，%

产业名称	规模产值		占规模工业总产值比重	
	2012	2015	2012	2015
生物医药	133.6	264.8	13.6	13.3
鞭炮烟花	172.8	220.1	17.5	12.1
机械制造	125.6	222.3	12.7	7.5
电子信息	167.5	467	17.0	23.5

2. 人才支撑优势

现代产业体系需要前沿科技、高端人才和创新环境支撑。自2012年以来，浏阳大力推进"5358"人才工程，计划用5年时间引进3000名教育卫生和机关事业单位人才、5000名企业中高层管理人才、80000名企业专业技能人才。近三年，全市共引进青年党政人才500余名、教育卫生类人才1400余名、企业中高层管理人才3600余名、企业专业技能人才40000余名，为浏阳现代产业体系的构建积蓄了人力资源优势。同时，依托省会长沙高等院校科研优势，积极推进与中南大学等知名院校的"市校""校企"合作，为浏阳实现现代产业转型升级提供了强有力的智力支撑和科研保障。2015年，全市专利申报量达1225件，县域创新能力位居全国县级城市第48名，成为湖南唯一进入前50强的县市，连续11年获评为全国科技进步先进县市。

3. 体制环境优势

从政务环境来看，浏阳通过加快政府职能转变，规范权力运行，推进简政放权、行政审批制度改革，强化全程代办、限时办结和"两帮两促"等服务举措，严格实行开门办公和公开接访、限时办结、资金公示等"三个一律"制度，行政效能明显提升，政务环境不断优化。在全省机关干部作风和教育实践活动整改落实情况民意调查中，浏阳群众满意率均居长沙9个县（市、区）的第1位。从竞争实力来看，2015年浏阳市域经济与县域基本竞争力跃居全国百强第28位，综合实力居全国县市第19位，在全国工业百强县市中排名第15位，位居中部第1，成功跻身福布斯中国大陆最佳县级城市榜第28位，被评为中国全面小康十大示范县市。从生态环境来看，浏阳是中国生态魅力城市、国家生态示范县市、中国人居环境范例奖城市、中国优秀旅游城市，良好的生态环境已成为浏阳发展的一张名片（见表4）。

表4 2008~2015年GDP增速及全国百强县市排名变化情况

年份	地区生产总值（亿元）	增速（%）	百强县排名（位）
2008	31.2	16.0	81
2009	41.9	15.7	74
2010	556.8	15.8	65
2011	702.2	14.3	64

续表

年份	地区生产总值(亿元)	增速(%)	百强县排名(位)
2012	811.1	14.4	60
2013	924.3	14.5	47
2014	1012.8	12.6	36
2015	1112.8	12.2	28

4. 交通区位优势

浏阳地处湘东，位于长江经济带发展腹地，有望建设成为省会副中心和湘赣边区域性中心城市。近年来，浏阳交通枢纽地位进一步提升。境内长浏、大浏、浏醴等5条高速公路相继通车，域内高速公路通车里程达227.3公里，互通口17个，各乡镇（街道）均可在20分钟内上高速。毗邻黄花国际机场和武广高铁站，半小时车程到达长沙、株洲、湘潭。随着金阳大道、西北环线的推进建设，蒙华铁路的破土动工，南北横线的规划兴建，"对内大循环、对外大开放"的交通格局进一步完善。

（二）发展瓶颈

1. 产业整体结构有待优化

农业以种养业为主体，产业化程度总体不高，龙头企业和农民专业合作社带动能力较弱，现代农业发展还需进一步增效提质。新型工业增长过分依靠部分龙头企业，产业链条还不够完善，传统花炮产业受安全、环保双重压力，近年来产销增速明显放缓，转型升级之路仍任重道远。服务业有待提质，物流、商务、科技、金融、信息、涉农等生产性服务业比重还不高。

2. 高端产业比重有待提高

浏阳目前虽然在部分行业具备了良好的发展基础，但尚未形成完整产业链和上规模的产业集群，真正具有完全自主知识产权的终端产品和企业较少，缺乏在国内外有重大影响力的知名品牌，产品在国内外高端市场缺乏竞争力。现代农业、现代服务业发展不充分，大多数为劳动密集型企业，产业形态粗放，缺乏影响力大、附加值高的龙头服务企业和服务品牌。

3. 发展要素瓶颈亟待破解

一是基础设施滞后于经济发展需要。经开区、制造产业基地等重点园区的供电、供水、交通等基础设施及商业、休闲娱乐等生活配套设施不够完善，制约了园区扩容发展。二是企业融资难问题较为突出。大部分中小企业，普遍存在融资难问题，解决融资问题已经成为中小企业创业生存和发展的关键。三是生产要素制约发展。土地、用工、技术等要素缺乏制约了产业发展壮大。

三 浏阳构建现代产业体系的路径选择

区域经济的竞争，越来越表现为产业链条与产业集群的竞争。构建充满活力的现代产业体系，将决定着浏阳在新的起点上实现经济可持续发展的动能，要想抢占发展的先机，必须超前谋划，科学定位，突出重点，强力推进。

（一）准确把握发展原则

一是坚持高端发展。充分利用国内外市场，引导企业占据产业链核心和价值链高端，实现从参与国内外低端竞争到参与国内外高端竞争的转变。大力发展现代服务业、先进制造业、高新技术产业，使高科技含量、高附加值、低能耗、低污染的高端产业成为产业体系中的主体，辐射带动区域产业结构优化升级。

二是坚持融合发展。推动现代服务业、现代制造业、现代农业等三次产业联动发展，进一步延伸产业链条，优化产业结构。坚持以新型工业为第一推进力，带动一、三产业发展，以现代物流、金融保险、房地产开发、电子商务等现代服务业为纽带，促进现代制造业提质升级，引领现代农业发展。

三是坚持两型发展。按照"两型社会"建设要求，以金阳新区这一核心平台为突破口，大力发展以环保型、低消耗、循环型、高科技为主的两型产业，实现产业与资源、环境协调发展，增强产业可持续发展动能和产业综合竞争力，把浏阳打造成两型产业发展示范区。

（二）科学确立发展重点

一是构建以战略性新兴产业和传统优势产业双轮驱动的现代工业体系。坚持以科技创新为主抓手，以金阳新区等板块园区为主战场，推动产业集群化、高端化发展。大力培育电子信息、生物医药、机械制造、鞭炮烟花、健康食品等产业集群。强化产学研结合，大力推进市校合作和知识产权战略，提高质量标准意识，构建现代技术创新体系，建设金阳新区科技成果转化中心。坚持项目向园区集中、要素向园区集聚、政策向园区倾斜，推动浏阳经开区向千亿级园区迈进，制造产业基地向500亿元规模努力，两型产业示范园等其他板块园区力争取得突破性进展，更好发挥园区经济对县域发展的支撑作用。创新招商方式，实施引大、引强、引智战略，加快产业配套升级。提高大中型企业核心竞争力，大力支持小微企业发展。

二是建设融生产、生活和生态功能于一体的现代农业体系。坚持用工业化理念谋划现代农业发展，以小城市、中心镇、特色镇为依托，利用自然生态、田园景观，创新农业经营，大力发展现代都市农业、休闲农业。以两型产业园为平台，引进和培育一批健康食品重点企业，推进农产品精深加工，提高农业产业化、市场化水平。加快农业生产标准化步伐，打造长株潭城市群绿色农产品供应基地，建设浏阳现代农业综合配套改革示范区。加快发展现代农庄，提高农机装备水平，继续提升水稻、油菜生产机械化水平。积极发展农村金融，壮大集体经济，大力发展农场、农业企业和农业专业合作社等现代农业组织，加快构建集约化、专业化、组织化、社会化相结合的新型农业经营体系。

三是打造以商贸旅游为龙头的新现代服务业体系。围绕"一带两圈五大组团"总体布局，推进大围山国家生态旅游示范区"一园四镇"开发，发展生态休闲旅游和乡村旅游，精心策划赏花季、漂流节、滑雪节等旅游节会，全面打响"湖湘宝地、美丽浏阳"旅游品牌。加快发展新城区大型商贸平台，致力于打造湘赣边商贸物流中心。大力发展会展经济，精心组织花炮节、商务节、农博会、房交会等节会活动。促进移动互联网与文化创意、金融保险、生态环保、仓储物流、健康养老、电子商务等现代服务业融合发展，加快经济发展方式转变。

（三）理性选择发展方式

一是坚持以信息化带动工业化。充分发挥信息技术的经济增长"倍增器"、发展方式"转换器"和产业升级"助推器"的作用，以信息化带动工业化，以工业化助推信息化。着力加强信息技术在工业领域的推广应用，广泛运用信息技术提高装备和工艺水平，改进工艺流程，增强科技含量，淘汰落后产能，实现节能降耗。切实提高企业研发设计、生产制造、企业管理、市场营销等各个环节的智能化水平，推进工业研发设计信息化、工业生产过程自动化、

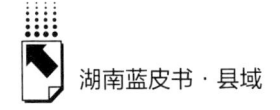

企业行业管理信息化、产品市场流通信息化。

二是坚持以服务业提升制造业。强化区域服务功能，改善发展条件，通过发展生产性服务业助推工业升级。大力发展现代物流、总部经济、金融服务、信息服务、科技研发、创意设计、商务会展等生产性服务业，提升发展餐饮住宿、旅游休闲、商贸物流、汽车服务等生活性服务业，构建与新型工业化相配套、与城乡一体化相适应的现代服务业体系。

三是坚持以浏阳制造向浏阳创造转变。围绕产业转型升级，引导资金、人才、技术等要素向优势企业和重点产业集中，推动优势产业向价值高端发展，推动产业从制造向智造转型、产品向名品转变、权益向效益转化，加快"浏阳制造"向"浏阳创造"、"浏阳服务"升级，从而提高核心竞争力、市场占有率和产品附加值，以链群发展促进综合竞争能力不断提升。

（四）着力构建保障体系

一是突出规划引领。按照构建现代产业体系要求，做好"十三五"产业发展总体规划、产业布局规划及战略性新兴产业专项发展规划，推动三大规划有效对接和有机统一，着力引导产业之间"准确定位、错位发展"。

二是抓好企业培育。加快培育有战略眼光和思维、懂经营善管理的优秀企业家队伍，提高带领企业转型升级的能力和水平。引进战略投资者，支持龙头企业实现产业整合，促成产业链条"织网"。通过整合企业存量资产、优化产业内部分工，进一步提高专业化协作水平，培育一批在国内外有影响力和竞争力的品牌企业。

三是壮大外向经济。大力引进先进技术和高端人才，增强企业自主创新和核心竞争力。加强出口主体建设，鼓励企业"引进来，走出去"，在国内外高端市场中参与竞争，提升经济外向型水平。发挥星沙海关驻浏阳办事处作用，推进口岸"大通关"建设，提升浏阳经济外向型水平。

四是优化发展环境。进一步简化审批程序，提高办事效率，继续深入开展"两帮两促""一推行四公开"活动，为企业排忧解难；针对企业需求提供订单式、处方式、个性化的服务，建立健全各类服务体系。大力弘扬创业创新精神，在全社会形成鼓励创造、宽容失败的创业文化，营造尊重企业家、服务创业者的良好氛围。

B.13
浏阳市特色产业发展研究报告
——以浏阳花炮产业为案例分析

浏阳市人民政府研究室

浏阳被誉为"中国花炮之乡",花炮产业是浏阳传统的支柱产业和有较大影响力的文化产业,在浏阳的发展史上有着举足轻重的地位,历来是浏阳的一块金字招牌。同时,其也是高危产业,面对安全和环保双重压力,浏阳花炮如何蹄疾步稳,走出产业转型升级的新路径,是当前亟须思考和解决的问题。

一 回顾——在绽放中绚烂出彩

浏阳花炮"始于唐,盛于宋",历史悠久,誉满全球,不仅是浏阳经济发展的重要支撑,也是具有厚重人文底蕴的"城市名片"。

(一)打造了文化品牌

"爆竹声中一岁除,春风送暖入屠苏。"爆竹是春节最具代表性的符号之一,燃放烟花爆竹是中华民族千年的传统文化习俗。近年来,浏阳不断挖掘花炮文化内涵,将传统花炮文化与现代花炮经济紧密融合,培育了花炮文化创意、花炮旅游等相关产业,实现了文化传承、品牌提升、经济发展的共赢。2011年,浏阳花炮以文化品牌价值1028.2亿元排名全国第七位,成为湖南省唯一进入全国前十的文化品牌;2013年,浏阳花炮以文化品牌价值1071.4亿元上榜中国"五星级地理标志",浏阳花炮的文化品牌价值充分彰显。

(二)展现了独特魅力

2010年以来,浏阳烟花以长沙橘子洲周末焰火大赛的形式,将长沙"山水洲城"这一独特的城市景观展示给了国内外游客，这种模式也被成功推广到台湾、青岛、杭州、三亚等旅游城市，促进了当地旅游产业快速发展。在国际舞台上，从摩纳哥赛场夺魁到北京、伦敦两次奥运会绽放，从上海世博开幕式入选到南京青奥会、仁川亚运会全程竞开，从APEC会议召开到纽约新年精彩亮相，浏阳烟花大放异彩，展示了独特的城市形象和艺术魅力。

（三）助推了经济发展

作为全球最大的烟花爆竹生产和贸易基地，浏阳共有烟花爆竹生产企业889家，产品远销世界100多个国家和地区，产能占全国的70%，出口占全国的60%，内销占全国的50%，烟花爆竹产业也被列为湖南省政府重点支持发展的50大产业集群之一。2012年，烟花爆竹国际标准委员会秘书处落户浏阳，促使浏阳在国际标准领域的话语权进一步增加，主导地位进一步凸显。2015年，长沙星沙海关驻浏阳办事处正式开关，更加方便了浏阳花炮出口贸易发展，烟花爆竹产业很好地助推了浏阳经济跨越腾飞。近三年，浏阳烟花爆竹产业集群产值年均增长12.8%，2014年突破200亿元大关，达202亿元；浏阳GDP和财政总收入年均分别增长13.8%和34%，2014年分别突破千亿元和百亿元大关，分别达到1012.8亿元和100.9亿元。2015年，浏阳市实现GDP 1112.8亿元，实现财政总收入111.9亿元。

二 现状——在新态势下乘势而上

近年来，随着全国各地雾霾天气增多、部分地方安全事故发生，增加了社会舆论对烟花爆竹的误解，花炮产业进入了"政策逐年收紧""监管越来越严"的新态势。然而，浏阳花炮并未停止发展的步伐，而是顺势而为、乘势而上，继续保持健康良好的发展势头。

（一）当前浏阳花炮产业发展面临的压力和问题

1.政策法规逐年收紧

2014年以来，国家先后制定并实施新的《安全生产法》和更严格的环保政策，部分城市重新实施禁放令，花炮行业监管越来越严，产品的安全环保性被提升到新的高度，对花炮产品的消费限制进一步增多。同时，由于烟花爆竹进口国不断更新修订技术法规、标准、合格评定程序，花炮出口的技术性贸易壁垒愈加凸显，在一定程度上压缩了烟花爆竹产业的生存与发展空间。

2. 自身发展存在瓶颈

在当前的经济新常态下，花炮产业作为劳动密集型的高危产业，必须要在安全的大前提下谈经济发展，从而实现自身的转型升级。然而，当前浏阳花炮还存在技术含量不高、机械化程度偏低、生产环境有待优化等问题，在一定程度上影响了产业生产效率和经济效益，而且也不利于花炮产业安全、环保生产。

3. 总部经济优势不显

浏阳作为"中国烟花之乡"，其花炮生产安全管理的示范作用并未得到充分体现。目前浏阳花炮行业的安全环保创新水平整体还不够高，高质量产品所占市场份额仍然不够大，花炮总部经济的比较优势尚未凸显。

（二）浏阳花炮产业发展的基本现状

1. 安全生产形势稳定向好

尽管花炮安全的"紧箍咒"越念越紧，但浏阳没有因为日趋偏紧的安全监管政策而退缩，而是全力抓好安全生产条件和监管能力提升。一是创新监管举措。建立健全企业分级分类科学监管长效机制，在全省率先推行企业安全监管"重点突围"工作，有层次、分类别地对企业进行安全监管；在全国首创安全生产记分管理，实行连贯的动态性监管，持续有效地警示促进企业安全生产；在全省率先执行花炮企业高温停产制度，2014年实现四大花炮主产区首次联动高温停产，有效确保了高温期间行业安全。二是强化刚性执法。推进浏阳花炮电子防伪信息系统升级应用，全面开展花炮生产与销售的"打非治违"。组建"打非"联合执法队伍，常态化开展联合执法行动；建立湘赣边烟花爆竹"打非"联动机制，切实保障了花炮行业安全生产。三是加快示范创建。建立健全以企业为主体的质量安全管理体系，成功创建了国家级出口烟花爆竹质量安全示范区。通过全面落实多项硬举措，浏阳花炮质量安全水平明显提升，2015年，产品国检、省检合格率均超过95%，居湖南省第一位，全市花炮安全生产形势稳定向好。

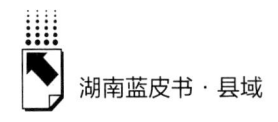

2. 产业集群发展逆势上扬

2015年，全市花炮产业集群实现总产值220.1亿元，增长8.9%。其中，出口销售额30.3亿元，增长6.7%；国内销售额139.1亿元，增长9.7%；原辅材料及相关产业实现销售额50.7亿元，增长8.1%。这些成绩的取得得益于浏阳花炮在以下几个方面的不懈探索：一是注重科技创新。引导和鼓励花炮企业推进新材料、新工艺、新产品的研发应用，近年来先后成功研发了微烟无硫发射药、微烟引线等一批安全环保新成果；设立1000万元技术攻关专项资金，面向全球开展烟花爆竹重大技术难题攻关；建立烟花爆竹机械研发中心，加大危险工序自动化机械设备研发，成功研发了组合烟花全自动生产机械等安全机械，提升了企业本质安全水平和生产效率。二是突出资源整合。加大花炮企业兼并重组、淘汰退出力度。2013年以来，共整合淘汰200余家烟花爆竹生产企业，新组建了4家大型烟花集团，促使产业提质增效。三是强化区域合作。加强湘赣两省花炮主产区在安全生产、市场拓展、科技研发、品牌营销等方面的交流合作，建立湘赣主产区协作会议常态机制，推动了行业安全规范发展。四是创新营销模式。首创花炮连锁直营模式，搭建上下游产业共赢平台，截至2015年底，在全国9个省（区）的70余个县市设立了500余家花炮产品专卖店；同时，在浏阳举办外省（市）烟花爆竹产品展销订货会，开创"花炮主产区看样订货"的先例，浏阳花炮主产区龙头地位进一步巩固。

3. 行业发展形象日益提升

随着花炮产业"产业集约化、生产标准化、设备机械化、管理信息化"和"过程安全型、产品环保型"的"四化两型"战略深入实施，浏阳花炮的"文化味、市场化、国际性"进一步彰显，行业"科技、安全、环保"的形象不断深入人心。2014年5月，浏阳成功举办首届中国烟花爆竹安全环保博览会，全面展示了烟花爆竹安全环保新形象。积极开展烟花文化专题宣传，争取了20多家省级及以上媒体专题报道浏阳花炮转型升级的探索之路，为产业发展营造了良好舆论氛围。继续组织橘子洲周末音乐焰火和浏阳创意音乐焰火燃放，进一步弘扬了烟花传统文化，推动了民间焰火市场发展，催生了焰火经济新业态。截至目前，浏阳已连续成功举办了12届中国（浏阳）国际花炮文化节，浏阳花炮品牌形象得到持续认可，行业发展形象进一步提升。

三 突围——在变革中转型升级

浏阳花炮积极应对新态势，努力探索产业发展新路径，取得了一定的成效，但离真正转型升级还有较大差距。如何在市场格局不断变化和行业标准持续提升的情势下实现转型突围，走好"健康、稳定、持续"的发展之路，使浏阳花炮长久立于不败之地，是下一阶段要着重解决的问题。

（一）以安全环保为重点，加快行业科技创新

重点抓好花炮重大技术难题攻关，破解制约产业发展的关键性技术瓶颈。加快推进浏阳花炮重点实验室建设，建立健全科研管理机制，打造浏阳花炮原辅材料、产品监管和技术研发公共服务平台。加快危险工序设备研发应用，提升产业本质安全。建立烟花爆竹机械研发中心，加紧研究制订涉药机械安全操作规程，进一步提高浏阳花炮机械的精密度和安全度。加快机械化进程，力争实现烟花爆竹机械化生产综合覆盖率在65%以上。

（二）以质量建设为重点，规范行业发展秩序

积极开展"花炮质量安全年"活动，全面提升浏阳花炮产品核心竞争力。强化常态化监管，加大对假冒伪劣、非标超标生产行为的查处力度。建立质量监管主体责任机制，要求所有企业建立产品出厂检验制度，设立专职质检员。以创建国家级出口烟花爆竹质量安全示范区为契机，进一步完善出口企业自检自控质量体系和示范区管理控制体系，打造浏阳出口烟花爆竹品质高地，确保行业安全。

（三）以资源整合为重点，推动行业产销融合

建立科学合理的淘汰退出机制，进一步优化产业结构、淘汰落后产能。引导鼓励企业走专业化生产之路，根据政策调整和市场变化减少生产类别，提高生产质量与效益，提升行业整体抗市场风险能力。全面推进产销融合，鼓励生产企业直销经营。继续支持浏阳花炮在省内连锁经营，利用互联网平台和"京东思维"，实现产销无缝对接。引进大型经营公司收购、入股生产企业，推动行业资源优势互补。

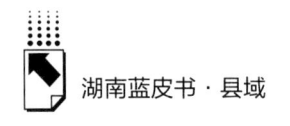

（四）以人才引培为重点，提升行业软实力

制订花炮产业人才工作计划，广泛开展技术交流活动，加大科研院所合作。引进高层次技术人才，成立花炮行业专家库，集聚行业技术力量和外界智力支持。开展技术人员分级培训，就地孵化和培育不同层次技术人才，提升花炮行业创新水平。加强与浏阳市花炮学校合作，开设花炮检测分析、花炮制作等多个实验室、实习室或实习车间，培育花炮产业专业人才，实现学校人才和企业需求的对接。

（五）以宣传推广为重点，实现产业品牌增值

举办好"璀璨千年·欢乐世界"中国浏阳焰火汇活动，利用国内特色旅游景点举办微型焰火宣传推广活动，积极培育花炮市场，打造花炮旅游新业态。通过对花炮产业进行"创意植入"、"科技升级"、"文化拓展"和"品牌推广"，全面整合国际化的创意智慧、资源要素和跨界平台，加快推进花炮产业的文化转型，打造花炮产业的创意高地和移动互联网创业平台，提升花炮品牌影响力和竞争力。

（六）以提升服务为重点，优化产业发展环境

做好花炮产业发展规划，进一步完善《浏阳市花炮产业集群发展第十三个五年规划》。争取国家部委和省市部门在机械化研发、淘汰退出等方面的扶持，为行业整合提升争取更多的政策支持。优化花炮营销环境，加大与省外相关部门的沟通协调，联合打击非法经营行为，净化市场环境，为产业发展保驾护航。以成功举办第12届中国（浏阳）国际花炮文化节为契机，创新办节模式，加大烟花文化宣传，提升产业集聚能力，营造产业发展良好氛围。

B.14
宁乡县特色农产品加工业发展研究

周 辉[*]

宁乡地处湘中东北部，县域面积2906平方公里、人口144万，隶属湖南省会长沙，是刘少奇同志的故乡。宁乡自古以来享有"鱼米之乡""生猪之乡""茶叶之乡"等美誉，粮食生产连续8年获全国先进，为发展农副产品加工业提供了坚实基础和广阔空间。2013年5月，宁乡以农副产品加工业成功申报全省首批特色县域经济重点县，在湖南省委、省政府和湖南省特办的统一部署和精心指导下，以"三年五百亿、产业国家级，全力打造全国农副产品加工业标兵县"为目标，突出标准基地建设、加工企业培育和特色市场开拓，抢抓政策机遇、创新工作机制、积极主动作为，农副产品加工业呈现规模扩张、效益凸显的良好态势。

一 建设成效

（一）项目单位投资力度更大

一是企业固定资产投资热情高。重点县政策大大激发了项目单位的投资积极性，两年（指2013年、2014年，后同）农副产品加工企业、基地共投入了近37亿元，金融机构发放涉农贷款52亿元，加上财政奖补的6亿元，共投入95亿元，为特色产业发展提供了有力支撑。其中加加集团两个项目固定资产投入6.2亿元，大河西物流中心投资近1.7亿元，乐福来、亮之星等5家企业投资均超过5000万元，湘茗茶业、花明粮油等9家企业均投资1000万元以上。二是农业基地基础设施投资热情高。农业基地加大基础设施投入，农业产

---

[*] 周辉，中共宁乡县县委副书记、县长。

业标准化基地数由2012年的28个增加到2015年的114个，新增86个；宁乡花猪原生态规模养殖场由2012年的10个增加到78个，新增68个。两年农业产业基地投资近2亿元，其中湘都生态农业基础设施投资近5000万元，沙龙畜牧投资1000多万元。三是企业市场融资热情高。企业更加注重市场融资，两年金融机构新增涉农贷款52亿元；宁乡农商银行新设农产品加工专业银行，新增贷款近10亿元，其中设立的农副产品加工业种子基金已担保贷款1.3亿元；沃尔德、湘茗茶业等7家企业在湘股交易所成功挂牌。

（二）企业基地形象标准更高

一方面，企业技术更新、产值更高。两年来企业新增科研投入近3000万元，成功申报农副产品加工业专利33项，总数达到65项；新增市级以上企业技术中心1家、高新技术企业1家；引进高级人才200多人，企业科研水平大大提升。同时，企业也不断更新设备，改进工艺，如加加新厂生产车间采用国际先进的酱油生产设备，年生产酱油20万吨，年产值17亿元；乐福来、沃尔德、亮之星等企业也新建了厂房，改善了设备，提升了技术。另一方面，基地形象更美、管理更科学。福华、楚湘中药材基地等园区实现道路网格化、节水设施齐全；秀山美地、龙马蔬菜基地等都进行了现代化大棚及喷滴灌设备建设；卫红粮食等合作社采取"大流转、小承包"的方式，月亮湾蔬菜基地采取合作社加农户的模式实行利润分红，基地形象更美、现代化程度更高、带动性更强。青龙猪场、沙龙畜牧等均采用原生态方式进行花猪养殖，并建立了溯源体系终端，完善了粪污处理设施，更有效地提高了宁乡花猪品质、减少了污染。

（三）企业市场推广能力更强

一是产品销量增长。验收项目中，产品总体销售额为60多亿元，销售本地农特产品金额超过5000万元的企业有9家，单个专卖店或商超年度销售额在300万元以上有40个。2014年，湘茗茶业、亮之星、花明粮油的宁乡米、沩山茶等本地农特产品在10月份已提前销售一空。二是产品品牌更响。两年来，新增中国驰名商标3个，新增省著名商标10个；新增省级以上龙头企业2家，总数达到13家；沙龙畜牧荣获省"农业丰收奖"一等奖；金洲茶叶、惠元科技获得国际商标注册；沃尔德、万众春获得有机食品认证证书，企业的品牌进一步打响。三是销售市场更广。两年来新增专卖店、商超专柜900多个，总数达到1700多个；宁乡花猪产品在北京、香港、深圳、广东等地开始逐步打开市场，进驻了麦德龙、友谊阿波罗、华润万家等超市；灰汤鸭制品进入了沃尔玛、家乐福等超市。国外市场开展逐步拓展，新设立国外营销网点41个，宁乡农特产品进入俄罗斯、芬兰等地。同时，电子商务也悄然兴起，易呼百应、楚鑫科技等企业开设了电子商务平台，易呼百应2014年销售总额为5000多万元。

（四）重点县建设带动效应更强

一是推动经济增长。两年来，农副产品加工业总产值由2012年的232.9亿元增加到2014年的394亿元，年均增长30.06%；农副产品加工业增加值由2012年的61.2亿元增加到2014年的74.8亿元，年均增长10.6%，对GDP增长贡献率由2012年的6.7%增加到2014的10.2%；产值过亿元的企业数由60家增长到88家。二是带动财政增收。农副产品加工业税收由2012年的2.17亿元增长到2014年的3.84亿元，年均增长33%；税收过千万的企业由2012年的3家增长到8家。三是带动就业增加。农副产品加工业就业人数由2012年的12830人增长到2014年的25000人，年均增长40%。四是带动居民增收。农村人均可支配收入由2012年的13166元增长到2015年的21469元，年均增长17.7%。

2015年7月17日，宁乡县召开2015年特色县域经济工作会议，各项实施政策随即发布，拉开了2015年度特色县域经济建设项目申报的序幕。预计到2016年5月31日，宁乡完全可实现农副产品加工业总产值528亿元，增加值115亿元、税收增长22.5%、就业27500人、城乡居民人均收入增长13.75%等建设目标。

二 做法与经验

1.突出政策导向

坚持做事才有奖补、奖补要有重点，宁乡县分年度制订了特色县域经济重点县建设实施方案，明确了总体思路、实施原则、基本目标和资金来源，并从基础平台及公共服务、招大引强、技术支撑、农业产业标准化基地等四个方面细化奖补内容和额度；同时，根据项目评审验收收集到的建议、意见及时进行修改，确保奖补政策的针对性和科学性；制定出台农副产品加工业战略发展纲要，以及确保方案实施的《特色县域经济重点县专项资金绩效管理办法》、《特色县域经济建设项目评审暂行办法》、《发展特色县域经济专项资金管理暂行办法》、《企业新增固定资产投资核查认定办法》、《农业产业标准化基地验收暂行办法》和《项目申报文本》、《项目申报及操作流程》，做到了每个环节都有操作细节，各个方面都有政策规范。

2. 创新投入机制

产业要发展，投入是关键。宁乡县着力构建以财政奖补、金融投放和业主自投为重点的多元化、全方位的投入格局，财政方面，在省1亿元专项资金的基础上，县财政每年整合创业富民、粮食生产、国土整理、农业综合开发等相关资金2亿元以上，专项扶持产业发展。金融方面，宁乡县设立3000万元的农副产品加工业专项风险补偿基金，在县农商银行设立农副产品加工业专业服务银行，简化贷款流程，降低融资成本，贴息支持企业固定资产投资方面的信贷，并重奖企业上市融资和新三板或区域性股权交易所挂牌融资。

3. 强化项目支撑

坚持以项目促产业、强产业，在招商引资方面，县特办组织经开区、县招商局多次奔赴东北、华北、华南地区开展招商活动，经开区和农科园成功举办"蓝月谷之夏食品饮料产业活动季"，专门对食品饮料产业开展招商。同时，由县政府主导，组织相关农副产品加工企业赴北京、台湾等地区进行产品宣传，宁乡农副产品加工产业知名度不断提升。在项目建设方面，严格项目建设的全过程监管，项目建设前，按照《项目评审暂行办法》要求，组织各相关部门单位专家对项目进行资料评审、实地考察和复审，整个过程由检察、纪检和财政全程监督，确保了项目的科学合理；项目建设中，不定期进行项目督察，对项目进度进行照相存档，及时帮促解决项目建设的困难问题，督促项目按时高质完成建设内容；项目建成后，按照验收方案及验收办法规定，组织对立项项目进行验收，验收结果张榜公示，接受社会监督。

4. 严格考核验收

在资金上严格采用"以奖带补""先建设后奖补"的方式，对达到要求、符合规定的项目按照实施办法进行奖补，并按照资金管理办法，依规依程序拨付资金，实施全过程绩效管理，确保资金用在刀刃上、奖在关键处。在项目上坚持阳光操作，从项目铺排、申报到评审、验收，都有纪检监察、审计、农办、农业、畜牧、发改、财政、商务等部门参加，严格按文件执行，评审验收结果在电视台、报纸、网站上进行公示，广泛接受社会监督，真正做到公平、公正、公开。两年多来，县特办都严格标准、严格考核，奖补项目公示没有收到不同意见，奖补资金发放也没有遇到任何阻碍，得到了基地和企业的一致好评。

5. 加大宣传推广

每年都召开有部门乡镇负责人、特色基地企业代表参加的全县特色经济工作大会，总结过去成绩，部署当年工作。同时，在机场、高速公路设立广告宣传牌，加大招商影响力度；通过电视、报纸、宣传片、画册等方式，加强县内外宣传。另外，由政府主导，组织宁乡农副产品加工企业赴北京、西安、烟台、长沙、台湾等地进行产品宣传推介；与湖南卫视、湖南经视等省主流媒体合作，举办系列活动，宁乡农特产品和品牌影响力和市场美誉度大幅提升。

三　存在的问题

宁乡作为全省首批特色县域经济建设重点县，县一级政府如何设计、建设如何推进、财政资金"四两拨千斤"的作用如何发挥？宁乡也是"摸着石头过河"，运行两年多来，虽然取得了一些成果，但是也有如下问题困扰宁乡特色县的建设。

1. 财政资金的政策制约

宁乡作为第一批特色县，每年获得省级财政一个亿的项目支持，其中7000万元资金来源于其他各个部门，资金使用受制于各出资单位资金使用管理办法，如省国土资源厅的土地整治项目专项资金只能用于国土整理，对农副产品加工业发挥的作用有限。虽然第三批省特色县已经在省级层面整合财政资金6000万元，但是宁乡作为第一批特色县，还是按照省里原来的老办法执行，资金使用受到诸多制约。

2. 政策扶持的时间过短

宁乡特色县的建设已经进行了两年，全省的特色县工作会议在宁乡召开，

131

各个兄弟县市经常来宁乡考察，宁乡农副产品加工业发展的经验及创新机制有目共睹。但是我们也深刻认识到一个产业从启动到发展，从发展到产业形成良性循环，直至成为成熟的产业链，不是三年五年就可以做好的。宁乡特色县域经济的发展要做强产业、突出特色，实现第一、二、三产业融合发展，富民强县，适当延长对特色产业的扶持时间很有必要。

3. 融资平台的瓶颈制约

农副产品加工业在融资发展方面一直处于弱势地位，尤其是产业的上游，如普通农户、家庭农场、合作社等在融资方面比园区的实体加工企业要困难得多。

四　工作计划与建议

1. 工作计划

2015年是特色县域重点县三年建设期的最后一年，也是宁乡农副产品加工业见功见效的一年。宁乡将着眼于标准化、规模化和品质化，突出抓好三件事。一是抓招大引强。按照"六个一"（一个产业规划、一个承载平台、一批招商政策、一支产业基金、一套招商班子、一套考核调度办法）的招商机制，成立特色产业等十个招商专班，常态化开展外出招商、驻地招商。围绕国内排名靠前的农副产品加工企业，加强跟进对接，积极宣传推介，力争引进一批国内前五十强的食品加工龙头企业，完善产业链条，壮大产业规模。二是抓平台打造。全力以赴服务大河西农副产品物流中心建设，确保一期年内建成开业，争取再建成10万平方米以上的商铺，全力打造湘江新区示范性的大型农产品交易市场。扎实推动长沙（国家）现代农业示范区建设，按照"统一规划、分类安排、集中投入、渠道不变、各计其功"的原则，整合发改、国土、农业、水利、农开、林业等部门相关专项资金，集中投向示范区基础设施建设，力争通过三年的努力，跻身国家级，成为新样板。三是抓标准建设。2015年上半年，宁乡已经成功与麦咨达公司签订农业信息咨询和追溯体系项目协议，初步计划选取100个基地和企业，通过麦咨达公司的专业培训和技术支持，实现相关农副产品通过麦咨达公司认证体系（包括基地GAP认证）和产品可追溯，最终进入麦德龙超市。对此，2015年的实施方案明确了专门的奖补措施。

2. 工作建议

一是建议省委、省政府适当延长扶持年限。根据省委、省政府扶持特色县域经济重点县建设的规定，每个产业支持三年，但从实际来看，一个产业从培育到发展到壮大，三年时间太短，实际上需要一个较长的时间周期方能渐成规模、产生效益。建议省委、省政府将特色县域经济重点县建设的扶持年限从三年延长到五年或者更长时间。二是建议对湖南本土农产资源进行整合并统一开发。目前，湘米、湘茶、湘菜等产品生产都以区域为界，各自为政，难以形成强大的规模效应和品牌效应，导致市场竞争能力不强，产品效益很难体现。建议由湖南省委、省政府牵头，对湘产农品进行资源整合，统一种养方式，统一生产标准，统一市场营销，打造湖南特色品牌。三是建议加大对农业发展的金融信贷支持。由于农业抗风险能力差、信贷抵押物不多、农业保险还处于摸索阶段，争取金融信贷支持是农业发展最大的瓶颈。建议省委、省政府加快出台农村土地、林权、房屋等资产质押贷款的实施细则，破解农村金融难题，推动农业产业发展。四是建议加大对农业保险的支持与推广。农业行业投入周期长、回报率低、抗风险能力弱，高效的农业保险不仅是解决三农问题的措施之一，也是解决投资人后顾之忧的有力保障。为农副产品加工企业延伸产业链，并与当地农民合作共赢，完善"企业+农户"利益共同体模式势在必行。建议省委、省政府加快推进农业保险体制改革，引入有责任担当的保险企业，开发适合本土实情的农业保险产品。

B.15
炎陵县文化旅游业发展研究报告

姚 成[*]

近年来,炎陵县大力实施"生态立县、旅游活县"发展战略,深入持续打好旅游升温战,把旅游业作为重点支柱产业加以扶持和培育,旅游项目列入"县十大重点产业项目",旅游发展保持良好势头。

一 旅游优势明显

炎陵县地处湖南省东南部、罗霄山脉中段、井冈山西麓。东西宽50.49公里,南北长50公里,俗称五百里山水。全县总人口20万,其中客家人约占66%,全县人口密度为湖南省最小的县。总面积2030平方公里,区域分布为"八分半山一分田、半分水域和庄园"。该县2015年GDP是2010年的2.15倍,一般公共预算收入是2010年的2.72倍,规模工业增加值是2010年的2.65倍,农村居民人均可支配收入是2010年的2.26倍,存款余额是2010年的2.18倍,贷款余额是2010年的3.58倍,接待游客人数是2010年的2.98倍,累计完成固定资产投资额是"十一五"的3.92倍。均量实现"五个大幅增加",人均GDP为30379元、人均财政收入为4479元、人均存款余额为36093元、城镇居民人均可支配收入为22753元、农村居民人均可支配收入为6720元,分别比2010年增加了16244元、2832元、19530元、8508元、3750元。质量实现"三个稳步提升",财政收入占GDP比重达14.74%,存贷比达68.7%,分别比2010年提高了3.1个百分点和26.9个百分点,全面小康实现程度提高到92.2%,在全省51个同类县中连续两年排名第1位,是国家卫生县城、全国十大县域旅游之星、全国生态文明先进县、中国深呼吸小城、中国

---

[*] 姚成,炎陵县人民政府副县长。

最具幸福感县级城市、中国十佳绿色城市、中国优质黄桃之乡、中国特色竹子之乡、省城乡环境卫生十佳县、省平安县、省特色县域经济重点县。

（一）历史人文底蕴深厚

炎陵县原名酃县，始建于宋嘉定四年（1211），因"邑有圣陵"——炎帝陵，1994年更名为炎陵县。该县曾是炎帝神农氏尝百草的地方，是中华民族始祖炎帝神农氏的安寝福地、全球华人的精神家园。其中，炎帝陵被誉为神州第一陵，是全国重点文物保护单位、国家级风景名胜区、国家4A级旅游景区。特别是在2015年6月，"乙未年神农大帝祖庙圣驾台湾巡境赐福"起驾仪式在炎帝祖陵大殿举行，海峡两岸千余人共赴盛典。炎帝陵对凝聚华夏儿女民族情感，维护两岸和平统一，展现了不可替代的作用。同时，炎陵是红色革命摇篮——井冈山重要组成部分，毛泽东、朱德、彭德怀、陈毅等老一辈革命家在此开展了一系列具有开创性的革命实践活动。炎陵县建成了全国首家红军标语博物馆，至今还保存着339条完整的红军标语。

（二）自然生态资源丰富

炎陵县风光旖旎，气候宜人，生态环境质量综合指数居湖南省第1位，森林覆盖率达83.49%，是群众休闲养生的福地。其中，国家级自然保护区——桃源洞，保存着华南地区面积最大（10万亩）的原始森林；国家级森林公园、国家4A级旅游景区——神农谷，空气负氧离子含量达13万个/立方厘米，为亚洲第一；湖南第一高峰——酃峰，海拔2115.2米。炎陵县境内拥有中国最大的万亩杜鹃花、享誉中外的"千年鸟道"等，还保存着冰臼群、高山草甸以及"植物活化石"南方铁杉群等自然景观。炎陵县梨树洲、大院农场分别被誉为"小九寨沟"和"小庐山"。

（三）区位优势日益凸显

从2015年7月开始，从炎陵县城可以乘火车直达长沙、株洲市区，该县已经成为湘东地区的交通枢纽，形成"铁公机"大交通格局。"铁"，即吉衡铁路，东连京九线，西接京广线；"公"，是平汝、炎睦、衡炎3条高速公路；"机"，即临近长沙黄花、南岳、井冈山3个机场。区域内交通同样方便快捷，

2014年炎陵县斥资6亿元打造了一条县域内的旅游环线，全长102.96公里，将主要景点串联于一条线路上，方便游客出行。与周边城市形成"123"交通圈（县内和井冈山1小时，长株潭2小时，广州、武汉3小时），是老百姓宜居、宜业、宜游的乐园。

二 发展文化旅游成功经验

（一）抓好规划引领

大力实施"生态立县、旅游强县"战略，全力打好"旅游升温战役"，高起点、高标准编制好《炎陵县旅游发展总体规划（修编）》、"十三五"文化旅游产业发展规划、炎帝陵国家级风景名胜区总体规划等系列规划，着力建设以县城为"核心"，大力发展祭祖游、红色游、生态游，建成一条约103公里的旅游环线公路，全面将县内旅游资源串联成环。力争通过三年的努力，实现旅游接待人数、旅游总收入、旅游就业人数和旅游财税收入"四个翻番"，努力把炎陵县建设成为以炎帝文化为特征的生态旅游强县，打造成全国知名旅游目的地。并通过文化旅游产业重点县建设，推动县域经济发展再上新台阶，带动农民脱贫致富。

（二）抓好生态旅游资源保护

炎陵县以两型社会建设为统揽，突出抓好生态建设，积极推进"一号重点工程"，全力创建省级园林县城，实现了生态建设与社会发展的和谐共处、相得益彰。2015年共实施了环保减排项目15个，建成废水治理项目8个、废气治理项目7个，以及除尘改造项目23个，实现全县排污总量得到有效控制。着力推进了工业企业强制性清洁生产审核等工作，完成排污权交易86家、停产整治企业验收17家。重点抓好了湘江保护和治理工作，完成项目36个，实现了"第一个三年行动计划"完美收官。持续加强环保审批联动工作机制，全年共审批新、改、扩建项目31个，否决不符合环保要求项目2个，建设项目环境影响评价和环保"三同时"执行率均实现100%。同时，进一步加大了项目服务力度。2015年该县成功列入湖南省第一批农村环境连片整治范围，争取项目资金1800万元。成功纳入中挪合作的生物多样性价值评估与主流化项目示范县。全面实行环境监察网格化管理,进一步强化污染源监测,全年排查企事业排污单位104家,限期整改环境问题企业23家,查处环境违法案件13起,关闭违法企业3家。持续加大生态保护工作力度,全力抓好自然保护区生态保护,重点做好了国家重点功能区生态环境质量考核工作。十都、船形等5个乡镇获评"国家级生态乡镇"。

(三)抓好项目建设

深入开展"项目攻坚年"活动,重点抓好神农谷景区综合开发、神农古道暨神农炎帝始祖文化园项目、炎帝陵创国家5A级旅游景区、神农古镇文化旅游综合开发以及红军标语博物馆创国家4A级旅游景区等一批重大项目建设。并严格执行"一个项目、一名领导、一套班子、一抓到底"的推进机制,落实目标责任和考评考核机制,确保项目顺利推进。

(四)抓好资金使用

充分发挥省财政1.8亿元支持资金的杠杆作用,加大招商引资和投融资力度,调动社会资本和银行信贷的积极性,三年带动55亿元的项目直接投资,撬动137亿元的社会投资。炎陵县每年分别将3000万元、1000万元财政预算,用于文化旅游项目建设和旅游市场开发。制定了《炎陵县文化旅游产业重点县专项资金管理办法》《炎陵县文化旅游产业发展以奖代补实施办法》,严格项目资金的申报与审批、拨付与使用、管理与监督,切实做到"专款专用、事前评审、事中监控、事后评价",建立健全绩效管理机制,管好用好专项资金,最大限度地发挥好资金的使用效益。

(五)抓好责任落实

将特色文化旅游产业重点县建设作为"一把手"工程来抓,成立了由县委书记任政委、县长任组长的文化旅游产业重点县工作领导小组,制订了《炎陵县文化旅游产业重点县实施方案》《炎陵县2015年旅游升温战役实施方案》,将工作任务纳入全县目标管理综合考核范围,明确相关单位的工作职责、任务要求和任务完成时间节点。建立绩效管理和奖罚兑现机制,实行"周巡查、月通报、季调度、年度考核",主体责任单位考核成绩占政绩考核

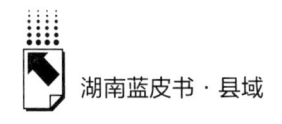

分值的50%，相关责任单位考核成绩占政绩考核的10%，并将考核结果与乡镇和县直部门主要负责人的"面子""票子""帽子"直接挂钩。

三 存在的困难及问题

（一）观念落后，人才缺乏

一些干部群众对开发文化旅游产业的观念，依然停留在对旅游资源的浅层开发上。这些人缺乏创新意识，不能很好地运用市场杠杆的作用，来推动文化产业链、供应链、价值链的形成，对撬动社会资本，激活全县旅游资源后劲不足。同时，旅游人才缺乏，旅游从业队伍整体素质尚有待培训提高。

（二）体制束缚，缺乏合力

发展文化旅游业，牵涉诸多方面，例如城市基础设施建设、交通运输、餐饮娱乐等。这种情况造成在发展县域文化旅游产业方面，存在一个普遍的共性问题，即缺少一个比较专业和权威的管理机构，来协调和操作发展文化旅游产业具体事务，存在部门利益冲突、活力不足等问题，不能有效形成文化旅游产业发展合力。

（三）缺少资本对接，缺乏流动资金

炎陵县的景点资源大多需要开发建设，而景点建设开发投资回报周期长，在吸引投资上有难度。因此，到目前为止，炎陵县文化旅游产业仍以政府投资为主，由于炎陵县属于"老少边穷"革命老区，县财政薄弱，发展文化旅游产业面临资金制约。

（四）社会跟进意识不强，群众参与度不够

目前，炎陵县高度重视文化旅游产业的发展，开展了一系列的文化旅游产业的策划、包装、宣传活动，引起社会舆论极大的关注，但旅游产业的形成和发展，不能仅靠政府、银行，更需要广大人民群众的主动参与，为发展文化旅游产业赢得"人气"和市场。目前，在开发文化旅游产业方面，群众参与的意识还不高，不能真正成为文化旅游产业的经营主体。

（五）配套设施不完善，旅游环境未形成

文化旅游产业开发不足，一些旅游景区，存在规模小、景点少、设施不足等问题，吃、住、行、游、娱、购等基础要素还未充分形成，降低了对游客、社会资本的吸引力，制约了文化旅游产业对相关产业的带动效应。

四 "十三五"的发展思路

炎陵县将继续紧扣打造中国知名旅游目的地的发展目标，实施"绿色崛起、产业振兴"战略，以文化旅游重点县建设为载体，进一步增强意识、突出重点、优化举措，全力推进旅游经济快速发展。

（一）突出项目建设

以项目建设为重点，加速文化旅游平台建设和品牌打造。一是着力推进炎帝陵创建国家5A级旅游景区项目建设。建设炎帝陵门景区、神农园、中医药文化纪念馆、神农文化博物馆、皇山景点、交通管网工程、旅游服务设施、旅游智慧系统等配套基础设施，力争在2017年成功创建炎帝陵国家5A级景区。二是着力打造红军标语博物馆4A级景区。以红军标语博物馆、洣泉书院、接龙桥战役旧址等优质旅游资源为依托，建设红军标语博物馆游客服务中心、文化广场、生态停车场、旅游厕所，完善景区内外标识标牌等配套基础设施，并对红军标语博物馆、洣泉书院进行重新布展，力争2016年成功创建国家4A级景区。三是着力推进神农谷景区综合开发项目。完成神农谷服务区、神农湾酒店、镜花亭至神农飞瀑配套项目、旅游车队、神农谷国际文化旅游度假区配套设施、桃源洞山庄污水治理工程项目建设。四是着力推进神农古道文化旅游综合开发项目建设。建设神农古镇、神农炎帝始祖文化园、湘山旅游休闲小镇等项目，力争2017年成功创建国家4A级旅游景区。

（二）加速产业发展

以深入开展旅游标准化建设为基础，在"吃、住、行、游、购、娱"六大环节中让游客留下来、住下来，不断延长旅游产业链条，谋求旅游经济的综

合效益。一是加快星级宾馆和农家乐建设。按照各旅游要素行业服务标准，加快旅游服务标准化、精细化和个性化建设。突出提升住宿业服务，优化住宿设施区域布局，全面提升酒店业管理水平，注重酒店规划设计，设计风格新颖独特，形成一定影响力和竞争力；突出提升餐饮业服务，强化特色，配置设施，开发新品，形成炎陵美食文化，塑造"品味炎陵"的新形象。到2017年，力争实现星级宾馆在15家以上，高星级宾馆在2家以上，特色农家乐在500家以上，全县的游客接待能力在3万张床位以上。二是加快文化产业发展。突出提升旅游文化服务，加强文化内涵挖掘，创新文化旅游表达方式，在景区景点全面开发的基础上，更加注重历史文化景观的保护与展示、特色文化的整理与挖掘，更加注重旅游产品提质，以彰显文化特色、突出休闲功能，实现从现在的观光游向休闲游过渡，从当前的印象游向深度游迈进。打造好经典文化演艺产品，邀请国内专业文化旅游演艺策划团队，打造炎陵传奇演绎节目，以炎帝文化为核心，努力建设集民俗风情、红色文化、历史文化、饮食文化、旅游商品展示等于一体的节目。三是加快旅行社的建设。突出提升旅行社服务，既注重数量增加，更注重特色培育和素质提升，近期重点培育骨干旅行社，中远期内实现集团化、网络化，扩大规模，形成网络体系；到2017年，建成旅行社（含营业网点）15家左右；加强与其他地区旅行社和主要景区对接，形成"资源互补、市场共拓、客源互送、产品互推"的合作局面；同时，加强旅行社的行业管理，提升服务水平。四是加快旅游产品开发。突出提升旅游商品服务，用深加工开发地方特产，物化非物质文化的内涵形成特色旅游商品，做精做强本地旅游商品。制定奖励扶持政策，鼓励旅游产品研发，设立旅游工艺品制造基地。建设旅游商品展销中心，集中销售炎陵高山水果、特色食品、地方茗茶、旅游纪念品、手工艺品等。五是加快涉旅企业发展。首先是要扶持旅游企业做大做强，通过市场和政策的推动，进一步提升企业经营的集约度，努力打造企业的核心竞争力；其次是通过旅游企业的联合打造旅游产业要素集聚区，以六要素的合理配置为基础，以游客的集散为平台，合理规划，集中布局，最大限度的满足游客的需求。

（三）加强品牌营销

一是积极开展"神农福地·养生天堂"主题品牌营销。借助炎睦、炎汝高速公路及衡茶吉铁路全面贯通的契机，巩固长株潭、衡阳市场，对接井冈山、郴州市场，重点开拓广东、江西市场。继续与各电视台、网络、纸制等媒体的合作，扩大对炎陵旅游的宣传。经营好炎陵旅游网，炎陵旅游微信、微博平台，充分利用好新媒体营销扩大炎陵旅游关注度。二是打造旅游精品线路。加强大湘东区域合作，南岳衡山、郴州、永州、湘潭、炎陵等地通过游资源共享、景点共推、游客互送，打造粤、港、澳及东南亚游客集游山、玩水、朝圣、访古于一体的精品旅游线路。加强与井冈山合作，形成红色旅游、生态旅游等各式精品线路。三是创新思维策划节会品牌。深入分析来炎游客地域、年龄层次等在节假日适时推出有针对性的节庆活动。策划炎帝陵祭祖活动、油菜花节、红色旅游节等节庆活动，提高炎陵旅游知名度。

（四）突出人才建设

加强校地合作，加大旅游专业人才培养引进力度，培养和引进一批旅游策划、规划、营销、管理人才，充实到旅游管理机构及各旅游公司，提升专业管理水平；加强导游专业人才培养；常态化开展旅游专业知识培训，提高从业人员的服务水平。

如今，炎陵县全力打造山水园林旅游城市，以"山"展示秀美，以"水"展示灵性，以"园"提升环境，以"林"纯净空气，以"旅游"拉动经济，以"城市"缔造美好生活，诗意栖居，泥土芬芳，人人都为之神往，只要炎陵县持之以恒的创新发展思路，重视生态资源保护，积极培育文化旅游产业，经济社会腾飞发展将呼之欲出，建设美丽幸福新炎陵的梦想也将不日成为现实。

B.16
醴陵市特色产业发展研究报告

康月林*

醴陵是湖南省东部一个典型的工业县市，工业经济居全国百强县第93位。县域经济位列全国百强县第82位，是湖南省县域经济发展的一支重要力量。以陶瓷产品制造为主的非金属矿物制品业支撑起醴陵县域经济的快速发展，是湖南省最具世界影响力和品牌号召力的制造业之一。近年来，醴陵在省委、省政府和株洲市委、市政府的正确领导下，在全省"3年3亿元"的资金和政策支持下，按照省人民政府《关于发展特色县域经济强县的意见》（湘政办〔2013〕1号）精神，紧紧围绕"新创业、新醴陵，打造发展升级版，建好湖南东大门"战略目标，主动适应经济发展新常态，着力推进陶瓷产业转型发展、创新发展、统筹发展，取得了较好成效。2015年，实现地区生产总值531.6亿元，增长10.1%；完成公共财政总收入45.03亿元、税收收入23.01亿元，分别增长17.2%、17.8%；完成固定资产投资总额360亿元，增长18.7%，其中工业投资297.77亿元，增长25.1%；完成社会消费品零售总额163.4亿元，增长12.6%；城乡居民人均可支配收入分别达31093元、20732元，分别增长8.6%、8.6%。

一 醴陵特色产业发展现状

中国因瓷器而闻名，醴陵因瓷器而兴盛。陶瓷发展已有1700多年的历史，产业特色鲜明，享有"瓷城"美誉。2003年，醴陵陶瓷产业被确定为全省十大标志性支柱产业之一；2006年，被列入全省50个支持优先发展的重点产业集群；2010年被列入全省"四千工程"范畴。特别是2013年，在湖南省委、

---

* 康月林，中共醴陵市市委副书记、市长。

省政府和株洲市委、市政府的关心支持下，醴陵以陶瓷产业为主的非金属矿物制品业成功列入湖南省第一轮特色县域经济强县重点县（特色制造业），获得3年3亿元的政策扶持。三年来，醴陵以项目建设为抓手，以平台建设为重点，有力推动以陶瓷产业为主的非金属矿物制品业发展。醴陵成为全国陶瓷及相关产业发展的"洼地"。

（一）具备深厚的文化底蕴，产业品牌响

醴陵陶瓷历史悠久，人文厚重。陶瓷生产始于汉，兴于宋，盛于清，古作坊、古窑址灿若星辰、遍布全市。民国政府首任总理熊希龄主持创烧的釉下五彩瓷，突破了千百年来陶瓷釉上粉彩和釉下单彩的局限，让中国陶瓷文化焕发新的生机。1915年，釉下五彩瓷与国酒茅台同获巴拿马万国博览会一等金奖，被誉为"东方陶瓷艺术的高峰"。新中国成立后，该瓷被首选为国家领导人生活用瓷和国家礼品瓷，享有"国瓷"美誉。2008年，醴陵釉下五彩瓷烧制技艺列入国家级非物质文化遗产。2012年，代表作"扁豆双禽瓶"被文化部列为中国文化的象征符号。近年来，通过在首都博物馆、故宫博物院、台湾等地举办多场珍品展，与北京奥运会、上海世博会、广州亚运会和西安园博会等重大节会达成特许瓷生产合作，醴陵陶瓷再焕光彩。截至目前，醴陵陶瓷行业拥有"醴陵瓷器""醴陵陶瓷""醴陵釉下五彩瓷""醴陵红瓷"等4个国家地理标志证明商标，其中"醴陵瓷器"在全国300多个最具综合价值量的地理标志产品中排名第二位；拥有"华联""红官窑""火炬图形"等14个国家级商标或名牌；拥有"KIC""泰鑫（TAIXIN）"等44个湖南省著名商标或名牌产品，是全省陶瓷产业获得商标、品牌认证最多的县市。2015年，成功举办中国陶瓷艺术大展暨首届湖南（醴陵）陶瓷博览会（简称瓷博会），参展企业达436家，参会人数达38.6万人次，"中国醴陵·瓷彩天下"品牌进一步打响。

（二）具备完善的产业体系，集聚效应广

经过多年发展，醴陵陶瓷涵盖了日用瓷、电瓷、工艺瓷、工程陶瓷、陶瓷新材料等五大系列4000多个品种，形成了覆盖艺术、餐饮、电力、建筑、信息等领域的产品体系。陶瓷产业内部分工协作体系基本形成，配套服务企业发展到100多家，产业链条和产业配套完善，形成了一个集陶泥开采与贸易、陶瓷制造、陶瓷机械、陶瓷颜料、花纸、彩印包装、陶瓷交易市场、配送物流等于一体的完整的产业链。目前，全市陶瓷企业已发展到650家，其中规模工业企业192家，占全市规模以上企业的43%。2015年全市非金属矿物制品业实现增加值170亿元，增加值对GDP的增长贡献率达29.3%。陶瓷产业实现增加值166.7亿元，占全部工业增加值的52.5%，占GDP的比重为31.3%。陶瓷产业从业人员有20万余人，年发放工资超过40亿元。

（三）具备较大的市场份额，发展外向度高

醴陵是湖南省外向型经济比较发达的县市，经济外向度主要表现在陶瓷产业上。陶瓷产品畅销美国、欧洲、日本、中东和南美等150多个国家和地区。其中，日用瓷产量占湖南省陶瓷总产量的94.9%，占全国的14.3%，占世界日用瓷产量的10.8%，居全国第三位；电瓷产量占全省总产量的98%，占全国的43.3%。全市现有自营进出口陶瓷企业139家。陶瓷出口量连年攀升，特别是炻瓷产品95%以上实现出口，在海外市场享有良好的知名度和美誉度。2015年，全市外贸进出口总额达3.34亿美元；其中，日用陶瓷进出口总额2.04亿美元，占全市出口率的61.1%，电瓷进出口总额达0.4亿美元，占全市进出口总额的12%。

（四）具备较强的技术优势，创新能力强

目前，行业内共有6个技术创新公共服务平台；23家企业成立产品研发中心，其中，华联瓷业被认定为国家级企业技术中心，省陶研所、泰鑫等7家企业被认定为省级企业技术中心，并与清华大学材料学院、上海硅酸盐研究所、中南大学等高校和科研院所密切合作；21家企业与景德镇学院等10所省内外科研院校组建了醴陵陶瓷产业和先进陶瓷技术创新战略联盟。近三年，全市陶瓷企业的专利申请量超过1500件，其中已有80%实现产业化，有M—C高性能耐磨陶瓷等10个项目通过省级科技成果鉴定。全市还拥有邓文科、熊声贵等4位中国工艺美术大师，李人中、李日铭等13位国家级陶瓷艺术大师以及其他各类省级大师146名。

（五）具备良好的要素保障，项目推进快

醴陵境内高岭土、耐火泥、石灰石、沙石、白云岩等非金属矿产和铅、锌等金属矿产蕴藏丰富，其中高岭土是陶瓷生产的重要原材料。目前，已探明高岭土矿产地18处，储量4200万吨以上，占全国的1.4%，占全省的19%；石英矿作为玻璃生产重要原材料，经初步勘探，预计储量将超过1400万吨，占全国的0.6%，占全省的5.6%，为非金属矿物制造业发展提供了重要的战略资源保障。多年来，醴陵陶瓷行业致力于节能减排，率先在全省实施天然气工程。全市陶瓷企业通过技术升级改造，推行低碳经济、循环经济利用示范、推进能源限额标准、企业清洁生产，广泛采用新型智能节能陶瓷窑炉和余热循环利用等新技术、新装备。同时，醴陵是中西部地区最早拥有检验检疫、海关和危险品储运资质，成功获批铁路口岸城市的县级市，2008年成功开通至深圳盐田港的"五定"班列，实现了铁海联运。在众多资源要素的有力保障下，2013年，全市非金属矿物制品业开工项目129个，计划总投资179.2亿元；完工项目40个，完成总投资77.49亿元，新增产值15.2亿元。全年县级配套资金3.91亿元，其中资金配套拨付0.9亿元，重点项目税费减免2.07亿元，政府配套项目投资0.94亿元。2014年非金属矿物制品业开工项目193个，完成投资154亿元。总投资27亿元的醴陵·世界陶瓷艺术城、投资50亿元的旗滨玻璃生产线整体搬迁项目、总投资2.3亿元的标准化泥釉模配制中心建设项目等均实现投产或投入使用。绿色酒瓶总部基地等其他重点项目建设也正加快推进。2015年，出台"工业十条""招商六项"，激发全民积极性，扎实推进105个重点项目，完成投资106亿元。高性能环保陶瓷膜、陶瓷3D打印等高新技术项目和湖南陶瓷技师学院新校区项目成功履约。

二 醴陵特色产业发展中积累的经验

综上，近年来醴陵特色产业取得的成绩令人振奋，积累的经验也弥足珍贵。主要体现在以下四个方面。

（一）科学规划引领产业发展

为了推动醴陵陶瓷产业转型升级，根据《株洲市陶瓷产业振兴行动计划

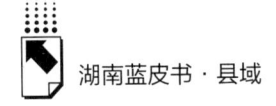

（2014~2017）》的要求，醴陵制定了《醴陵市陶瓷产业发展规划》，接轨国际标准，引入了科学、环保、高效的发展理念，邀请专家学者论证指导，面向全社会征求意见和建议，结合醴陵陶瓷产业发展实际，按照"高品质、有特色"的编制要求，力争走一条"专、精、特、新"的陶瓷产业发展之路。

（二）政策支持带动产业转型

出台扶持"工业十条"政策，设立专项扶持资金，在企业服务、融资贷款、技术创新、市场开拓、品牌建设、项目投资等10个方面提供政策资金支持；出台《醴陵市特色县域经济重点县专项资金项目申报支持原则》和《醴陵市特色县域经济重点县专项资金项目贷款贴息补助专项资金管理办法》，认真用好特色县域经济重点县专项资金，按照"择优扶强，注重实效，公平公正"的原则，全面落实"特色县"项目，积极引导全社会资本共同参与。2015年共组织申报湖南省特色县域经济重点县项目14个，争取资金1亿元。

（三）平台建设推动产业升级

成立陶瓷企业互助发展协会，为各陶瓷企业搭建融资担保平台；依托湖南陶瓷技师学院，与景德镇陶瓷学院合作培养陶瓷专业人才、企业管理人才等，搭建人才培养平台；指导帮助企业建设各类技术研发平台，加快技术创新步伐，力促产业转型升级，截至2015年底，全市陶瓷企业实施新设备、新工艺应用技改20个；成功举办首届湖南（醴陵）陶瓷博览会，进一步升级新世纪陶瓷艺术馆、国瓷馆，积极搭建本土产品展示平台；加大本土企业电子商务营销平台建设的扶持力度，依托阿里巴巴、淘宝、天猫、京东、腾讯等知名电商平台推销产品，树立品牌。截至2015年底，全市所有陶瓷龙头企业均已搭建自己的电商平台，还有150多家陶瓷企业建立了阿里巴巴商铺。

（四）龙头企业壮大产业集群

扎实推进服务工业企业成长的"5123"工程（即用5~8年，培育10个以上年主营业务收入过10亿元、20个过5亿元、300个过1亿元的企业），选择一批市场竞争力强、发展潜力大的规模企业在资金投入、政策扶持、管理指导上以重点倾斜,培养陶瓷产业的龙头企业,打造陶瓷产业集群中的"旗舰企业",由此带动中小企业共同发展。目前,醴陵已涌现了全国最大的日用炻瓷生产企业——湖南华联瓷业股份有限公司,全国最大的电瓷套管类企业——醴陵市华鑫电瓷科技股份有限公司,全国最大的棒型支柱电瓷类企业——醴陵市阳东电瓷电器有限公司,全国最大的陶瓷电商企业——华联亿嘉家居用品股份有限公司以及中南地区最大的陶瓷酒瓶生产企业——湖南新世纪陶瓷有限公司等一批龙头企业。

三 醴陵特色产业发展中存在的问题

近年来,在上级政府、部门的关心和支持下,醴陵以陶瓷产业为主的特色产业发展较快,但工作中也存在一些困难和问题。

(一)市场需求有所回落

全球经济虽日趋回暖,但市场需求量仍增长乏力,特别是对日用瓷的压力仍然不小。加上受地区不稳定因素影响,新型贸易壁垒加剧,很大程度上制约了醴陵陶瓷的出口。

(二)企业成本不断上升

人民币升值、劳动力成本、原材料和能源价格等持续增长,加上目前大部分陶瓷产品还处于附加值低、科技含量低阶段,企业利润空间不断压缩,企业生存愈发困难。

(三)融资困难依然存在

一方面,企业订单不足,导致企业保证生产所需购置的瓷泥、釉料、模具的流动资金运转加快,企业流动资金压力进一步增大。另一方面,银信部门"门槛高",大多数企业用地均为集体土地,抵押物不足,融资难;企业通过担保、民间借贷等方式融资成本更高。

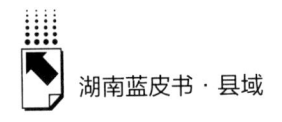

四 "十三五"期间醴陵特色产业发展目标

(一)指导思想

以国家的"十三五"发展规划为总体指导,把握世界经济、中国经济和世界陶瓷产业发展趋势,结合醴陵陶瓷产业发展基础和优势,抓住湖南省"四千工程"历史背景,进一步解放思想,坚持改革开放,按照加速推进新型工业化进程的要求,在积极发展好现有陶瓷产业的基础上,立足陶瓷产业集群式发展的总体思路,着力优化产业结构、提升技术水平、壮大集群规模,积极营造适宜陶瓷产业发展的政策环境、经营环境、人居环境,推动全市陶瓷产业持续、健康、快速发展,努力实现由传统陶瓷产业向战略性陶瓷产业的转变,产业的辐射带动能力进一步增强,产业的整体竞争实力进一步提高,着力打造以现代陶瓷产业文明为主要特征的历史文化名城。

(二)基本原则

1. 坚持自主创新原则

走新型工业化道路,按照加快发展新型陶瓷产业、改造提升传统陶瓷产业的要求,着力打造技术水平高、自主创新能力强、行业优势明显的战略性陶瓷产业集群。

2. 坚持专业化分工协作原则

鼓励引导集约化发展,拉长产业链条,以特色陶瓷产品和龙头企业为核心,支持产品关联度高、加工能力强的配套企业,形成专业化分工明晰、上下游产品配套的生产体系。充分发挥市场配置资源的决定性作用,加大规划引导、政策扶持、资源倾斜的力度,强化企业间的分工与协作发展,不断优化发展陶瓷产业的软硬件环境。

3. 坚持突出发展重点的原则

扶持重点产业、龙头企业、名优品牌加快发展,鼓励引导公共服务平台建设,重点建立完善技术创新、信息发布、产品销售、现代物流、投融资、知识产权保护等公共服务平台,促进产业集群健康发展。

（三）总体目标

1. 产业结构

抓住创意陶瓷及陶瓷文化旅游、电瓷电器及高技术陶瓷高速发展的契机，保持日用陶瓷的稳健发展，多元化的快速发展包装陶瓷，力争在2020年实现醴陵陶瓷产业结构新局面，即创意陶瓷及陶瓷文化旅游、日用陶瓷、电瓷电器、高技术陶瓷以及包装陶瓷等五大类别。

2. 产品结构

根据五大类别的特征，有区别、有针对性地实现产品结构优化升级，最终实现以中高端为主、低端为辅的产品结构。

3. 产业配套

建设成集原料采购、产品设计、技术研发、机械加工、产品检测、人才培养、展示商贸、电子商务、物流运输等产业配套于一体的全陶瓷产业链。

未来五年，预计以年均12%的增长速度实现在2020年达到1000亿元的总体发展目标。

五大类别发展的分布目标见表1。

表1 醴陵陶瓷产业五大类别总体目标

单位：亿元，%

项目	2016年	2018年	2020年	年均增长率	占国内比重
陶瓷总产值	629	787	1000	12	20
其中:创意陶瓷及陶瓷文化旅游	43	58	80	16	20
日用陶瓷	274	319	370	8	20
电瓷电器	260	330	420	12	40
高技术陶瓷	38	60	100	25~30	25
包装陶瓷	14	20	30	20	15

五 醴陵特色产业发展的构想

下一阶段，醴陵特色产业将在"专""精""新"上下功夫，突出做好顶

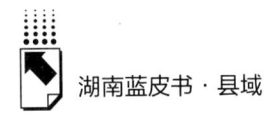

层设计、搭建公共平台、提升品牌效应、强化园区建设、突出要素保障、优化政府服务等，不断提高产业竞争力、影响力，进一步促推县域经济又好又快发展。

（一）做优顶层设计

继续认真落实"工业十条"，扎实对接好制造强省"1274"行动计划，加快传统产业与高新技术相结合、与文化创意相融合、与互联网相联合，助推产业发展。进一步完善《醴陵市"十三五"陶瓷产业发展规划》，加快编制《醴陵市陶瓷智能制造行动计划》，支持陶瓷新材料、电瓷智能电网等新领域发展，提升产业核心竞争力。

（二）做大公共平台

根据市场规律扶持或引导公共平台建设，增加公共服务有效供给，着力构建政策、展示、创新、智能、人才、协会、电商、物流、融资9大平台。重点推进醴陵·世界陶瓷艺术城二期、瓷器口、会展中心、"1915"国际陶瓷文化特色街区、陶瓷生态花卉主题公园等项目的建设，打造陶瓷博览园。

（三）做响产业品牌

加大品牌宣传力度，与中央电视台合作，突出宣传醴陵陶瓷。办好第二届湖南（醴陵）陶瓷博览会并形成定制，进一步提升和扩大"醴陵陶瓷"区域品牌影响力。支持企业实施品牌战略，对获得国家、省级荣誉称号的企业给予奖励。规范陶瓷产品"LOGO"使用，鼓励企业抱团赴境外参展，打响"中国醴陵·瓷彩天下"品牌。

（四）做强园区经济

推进规划升级，完善经开区发展规划，重点打造陶瓷文化片区、交通装备片区、湘赣开放合作试验区"产城融合三片区"，全力争创国家级经开区。推进设施升级，进一步完善经开区基础设施建设，抓好"六通一平"，加快标准化厂房建设，推进园区污水处理设施建设，提高园区承载能力。打造招商平台，启动工业设计中心、创客中心建设，增强产业集聚功能，提升园区产业吸附能力，引进境内外知名陶瓷企业落户醴陵。

（五）做细要素保障

健全企业培训平台，落实专业人才的引进和培养机制，理顺省陶瓷研究所相关体制，为产业发展提供智力支撑。积极争取用地指标，将特色产业重点项目纳入用地计划，优先供应，确保用地需求。加快电网和天然气管网建设，保障电、天然气供应，协调能源供应及价格上涨中存在的问题。进一步健全融资服务体系，加大政银企对接力度，创新符合产业发展的金融产品，组建中小企业信用担保公司，成立陶瓷企业互助发展协会，解决企业融资门槛高、成本高等难题。

（六）做好政府服务

紧扣"5123"目标，支持华联、华鑫、旗滨玻璃、时代金属、升华科技等实体企业发展，着力引进、培育、壮大一批龙头企业。出台促进民营经济发展的意见，加快推进"个转企""小升规"，扶持一批成长性好的中小微企业。加强企业家队伍建设，引进培养一批科技领军人才、科技企业家和创新团队。加大产权交易市场建设，鼓励金融产品创新，解决融资难问题。灵活运用退税、贴息、金融支持等政策，支持企业扩大进出口业务和发展境外业务。加强行业协会、商会建设，促进有序竞争，规范行业秩序。

B.17
湘潭县特色产业发展研究报告

谢振华[*]

湘潭县位于南岳衡山北部，湘江下游西岸，素有"湘中明珠"之美誉，是中国湘莲之乡、湖湘文化发祥地。自2013年被省委、省政府划定为特色县域经济重点县以来，湘潭县始终把发展特色产业作为推进县域经济的重要抓手，依托独特的资源优势，培育壮大了以湘莲、生猪、粮食、油茶、楠竹等为代表的特色产业体系，特色产业量质齐升取得突破性发展。

一 湘潭县特色产业发展取得的成效

近年来，湘潭县紧紧围绕省定绩效考核目标，认真落实举措，顺利通过了省对重点县专项资金2013年度、2014年度的绩效评价。2015年度实施特色产业建设项目19个，截至2015年12月，已完成建设任务10个，另外9个项目均按进度计划顺利实施。

1. 产业集群效应成效凸显

重点县建设以来，全县新增农副产品精深加工企业8家，新增生产线40余条，新增产能近40万吨，新增企业、生产线数量均为2012年的2倍以上，预计新落户企业投产后年产值将在50亿元以上。其中湘莲产业投入重点县专项资金3227.4万元，重点实施精深加工项目17个，规模以上企业增至11家；粮食产业投入重点县专项资金2537万元，重点实施大米精深加工项目10个。2015年全县农副产品加工业总产值预计达到200亿元，特色产业经济已进入发展的黄金期。

---

[*] 谢振华，中共湘潭县县委书记。

2.园区带动效应给力发展

天易示范区农产品精深加工物流园完成基础设施投入11.3亿元,园区框架基本建成,2015年实现农产品精深加工业(食品)产值160亿元以上;茶恩竹木工业园获评湖南省现代农业特色产业园省级示范园——特色楠竹产业园,现拥有入园企业40余家;杨河工业园内投资5000万元的荷味食品已完成主体建设,正加速园区发展;总投资达5亿元的梅林现代农业园项目基本完成"一高二链七区"的建设任务,将于2016年接受国家级验收。

3.产品名牌效应成果丰硕

全县农副产品加工业新增宏信油茶、金凤米业2家省级农业产业化龙头企业,新增莲美湘莲、润竹竹业等12家市级农业产业化龙头企业,新增宏信"百里醇"等9件省著名商标。"粒粒珍"湘莲有限公司2014年度获评"百企千社万户"现代农业发展工程"百企"培育企业。目前,全县有农副产品加工业市级以上产业化龙头企业65家,省著名商标(名牌产品)19个,中国驰名商标5个。

4.资金乘数效应不断放大

2013~2015年,省级下达湘潭县特色县域经济重点县专项资金3亿元。截至2015年12月,县财政通过积极拓宽资金筹措渠道,整合中央、省、市和本级财政支农资金2.5亿元以上,撬动社会各类资本投入79亿元以上;项目单位自筹资金约19.5亿元;农产品精深加工物流园基础设施建设完成投资近11.3亿元,招商引资35亿元以上;特色产业新增固定资产投资在78亿元以上,较2012年增长近20亿元。

二 湘潭县发展特色产业的主要做法

为确保特色产业快速、健康发展,湘潭县重点做好了以下四个方面的工作。

1.突出政策支撑,优化特色产业发展环境

制定《湘潭县特色县域经济重点县建设项目扶持补助暂行办法》,确定了对21家农副产品加工企业涉及品牌建设等5大类的扶持补助方案。出台《湘潭县中小微企业信用担保基金管理暂行办法》,成立县信用担保管理中心,两年累计注入专项资金1200万元；设立中小微企业信用担保基金，获得银行授信额度1.2亿元，发放农副产品加工企业信用贷款2000余万元，引导各金融机构投入农副产品加工类贷款15.6亿元。争取省级重视支持，在县内建设全省唯一的地方特色农副产品检测中心——湖南省地方特色产品（湘莲）质量监督检验中心；创建特色产业科技信息综合服务平台，宏兴隆获评省级企业技术中心，粒粒珍获评高新技术企业，形成了从原种保护、研发到精深加工，从食品安全监管到销售的完整链条，为全县特色产业发展提供了强劲支撑。

2. 突出战略带动，壮大特色产业发展规模

创新实施"一区多园"战略，以天易示范区为引领，组建杨河、青山皮鞋、茶恩竹木等3个乡镇工业园，拟新增设花石湘莲工业园，形成了一区带多园的互补格局，有力带动了乡镇特色产业发展。3个乡镇工业园共完成工业投资18亿元，分别完成规模工业总产值28.8亿元、11.9亿元、8.1亿元。实施农业"接二连三"和新型农业经营主体"百家示范"工程，着力打造一、二、三产融合互动的现代农业产业体系。2015年实现农业产业化产值220亿元，增长18.5%。紧贴湘莲等特色资源，成功举办美丽梅林"都市后花园"、石鼓观油菜、花石赏荷花等乡村旅游活动，开发顶峰腊肉、乌石黄花菜等特色农产品，实现农业休闲旅游综合收入10.5亿元。

3. 突出招商引资，增强特色产业发展后劲

坚持"集约集群"和"内培外引"的工作理念，借助重点县扶持政策优势，大力开展特色产业招商活动。做好特色农副产品加工项目的包装策划，致力靠政策带特色，靠特色引项目，靠项目促发展。凭借天易示范区农产品精深加工物流园的平台优势，开展园区招商。投资3.7亿元的珠江啤酒预计实现年销售收入4.5亿元，投资1.1亿元的映日荷花湘莲预计实现年销售收入2.6亿元，湘潭产业投资发展集团重组宏兴隆湘莲公司，世界五百强ADM公司动物营养饲料项目成功落户，园区招商引资态势良好。依托湘莲、竹木等特色资源，成立梅林美丽乡村、茶恩竹木等产业招商小分队，大力开展产业招商。成功举办"赏荷之旅"、马拉松越野赛及展览会系列活动，展览会期间交易额有1800多万元，签约意向资金达3.5亿元，逐步形成以资源引资、以资源利商的良好局面。

4. 突出宣传推广，扩大特色产业发展影响

利用报刊、广播电视、互联网等各类媒体，每年向市级以上媒体推报新闻

信息，营造全民参与特色产业建设的良好氛围。新组建"中国湘莲网"，内容丰富，充分展示莲乡魅力。率先成立湖南省首家县市级地方馆——"特色中国·湘潭县馆"，入驻企业160余家，实现销售额8000余万元；阿里巴巴农村淘宝项目作为全省第一家试点县项目，现开设村级服务站点60个；全省首批"农村商贸综合服务体"电商模式湘潭县站，入驻供应商30余家；成立渤海商品交易所湘潭营业部，进一步提升农副产品的知名度和美誉度。发布供求信息，鼓励企业参展，精心组织企业赴台湾、上海、广州、成都、香港等地参加大型农副产品展销会；在2015年中国（长沙）国际食品展览会上，精心布置湘莲特装特展馆，集中宣传推介湘莲，实现现场销售收入23万余元，与80余家采购商达成初步合作意向，预计后期可实现销售收入2.5亿元。

三　湘潭县特色产业发展存在的问题

总体而言，湘潭县的特色产业发展目前仍处于起步阶段，还存在不少问题和困难，主要有以下四个方面。

1. 特色种养基础薄弱，原材料供应不足

湘潭县的特色产业主要是特色农产品精深加工业，相关种养殖业是其发展壮大的重要基础。虽然湘潭县是全省唯一一个十次获评"全国粮食生产先进县"的县，但水稻种植"一家独大"的种植结构没有根本改变，湘莲、楠竹、油茶等特色农作物种植规模明显不足。以湘莲产业为例，全县规模以上湘莲加工企业的年加工能力已达到9万吨以上，而湘莲种植不能满足湘莲企业的原料需求，部分壳莲需要从湖北等地购进，长此以往势必影响湘莲产业的健康快速发展。

2. 精深加工水平较低，产品附加值不高

在"省特色县域经济重点县"政策和资金的支持下，湘潭县的湘莲、楠竹、油茶等特色农产品加工业有所发展。但从现实来看，全县农副产品加工整体规模偏小、精深加工产品少、产品附加值较低的现状仍然较为突出。比如，大部分湘莲加工企业主要产品仍然是磨皮白莲、去芯红莲等初级加工产品；作为"全国生猪出栏和外调第一县"，生猪产业仍停留在养猪卖猪阶段，生猪加工业几乎没有发展。

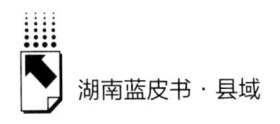

3.产品研发能力缺失，市场竞争力不强

湘潭县的特色农产品发展基础很好，但特色产品研发长期处于停滞不前的状态，产品科技含量较低、产品结构趋同，缺乏市场竞争力。以竹木加工业为例，全县共有竹木加工企业70余家，产品主要集中在竹床、竹椅、板材等方面，同质竞争明显。以湘莲加工业为例，宏兴隆公司主要生产月饼和粽子，销售期非常短，市场竞争异常激烈；粒粒珍公司生产的即食莲子价格偏高，销售情况不理想。

4.市场宣传推广滞后，品牌知名度不大

目前，全县农业品牌共有中国驰名商标5个、省著名商标11个、省级名牌产品4个。其中，湘莲产业有宏兴隆、粒粒珍，竹木产业有湖南福鑫的"楸兴"、润竹的"冰芙蓉"和华钢的"福里居"等国家、省著名商标。但由于部分企业品牌意识薄弱，对品牌的培育、开发、宣传缺乏系统完整的运营方案，形成了商标多、品牌少、叫得响的品牌更少的尴尬局面。

四 进一步推动湘潭县特色产业发展的对策

2016年作为特色县域经济重点县建设的收官之年，湘潭县应紧紧围绕"发展特色经济，实现富民强县"的总体目标，大力推进特色产业发展，提升特色产业在县域经济中的贡献率。

（一）着力建设湘莲工业园、提升产业水平、挖掘文化价值，进一步做大做强湘莲支柱产业

1.抓紧建设花石湘莲工业园

将花石湘莲加工物流园作为现代农业综合示范园来打造，尽快推进现代湘莲物流仓储中心建设，巩固全国最大的湘莲物流中心优势地位。成立发展湘莲产业领导小组，明确责任单位，将湘莲产业发展列入考核项目，将任务分解到乡镇和各相关单位，形成全县推进湘莲产业发展的良好氛围。设立专门机构，配备专职人员，解决专门编制和经费，聘请专业技术人员参与指导。编制产业发展近期和长期规划，确定湘莲产业发展目标，明确产业发展方向和发展重点。

2.切实提升湘莲产业化水平

进一步为湘莲龙头企业营造宽松的发展环境，加大对莲产业行业龙头企业

在融资、用地、用工等方面的支持力度，引导加工企业适度发展。加大政策扶持力度，促进龙头企业与科研机构合作，加强科技创新，做好莲子、莲藕、莲叶、莲芯、莲花等的科研开发、精深加工，努力开发生产出休闲、药用、绿色、保健且适应市场需求的畅销产品。

3.充分挖掘湘莲文化价值

充分挖掘"莲文化"的价值，通过举办湘莲文化艺术节，建设荷花基地、观光景区和"莲文化"特色小城镇，大力弘扬湘莲文化。把湘莲文化和饮食文化、保健文化紧密结合，开发出一系列湘莲产品，发掘湘莲更多的食用价值。按照科研基地、旅游基地、文化基地的功能，布局建设一个集原种繁育、品种对比、产品展示、文化宣传于一体的现代化湘莲文化馆，打造特色农业展示和农业休闲旅游的新亮点。

（二）围绕注重资金管理、狠抓市场拓展、扩大招商引资，进一步提升特色产业发展实效

1.更加注重资金管理，发挥产业资金效益

按照特色产业专项资金管理办法，对专项资金实行专户储存、专款专用、绩效评价、动态管理，最大限度地发挥产业资金的使用效益。要发挥特色产业资金的撬动和带动效应，最大限度地带动社会资本和经营资本投入特色产业。进一步加大对中小企业发展的金融支持力度，通过信用担保、贷款贴息、风险补偿等方式，引导商业银行加大对中小企业的信贷支持。

2.更加注重市场拓展，扩大产业开放水平

积极支持龙头企业研发精深加工产品，参加各类农产品展销会，在大中城市建立直销窗口和连锁店。积极推广电视购物销售平台建设，搭建农副产品网上零售市场，加快推进"湘潭县馆"电子商务平台、农村商贸综合服务体平台、新农村商网等农村电子商务建设，促进特色农产品加工企业与农户之间建立利益缔结机制，形成利益共享、风险共担的共同体，更好地发挥龙头企业的辐射带动作用。

3.更加注重招商引资，积蓄产业发展后劲

充分用足用好用活特色县域经济重点县"金字招牌"，围绕政策、园区、资源三大优势，深入开展特色产业招商活动。结合实施的"招商突破年"活

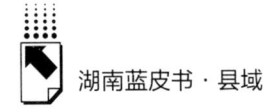

动,重点引进一批农产品精深加工龙头企业和大型农产品仓储物流企业、电子商务企业入驻,打造完整的产业链条。继续强化"五个一"工作机制,进一步优化发展环境,力促六个核桃、广州酒家等在谈项目落户建设,搞好跟踪问效,巩固招商成果。

(三)打造农产品精深加工园、培植产业基地、推进精深项目,进一步延伸特色产业链条

1. 以特色园区建设为平台,推动特色产业集聚

加快推进天易示范区农产品精深加工物流园,引进、引导企业入园生产经营,实现农副产品加工业集聚发展。深入推进"一区多园"战略,把花石湘莲工业园纳入产业支持体系,辐射带动排头、白石、射埠、锦石等周边乡镇经济发展。全力推进以梅林现代农业示范园为核心的县级三产融合示范园、花石小城镇、茶恩竹木工业园建设。

2. 以产业基地建设为支撑,放大特色种植优势

继续扩大特色农产品连片规模种植面积,推动产业基地高质优产。重点加快"寸三莲"原种场基地、花石湘莲高产示范片、高档优质稻连片种植基地建设,大力推广富硒米等新品种,发展彩色稻种植,扩大油茶新造、低改、幼林抚育和楠竹新造、低改面积。

3. 以精深项目建设为抓手,带动特色产业发展

认真贯彻落实《湘潭县特色县域经济重点县建设实施方案》,重点推进年产4000吨湘莲一体化加工建设项目、2800吨湘莲食品生产线建设项目、年产3000吨农副产品深加工项目等10个项目。按照《湘潭县特色县域经济重点县项目建设管理暂行办法》要求,严格建设程序,对项目施行分类建档管理,制订详细的分步实施计划,认真落实项目投资评审制度、项目动态管理机制、全过程监管机制和重点项目县级领导联系制度,确保项目推进规范有序。

(四)围绕特色产业规模化、标准化、品牌化、现代化,进一步推进特色产业同步发展

1. 整合优势资源,推进特色产业规模化

依托湘莲、油茶、楠竹等优势资源,深入推进农业"接二连三"工程,

大力发展乡村旅游业，加速一、二、三产业深度融合。完善"公司+基地+农户"经营模式，引进先进生产工艺和技术，推进湘莲、茶叶、油茶等传统产业精深加工，延长产业链、增加附加值，提升产业效益和市场竞争力，实现从传统小作坊到现代精深加工跨越式发展。

2. 制定标准体系，推进特色产业标准化

开展湘莲等农副产品标准体系建设，由农业科技部门专家成立标准建设组，制定各个环节的技术要求和操作规程，形成品种、栽培标准技术、加工技术规范的完整标准体系。通过标准的制定和实施，转变农户和相关企业的生产经营理念，提高农副产品的产量和质量。

3. 实施品牌战略，推进特色产业品牌化

大力支持企业争取上级财政项目，在申请驰（著）名商标、"三品一标"、营销展销方面给予指导和帮扶，继续补助湘莲等农副产品进驻商超等终端消费市场。运用注册登记、商标监管、行政执法等职能，加强对湘莲产品品牌建设和管理保护。借助"中国湘莲网"以及各级各类媒体，做好特色产业的宣传推介，提升湘莲知名度、美誉度。

4. 加强行业管理，推进特色产业现代化

引导企业加强行业自律，进一步规范市场秩序，严肃查处"洗白莲"等行业乱象，并将执法监督常态化。完善行业协会组织，将协会建设为全省、全国性的行业组织，构建集技术、信息、金融等服务于一体的新型产业服务平台。增强龙头企业自律意识，促进企业正确使用好"湘莲"商标，从而带动全县涉莲行业共同遵守规范。

B.18
韶山市文化旅游业发展研究报告

段伟长[*]

在湖南省委、省政府及各有关部门的亲切关怀和科学指导下,韶山市以创建红色旅游融合发展示范区为引领,坚持改革创新,鼓励产业升级,主动适应经济发展新常态,融合旅游产业发展新思路,加快发展全域旅游新格局,推动全国文明城市创建和旅游品牌提升,旅游产业保持了健康发展的良好势头。

一 文化旅游产业发展情况

韶山市充分利用特色县域经济专项资金的撬动作用,坚持突出重点、择优扶持,调动旅游企业积极性,以项目引领发展,引导和带动更多社会资本投向韶山文化旅游业,提高了旅游承载力和接待服务能力,提升了产业效益,文化旅游产业迸发勃勃生机。

(一)全市经济效益稳步提升

2014年韶山市接待游客1314万人次,同比增长25.1%;实现旅游综合收入35.03亿元,同比增长30.04%。2015年1~7月接待游客已达962万人次,实现旅游收入23.76亿元,在经济普遍下滑的形势下,文化旅游产业仍然实现了持续、健康、快速发展的目标,并带动全市经济社会实现了平稳较快发展。2015年,全市完成地区生产总值70.52亿元,同比增长10.7%;完成固定资产投资87.04亿元,同比增长19.1%;全年实现财政总收入5.4亿元(不含基金),增长8.5%;城镇居民人均可支配收入和农村居民人均纯收入分别达32046元、20253元,分别增长8.1%和9.0%,两年就业平均增幅达20%。

---

[*] 段伟长,中共韶山市市委副书记、市长。

利用省特色县域经济专项资金并整合各级财政资金，引导和撬动了产业建设，实施两年来，全市主要产业项目落实到位资金达30亿元，其中促成项目单位自筹和金融贷款逾20亿元。特别是对风景名胜区主入口项目重点扶持增强了金融机构的对项目的信心，与华融湘江银行、渤海银行、进出口银行等多家金融机构签订了战略合作协议，促成银行贷款达4.2亿元。依托旅游产业的发展，农业经济逐步转型升级，新成立涉旅家庭农场4个，农民专业合作社12家。红色旅游也成为工业园区招商引资工作重要平台，斐讯、恒欣等高新技术企业通过红色旅游牵线落户园区。

（二）产业建设步伐加速推进

1. 基础设施得到完善和提质

韶山风景名胜区主入口建设项目主体工程已完成，装修装饰和园林绿化也已完成约80%，一期工程建设9月底前全部完工，将实行景区封闭式管理，有效提升景区品质，畅通景区交通循环，实现旅游景区的根本性改观。韶峰景区提质改造项目已完成规划设计，景区游步道建设土地征拆工作基本完成，已进入工程建设招标阶段。韶山毛泽东纪念馆改造项目和中共韶山特别支部党史陈列馆相继竣工并投入使用，红色旅游资源更加丰富和充实；核心景区外环公路全线通车为构建全域旅游新格局拉通了骨架；结合省两型示范综合片区创建，实施美丽乡村和景区绿化提质工程，生态环境得到有效改善，为乡村旅游发展打下了基础；长韶娄高速公路和沪昆高铁韶山南站建成通车，拉近了韶山与主要客源地之间的距离，为韶山市开拓新的高铁客源市场热点创造了条件。

2. 产业格局朝多元化发展

《中国出了个毛泽东》大型实景演出在强势宣传推动下，2015年共上演221场，接待游客人数25万多人次，总收入达到3000万元，总上座率也达到55.67%，社会影响力、品牌号召力稳步提升，成为韶山过夜经济一条新的产业链；韶之红航天农业科技园建成以生态农业种植、青少年科普教育、航天文化于一体的生态科技文化体验园，得到了各级各部门的大力支持和青少年游客群体的青睐，并发展成为全国新型职业农民培训的重要基地。新动力全地形车国际赛车基地、韶山非物质文化博览园、红色免费电影实施工程等一批文化和参与体验型项目稳步推进，在丰富景区内容、提升过夜经济、破解旅游产品单一瓶颈等方面发挥了重要作用。韶山市正着力发展如意镇"花海春色·吉祥如意"、银田文化旅游特色小镇、大坪棠家阁——毛泽东励志成长之路等乡村特色旅游板块，"全域旅游"新格局逐步形成，并不断涌现盛德园万亩生态休闲农业园、银田现代农业观光园、嶱芝生态文化养心园、御谷生态农业园、杨林怡然农庄和紫薇园等一批乡村旅游发展的领头羊。此外，天鹅山航空航天教育培训基地（月壤馆）、黑石寨自然休养度假区、毛泽东思想研究院（韶山干部学院）、九城通用航空基地等项目也已筹建启动，目前在建和达成投资意向的产业项目规模达数十亿元。

3. 产业发展软实力显著增强

规划编制工作进度加速。《韶山风景名胜区总体规划》已通过纲要评审，《韶山旅游产业发展规划》已通过专家评审；规划成果出台后，将彻底改变韶山市产业项目建设缺乏指导、布局缺乏科学规划的问题，为今后产业发展提供了决策依据。

宣传促销成效显著。韶山市成功举办了大型主题活动6场；组织了赴广州、武汉、郑州等重要客源地召开推介会5场，参加省级以上会展宣传4次，开通了长沙至韶山的红色旅游特快专列T8321/2；设置高速公路和沪昆高铁沿线广告牌5块；投放中央媒体和地方各级媒体宣传近20项；成篇幅宣传报道韶山的主流和地方媒体近100家；迎接优势旅游企业踩线考察团7批次；与井冈山、南岳衡山开展了"三山结盟"活动，合力开展线路营销推广工作；旅游手册、导游词、导览图、宣传片等"四个一"项目基本完成。通过这一系列宣传推广，提高了韶山在客源市场的竞争力、影响力，提高了过夜游客比例，2015年来韶过夜游客同比增长22%。

就业服务工作持续加强。2015年新增城镇就业人数1022人，失业人员再就业360人，就业困难对象再就业349人，新增农村劳动力转移就业451人。共举办9场大型人力资源供需见面大会，提供就业岗位2164个；开发公益性岗位723个；举办创业培训班4期，培训学员112名，组织乡镇开展创业意识班7期，培训学员560人；围绕红色旅游和文明城市创建开展以服务业为主的各类技能培训836人，累计为261名下岗失业人员发放失业保险金118.75万元，提前两个月完成了省市下达的工作任务。同时，市旅游局通过积极组织旅游企业参加旅游商品设计大赛、旅游饭店服务技能大赛等活动，开展行业文明诚信单位评定，举办旅游技能知识培训班等，提高了从业人员的服务质量和标准意识，促进了从业队伍素质整体提升。

"智慧旅游"加速发展。韶山是首批国家智慧城市试点。韶山市与南宁智诚和上海斐讯两家公司签订了智慧城市项目战略合作协议，一期建设投资达10亿元。在此之前，市旅游局也启动了"智慧旅游"项目，初步建成了景区电子指挥监控系统，实现了微信和网上查询服务，与湖南畅旅公司启动了《韶山市旅游电子地图》编制和旅游公众微信平台、电子商务平台建设，为游客提供全面系统的旅游查询和公示服务，接待服务逐步向数字化、智能化迈进。

旅游品牌创建与提升扎实推进。韶山荣获"全国文明城市提名城市"。韶山乡被评为湖南省旅游名镇，大坪乡入选湖南首批美丽乡镇示范名单，韶山、韶源两个村被评为湖南省特色旅游名村，盛德园创建为国家五星级生态休闲农庄，毛氏农家、毛二山庄、仰东阁、韶山人家等成功创建为五星级乡村旅游区（点），韶乐宫、韶之源、圣地翠竹生活广场等三家旅游商品企业被评为湖南省旅游购物示范点，丰圆工贸有限公司、毛家食品有限公司被评选为湖南省工业旅游示范点，韶山红色记忆城被评为国家3A级旅游景区。2015年，韶山市以迎接国家5A级旅游景区复核为契机，高标准建设和改造旅游厕所，完善景区标识牌和公共服务设施，景区形象得到了全面提升。

4. 积极创建全国红色旅游融合发展示范区

2014年，国家旅游局批复同意湘潭（韶山）创建全国红色旅游融合发展示范区，为韶山文化旅游产业发展提供了强大的动力。通过创新发展思路与模式，深度挖掘、整合、开发相关产业和行业，促进红色旅游与其他产业、城镇建设、区域经济发展实现紧密结合，国家旅游局及全国红办领导专程来韶山调研并指导创建工作。2015年1月，全国红办主办的大型红色旅游系列纪录片《红色地标》开机仪式放在韶山举行。6月28~30日，中俄红色旅游系列活动在韶山隆重举行，国家旅游局和省委、省政府主要领导同志以及俄罗斯旅游署、乌里扬诺夫斯克州主要官员出席了会议，这是韶山也是全国首次在国家层面与国外开展红色旅游合作、首次向国际市场推出红色旅游精品线路，国家旅游局授予湖南省湘潭（韶山）"全国红色旅游国际合作创建区"称号，京广、沪昆高铁沿线11个省市和广西旅游部门发布了红色旅游合作《韶山宣言》。

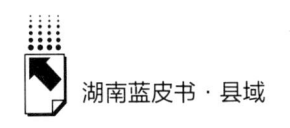

二 专项资金使用和管理情况

2013年和2014年,省特色县域经济专项资金共安排给韶山1.4亿元,已全部到位。市财政依照总体安排和建设进度及时拨付到各项目单位,累计已拨付1.16亿元。

(一)科学决策确保资金合理依规

韶山市成立了韶山市发展特色县域经济工作领导小组,研究项目申报和专项资金扶持方向,督促项目建设,协调处理项目建设中的重要问题。各项目实施单位也成立了专门的组织机构,负责本单位产业项目的实施。在资金拨付和使用上严格落实《湖南省特色县域经济重点县专项资金管理办法》和"三重一大"有关规定。在项目扶持上避免"撒胡椒面"式的粗放方式,重点支持有带动性、可持续性、效益性和关乎全局的项目,如重点支持的主入口项目是影响整个韶山旅游产业结构体系的重点工程,对树立韶山旅游新形象、增强产业竞争实力、整合全市文化旅游资源、形成特色产业集群有着重要的战略意义。

(二)严格监管确保资金专款专用

韶山市成立了由市纪委和监察局、财政局、审计局组成的韶山市发展特色县域经济专项资金监督小组,全程监督资金拨付和使用情况,督促项目建设的推进,确保资金使用效益与安全。市财政局严格按照项目进度拨付资金,从源头上遏制违法违规行为,确保了资金专款专用。各项目单位均按照专项资金管理办法,制定和完善了本单位的项目和资金管理制度。

三 产业发展存在的困难和问题

一是旅游区产品单一性仍未完全改变。全域旅游发展格局正在逐步形成,但新业态的旅游景点还处在开发建设和发展试运营阶段,取得根本性的改观还需时日。

二是旅游消费能力仍然有限，产业链仍有待拓展。在旅游营销和扶持政策的激励下免费游、赠送游状况有了很大改善，但仍然没有成为突出的"二日游"目的地，实现来韶"三个一"目标仍然需要不断加强旅游市场营销和拓展消费节点。

三是旅游配套服务设施和水平仍需完善。景区游客休憩设施、旅游厕所等公共服务设施和智慧旅游建设等亟待完善，乡村旅游产业基础设施仍然需要投入大量资金来建设。

四是专业人才仍然不足，尤其是缺少创新型管理、营销人才，导致了旅游产品创新、文化体验创新、营销手段创新的不足，在一定程度上制约着韶山旅游产业的发展。

四 进一步发展韶山市文化旅游产业的建议

（一）加大投入力度

旅游产业发展脱离不了"大投入才有大回报"的规律。这几年，周边贵州、江西等省份对旅游投入的力度极大，其旅游产业在过去几年中发展迅猛。恳请湖南省委、省政府进一步加大对旅游产业的投入，一是重点支持基础设施建设、旅游宣传推广、旅游企业补贴等核心项目；二是以"全域旅游"为发展思路，整合农业、水利等各领域的资金集中用于省内景区间主干道沿线区域的建设，打造优美的景观旅游通道，推动景区间互联互通；三是加快省内大型游客集散基地建设，韶山有着独特的红色旅游品牌优势，紧邻全国高铁交通枢纽长沙，处在衔接全省主要景区的重要节点上，交通和区位优势明显，可以把韶山建设成湖南的旅游集散中心，打造旅游强省的强力引擎。

（二）延长专项资金的期限

在专项资金的撬动下，重点县旅游产业项目呈井喷式增长，项目建设规模空前，产业势头蓬勃发展。而文化旅游产业是一项长期性投资，投入大、收效慢，需要一个较长的市场培育期，一些通过金融贷款渠道筹集资金的项目压力更大，仅靠县级财政的支撑难以为继，在宏观经济下滑的形势下存在项目建设停滞的风险。为此，恳请省委、省政府着重考虑加强对文化旅游重点县政策扶持的延续性，通过省旅游发展专项资金等渠道继续或加大对旅游产业的扶持力度。延长专向资金使用期限。在专项资金扶持下，旅游品质逐步提升，产业链条日趋完善，过夜经济显著增强。然而要使产业实现根本性改观还需要一定的时间和投入来引导、带动。为增强专项资金影响的延续性，确保产业发展的势头不减，也为新项目发展提供后劲支持，特请求省特色办将韶山特色县域经济专项资金的使用及考核期限适当延长，韶山市将确保专款专用，及时向省特色办和财政厅汇报资金使用和绩效情况，接受上级监督。

（三）优化特色重点县的考核指标

旅游产业本身对地方财政和税收的贡献率一般都比较低，综合性指标受工、农业等多方面因素的影响较大，旅游项目的发展壮大也需要有一个长期的培育过程，为此，我们恳请上级主管部门适当调整文化旅游产业重点县绩效考核的相关指标，重点倾向于行业数据和为百姓生活带来的实际效益等方面。

（四）大力发展智慧旅游

基于全省地理信息公共服务平台，积极创建智慧旅游示范城市、示范景区与示范企业。在省旅游局的指导下，积极构建全省旅游基础信息数据、旅游公众信息服务、旅游产业运行管理和旅游市场营销推广"四个平台"，实现旅游与交通、公安、商务、银行、气象、测绘等部门的数据信息共享。鼓励社会资本参与旅游电子商务平台建设。

（五）继续发挥毛主席家乡的独特优势，做大做强文化旅游产业

继续实施《韶山市关于支持旅游业发展的意见》等政策性文件，重点扶持市场营销、品牌创建提升、红色旅游融合发展、乡村旅游发展等方面，增强旅游消费能力。加强旅游产品的创新力度，充分发挥《中国出了个毛泽东》实景演出的品牌作用，让游客"住下来"。严格执行《韶山市旅游秩序黑名单管理制度》，加强韶山市旅游秩序监督管理和整治工作，督促旅游经营单位和旅游从业人员文明、诚信经营，打造畅行景区，让游客流连忘返。

B.19 常宁市铜压延加工制造业发展研究报告

李 涛[*]

常宁市矿产资源丰富，素有"世界铅都""有色金属之乡"的美誉，已探明的有色金属有铜、铅、锌、铁、锰、锡等；非金属有硫、硒；稀有金属有金、银、铟、铋、铀等。丰富的矿产资源为常宁市发展铜、铅、锌等有色金属冶炼和精深加工奠定了坚实基础。近年来，常宁市按照"产业聚集、资源集约"的原则，以五矿铜业（湖南）有限公司等龙头企业为依托，以水口山经济开发区省有色金属循环经济示范试点园区和创新创业园区为平台，抢抓机遇，乘势而上，不断做强传统产业、做优特色经济、做长产业链条，促进全市特色产业跨越发展。现将铜压延加工制造产业发展情况汇报如下。

一 基本情况

2015年以来，常宁市充分利用水口山国家级循环化改造示范园区、全省特色县域经济重点县扶持政策，加快推进铜压延加工产业发展，全市工业经济运行及有色产业发展态势良好，现有规模以上工业企业增至62家，其中有色金属深加工企业8家。全年实现工业总产值210亿元，其中铜产业产值达10.1亿元，创税0.51亿元；生产铜产品达2.54万吨，其中铍铜合金200吨、铍铜工作合金100吨、铜锌合金5100吨、粗铜1万吨、海绵铜1万吨；完成特色县域经济项目投资6.79亿元，其中省专项资金1亿元、本级财政5.29亿元、社会资金0.5亿元。主要坚持抓好了以下四个方面。

（一）坚持科学规划，引领特色产业发展

为推进铜产业发展，常宁市在水口山经济开发区内设立了铜压延加工业产

---

[*] 李涛，中共常宁市市委副书记、市长。

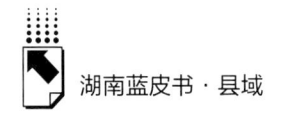

业园区，规划用地2.2平方公里，并委托中国瑞林工程技术有限公司编制了《常宁市水口山经济开发区铜加工产业发展规划（2015~2020）》和2.2平方公里的铜加工业园区空间规划及控制性详规。规划了11类铜产品深加工项目，计划总投资60亿元，年生产铜产品51.5万吨，总产值可达276亿元，创税12.4亿元。同时，常宁市水口山经济开发区又是中南大学和衡阳师范学院化学系等一批院校的产学研基地，技术创新潜力巨大，每年都有一些技术专利诞生，如"SKS"炼铜法曾获得国家科学技术进步一等奖，为常宁市发展铜产品及铜压延深加工提供了技术支撑和科学引领。

（二）坚持产业引导，创新招商引资方式

围绕特色优势，突出技术创新、延长产业链条进行企业引进。一是招新。重点引进铜产品高端化产业，新型材料产业和循环化再生产项目。二是招大。重点对接以世界500强、全国500强为主体的大战略投资商和大产业龙头项目，力争引进一批铜、铅、锌关联度大、带动性强行业和区域龙头项目。三是招实。积极引进一批具有专业技术优势，特别是有自主知识产权、成长性好的铜深加工产业项目，鼓励高等院校和科研机构到开发区投资创业。目前已与金龙国际集团、深圳德兴隆电子有限公司、长沙江铜铜材有限公司分别签订了铜线、铜棒、铜排生产项目合同，总投资超10亿元。

（三）坚持基础先行，搭建产业发展平台

园区的硬环境是生产力，更是生命力。常宁市坚持高起点规划园区发展，高标准建设园区承载平台，投入近20亿元建设资金，逐步完善园区供水、供电、燃气、通信，道路交通和工业水厂、工业污水处理厂等基础设施建设和固废物处置场、危险废物集中处置场等公共服务设施平台，尤其是为引进中国五矿金铜项目落户常宁，该市财政已经投资5亿多元用于五矿铜业（湖南）公司用于"四通一平"工程及征地拆迁等，近期还将投入8亿元资金建设瓦松铁路和货运站，为铜产品及物料运输搭建快捷通道。同时，该市将加大对2.2平方公里的铜压延加工区基础设施投入，用2~3年时间逐步完善园区的供水、供电、燃气、通信、排污、道路交通等基础设施建设，以及加快园区公共服务体系和公共服务平台建设，为发展铜压延加工业搭建好发展平台。

（四）坚持政策扶持，优化园区发展环境

一是将省特色县域经济重点县专项扶持资金用于扶持铜压延加工业企业的厂房建设及技术改造和园区公共服务体系、交通物流配送体系、专业市场体系等平台建设，以及园区的基础设施建设。二是鼓励和引导各类金融机构加大对铜深加工产业园基础设施及铜压延深加工企业的融资支持力度。三是优先保障铜压延加工业企业及园区工业地产用地。四是抓好企业服务。严格执行限时办结制、责任追究制，认真做好入园企业审批手续全程代办，实施在建项目分类动态管理，定期调度项目建设。五是抓好环境整治。开展项目建设施工环境专项集中整治活动，坚决查处和打击一切阻碍工程建设的人和事。

主要成效体现在：一是衡阳市单笔投资最大的工业项目中国五矿金铜项目即将投产。2009年湖南省人民政府与中国五矿签订了战略框架协议，规划将中国五矿铜业（湖南）公司金铜综合回收产业升级技术改造项目落户于常宁，将常宁市水口山打造成为铜、铅、锌产业基地，特别是大力发展铜产业。项目一期投资30亿元，年产阴极铜10万吨，杂铜5万吨，年产值达100亿元，可创税5亿元。二期投资20亿元，年产阴极铜30万吨，杂铜15万吨，年产值达200亿元，可创税10亿元以上。该项目已于2013年8月26日奠基，2014年5月1日附属工程动工，7月1日核心工程动工，2015年底主工艺关键设备完成单体试车，并于2016年3月投产达效。二是铜产业下游产品生产企业加快引进。近年来，常宁市依托资源优势和良好的产业基础，积极作为、主动对接，采取走出去、引进来，与各大铜产业生产企业开展广泛合作，拟在水口山兴建铜产业深加工项目，计划到2016年底引进3家以上铜压延深加工企业。①5万吨裸铜线项目，总投资4.5亿元，年产值可达26亿元，创税1亿元；②年产2万吨漆包线项目，总投资4.3亿元，产值达11亿元，创税5000万元；③年产10万吨光亮铜杆项目，投资4.2亿元，年产值达50亿元，创税2亿元。随着五矿铜业（湖南）有限公司的达产和其他铜压延深加工项目的投产达效，必将降低工业成本，促进湖南的电工电气、机械制造、轨道交通等产业做强、做大。到"十三五"规划期末，常宁市将成为全国重要的铜产业基地之一，填补省内空白。三是有色加工产业效益逐步提升。常宁市始终坚持将铜压延加工产业作为发展有色产业的主打产业，着力打造全省乃至全国有色金属加工重要基地，水口山经济开发区已初步形

成铜、铅、锌等有色金属采选冶及深加工的产业格局，拥有铜铅锌矿石年采掘量60万吨，铜、铅、锌15万吨的综合生产能力。据统计数据显示，目前常宁市铜产品年生产能力已突破2.5万吨，年产值10亿元以上，年创利税5000万元以上。其中水口山八厂年产冰铜1万吨、海绵铜2000吨；水口山铜业公司年产冰铜8000吨，铜金属量1800吨；水口山六厂年产铍铜合金300吨，是我国唯一一家生产铍铜合金的企业，为我国"两弹一星"的发射和航天事业的发展做出了巨大贡献。

二 存在的主要问题

（一）资金问题

一是园区基础设施因投入不够严重滞后。常宁市财政这两年大部分资金都投入到金铜项目"四通一平"工作和瓦松铁路建设，现又要大量资金投入园区基础设施和公共服务平台建设，财政压力较大。二是入园企业融资出现瓶颈。目前入园企业因投资过大而资金周转困难，造成项目建设进度缓慢。

（二）用地问题

经调区扩区后，由于时间紧、资金缺，目前园区没有工业储备土地，从而既造成有意向入园的工业项目不能及时落户建设，又导致急需建设的基础设施项目不能启动，特别是铜压延标准厂房建设项目因没有土地审批单，不能动工建设。

（三）经济下行问题

由于全球经济不景气，特别是有色金属行业下行较为厉害，园区部分铜加工企业效益不好，有的甚至亏损严重。因此，园区引进铜压延深加工项目较为困难。

三 下一步工作目标和措施

（一）发展目标

（1）2015年目标：园区至2015年底完成技工贸总收入220亿元，完成工业总产值205亿元，完成工业增加值25.2亿元，完成税收6.1亿元，完成固定资产投入35亿元，园区就业总人数达到2.5万人，新增就业人数2000

人。其中完成铜产量3万吨，铜产业总产值15亿元，工业增加值1.85亿元，创税0.75亿元。

（2）2016年目标：园区至2016年底技工贸总收入310亿元，完成工业总产值290亿元，完成工业增加值39.44亿元，完成税收8.7亿元，完成固定资产投入47亿元，园区就业总人数达到2.7万人，新增就业人数2000人。其中完成铜产量15万吨，铜产业总产值90亿元，工业增加值12.24亿元，创税4.5亿元。

（3）2017年目标：园区至2017年底完成技工贸总收入430亿元，完成工业总产值400亿元，完成工业增加值66亿元，完成税收12亿元，完成固定资产投入58亿元，园区就业总人数达到3万人，新增就业人数3000人。其中完成铜产量25万吨，铜产业总产值150亿元，工业增加值24.75亿元，创税7.5亿元。

（二）工作措施

一是着力优化园区产业结构。大力发展有色金属及化工等优势产业，特别是铜、铅、锌等有色金属高端化产业、新型材料产业、有色金属循环化再生产产业项目，逐步使常宁市工业发展从粗放式资源依赖性模式过渡到资源效益型模式。二是着力培育壮大铜铅锌产业集群。有效发挥水口山有色金属集团公司和五矿铜业（湖南）公司等龙头企业的集聚带动作用，大力发展铜压延深加工产业。三是着力增强园区的承载能力。园区将投资1.5亿元建设水口山有色金属物流园；投资1亿元建设2万平方米的园区有色金属交易信息服务中心；投资6000万元建设有8000平方米的园区创新研发、检测检验中心，不断完善园区公共服务体系、交通物流配送体系和专业市场体系。同时，不断完善园区的供水、供电、燃气、通信、道路交通等基础设施，建立起与新型工业化、新型城镇化、信息化相适应的园区基础设施体系。四是着力完善园区创新创业平台建设。充分利用园区作为中南大学和衡阳市师范学院化学系产学研基地的平台优势，加大科研资金投入和政策扶持力度，促进科技成果不断转化；鼓励和支持园区企业开展技术改造，推广应用新技术、新工艺，促进园区产业发展模式由外延扩张型向内涵提升型转化；同时，积极引进一批具有专业技术优势，特别是有自主知识产权、成长性好的铜、铅、锌等深加工产业项目。按照铜压延加工业产业发展规划，重点抓好铜压延深加工等项目引进。

B.20
隆回县特色农产品加工业发展研究报告

中共隆回县委 隆回县人民政府

隆回县地处湘中偏西南,是近代思想家魏源的故乡,全县辖26个乡镇、1005个村(居、社区),总面积2866平方公里,总人口122.2万。优质稻、生猪、中药材、三辣、龙牙百合、蔬菜、水果、茶叶是隆回县的传统特色产业,具有发展特色县域经济的资源优势和社会经济条件。连续8年被国家农业部确定为全国超级杂交稻示范推广县,超级稻高产攻关亩产达到1006.1公斤。隆回县与洞口县联合申报入选了全省第二轮特色县域经济重点县,实施以优质稻加工为主的农副产品加工业项目。

一 特色农产品加工业现状

(一)项目实施概况

根据省特色办《关于全省第二轮特色县域经济重点县2014年项目申报有关事项的通知》和双峰启动会的要求,隆回县认真组织了2015年的项目实施,项目建设取得了重大进展。年度内实施基础平台建设项目的单位有5个,实施加工产业项目的单位有8个,其中,已建成投产企业1家,在建初步投产企业1家,在建未投产企业3家,正在规划与征地拆迁的企业1家,尚未起动的企业2家。

县财政局牵头实施了产业规划设计,完成了项目申报、规划设计、组织实施等基础工作,完成了财政支持现代农业优质稻产业化建设项目,在省级考评中获得中央资金奖励。县农业局实施了农业技术服务平台建设,完善了26个乡镇农技站的基础设施配套和加强技术服务能力建设;县农机局实施农机服务平台建设,在南岳庙镇建立了工厂化育秧中心,建立了农机技术培训基地2

个，培养了农机合作社 5 个、农机大户 10 户，科学组织了年度性的机耕机收工作，并组织隆回县收割机参与了全国夏收秋收，取得了较好成绩；万顺植保合作社牵头实施了植保技术服务平台建设，联合县内 6 家植保合作社开展植保技术服务，建立县内直销店 7 家，加盟店 91 家，发展村组服务组织 158 个，销售专用农药 800 余吨，完成统防统治 10.6 万亩；农业局、财政局、特色办有效组织了优质稻、金银花、辣椒、龙牙百合、大豆、油茶等特色产业基地建设，共发展产业种植基地 91.5 万亩。设立了湖南农业信用担保有限公司隆回办事处，产业基础平台建设基本完成了年度计划任务。

（二）项目完成情况

1. 项目投资情况

完成项目投资 4.72 亿元。其中，基础平台建设完成投资 1300 万元；优势企业培育完成投资 1.1 亿元，建成标准厂房 46500 平方米；基地建设完成投资 1.65 亿元，为年度计划的 102.6%，全县共发展优质稻、金银花、龙牙百合、辣椒、大豆等特色产业基地 91.5 万亩，主要是以农民为投资主体的社会投资，政府投资实施了现代农业综合产业园优质稻基地建设项目，投入现代农业生产发展项目资金 600 万元，重点县专项资金 300 万元，整合部门项目资金 2500 万元。此外，县财政预算安排资金 2400 万元建立了特色基地奖补资金，对优质稻、辣椒、龙牙百合、金银花、大豆、油茶等特色产业发展予以奖补；技术支撑体系建设完成投资 3600 万元，主要是部分企业项目尚未启动和已启动企业处于新建阶段，技术研发、升级改造、人才引进与培养等工作尚未全面开展，导致技术支撑体系建设投资不足；园区建设完成投资 1.48 亿元，以县工业园和花瑶米业公司、丰花生物公司两家在园企业为投资主体，县工业园已投资 9000 万元开展园区基础设施和标准化厂房建设，花瑶米业公司投资 3800 万元实施对长城生物公司的收购和厂区基础设施及标准化厂房建设，丰花生物公司投资 2000 万元实施 360 亩用地的征地拆迁和基础工程建设，9 月，又与长沙颗丰公司签订框架协议，投资 1 亿元用于以金银花为原料生产饲料添加剂项目，该项目于 10 月底破土动工。各投资主体还将持续投资建设，全面完成园区年度投资计划。

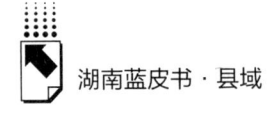

2. 宏观目标完成情况

据初步统计，全县特色产业总产值47.5亿元，全县实现GDP总量接近140亿元，就业人数达到1.22万人，完成财政收入10.15亿元。年度内新增规模企业4家，完成计划目标的100%，新增省级品牌1个，完成计划目标的100%。

3. 专项资金拨付情况

根据省财政厅《关于印发〈湖南省特色县域经济重点县专项资金管理办法〉的通知》和《隆回县特色县域经济重点县项目扶持奖补暂行办法》的要求和规定，隆回县专项资金一律实行先建设后奖补原则。省财政厅已拨付到县5700万元，其中2014年资金3000万元，2015年度资金2700万元。由于2014年项目安排在2015年度实施，目前尚未进行核查考评和实施奖补，只有优质稻基地建设资金300万元在2014年与现代农业生产发展项目捆绑实施，纳入了现代农业项目统一招标建设和全省绩效考评，2014年度资金拨付比例为10%，2015年度资金全部未拨付，统一暂存财政国库。

二 主要做法

（一）建立机构，从领导上加强

建立了以县委书记、人大常委会主任、政协主席为顾问，县长为组长，县委副书记、县纪委书记、常务副县长等9个副县级领导为副组长，县直各相关部门领导为成员的高规格"发展特色县域经济强县工作领导小组"。从财政局和现代农业项目办调整力量，组建了领导小组办公室，由县财政局局长兼任办公室主任，办公地点设在县财政局，负责项目建设日常管理工作，保证项目计划与管理落实。

（二）立足实际，从计划上调控

以原申报内容为基础，对项目实施计划进行了科学调整，将金银花、辣椒、大观豆腐加工等3个扶贫和传统特色产业纳入项目计划，适度调整扩大了园区建设计划。经县委、县政府慎重研究和部门联席会议磋商，编制了"隆回县 2015 年度特色县域经济重点县农副产品加工建设项目计划书"，并以隆回县人民政府正式文件报送省特色办。通过科学调整以后的项目计划，更加符合隆回县产业特色，也更加贴近隆回县特色产业发展要求，为切实保证 2015 年项目计划任务的完成创造了条件。

（三）健全制度，从管理上规范

根据项目资金以奖补为主的政策属性，建立了以项目计划书为统领，由企业按计划书的计划内容自主实施，实行以绩效考评为依据的先建设后奖补的新机制，配套建立了绩效考评机制和项目核查机制，制订了《隆回县 2015 年度特色经济重点县农副食品加工项目奖补实施方案》和《隆回县特色县域经济重点县专项资金扶持奖补暂行办法》。项目奖补实施方案对整体项目进行分解，将建设任务逐项分解到项目实施企业和有关公共服务单位，由各企业、单位先实施，领导小组及其办公室实行事中检查监督，年度考评核查，项目资金由国库统管，按考评核查成果兑现奖补资金。实行绩效考评和项目核查机制，能够做到按计划实施，使项目资金用在实处，并能产生奖优罚劣的激励效应。

（四）加大投入，从财力上保障

为配合特色县域经济重点县项目建设，县委、县政府高度重视，在财力上予以重点倾斜。在扶持优质稻基地建设的同时，新增了金银花、辣椒、油茶、龙牙百合等四个特色种植基地奖补项目，规定集中连片新增每亩金银花奖补 300 元、每亩辣椒奖补 200 元、每亩油茶奖补 800 元、每亩大豆奖补 200 元、每亩龙牙百合奖补 300 元。所有奖补资金统一由县财政预算安排，不挤占项目资金。通过政府支持和企业、合作组织主导，特色产业生产基地发展良好，共发展各类特色产业基地 91.5 万亩，其中优质稻 68 万亩、金银花 10 万亩、辣椒 3 万亩、大豆 3 万亩、龙牙百合 5 万亩、油茶 2.5 万亩，为加工产业发展奠定了良好的基础。2015 年度隆回县新建钢架蔬菜大棚 54104 平方米；竹架简易蔬菜大棚 204.69 亩；连片百亩以上露天蔬菜 3847.5 亩；果蔬冷库 1466.3 立方米；新扩特色水果猕猴桃 2196 亩，建设猕猴桃育苗基地 343 亩，猕猴桃品种改良 120 亩。

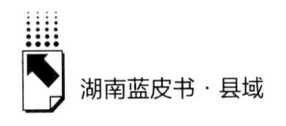

三 存在的问题

隆回县特色县域经济重点县项目建设工作虽然取得了一定成效，但还存在着一些问题，主要表现在：一是项目推进速度较慢，实施效果不够理想。由于项目企业在项目立项审批、土地使用和融资方面存在诸多困难，到目前为止，规划的8家企业只有1家企业竣工投产，2家企业部分投产。二是基础工作欠扎实，品牌认证滞后。按照项目计划，2015年度隆回县项目要完成省名牌产品认证4个，省著名商标认证5个，"三品"认证5个，GAP认证1项等工作，目前基础工作十分缺乏，对于项目实施品牌创建计划将会产生不利影响。

四 隆回县特色农产品加工业发展思路

下阶段，隆回县将加大力度，坚定既定思路目标不动摇，埋头苦干，攻坚克难，确保隆回县特色县域经济重点县项目建设目标任务圆满完成。

（一）建立领导包项机制

凡已纳入特色县域经济重点县项目的范畴，不论是产业基地类项目，还是农产品加工类项目，无论是在建项目、拟建项目，还是续建项目，都要明确县级领导挂帅，责任到人，做到每名县级领导包扶一个项目，做到人人肩上有担子。对重大项目由主要领导亲自抓包项，做到一个项目一名领导，一抓到底，跟踪服务到家。

（二）建立问题导向机制

面对项目建设难、制约因素多等问题，主动出击，深入了解情况，切实帮助项目实施单位协调解决土地、资金、水电等方面的难题，促使项目早开工、早建设、早竣工、早见效。县项目领导小组主要成员定期研究项目实施工作，总结经验教训，查找不足，扎实部署后期工作，争取主动。坚定不移地继续发展农业产业，特别是要加大金银花产业和油茶产业发展力度，做好规划，发挥出效益，辣椒、龙牙百合等要形成隆回农产品发展平台，使其成为农民脱贫的有效途径。

（三）建立督促检查机制

坚持督促检查不放松，进行周报告、月调度、季查看。对项目的进展情况随时了解、随时汇总分析、随时排榜公布。召开项目单位和企业负责人会议，督促项目实施。承担公共服务项目的单位和项目企业负责人要全面总结汇报项目实施情况，查找存在的问题和不足，做出下一阶段工作计划，对各单位和企业提出明确要求，限期完成目标任务。

（四）建立会商联动机制

开好4个专项对口会商联动会，一是与农业、质监部门会商安排有机食品、绿色食品、无公害农产品认证和相关地认定工作；二是与工商部门会商安排名牌产品、著名商标、品牌创建等工作；三是与银行、信用担保机构进行对接，为项目实施提供融资担保服务；四是与县工业园会商园区建设工作，为项目企业提供良好的建设条件，并加大招商引资力度，引进优势企业入园创业。

（五）建立统筹整合机制

围绕项目申报计划，按照"一个盘子、统筹安排，捆绑使用、分头落实"的要求，集中力量办大事，实现 $1+1>2$ 的效果。一是想方设法落实好县级财政配套资金；二是加大工业园区基础设施建设力度，为农产品加工企业落户园区提供全程服务；三是进一步加大农业、农综、水务、国土等部门项目资金投入以富硒优质稻产业基地为主的农业基础设施建设，整合部门财政资金确保实现投资计划；四是积极协调银行为企业提供信贷服务，解决资金瓶颈。

（六）进一步争取省级政府加大支持力度

隆回是一个贫困县，县级财政困难，在特色产业基地建设方面难以拿出太多的资金，而本项目专项资金又没有计划投入基地建设，使基地建设难以适应产业发展需要，请求省政府在其他相关项目安排上予以倾斜支持。同时，由于

隆回县缺乏大规模建设农副产品加工业的经验，请求省特色办、省财政厅加强指导，促进项目稳步发展。发展特色县域经济是一项巨大的社会工程，涉及面广，需要配合的部门多，需整合的资金量大，为有利于推进项目实施，建议省政府在安排和下达相关涉农项目资金时，提出对特色县域经济项目倾斜整合的政策要求，增强县级整合的可操作性。

B.21
推进农村一二三产业融合发展建设现代农业强县

喻 文*

华容是湖南唯一一个国家现代农业示范区农业改革与建设试点县，是全国重要的商品粮、棉、油、菜、渔生产基地。近年来，华容县充分依托地域资源优势，大力推动农产品生产、储存、加工和销售一体化融合发展，并取得初步成效，获评全国农村一、二、三产业融合发展试点县。2015年全县地区生产总值（GDP）达到280亿元，同比增长10.1%；实现农业总产值95.96亿元，同比增长2.94%。

一 做法与成效

1. 建基地，夯实产业融合基础

重点加强了三大基地建设：巩固优质粮、棉、油生产基地。粮食生产突出规模效益，重点打造了铭泰粮食产业科技示范园、泰和绿色粮食产业园等高产优质示范基地，水稻常年播种面积171.5万亩，总产量达82.3万吨，连续四年获评全国粮食生产先进县。棉花大力推广现代种植技术，以银华润农棉花产业园为引领，不断调优种植结构，面积稳定在30万亩。油菜常年生产面积65万亩，进入湖南省油料生产及产业大县行列。打造特色蔬菜板块基地。积极发挥板块效应，高标准打造了6个国家蔬菜标准园、5个蔬菜生产核心示范区，蔬菜常年种植面积和总产为全省之最。已有华容芥菜、华容黄白菜薹、华容潘家大辣椒、华容芦苇笋、华容青豆角、华容道皱皮柑等8个中国地理标志认证

---

* 喻文，中共华容县县委副书记、县长。

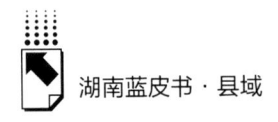

产品，县域地理标志保护与发展指数排在全省第1位。建立高效速生林基地。按照"宜林则林"的工作思路，重点在洞庭湖外洲、小集成垸、藕池河外滩发展意杨35万亩。

2. 抓投入，推动产业融合提速

突出财政支农，共整合现代农业生产发展、农业综合开发、国土整治、环洞庭湖土地整理、新增千亿斤粮食产能、农田水利建设、省市奖补资金等七个方面的涉农资金2.64亿元，全部用于现代农业建设，财政支农改革成为全省试点。突出金融活农，创新信贷支农新模式，启动了无抵押、无担保的授信贷款，设立了农业信贷风险补偿基金，并对支持对象进行信用等级的考察和评定，第一批已授信120家，授信额度达到3000万元，金融支农改革成为全省样板。突出园区兴农，按照政府引导、市场运作的方式，高标准建立了新S306现代农业园、铭泰优质稻、插旗芥菜等农业加工园区，发展万亩高产创建示范片13个，有效推动了产业集聚融合发展。突出项目扶农，扎实开展小农水三年攻坚行动，共投入资金4.5亿元，重点实施并完成了一批农业基础设施项目建设，农田水利基础条件明显改善，为加速农业融合发展打下了坚实基础。

3. 抓创新，激活产业融合活力

拉长产业链条。即以粮食、棉花、油料、蔬菜等主宗农产品产业链条延长，推动粮食、纺织、蔬菜食品加工等支柱产业的发展和壮大。全县规模以上农产品加工企业达74家，省级龙头企业4家，销售收入过亿元的农产品加工企业10家。特别是"华容芥菜"系列加工产品占全国同类新产品销售份额的50%以上，产品销往全国各地。建立新型农业经营体系。积极发展股份合作，建立农民入股参与农业经营、合理分享收益的长效机制。目前，全县发展农民专业合作社（协会）212家，其中国家级示范合作社3家，省级示范合作社5家，禾顺农机合作社的合作共赢模式在全省推介。通过考察认定的家庭农场368家，成为全国家庭农场建设试点县。培育新型农业业态。依靠现代农业园区、自然资源优势，在胜峰、治河渡、护城乡、黄湖山、华一水库、东山水库、桃花山风景区等区域发展绿色农业、生态农业、休闲农业和乡村旅游，促进农村剩余劳动力就业和农民增收。同时，在园区和乡镇发展"互联网+"农业，建立电子商务体验店、"互联网+"网点，加快农业流通发展。

二 机遇与挑战

一方面，发展机遇千载难逢。突出表现在：政策优惠更多。2015年中央"一号文件"13次聚焦"三农"，提出促进农村一、二、三产业融合发展。2015年国务院正式出台了《关于推进农村一二三产业融合发展的指导意见》，明确了发展多类型农村产业融合方式的相关改革优惠政策，华容将在农村一、二、三产业融合发展方面获得更多政策支持。投入力度更大。在新理念、新政策的驱动下，各级各部门都积极整合资金，加大对农村产业融合投入。如2015年中央财政下拨农业项目资金2011亿元，资金投入的增长比例达40.2%，特别是预算内农业综合开发资金都在逐步向农村产业融合发展项目倾斜，华容将在农村一、二、三产业融合发展方面可争取到更多资金。产业前景更好。近年来，随着华容农业品牌基地、产业园区、新型业态的加速发展，加快农村一、二、三产业融合发展具备良好的发展前景。

另一方面，发展瓶颈亟须破解。主要表现在：农业产业链条结合不紧。一、二、三产业融合，不是"1+2+3"，而是"1×2×3"，也就是说，只要有一个部分为零，那么整体也会变为零。当前，华容生产、加工、销售融合程度不紧密、产品附加值不高的问题，是制约华容县产业融合的主要瓶颈。基础设施建设还有不少短板。尽管我县农村基础设施建设得到有效改善，但县级财力弱、农业基础底子薄，使得高标准农田改造、水利设施建设、水电路网完善等方面还需进一步补齐短板。新型农业经营主体抗风险能力不强。具备带动能力的经营主体太少，小微企业、农民专业合作社普遍规模不大，发育成长缓慢，创新能力缺乏，不具备开发新产业的能力。同时，经营主体的发展受限，由于受用地政策制约，土地流转市场化机制未确立，农村土地分散经营难以发挥规模效益，与农户的利益联结大多是靠订单农业、承包农业等简单方式，很难形成优势产业。产业融资难度大。农村土地承包经营权、农民住房财产权、农村经营性建设用地使用权"三权"抵押门槛严格，特别是市场化的土地流转机制尚未建立，具备土地抵押条件的农业经营主体的银行授信额度小，放贷比例低（一般在固定资产总值的20%~30%），贷款期限短，无法满足实际需求。

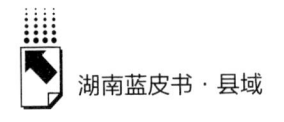

三　对策与建议

1. 加快推进农村改革创新

始终坚持把改革创新作为农村一、二、三产业融合的重要驱动力。一是推进农业投入机制改革。整合各级财政安排用于农业生产和农村社会事业等方面的资金，重点支持新型经营主体、现代农业产业园区、产业化龙头企业和社会化服务组织发展。二是推进金融支农机制改革。加快推进农业建设投资公司发展，做强农业投融资平台；加强涉农贷款抵押担保方式创新，培育示范新型经营主体开展授信贷款，用订单、土地经营权质押贷款，用房产、农机具、设施大棚抵押贷款。三是抓好农村土地管理体制改革。全面完成农村土地承包经营权登记确权颁证工作，引导规范农村土地承包经营权流转，建立统一的土地流转公开市场和信息平台，开展集体经营性建设用地入市交易和农民宅基地改革试点。

2. 合理引导产业集群发展

一是加强基地建设。结合华容县"十三五"规划以及优势特色产业布局发展情况，按照集中连片、分步实施、整体推进的原则，推动资源向优势产区集聚，高标准建设现代牧业生产基地、优质粮食种植基地、优质棉花种植基地、特色蔬菜种植基地、优质油菜种植基地等一批集群化农业生产基地。二是加强园区建设。按照产业集群模式，高标准打造好现代牧业产业加工园、铭泰粮食产业科技示范园、泰和绿色粮食产业园、蔬菜综合产业园、银华润农棉花产业园、福禄通油脂产业园。三是加强农业招商。采取全产业链招商方式，着力引进一批科技含量高、带动能力强的农业龙头企业或项目，推动高效、特色农业规模发展。

3. 发展壮大新型农业经营主体

一方面，出台支持新型农业经营主体开展农业产业化、规模化经营的具体措施，鼓励和支持家庭农场、专业合作社、协会、龙头企业、农业社会化服务组织以及工商企业，开展多种形式的农村产业融合发展。另一方面，鼓励新型经营主体探索融合模式，创新商业模式，培育知名品牌；在工商登记、土地利用、品牌认证、融资租赁、税费政策等方面给予优惠待遇。

4. 重点培育农业融合发展新业态

一是大力发展生态休闲农业。规划建设 1~2 个生态徒步骑行健身圈，加快发展新 S306 沿线、万庾新生村等休闲观光农业，积极推进湘鄂西红色旅游开发，推进吃、住、游一体化发展。二是大力发展特色品牌农业。加大国家地理标志农产品的开发利用，突出把"华容芥菜"培育成全国闻名的农业品牌，扩大生产能力，开发高端新产品，创立研发中心，举办华容芥菜节，增强宣传推介力度，以品牌集聚各种生产要素，用品牌拓展市场。三是大力发展"互联网＋"现代农业。扶持龙头企业、专业合作社等经营主体搭建农业电商平台，整合资源构建农村购物网络平台，开展多种形式的网络销售。同时，充分发挥农村超市、农资店、便民服务中心等主体作用，推进村级电子商务综合服务站建设。

5. 加快补齐农业发展短板

深入挖掘农业内部潜力，鼓励农业产业化龙头企业与农民合作社、农户建立紧密的利益联结机制，让农民分享产业链整合和价值链提升的增值收益。一是加快推进农产品加工企业改造升级。重点支持插旗菜业创建国家级农产品龙头企业，支持插旗菜业、铭泰米业、喜多多食品等龙头企业争项争资，增容扩改升级。加快农业产业化进程。以龙头企业为依托，建立优质高效的农产品生产基地，发展订单生产，提高农产品加工转化率和附加值，增强对农民增收的带动能力。二是大力提升农业机械化水平。积极争取中央、省农机补贴资金，提高补贴标准，扩大补贴机具种类，加快水稻、棉花、油菜生产全程机械化，提高农业机械化水平。三是补齐农村基础设施建设短板。围绕推动水源治理、长江干堤维护建设、全国小农水重点县建设、环境整治整县推进、国土平整等一批项目建设，进一步改善农业生产设施条件，为华容县农业农村发展打好基础。四是加大产业扶贫力度。大力探索"产业＋基地＋农户"扶贫模式，鼓励和引导扶贫对象参与龙头企业的生产经营活动，利用一、二、三产业融合发展全面推进扶贫开发工作。

B.22
临湘市特色产业发展研究报告

临湘市政府经济研究中心

临湘市地处湖南东北边陲、长江南岸，素称"湘北门户"。临湘市是一个以工业经济为主的县级市，曾经名列国家"七五"、"八五"期间光气化精细化工产品定点生产基地，2013年被湖南省政府授予"湖南省新型工业化产业示范基地"。特别是临湘市工业园滨江产业园区作为岳阳绿色化工产业园"两厂四园"之一，已被纳入湖南省石化化工产业园规划。2015年3月，经湖南省政府第45次常务会议研究决定，临湘市被纳入第三轮特色县域经济重点县。一年来，临湘市坚持以发展化工新材料产业为主导，加快规划建设滨江产业园区，着力引进龙头企业，促进产业集群发展，特色产业体系粗具规模，逐渐从单一的农用化学品产业发展成为具有较大产业规模的产业集群，并跃升为市域经济社会发展的主导产业。

一 临湘市特色产业发展现状

临湘市严格落实湖南省定绩效考核要求，积极创新特色产业发展举措，顺利通过了专项资金绩效评价。2015年年内共实施化工新材料特色产业建设项目9个，带动投资7.8亿元，有力推动了产业发展和实力提升。

1. 特色产业主导地位持续巩固，发展层次明显提高

按照湖南省特色县域经济重点县建设安排部署，抢抓省委、省政府加快湘江流域重金属污染治理工程及株洲清水塘老工业区搬迁改造承接区双重机遇，切实把化工新材料产业上升为临湘经济核心增长极的战略层面来打造，大力实施产业升级、科技驱动、项目带动战略，加快引进战略投资者和行业龙头企业，全面提升临湘市化工新材料产业的核心竞争力，力争把临湘规划建设成为中国中部地区化工新材料产业强市，全面增强临湘化工新材料产业对岳阳乃至湖

南石化产业的支撑作用与保障能力。2015年,临湘市特色产业增加值达50.35亿元,占GDP的28.2%,对GDP贡献率达33.4%,对财税贡献率达63.3%。

2. 产业园区承载能力持续增强,资源优势逐步变现

坚持以专项资金为引领,以重大项目为支撑,着重加大财政资金和政策扶持,促进平台建设和生产企业协调发展,充分释放生态环保、交通区位、产业基础、政策红利等资源优势,不断提升滨江产业园区产业集聚水平和要素吸纳能力。目前,智慧园区建设初见成效,富园投资开发有限公司等公共服务平台项目建设进展有序,化工新材料产业物流配送平台、电子商务平台、技术服务平台、技术创新平台、人力资源平台逐步配建,项目区集聚和辐射能力明显提升,先后引进化工新材料产业签约项目9个,青年创业协会、众创空间基地等创新创业平台相继入驻园区发展。2015年,化工新材料产业规模以上企业达到48家,共有基础化工原料、精细化工产品、医药中间体等四大类、30多个品种,行业产品占全省市场的份额为23%。

3. 龙头企业带动效应持续放大,科技创新成效显现

临湘市专门设立了"助保贷"基金,重点扶持特色产业龙头企业和规模企业科技创新,大力支持化工新材料产品创新研发,推动化工新材料产品上档次、上水平,加快形成化工新材料产业集群。目前,已搭建国发精细、环宇药业、正兴化工、三智碳材与华南理工大学、中南林业科技大学、湖南大学、中南大学、湖南农业大学产学研合作平台5个,联合国内知名化工新材料企业成立技术合作、产品研发、资源共享平台3个,并通过以商招商的方式,引进化工新材料重点企业2家,特色产业核心竞争力和行业影响力不断提升。国发精细被评为全省第五批科技创新型企业,金叶众望、国发精细、比德生化、环宇药业4家企业成长为省高新技术企业,金叶众望即将上市。

4. 生产要素支撑作用持续凸显,保障能力与日俱增

认真贯彻落实湖南省政府《关于发展特色县域经济强县的意见》(湘政发〔2013〕1号)文件精神,相继出台了《特色县域经济重点县专项资金管理办法》《特色县域经济重点县建设2015年度实施方案》《临湘市中小企业"助保贷"业务管理办法》等政策保障措施,重点深度开发以化工新材料制造业发展核心区——临湘工业园滨江产业园区,加速推动特色产业发展。2015年,累计实施化工新材料产业投资5.7亿元,包括专项资金3000万元,园区整合

资金5000万元，社会投入和载体单位筹资4.9亿元。特别是结合"多规合一"、金融安全区创建工作，积极破解资金、土地、审批等要素瓶颈，全力支撑特色产业发展。目前，中小企业信用担保基金已经成立，融资担保公司进驻园区，直接帮助特色企业融资5.4亿元，有效解决了企业"融资难"的问题。入园企业手续代办制、服务承诺制、收费优惠制等"一站式"服务有效落实，项目审批时限压缩在45天以内。完成土地征拆收储1500亩，确保了中盐集团加佳螺旋藻、地夫可特等重大项目顺利落地建设。

二 临湘市发展特色产业的主要做法

为加快发展特色县域经济，做大做强特色产业，临湘市主要抓好了以下四项工作。

（一）规划先行

临湘市成立了特色县域经济强县工作领导小组，下设特色县域经济强县领导小组办公室（以下简称特色办），出台了《临湘市特色县域经济重点县专项资金管理办法》《临湘市特色县域经济建设项目评审暂行办法》，并投入900万元成立了临湘市特色产业企业贷款"助保贷"基金，设立了200万元的奖励基金，大力扶持企业名牌产品、科技进步、产学研合作。同时，结合特色产业发展需要，修订完善了滨江产业园区20平方公里的《总体发展规划》《产业发展规划》《主导产业目录》，编制了"十三五"重大项目库，重点发展新型化工农药及制剂、新型有机颜料制造、新型合成材料制造、建筑化学新材料制造等产业，加快形成以化工园区为核心，桃矿工业片区、白云工业片区、三湾工业片区为辐射的"一园区、三片区"化工新材料产业基地。特别是紧密对接湖南石化化工产业园"两厂四园"发展规划，加强与岳阳云溪工业园、长炼工业园、临港产业新区新材料园产业协作，深化与巴陵石化、长岭炼化厂的联动，加快实现错位发展、一体发展。

（二）筑巢引凤

把园区作为产业培育的"主战场"，集中资源、资金、政策，推动滨江产业园区基础设施和公共服务实施建设，着力夯实特色产业发展基础。目前，园区一期基础设施建设已经完成，日供 11 万吨的自来水厂、年处理 9000 吨的危废焚烧站、日处理 20 万吨的污水处理厂、日处理 500 吨的垃圾填埋场、集中供热、220KV 变电站、特勤消防站等生产性基础设施一应俱全。与此同时，总投资 6.5 亿元的二期工程顺利启动，年内建设 S201 工业大道等园区道路 38.5 公里，建成标准厂房 15 万平方米，完成滨江污水管网"一企一管"等水、电气、通信、污水处理等配套设施。特别是加快推进产城融合，改善生活服务水平，总投资 1.1 亿元、设计 1280 套安置房的安置小区已交付使用，投资 5000 万元的新集镇"三纵三横"路网、管网工程全部竣工，总投资 650 万元的新集镇配套饮水工程投入使用，园区承载能力和集聚能力与日俱增。

（三）招大引强

充分利用长江大保护对沿江化工产业的挤出效应，发挥滨江园区作为湖南石化化工产业园的平台优势，以及历经多年发展积累的环保优势、承载优势，乘势抢占化工新材料产业招商引资高地，全力承接长三角、长株潭化工产业转移，年内共开展敲门招商 100 余次，接待来访客商 300 余人次，洽谈、签约重大项目 20 个。目前，总投资 25 亿元的华电集团长江 LNG 战略储备中心，以及临湘港区鸭栏码头提质扩建、捷虹高端液晶显示颜料、螺旋藻碘盐等项目已经正式签约，总投资 3.5 亿的湖南昊华集团、长岭炼化配套下游产业、聚丙烯酰胺、聚醚多元醇等项目即将入园，中盐株化钛白粉、氯碱、山东定陶聚丙烯酰胺等项目对接有序。特别是总投资 72 亿元的株冶绿色改造升级异地新建项目即将开工，加上关联产业可为临湘增加 30 亿元以上的基础设施投资、150 亿元以上的产业产值，带动近 2 万人就业，投产后在经济总量上将再造一个临湘。

（四）建强平台

充分发挥特色县域经济重点县政策效应和专项资金带动作用，加快推进平台项目建设，推动特色产业发展壮大。目前，临湘市已经实施的特色县域经济重点县项目中，污水控制管网平台、产业园物流平台、创业孵化基地、特色企

业服务中心等5个项目已经投入使用，集中供热、园区物料共享管网输送工程、年产38吨的地夫可特项目已经竣工投产，年产100万吨的经济作物肥料项目已经完成过半。以上平台项目相继实施完成，既为特色产业发展增强了充实后劲，也为后续项目实施提供了有益经验。

三 临湘市特色产业发展存在的问题

总体而言，临湘市特色产业发展目前仍处于初级阶段，还存在不少问题和困难，主要体现在以下三个方面。

（一）产业基础相对薄弱

临湘市化工新材料产业虽然经历了多年发展，但过去一直处于小打小闹、散兵游勇的状态，直到滨江产业园区建成后，才逐渐整合资源、集聚产业，成效虽然不小，终究为时尚短，暂时还难以改变化工新材料整体规模偏小、名优产品不多、市场体系不健全的现状。

（二）要素保障不容乐观

临湘市获批特色制造产业重点县以来，先后出台了特色产业企业贷款"助保贷"基金、中小企业信用担保基金等政策，设立了富园投资开发公司等融资平台，开展了银、政、企三方合作，但由于受宏观经济偏冷、国家银根紧缩的大环境影响，以及部分银行压贷、抽贷行为的制约，融资压力尚未完全解除，园区发展和特色产业企业要素保障难以实现。

（三）投资主体信心不足

就目前政策形势和产业布局而言，临湘市无疑是承接化工新材料产业的最佳选择之一，政策环境、发展潜力以及承载能力相较于长江沿线其他县市区比较优势明显。但是长江大保护，以及"水十条"等新环保政策尚未完全落地，政策变数较大，投资风险增加，导致部分战略投资者存在投资意愿强烈、发展信心不足的心理，少数项目虽然签约了，但投资尚处于观望期，还没有形成实物工程量和现实生产力。

四 临湘市特色产业发展工作思路

2016年是"十三五"开局之年,也是特色县域经济重点县建设的攻坚之年,临湘市将紧紧围绕打造"精彩北大门、品质新临湘"的总体思路,抢抓一带(长江经济带)、一群(长江中游城市群)、一区(洞庭湖生态经济区)等国家重大发展战略实施,以及省委、省政府对湖南全省石化化工、有色金属产业进行转型升级、加速集约发展的政策契机,大力实施"沿江开放、临岳融合、承接转移、绿色崛起、转型跨越"发展战略,加快做大做强化工新材料产业,迅速成长为岳阳经济的增长极、中高端产业绿色转移的承接地、转型升级的示范区。

(一)加快区域协作

进一步加强与"两厂四园"的合作,谋求错位发展、特色发展和一体化发展,共同将岳阳的化工新材料产业做大做强。就临湘而言,就是按照湖南岳阳石化产业的整体规划,倾力培育以滨江产业区为核心的"一园区、三片区"化工新材料产业基地,重点推进园区仓储物流等基础配套,切实强化技术研发中心等科技支撑,着力完善企业政务中心、公共服务平台,以及环保、节能、重点安全源、消防预警等数字控制中心,加快实施产品检测检验实验室等服务平台,逐步实现区域协同,促进园区跨越式发展。

(二)提升承载能力

创新园区投融资体制机制,加快水、电、路、气、污水处理等基础设施建设,优化融资、用地、用工等综合服务,提速建设园区标准化厂房。加快建设园区铁路专用线,积极争取建设临岳城际铁路,主动呼应城陵矶港和三荷机场,争取实施长江河道治理工程,分步规划建设沿江码头,将临港公路和沿江公路提质改造为一级公路,构建沿江综合交通网络,全面提升园区承载能力,作好承接大项目、大产业、大企业准备。

(三)承接产业转移

紧盯国家梯度开发战略和长三角产业升级的历史机遇,不断扩大对外

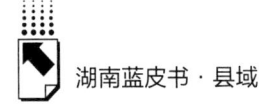

开放，把滨江产业园区作为国家级园区来谋划，切实在更大的格局内规划发展定位，在更大的范围内优化配置资源，在更大的空间内承接产业转移；以株冶落户临湘所带来的红利为契机，促进园区与云溪化工园、临港新区一同规划、一体建设，区域统筹、协调发展；紧盯株冶、华电和海利等行业领军企业及其关联项目，科学对接产业转移，完善园区绿色化工和现代冶炼产业链条；持续引进一批中高端产业关联项目，迅速催生一批生产性服务项目，实现仓储保险、航运物流、生产加工同步发展壮大。力争通过5年的努力，让临湘发展成为湖南长江沿岸绿色化工和现代冶炼产业集聚发展的示范区。

（四）推进产城融合

以项目建设、乡镇合并、综合改革为抓手，突出规划引领，进一步调整、完善、充实园区功能定位和总体规模，不断加快产城融合发展步伐；坚持绿色增长，抓紧健全环保设施，认真落实环保举措，严格控制园区的环保风险；坚持创新发展，强化人才支撑，主动对接高端产学研机构，持续增强园区的吸纳能力和孵化能力；坚持集聚发展，突破行政区划的约束和羁绊，引导劳动力、资本、技术等要素向园区集聚。力争到2020年，园区生态、生产、生活协调发展，滨江产业园区成为岳阳市域强大的产业引擎，带动临湘依托长江经济带的开放开发，迅速发展成为长江中游地区一颗璀璨的明珠。

（五）强化政策扶持

临湘市财政每年安排预算2000万元，专项用于促进化工新材料产业发展，重点在用地指标、财税优惠、技改创新等方面进行全方位扶持。特别是对化工新材料产业项目集中攻关，重点跟进，支持优势企业攻克瓶颈技术。同时，创新专项资金管理模式，完善资金支付程序，强化资金监督管理，探索实施重点化工新材料产业企业年度评估、中期评估和绩效考核，充分激发产业发展活动，推进特色产业转型升级，促进市域经济提质增效，加快打造"精彩北大门、品质新临湘"！

B.23
汨罗市再生制造产业发展研究报告

汨罗市政府经济研究中心

2013年5月，汨罗市被定为全省第一批特色县域经济重点县。三年来，汨罗市紧抓国家、省产业发展政策机遇，按照特色县域经济重点县项目实施要求，坚持以"三量齐升"为总抓手，着力推动再生制造产业转型升级、做大做强，有效助推市域经济社会平稳快速发展。在再生制造产业的支撑带动下，汨罗市综合实力一直稳居全省经济强县市行列，2015年，全市全面小康建设实现程度达到89%。

一 再生制造产业发展现状

（一）项目资金投入大

三年来，汨罗市成功申报特色县域经济项目131个。2013年申报特色县域经济强县项目45个，总投资10.2亿元，其中省级财政资金1亿元，银行信贷5.245亿元，企业自筹2.017亿元，整合资金1.87亿元，贴息资金0.068亿元。2014年申报特色县域经济强县项目47个，总投资12.0636亿元，其中省财政专项资金1.002亿元，银行贷款3.39亿元，企业自筹6.4692亿元，整合资金1.05亿元，其他资金0.1524亿元。2015年，汨罗市申报特色县域经济项目43个，总投资20.5亿元，其中省级财政资金1亿元，银行信贷6.2亿元，企业自筹10.8亿元，整合资金2.1亿元，其他资金0.4亿元。

（二）园区项目建设多

汨罗市循环经济产业园建成了日处理能力2.5万吨的重金属污水处理厂1座和垃圾消纳场、污水收集主干管网，启动了有色金属产品质量监督检验检测站和固废处置中心建设。先后扶持再生制造产业新项目56个，目前，金龙铜业二期、中联铝业、振升铝材、万容科技、博发铜业、银联湘北、金丰铜材、华先碳素、拓曼科技、金正安保和三兴精密制造等23个精深加工项目已经竣工投产，形成了再生有色金属、不锈钢、橡塑、碳素、电子废弃物和报废汽车拆解等六大资源综合利用集群，每年就地加工的再生材料达134万吨，生产的再生铜、铝、钢、塑料、稀土、碳素等产品200多类、2000多个型号，随着这些项目的落地建设，"材料变产品、财富留园区"的目标正在加快实现。同时，汨罗市与国家级长沙经开区合作，共建汽车制造"飞地工业园"，首创省内跨区域合作模式。

（三）技术品牌提升快

引导企业与科研院校合作研发，推动企业由"制造"向"创造"转变。2013年，汨罗市完成技改投资183.2亿元、技改项目176个，申报国家关键性技术2个，获得发明专利5项、实用型专利12项，碳素制品被应用到航天、光伏、通信等领域，再生塑料管材批量用于市政施工，再生铜材制品已用于高铁机车生产，再生铝生产的汽车、摩托车轮毂走出了国门。2014年，汨罗市高新技术产品增加值占规模工业增加值比重由10%上升到14%。2015年，汨罗市再生制造产业专利授权量2件，21项发明获得国家专利和省科技进步奖，高新技术企业发展到19家，汨罗成为全国再生塑料价格监测点。三年来，汨罗市再生制造产业获评马德里国际商标11个、中国驰名商标7个、湖南省著名商标36个，建立国家级科研机构1个、省级企业研发中心4个。得益于技术创新的推动，三年收集整理国家标准212个、行业标准51个、地方标准6个；修订管理标准2084个、技术标准1472个、工作标准1118个，标准覆盖率达96%，构建了以管理标准、技术标准和工作标准为主要内容的标准体系，2家企业成为国家、省行业标准制订修订单位，工业园区成为国家循环经济标准化试点单位。

（四）社会效益收益好

在经济方面，2013~2015年，再生制造产业对GDP的贡献率提高3个百分点，年均增幅达13.8%，工业增加值的增速平均为12%，再生制造产业增加值平均增速为15%。在劳动就业方面，再生制造产业所带动的劳动就业人口由

2013年2.4万人增加到2015年2.95万人，劳动就业年增长率在7.6%以上，城镇居民可支配收入平均增幅为10%，农民纯收入三年平均增幅为9.8%。在利润税收方面，2014年财政收入达到19.4亿元，2015年财政收入达到20亿元。在环境保护方面，万元规模工业增加值能耗每年比上年下降3.6%以上，用水量每年比上年下降6%以上。全市工业企业二氧化硫、化学需氧量、氨氮、氮氧化合物、铅的总排放量分别环比下降29.7%、42.8%、26.6%、86.9%、55.5%。

二　主要做法

（一）突出规划控制，规范项目建设

坚持规划先行，发挥规划在特色产业发展中的方向性和引导性功能。汨罗市聘请了湖南大学、中南大学等高等院校的专家教授编制《汨罗工业园总体规划》，进一步完善修编了《汨罗市再生资源产业发展规划》和《湖南汨罗工业园区"十二五"产业发展规划》。并按照"分区布局、集中扶持"原则，统筹推进全市以园区为核心再生制造业基地建设，在重大基础设施项目上优先配套，在战略产业项目上优先布局，在技术研发平台建设上优先扶持，并通过功能整合、合理定位、圈区管理，引导再生制造产业抱团经营、规范发展。

（二）突出"三关"管控，推进项目建设

（1）严把项目申报关。全面实施《汨罗市发展特色县域经济强县工作实施方案》，坚持"真、实、好"原则，按照"公开透明、公正合理、严格程序、集体研究"等工作要求，切实做到具备条件的企业好项目、大项目不漏报、不缓报、不瞒报、不虚报。（2）严把资金使用关。出台了《汨罗市发展特色县域经济强县工作实施方案》，制定了《汨罗市特色县域经济专项资金监管与拨付暂行办法》，成立了发展特色县域经济项目资金监管工作小组，全程监管专项资金的使用，专业评价资金的投入效益，既充分发挥资金"四两拨千斤"的导向作用，确保把有限的资金用在好项目、大项目上，又杜绝企业虚假项目套取国家和省里的资金行为。同时，根据项目资金安排和使用情况，坚持跟踪问效，实行综合评价，评价结果与项目资金申报、分期拨付等挂钩，防止项目建设半途而废。（3）严把技术改造关。对再生制造行业企业采用先

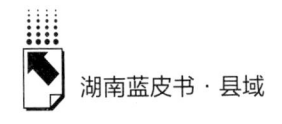

进和适用的新技术、新工艺、新设备、新材料等对现有设施、生产工艺条件进行改造的，项目资金优先支持，帮扶力量优先到位，困难问题优先解决，以此促进资源综合利用和三废治理，提高经济效益、提高产品质量、促进产品升级换代、扩大出口、降低成本、节约能耗。

（三）突出领导力量，服务支持项目建设

强化项目建设的组织保障、制度保障、经费保障和政策保障。汨罗市成立了以市长任组长，常务副市长、分管工业副市长、工业园区管委主任、市政府党组成员任副组长，相关单位主要负责人为成员的市发展特色县域经济强县领导小组和专门的工作班子。汨罗市市委组织部门牵头，成立了"联手帮扶企业"领导小组，选派100名优秀干部常驻产业园区，对口帮扶再生制造产业项目建设。同时，汨罗市财政采取以奖代投、贷款贴息等形式，安排配套资金1.1亿元和必要的工作经费用于发展特色县域经济强县工作；汨罗市政府优先安排再生制造产业项目建设用地等。

三 存在问题

（一）融资渠道制约

汨罗市再生制造产业门类多，特别是金属加工制造行业原材料占用资金量大，市场流动性需求量更大，迫切需要银行给予大力支持。但银行申请贷款还存在手续繁、门槛高、程序多、时间长和额度小等问题。

（二）科技创新制约

再生制造业企业普遍缺乏专业技术队伍，产品技术含量低，开发能力弱，加之受生产条件限制，无法与大企业配套对接。

（三）土地供应问题

上级国土资源部门每年给予汨罗市的用地指标仅为600余亩，而本市工业园单就再生资源二期市场建设就需土地2000亩。供需严重不足，导致特色产业重大项目难以落地。

（四）申报审批制约

汨罗市再生制造产业项目投资规模大、成本高，大部分项目投资在5000万元以上。但上级再生制造产业项目专项资金申报额度有限，支持力度不够。

四 "十三五"发展思路

"十三五"期间，汨罗市将紧紧围绕岳阳提出的打造"一极三宜"江湖名城和全面建成小康幸福汨罗战略目标，以"两型"建设为抓手，以循环发展为路径，依靠循环经济产业园区这一良好平台，抢抓机遇，擦亮品牌，全力打造好再生制造产业的四大重要产业发展基地，即再生材料产业基地、电子信息及新材料产业基地、汽车及零部件制造产业基地和小微企业孵化基地。

按照这一工作思路，汨罗市将在"十三五"期间，进一步加强引导特色产业向园区聚集，着力培育再生制造产业集群，推动延伸和拓展再生制造产业链条，努力促进优势产业集群化发展。到2020年，园区再生制造产业将形成有色金属加工、再生塑料制造、电子废弃物处理、报废汽车拆解再制造四个产业集群，实现废弃资源综合利用业总产值达800亿元，废弃资源综合利用业总产值年均增长30%以上，产业增加值达160亿元，产业增加值年均增长20%以上。为实现这一工作目标，汨罗市将从两大层面推动再生制造产业做大做强，深化升级。

一方面是从行政层面强化扶持。一是通过进一步加强组织领导、创新体制机制、强化要素保障，以及围绕市场、产品、产能、标准、技术、产业链和环保平台，严格管理、规范使用省扶持专项，充分发挥财政资金杠杆作用，带动银行投、社会投、老板投，加速推进再生制造产业转型升级。二是通过加大环保整治力度和加大环保基础建设投入，确保汨罗市特色产业发展符合"两型"社会要求。三是通过严格落实《湖南省特色县域经济重点县专项资金绩效管理办法》，加强项目绩效管理和评价结果运用，实现全程跟踪管理和监督检查，形成"谁干事谁花钱，谁花钱谁担责"的权责机制。

另一方面是从市场层面强化引导。围绕"再生资源、标准材料、品牌产品"三级跳，按照"回收网络化、分拣智能化、加工规模化、出园成品化、

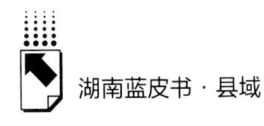

再生制造化、产品标准化、产业链条化、业态无害化"的"八化"要求，突出运用"三项举措"。一是突出产业链条延伸。组织实施一批重大产业项目，推进与国内外行业龙头企业的战略合作，切实培育一批、引进一批产业链终端产品企业。计划整合资金50亿元以上，新上一批好项目、大项目，形成完整的再生制造产业链，力争产品附加值提高2~4倍。二是突出加快服务平台建设。举全市之力，全力建设好园区。在工业园区规划建设再生资源回收加工利用技术研发中心、汨罗固废进口后续监管区、再生高分子材料产业园、创业孵化基地等服务平台，将园区打造成为再生制造产业的集中区、县域经济发展的带动区、两型建设的示范区。三是突出引导进行信息化升级改造。支持引导再生制造业与移动互联网、云计算、大数据、物联网等新一代信息技术的深度融合，促进其数字化、网络化、智能化改造升级，推动人工智能技术在再生产品、制造生产等领域的广泛应用，夯实再生制造产业智能化发展基础。

B.24
加快桃源县特色农产品加工业发展研究

龚德汉 *

桃源县地处湘西北，总面积 4442 平方公里，总人口 98.80 万，其中农业人口 83.50 万，县域面积和人口数量分别居全省第 4 位和第 16 位。近年来特别是 2015 年以来，桃源县以全省农副产品加工产业重点县为契机，充分发挥资源优势，着力破解加工短板，着力打造"全省农副产品加工第一县"，加快传统农业向现代农业的转变，推动县域经济的发展。据统计，2015 年，全县实现规模以上企业农产品加工产值 49.18 亿元，增长 27.9%，农村居民人均可支配收入达 11236 元，增长 10.0%。

一 桃源县特色农产品加工业发展现状

（一）基地建设全省领先

发挥资源优势，结合实际情况，推进基地标准化生产，粮食、茶叶、油茶、果蔬、畜禽、竹木等六大特色基地总面积突破 200 万亩。2014～2015 连续两年，粮食播种面积和总产量分别位列全省第 1、第 2，油料播种面积和产量、蛋鸡存笼量位列全省第 1，油茶、茶叶、楠竹、生猪等产业全省领先，先后荣获全国粮食生产先进县、全国优质油料基地县、全国生猪调出大县、中国竹子之乡、全国优质果品基地县、全国蛋品基地县等称号。

（二）加工企业快速发展

通过政策扶持、技术扩改、创新管理等措施，桃源县农产品加工企业达

* 龚德汉，中共桃源县县委书记。

583家，其中，规模以上企业43家，市级以上龙头企业31家，省级龙头企业7家。古洞春茶业等11家企业通过了ISO9001-2000质量管理体系认证，古洞春茶业1家农产品加工企业被评为国家高新技术企业，湘北茶叶获评"全省优质茶出口基地先进单位"，辣妹子食品获评"湖南省柑橘加工五强企业"，明月油脂厂获评"省百强乡镇企业""全省油脂行业五强企业"。

（三）品牌开发成效显著

坚持以品牌树形象、扩影响，努力提高特色农副产品的知名度。"陬福""钱缘""章鸭""古洞春""三尖农牧"等6个品牌成为中国驰名商标，桃源野茶王、瓦儿岗七星椒、桃源鸡、桃源黑猪、桃源红茶等5个产品成为国家地理标志保护产品，腾琼、津山口福等16个品牌获得省著名商标和省名牌产品称号。先后有大米、茶叶、油脂、鸡蛋、柑橘等15个产品被认定为国家无公害农产品，古洞春野茶王、万福金优米、辣妹子桔片爽等22个产品被认定为绿色食品，腾琼和古洞春的3个茶叶产品被认定为国家有机食品。

（四）技术创新不断突破

积极开展校企、院企产学研合作，先后引进中科院、南京农大、中南林科大等科研院校的50多位专家，对全县农产品进行深加工技术指导和新产品开发。2015年，新增国家发明专利8件、实用新型专利11件，县政府与江南大学、中国科学院农业研究所签订了五年合作协议，佳奇食品、豪乡食品分别与江南大学合作进行青稞系列产品和豪猪食品开发；古洞春与文理学院合作共同开发茶叶生态保健品；长笛龙吟与中南大学合作开发竹系列产品；博邦农科与长沙理工大学合作研制冷榨油系列产品等。目前，全县已建立院士工作站1个、企业教授工作站2个、市级博士创新团队1个，正在实施产学研合作项目20余个。

（五）建设资金保障充足

湖南省财政厅已安排到位资金1.20亿元，2014~2015年特色县域经济重点县建设扶持资金各6000万元，整个项目实施时间为2015~2017年。

1. 搭建融资平台

按照每年安排3000万元的标准，从2015年开始连续三年支持融资担保服务平台建设（现已预支 1 亿元），切实解决农产品加工企业融资难、融资贵等问题，放大财政资金的杠杆效应。对通过融资担保平台贷款的农产品加工企业，贷款所产生的担保费按 50% 补助。2015 年 8 月，桃源县惠民中小企业融资担保公司正式挂牌运营，并与建设银行、农业银行、长沙银行、邮政储蓄银行、县信用联社等五家银行签约，每年可担保融资 2 亿元以上。设立科技风险基金 500 万元，实现科技融资 2500 万元，为企业技术扩改提供资金保障。

2. 全力招商引资

发挥区域优势、环境优势、特色资源优势，新引进了惠生肉业、加加食品、大湖股份、鑫之源生态农业、金牛源清真食品等大型农产品加工企业，将有效解决企业内生动力不足、产业链条不长的问题，带动生态农业多元化发展。

3. 严格资金管理

按照"封闭管理、专项扶持、专账核算"原则，严格管理"特色县"建设资金，所有资金的使用、拨付一律按程序审批，一律与年初立项、绩效评估挂钩，未经立项、考评不合格的一律不予拨付资金，确保了财政资金规范运作、安全运行、高效使用。

（六）发展条件大幅优化

积极推进园区基础设施、信息服务平台、产品宣传推介等公共服务体系建设，为农副产品加工业发展创造良好条件。

1. 加强集聚发展

高标准完成产业规划设计，启动农副产品加工产业园建设，着力推进产业集群发展，目前蜀中情食品、辣妹子食品、创辉农牧、博邦农科、康多利油脂等加工企业已入驻园区。

2. 加强宣传推介

利用电视、网站、报刊、自媒体、展销会等多种媒介，采取专题宣传片、宣传手册、横幅广告等形式，全面系统地宣传"特色县"政策，推介特色资源和农副产品。2015 年，编印了桃源农副产品加工《常德论坛·特刊》《绿色农业、汇济天下》《品味桃源》等宣传画册，在央视 7 套《农业气象》栏目推介了桃源野茶王、桃源油茶，组织了津山口福、豪乡食品、兴隆米业等企业参加中国国际食品展销会和茶叶博览会，创建桃源县特色农副产品展示厅，分 5

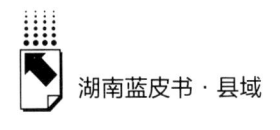

大类展示特色农副产品成果。

3. 加强经验交流

组建成立农副产品加工企业家协会，首期入会70多家企业，邀请武汉新蓝海等营销公司的专家教授来桃授课，组织企业负责人赴高等院校、北京奥运村等地开展技术交流、洽谈合作、营销培训，加强了横向交流，开阔了眼界视野，培育了战略思维，创新了发展理念。

（七）工作机制逐步完善

1. 加强组织领导

以获批全省第二轮特色县域经济重点县建设为契机，成立桃源县特色县域经济建设领导小组，由县委书记任顾问，县长任组长，相关县级领导任副组长，县委农村工作部、县财政局等22个部门为成员单位，下设一办四组，搭建了工作班子，凝聚了工作合力。

2. 完善规章制度

编制出台了桃源县农副产品加工业三年（2015~2017年）发展纲要、年度实施方案、项目申报指南、扶持补助办法、资金管理制度、基地验收标准、项目评审准则、绩效考评细则等一系列规范性文件，确保农副产品加工产业快速发展。结合各自职能职责，将特色县域经济重点县建设任务细化分解到各个成员单位，明确工作目标，限定工作时限。

3. 狠抓工作落实

以作风建设"百千万"工程为总揽，狠抓实事领办、服务优化、企业帮联，对重点项目实行县级领导领办、责任单位承办、专门班子经办，并安排科技特派员、特色办工作人员全程跟踪服务，搞好协调联络。同时，按照"周调度、月点评、季督察、年考核"模式，建立项目建设台账，实施动态管理机制，强化工作调度，确保建设进程。

二 存在的主要问题

（一）基地质量有待提高

虽然桃源县基地建设总量大，但按照现代农业的要求，规模化、标准化程度不高，多是零散种养，没有形成系统的基地建设规划，仍然存在创新经营主体不多、规模经营不够、生产效益不高、质量效益不显等问题。

（二）招商渠道有待拓宽

因受地域、经济、环境、人才等因素的制约，本县招商引资进度跟不上农副产品加工业发展步伐，迫切需要拓宽招商渠道，扩大招商规模。一方面，引进的企业规模小、层次低，自身发展潜力和示范带动能力不足；另一方面，引进的加工企业分布不均，如桃源县是养殖、楠竹、茶叶大县，但缺乏引进相对应的规模较大的加工龙头，导致成为外地争抢的原料基地。

（三）加工龙头有待培育

近年来，桃源县农产品加工企业虽然获得了长足发展，但龙头企业规模偏小、创新能力不足的问题一直没有得到根本解决。在经营模式上，仍然实行基地培育、产品收购、生产加工、市场销售一条龙的作业模式，由于生产环节多，场地、资金、人力等受到制约，企业规模难以做大，发展后劲受到制约；在科技创新上，大部分企业没有建立自己的研发机构，也招不进、留不住学识广、级别高、业务精的科技人员，产品研发与技术创新难以推进；在"产学研"结合上，企业仍处于从属地位，企业与科研院所的合作是有需求、有形式，但行动少、成效小。

（四）特色品牌有待打响

从中国驰名商标、国家地标保护产品、省著名商标和省名牌产品的数量看，桃源处在比上不足、比下有余的尴尬局面；从市场竞争力和影响力看，真正在市场上叫得响、拉得出，能够激发消费意向和购买欲望，真正彰显桃源独有内涵和文化底蕴的品牌很少。

（五）资源整合有待加强

农副产品加工业线长面广，涉及农田水利、农业综合开发、粮食产能、机耕道路、园区设施等各个方面，光靠省财政安排的专项扶持资金，很难全方位解决问题。同时，奖补资金过于分散，奖补额度普遍偏低，既发挥

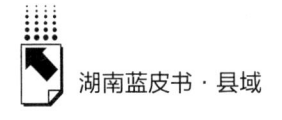

不了奖补资金的拉动效应，也无法体现桃源农副产品加工业的战略取向和主攻重点。

三 对策与建议

（一）发展规模经营，建好示范基地

1. 加快土地流转

全面推进农村土地承包经营权确权登记，建立健全县乡村三级土地流转机制，在全面落实上级鼓励政策的同时，从市场准入、税费减免、资金支持、人才引进等方面给予适当扶助，引导农民采取多种形式进行农村土地承包经营权有序流转，鼓励和支持农村土地向专业大户、家庭农场、农民合作社集聚，发展多种形式的适度规模经营。

2. 优化配套服务

推进基层农业、水利、林业等领域的公共服务体系改革，探索建立区域性专业化的技术推广服务机构；强化金融产品和服务创新，鼓励金融机构将新型经营主体财产纳入抵（质）押范围。

3. 打造原料洼地

按照"一个产业、一套标准、一套监管服务体系、一批示范园区、一批新型经营主体、一批农产品品牌"的总体要求，着力实施基地规范、扩面、提升工程，促进农产品基地从数量速度型向质量效益型转变。种植业方面，重点建设好陬市与枫树沿S226公路干线的10万亩富硒生态有机稻基地，以茶庵铺为核心的2万亩生态有机茶叶示范基地，以理公港、青林、三阳港、盘塘、漆河、架桥、夷望溪、陬市为核心的10万亩优质油茶基地，以木塘垸、陬市、枫树、青林、漳江为核心的10万亩绿色油料基地，以马鬃岭、热市、漆河为核心的5万亩富硒生态柑橘基地，以杨溪桥、夷望溪、沙坪为核心的7.50万亩楠竹低改示范基地，以漳江、牛车河为核心的2万亩蔬菜标准化示范基地；畜禽养殖方面，以加强地方良种保护为重点，重点建设好漳江、青林、枫树、陬市等乡镇10个生态养殖示范基地、100个标准化养殖场、年屠宰量达20万头的桃源黑猪屠宰场建设，三阳港

等乡镇100个桃源鸡生态养殖基地，枫树、漳江等乡镇1000万羽蛋鸡标准化养殖基地。

（二）扩大招商平台，提升招商成效

全面加大招商引资力度，根据桃源产业发展特色和优势，进一步加强宣传力度，唱响桃源声音，制作农业招商系列宣传片，在网络、媒体、展销会、节会和招商现场强力推介，力争短期内能引进一批生产加工规模大、产业开发层次高、市场开拓空间广的大型龙头企业，切实提升农产品资源综合开发利用水平。同时，进一步完善农副产品加工园区基础设施建设，优化产业发展环境，健全园区服务体系，整合现有农产品加工资源，引导农产品加工企业向园区集聚发展，力争通过三年努力，漳江创业园新引进5亿元的投资企业1家，过亿元的5家以上，3000万元以上的10家以上，引资建设总额15亿元以上。

（三）增强创新能力，打造加工龙头

1. 加强科技人才建设

积极探索"产教结合、校企合作"新模式，开辟企业人才定向培养新平台；加强企业自身人才的培育工作，出台激励机制，鼓励大中专毕业生和高端专业技术人才到县内农产品加工企业就职，确保各类专业技术和管理人才"引得进、留得住、用得着"，壮大企业科技队伍建设。

2. 加强自主创新能力

建立健全"产学研"合作机制，充分利用大专院校、科研院所的人才、科研等资源优势，有针对性地建立合作研发项目，改变企业从属地位，自主掌握核心技术，提高加工转化率和产品附加值，提升产业开发级次。

3. 创新产品销售模式

积极推进"互联网+"现代农业，创新农业发展新模式，释放现代农业新活力。引导企业开设电子商务官网、旗舰店、微营销平台，支持企业与淘宝、阿里巴巴、京东等互联网平台合作，扶持企业在Q板挂牌上市，促进电商平台从过去单一的B2C，发展成为包括B2C、B2B、O2O等多种平台的综合性电子商务平台，拓展农副产品销售渠道，促进企业做大做强。2015年，已建成淘实惠农村电子商务平台，打造了桃源县特色农副产品电子商务平台。

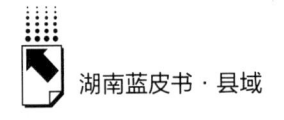

（四）抓好品牌创建，彰显桃源特色

1. 突出特色创建

要充分利用桃源黑猪、桃源鸡、桃源野茶王、桃源红茶、瓦儿岗七星椒等获得国家地理标志保护产品的既有优势，切实搞好品种资源的保护与开发，努力打响全国高端红茶第一品牌，全国原生态肉类食品第一品牌，全国辣酱调料第一品牌；要以生态富硒为引领，提升富硒产品精深加工层次，不断健全产业链条，努力打造全国富硒产业第一县。

2. 搞好精心策划

实行政府引导、企业自主的模式，聘请资质强、经验足、业绩好的专业策划公司进行品牌策划。要立足桃源特色资源、风土人情、历史渊源，找准品牌定位，最大限度地激发消费者"动心效应"；要按照韵律强、视觉美、寓意深、个性足的目标，认真设计好商标图案和产品包装；要围绕消费群体定位、产品销售管理、品牌推介传播，全面策划品牌营销策略。

3. 加大推介力度

利用桃花源旅游节、茶博会等主体活动，采取专题宣传片、纪录片、微信、自媒体等多种宣传形式，借助国内外展示展销会、自办农副产品展销会等活动平台，大力宣传和推介桃源农副产品品牌，扩大优势品牌的影响力，提高特色品牌的知名度。

（五）整合项目资源，突出扶持重点

按照扶大、扶优、扶强的工作思路，抢抓特色县域经济重点县建设契机，充分发挥财政项目资金的引导作用。在总结2015年项目扶持办法的基础上，集中资金从固定资产投资、产业整合、升级入规、品牌创建、销售平台、技术扩改、产值提升等方面，重点扶持1~2个大产业，一个产业重点培育1~2家规模大、实力强、后劲足的企业，确保企业发展能力实现大幅度的跨越。同时将财政、发改、农业、水利、农开、国土、林业等涉农项目资金，与特色县建设资金进行源头整合，聚拢资金统筹安排，既避免项目资金分散使用，又能整合项目资源，为打造"全省农副产品加工第一县"精准发力。

B.25
安化县茶产业发展研究报告

肖伟群*

安化县位于湘中偏北，资水中游，总面积4950平方公里，是中国黑茶之乡、全国重点产茶大县。晚唐五代时期曾记载："潭邵之间有渠江，中有茶而多毒蛇猛兽……其色如铁而芳香异常。"北宋熙宁五年（1072）"因茶置县"，名曰安化取"归安德化"之意。置县以来，安化"唯茶甲于诸州县"、"邑土产推此第一"。明万历年间，安化黑茶被正式定为"官茶"，用于"储边易马"，明中后期至清代600多年以来，安化黑茶一直主销西北市场，享有"无安化字号不买"的盛誉，成为中俄万里茶路的重要起点之一。明清时期最高年产量达数十万担，资水两岸"茶市斯为盛，人烟两岸稠"。在此期间，安化茶人创制了安化千两茶以及天尖、贡尖、生尖等世界独一无二的传统珍品，安化千两茶制作技艺列入第二批国家非物质文化遗产保护名录，其形态拙朴、大器，长期保留不失风味，因而享有"中国茶文化的化身"和"世界茶王"的盛誉。同时，安化县还是中国黑茶紧压茶的摇篮，诞生了中国第一片黑砖茶（1939年）、第一片原产地茯砖茶（1953年）、第一片花砖茶（1958年）。

近年来，安化县委、县政府立足"生态兴县、绿色崛起"，着眼于茶叶资源禀赋和产业基础，着力推进茶产业发展壮大和转型升级，安化茶产业迅速复兴和发展，已经成为县域重点特色产业、精准扶贫重要渠道、大众创业重要载体，为实现"千亿湘茶"产业战略目标提供了重要支撑。

一 2015年安化县茶产业发展基本情况

（一）产业规模快速扩大

2015年，安化县茶叶加工量由2007年的1.1万吨增加到5.6万吨，茶产

---

* 肖伟群，安化县人大常委会副主任、茶业办主任。

业综合产值102亿元，继续稳居全国重点产茶县十强，黑茶产量连续十年位居全国第一；茶产业税收1.5亿元，连续三年过亿元，对县财政收入的综合贡献率达30%；茶园面积从2007年的10.9万亩发展到2015年的28万亩，超过历史最高水平。茶园建设呈现"大户连片发展、散户集中发展、企业主动发展"的态势，并逐步向无公害、绿色和有机茶园转型升级。

（二）品牌影响不断增强

安化黑茶成为国家地理标志保护产品；安化千两茶和茯砖茶制作技艺列入第二批国家非物质文化遗产保护名录；"全国安化黑茶产业知名品牌创建示范区"由国家质检总局正式授牌；"安化黑茶"证明商标被评为中国驰名商标。2015年，安化县三个茶叶公用品牌估价达35.81亿元，其中安化黑茶16.26亿元，较2014年增加2.68亿元，升幅达19.7%。目前，安化茶叶行业拥有中国驰名商标4个、省著名商标12个，湖南名牌8个，中华老字号1家、湖南老字号2家。2015年，安化黑茶再次获得百年世博（米兰）中国名茶金奖。白沙溪、华莱健、烟溪功夫、国茯等茶企品牌获得中国名茶金骆驼奖，这是继1915年安化红茶获得巴拿马国际博览会金奖、2010年安化黑茶获评上海世博会十大名茶之后，安化黑茶再次走进国际视野。

（三）营销市场稳步拓展

安化黑茶是海陆两条丝绸之路上的重要商品，湘茶产业规模化、高端化和国际化的先遣军。2013年，安化县通过组织和参与"重走茶马古道"活动，展示了安化黑茶的独特魅力；2014年，众多安化黑茶企业在哈萨克斯坦成功举办安化黑茶国际展销会，扩大了中亚、俄罗斯等地的市场。2015年，安化黑茶惊艳波兰华沙国际食品和饮料展，着力拓展欧洲市场；随后，安化黑茶获得百年世博（米兰）中国名茶金奖，白沙溪、华莱健、高马二溪、卧龙源、国茯等茶企品牌获得百年世博中国名茶金骆驼奖，并全程参与米兰世博会中国馆中国茶文化周活动。借助第三届安化黑茶文化节，众多台港澳客人、国外使节、茶商和茶文化传播者及科技精英云集安化，电商、微商、个性化定制、体验式消费等新的营销形式日益丰富，在全国茶叶市场整体下行的大环境下，安化黑茶营销继续保持平稳态势，白沙溪茶厂、华莱生物、中茶安化茶厂、梅山黑茶、久扬茶业、怡清源茶业、高马二溪等龙头企业经营状况良好，中小茶企产销正常。

（四）提质升级步伐加快

安化茶企持续加大对基础建设、设备更新和产品研发的投入，着力全面提升清洁化、标准化生产水平，产业和企业形象、生产加工能力均得到有效提升。2015年，白沙溪黑茶产业园年产1.5万吨优质安化黑茶清洁化生产线建设项目正式竣工投产，建筑面积3.3万平方米，总投资近2亿元；华莱生物科技冷市二期生产加工基地已全面竣工投产；久扬茶业、盛唐黑金、永泰福茶号、老顺祥茶业等新厂房相继建成投产。除此之外，安化黑茶产业采取与科研院所和高等院校联手的形式，加快科技成果转化，茶产品精深加工、茶保健品研发和茶化工产品联合开发取得新的突破，冰维斯、盛唐黑金黑茶饮、华莱生物茶胶囊、梅山崖速溶茶等陆续上市，得到了消费者的广泛好评。

（五）带动能力持续增强

安化黑茶产业的发展，带动了绿茶、红茶等其他茶类加快发展，安化黑茶的饮料、食品、日化、保健、医药等延伸产品逐步投产，全行业综合产值不断增长。茶产业极大地促进了绿色包装、物流集散、寻茶旅游、策划设计等关联产业的发展。截至2015年县内竹木加工及纸质包装业产值达6.5亿元，全县从事黑茶及其关联产业的人员达32万人，实现劳务收入30亿元以上；接待访茶、寻茶游客200.2万人次，实现旅游综合收入10.1亿元。

二　存在的主要问题

（一）产业规模总量偏小

近年来，安化黑茶产业发展迅猛，产量、产值成倍增长，已成为湘茶发展的引擎和增长极，但与国内知名茶叶品牌相比，安化县茶产业规模总量较小，产值上亿元的企业屈指可数。部分企业生产设备和设施老化，更新速度较慢，

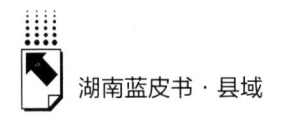

生产经营管理、产品质量检测、知识产权保护和维权等工作相对滞后，提质升级步伐缓慢。

（二）原料供需存在矛盾

2008年以来，安化新建茶园基地10万亩以上，但很多茶园尚未进入盛产期，茶园机械化水平不高，大部分茶园以人工采摘为主，黑毛茶原料的质量和结构都有待优化，难以满足企业产能的快速增长和市场需求，这一矛盾在短期内难以缓解。而且随着正宗安化原料茶在市场上受到追捧，以及人工价格的上涨，本地鲜叶和黑毛茶原料价格开始上涨，影响安化本地黑毛茶顺价销售，茶农和基地大户的效益难以得到保证。

（三）行业规范有待加强

随着安化黑茶的"走红"，社会资金大量涌入，有些企业仓促投产，产品质量安全监管压力巨大，标准化、清洁化的生产状况令人担忧，对假冒伪劣产品的打击效果较差，"安化黑茶"商标保护任重道远。

（四）营销市场亟须拓展

企业品牌打造和营销的能力水平不一，产品同质化的问题突出，并且在宏观经济政策的影响下，部分中小企业营销网络不健全、企业知名度不高、技术和管理跟不上、市场拓展和资金周转压力大等问题比较突出。特别是企业营销模式还是以自建渠道、扩建网点为主，缺少专业化、大规模、广覆盖的营销企业，网络电商、圈子营销、个性化定制等新兴营销方式刚刚起步，需要不断扶持和规范。

（五）边销茶生产积极性不高

安化黑茶作为边区牧民的生活必需品，曾经为国家民族政策的落实做出过特殊贡献，也为安化山区特色产业的发展和农民的生活水平的提高发挥了重要作用。但是，随着社会经济的快速发展和人民生活水平的不断提高，边销茶叶市场日益多元化，对黑茶特别是安化黑茶的需求量日益递增，安化黑茶内销市场逐步转旺，但各级政府和社会各界对边销茶的重视程度逐步下降。近年来，由于黑毛茶原料价格和劳动力成本的大幅度上涨，安化本地黑毛茶的收购价远高于边销茶的定购价，致使茶企边销茶生产积极性普遍不高。

三　发展的优势和前景

（一）安化黑茶产业是健康产业

随着社会经济发展和生活水平的普遍提高，以及人类生活方式的不断改变，以生物技术和生命科学为先导的健康产业成为21世纪引导全球经济发展和社会进步的重要产业。21世纪是茶饮料的世纪，茶叶作为重要的功能性饮料，既属于传统保健品产业，也属于有机农业范畴的新兴健康产业，茶饮料产品正朝着天然、健康、可口、营养、功效的方向大步发展，走微生物发酵工程与茶叶深加工相结合的道路，也是21世纪茶产业发展的新天地。有着世界第一人口大国和"茶为国饮"背景的中国，随着"亚健康""富贵病"等现代社会健康问题的不断显现和老龄社会的到来，安化黑茶的产业前景将持续向好。

（二）安化黑茶产业具备成为现代化产业的特质

相对于传统茶叶产业种植与加工紧密依存、品牌营销的区域化特征明显、加工以传统手工作坊为主、从业企业体量始终偏小等特征，安化黑茶具有产业现代化条件。一是通过微生物发酵和数控精细加工等现代技术，将使茶产品的功能和质量得到可靠改善，同时还可以解决高、中、低各档茶的综合利用（包括深加工）等问题。二是通过初制、原料拼配和精制等与国际茶叶加工技术接轨的生产工艺，将可以实现安化黑茶主要产品功效、口感的长期稳定，为稳定消费群体、通过现代营销拓展市场奠定基础。三是在长期发展和复兴的过程中，种植、毛茶原料、成品营销、新产品研发（包括传统工艺发掘继承）、副产品加工等产业链环节已经相对完善，产业内部机制不断优化。

（三）安化黑茶产业是绿色产业

按照中共安化县委、县政府的战略安排和茶叶产业的特性，安化黑茶就是要基于生态特色推出、依靠保护生态发展、仰仗优良生态壮大，要走出一条生

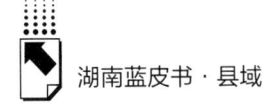

态越优良、产业越红火的绿色发展路子，不同于那些"先破坏后治理""越破坏越发展"的落后发展方式，是一种"越保护越发展""越优良越有利"的良性循环，这就是安化黑茶在当地经济发展中的"绿色崛起"作用。这一思路，既符合发展规律，同时也是社会的共同愿望，是科学发展观的有益探索。安化黑茶产业作为县域经济的主导产业、特色产业大有可为。

基于以上分析，将可以使我们对安化茶及黑茶的产业规模有一个大致的估算：从健康产业的角度来看，近年来大健康产业年增长在15%左右，2013年中国健康产业规模约为2万亿元，有预测称到2020年将达到8万亿元；其中，保健品产业年增长在13%左右，2013年规模约为1500亿元。中国饮料行业总产值已经达到1.1万亿元，其中茶饮料与功能饮料市场规模超过1500亿元。另据中国茶叶流通协会统计，2013年全国茶叶农业总产值达到1106.2亿元，综合产值超过3000亿元，其中大宗茶产值达到315亿元，同比增长20.7%。由此可见，不管从哪个方面来讲，安化黑茶的市场规模和市场前景都是很可观的，是一个可以做大的产业。

四 后段发展重点

（一）强化茶产业发展优先地位

坚持把做强茶产业作为县域特色支柱产业来打造，为"全民创业、万众创新"提供用武之地，为招商引资提供重要平台，为精准扶贫提供科学途径。最大限度地发挥山水生态、历史文化和产业基础等优质资源，把茶产业作为安化社会进步与经济发展全局的引导性力量，坚定不移地走茶旅文一体化发展之路。抓住成为全省第三轮（2015~2017年）特色县域经济农副产品加工重点县的机遇，努力朝着茶园面积40万亩、年产量10万吨、综合产值300亿元以上、年税收10亿元、带动区域40万人就业的目标迈进，把安化黑茶产业打造成为千亿湘茶产业的引擎，把安化打造成为世界黑茶之都。

（二）着力整体提升产业发展水平

在"安化黑茶"大品牌的旗帜下，通过财政产业基金、贴息等方式引导金融资本投入，撬动社会资本优化组合、精准投入，整体推进茶企清洁化、标准化生产；以实力强、规模大、管理优的茶企为主导，加快行业优势资源整合，推进茶产业转型升级。支持茶企建设现代茶叶标杆企业，引导龙头企业组建安化黑茶产业集团，支持优势茶企（捆绑）上市融资。提倡差异化发展，引导中小茶企由向"专、精、特"方向转变，支持中小企业精准定位、凸显特色，形成一批优势安化黑茶产品专业化生产企业，实现安化黑茶生产专业化、档次多元化、品饮便利化。

（三）加快推进茶旅文一体化重点项目建设

（1）推进原产地市场建设。加快中国黑茶产业园、中国黑茶大市场、黄沙坪古茶市、中国黑茶博物馆、云上茶旅文化园、梅山生态文化园等重点工程建设，启动茶乡花海、安化黑茶主题公园等项目前期工作，聚集产业要素，做强做响原产地市场，打造安化黑茶重要的对外形象展示窗口。

（2）强化黑茶产业与周边或关联产业的横向融合。以建设中国黑茶文化养生休闲度假胜地、中国最优良的生态涵养区为目标，以"千年黑茶、万年溶洞、亿年冰碛岩"为重要载体，大力发展茶厂工业游、茶园观光游、茶乡体验游、季节性访茶游等旅游项目，推出多条精品茶旅线路，营造"山水怡情、茶饮保健"的茶旅氛围。促进茶产业与文化创意、广告策划、包装物流等产业的跨界联合、多元发展，创造新的业态、新的价值。

（3）强化上下游产业的纵向拓展。针对安化黑茶的品质机理、健康机理研究开展科研合作，推进安化黑茶及其制品朝功能化、多元化的方向发展，使茶产品深加工取得新的突破。

（四）努力提升科技支撑能力

加强与国内涉茶、医学、生物工程等科研院所的科技合作，推进产学研有机结合。加强人才队伍建设，引进专业技术人员，开展技术技能培训，实施精准扶贫产业培训工程，争取将安化黑茶学校升级为安化黑茶职业技术学院，加强职业教育培训，壮大产业发展人才队伍，建成覆盖全产业的技术服务网络。加快黑茶科技成果转化，在茶饮料、美容、保健、医药等方面不断推出新产品，实现茶叶全价利用，提高产业资源利用率，提升综合效益。

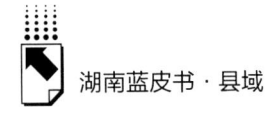

（五）拓展国内市场，突破国际市场

（1）以边销为突破口，建立巩固的营销根据地。要用好用足用活边销茶储备和销售政策，并在此基础上，鼓励企业以不同档次的产品、不同渠道的营销，不断巩固和拓展西北市场。

（2）继续规范和创新营销模式。由政府和协会引导，谋求与实力强大的网络平台开展实质性的战略合作，抱团入驻第三方大型电子平台，运用互联网对接原产地生态安全、公开产品信息、引入第三方价格指导和质量检测服务，建立质量监管全程追溯机制，打造原产地实体店与网店一一对应、实体市场与虚拟市场无缝结合的现代化电子商务交易平台。

（3）要突破外销瓶颈。逐步解决安化黑茶列入海关出口商品目录、取得自营或委托出口资质、建立对外展示和宣传平台等问题，进一步巩固东南亚传统外销市场，开拓"一带一路"和欧美市场。

（六）进一步宣传推介公共品牌

（1）抱团参展参会和发布广告。组织茶企以安化黑茶品牌整体形象抱团参加国内外大型茶博会和茶事活动，支持茶企在央视、湖南卫视和影响力较大的媒体、网站，以及国内热点旅游景区、高铁站、高速公路、机场等重点区域发布广告。

（2）强化产业新闻宣传报道。进一步巩固在第三届中国湖南·安化黑茶文化节上取得的良好宣传效益，策划安化茶产业新闻亮点，积极主动争取国内主流媒体对安化及安化茶产业的关注，强化公共品牌宣传推广的系统性与延续性。协助拍摄与安化黑茶有关的电影、电视剧和专题片，办好《安化黑茶》杂志，加强安化黑茶官方网站的宣传推广等。

（3）强化茶文化遗存保护与利用。进一步挖掘和整理梅山文化、安化茶文化，开展茶马古道、茶马古镇、风雨廊桥等茶文化遗存和文物的整理和保护，加强白沙溪老厂房、安化茶厂百年木仓、黄沙坪古茶市、洞市老街、永锡桥等茶文化遗存的保护与利用，启动"万里茶道"联合申报世界非物质文化遗产的相关工作，向世界传播安化茶文化。

B.26 桃江县竹凉席加工产业发展研究报告

何军田[*]

竹凉席加工业是桃江县的传统富民产业。目前，全县共有竹凉席加工企业125家、竹凉席生产线300余条，年可产竹凉席200多万床，创产值5.5亿元左右，产品远销美国、日本、韩国和东南亚一些国家。通过多年的发展，竹凉席已成为桃江著名的地方特色产品，桃江初步形成了全国竹麻将席最大的聚散地。

一 竹凉席加工业发展成效明显

桃江竹资源丰富，现有竹林面积103万亩，总立竹蓄积为1.69亿株。竹产品发展历史悠久，迄今已有600年的历史。竹凉席产业兴起于20世纪80年代初，特别是近年来全县上下高度重视竹凉席加工业发展，凉席生产厂家如雨后春笋迅速发展，进入了快速发展时期。主要呈现以下几个特点。

（一）行业发展迅速

到目前为止，全县共有竹凉席加工企业125家（含个体工商户），主要分布在桃花江镇、石牛江镇等8个乡镇，有竹凉席生产线300余条，固定资产净值在3亿元以上。全县年可产竹凉席200多万床，创产值5.5亿元左右。特别是麻将席加工业发展迅猛。2013年，桃江麻将席实现销售收入5亿元以上，占全县竹凉席销售总额的95%左右，销量占全国市场的70%。

（二）产品品质优良

桃江竹凉席品种丰富。主要有麻将席、水竹席和镜面席三种，其中麻将席占

---

[*] 何军田，桃江县人民政府县长。

主体，有床席、枕套、沙发席、抱枕、办公坐垫席、汽车坐垫席等6个系列。产品质量优良。桃江县春秋竹艺厂生产的"春秋"牌系列保健席率先在全国创立保健席企业生产标准。桃江县竹制品有限公司的"中草药水竹凉席"在上海世博会期间进入"中华艺萃馆"，获得世博会"优秀环保产品奖"。品牌效应好。目前，全县"春龙""曙林""晨康""冰梦"等4个竹凉席商标获得了"湖南省著名商标"，桃江曙林家居有限公司、桃江竹制品有限公司成为省级林业产业化龙头企业。2013年3月，"桃江竹凉席"正式注册为"中国地理标志证明商标"。

（三）富民效应明显

竹凉席加工业属于典型的劳动密集型企业，对人员就业起到了较好拉动作用。据统计，全县直接和间接从事竹凉席生产的人员有10万人，全县农民年均纯收入10%左右来自于竹凉席产业。竹凉席产业为农民增收致富、农村经济发展、社会稳定发挥了不可替代的作用。

二 当前竹凉席加工业发展困境

桃江竹凉席加工业经过几十年的发展，形成了一定的产业优势，但由于长期粗放经营，积累的深层次矛盾和问题凸显，产业发展遇到瓶颈制约，亟待转型升级发展。

（一）环境污染严重，影响可持续发展

传统的竹凉席生产共有18道工序，其中有14道会直接产生污染。

一是污染空气。断料、冲条、切割、钻孔、上磨等环节产生大量的粉尘，蒸煮环节产生刺鼻热气和浓烟。

二是污染水源。加工环节需要大量双飞粉、烧碱、焦磷双钠、过氧化氢、联苯苄唑、色精等化学药品，所产生的污水直排沟渠，加上产生的大量竹屑和石英砂混合物外排沟渠，造成地表水和地下水污染。

三是污染农田。磨光晾晒竹片携带的药水侵蚀晾晒农田，造成农田作物大幅减产。废水废渣直排，造成周边地表水和地下水污染加剧，直接影响志溪河水质，威胁益阳城区饮水安全。

（二）发展规模较小，财税贡献不多

目前桃江县竹凉席产业未形成产业集聚优势，没有建立好的发展体系。没有制定执行准入和淘汰机制，没有建立销售市场，没有制定质量标准，行业处于无序发展状态。据统计，2013年全县销售收入2000万元以上的企业仅美人窝竹业、春龙竹业2家企业，1000万元以上仅10家；上缴国家税收10万元以上的仅7家，1万元以上的15家。

（三）工艺比较滞后，发展水平有待提升

桃江竹凉席加工，长期停留在传统家庭作坊式生产水平上。家庭作坊式的生产，如设备陈旧、工艺简单、技术落后、设施匮乏，导致环境污染、资源浪费。市场竞争无序，存在乱价、相互打压、乱市现象。行业缺乏高端产品研发能力，行业产品附加值低，处于利润链的低端，缺乏带动能力。

三 推进竹凉席加工业转型升级发展的对策

桃江县竹凉席实现转型升级发展已迫在眉睫。推动竹凉席产业走出困境的根本出路在于转型升级发展。转型就是要通过转变发展方式，加快实现由传统加工模式向新型工业化道路转变，升级就是要通过全面优化技术创新、布局结构、集约高效、环境友好，促进竹凉席加工业整体优化提升，不断增强竹凉席产业的核心竞争力和可持续发展能力。

（一）科学规划布局，引导产业集聚发展

坚持立足现有布局，走就地发展、带动发展、集中发展之路，通过扶持壮大一批，兼并整合一批，治理关闭一批，逐步向园区集聚，彻底改变小散乱状态。就地发展，就是鼓励符合环保要求的现有企业，就地三五抱团发展；带动发展，就是以桃花江镇为龙头，带动有产业基础的石牛江镇、灰山港镇、修山镇、武潭镇、三堂街镇、松木塘镇集中发展竹凉席加工业；集中发展，就是加快建设高桥村、株木潭村两个竹工业园区扩建工程，推动已进驻的春龙、冰

梦、曙林、晨康等企业发挥集聚效应，吸纳更多企业入驻。支持竹凉席加工企业进驻省级工业园区发展。

（二）加强污染治理，推动企业清洁生产

根据竹凉席生产严重污染现状和市政府两河治理要求，由县环保局牵头，制订《桃江县竹凉席加工业环境治理实施方案》，将所有竹凉席加工企业纳入环保整治范畴，重点解决生产废水乱排放问题。

一是园区整体治污模式。适用于入园区发展的企业，即将竹凉席生产产生的污染，纳入工业园污水处理厂进行处置。优势是无须另建污水处理厂，但须以竹凉席生产企业搬迁至牛潭河工业园为前提。

二是第三方集中治污。引进第三方建设统一污水处理厂，企业根据距离、产污量缴纳费用，由第三方运输污水至处理厂集中处置。该种治理的优势是单个企业治污成本降低，可以有效防止企业偷排，但需要强化环保部门对第三方污水厂的监督作用。

三是企业自行治污。由各生产企业自行购置污水处置装置，在环保局监管下自行处理污水。该种治污模式企业投入成本高，并涉及后期的维护，虽然可以对企业排污进行治理，但难以杜绝企业偷排行为。目前，采用第二种模式较为合适。

（三）推进转型升级，实现可持续发展

一是设立准入门槛，制止无序扩张。研究确定竹凉席加工业准入条件，对进入企业实行严格的备案制，禁止不符合准入条件的企业进入。对已有企业，结合两河治理要求，加大环保监察力度，对污染严重且不能限期治理的，一律予以关停。

二是鼓励龙头引领，实现规模发展。评选有资金实力、有技术、有市场前景、有发展潜力的10家企业，予以政策上重点扶持，鼓励支持企业通过技术改造、科技创新、管理升级、创建名牌和著名商标等手段实现跨越式发展。以重点企业为龙头组成多家专业合作社，加强专业分工与协作、配套，整合淘汰小散乱企业，实现标准化、规模化生产。

三是实施质量和品牌战略，提升行业品质。由县竹产业办牵头，组织县竹

凉席协会制定凉席生产标准，对符合准入条件且按标准生产的产品，经县竹凉席协会许可后，方可使用"桃江竹凉席"商标。引导企业积极申报中国驰名商标、湖南省著名商标、湖南名牌产品和市级以上龙头企业，进一步提高桃江竹凉席的品牌地位。

四是突出产品推介，构建现代营销体系。引进第三方建立"桃江竹凉席"展销网站，对全县竹凉席企业产品进行品牌营销推广。支持引导企业在阿里巴巴、京东等国内知名电商服务平台上开展业务。支持企业建立门户网站，拓宽企业展示和产品销售渠道。支持县竹凉席协会设立竹凉席产品展示营销中心，对竹产品进行全面集中展示推介。引进战略投资者，在桃花江镇建设一个具有全国影响力的竹制品交易市场。

五是加强竹林基地建设，确保优质原料供应。科学规划、精心组织、以点带面，大力培育丰产竹林，建设一批高产示范基地。引导和扶持基地、农户创新南竹资源培育方式，科学推广号竹钩梢，全面提升南竹质量和供给能力。

B.27
沅江市特色产业发展研究报告

蔡光辉[*]

沅江市地处洞庭湖腹地，位于湖南省东北部，四水交汇，因古称沅水归宿之地而得名。素有"鱼米之乡""生态水城"的美称，是全国第三批改革发展试点城市，湖南省第二批特色县域经济重点县。2015年，全市实现地区生产总值232.6亿元，同比增长7%。沅江造船始于北宋，历史悠久，境内湖泊纵横，岸线丰富，船舶制造产业发展条件优越。2014年，沅江市凭借船舶制造产业优势，成功入围湖南省第二批特色县域经济重点县，该市上下牢牢把握契机，努力奋进，船舶产业实现了新一轮的突破性发展。

一 沅江市特色产业发展取得的成效

1. 经济总量大幅增长，带动效应进一步增强

2015年，沅江船舶制造产业实现总产值81.6亿元，同比增长17.38%；实现船舶制造产业增加值26.5亿元，同比增长7.9%；船舶制造产业增加值占全市GDP的11.4%；实现税收1.66亿元，同比增加19.4%。产业发展带动了群众就业增收，2014年来，船舶产业实现新增就业1.45万人，带动城乡居民人均收入增长贡献率10%以上。

2. 产业链条逐步完善，产业实力进一步壮大

一是推动了产业集聚。在原有的产业基础上，2015年，沅江新增船舶制造及配套企业4家，新增规模企业8家，规模进一步扩大，产业集聚效益不断凸显，已形成船舶研发设计，游艇、公务艇、内河运输船舶等重点类型船舶制造，船舶舾装配套件生产集聚发展的产业格局。二是夯实了产业基础。2014

---

[*] 蔡光辉，沅江市人民政府常务副市长。

年以来财政投入资金1.2亿元,撬动社会资金16.8亿元,共计投入资金18亿元,船舶制造产业基础设施建设得到有效提升,船舶产业园的道路与基础配套工程进一步完善,突出加快游艇公务艇制造集聚区、内河船舶制造集聚区、舾装件及配套产业集聚区"三大"基地建设。三是延伸了产业链条。引进晨光机器、大阳机械、海荃游艇、船用缆绳等4家游艇制造和船舶配套企业,丰富了船舶配套产品;大力推进太阳鸟游艇文化中心、省级船舶检测中心、船舶金融服务平台、船舶用钢物流平台、船舶人才培训平台、船舶信息服务平台等项目建设,进一步延伸了船舶产业发展链条。

3. 科研能力不断提升,创新意识进一步增强

在扶持政策的激励下,大部分企业信心更足、动力更强,发展理念也得到了提升。一是更具科技领先意识。特色县建设实施以来,引进拥有高级职称、博士和硕士学位,以及高端管理、企划人才40多人;太阳鸟游艇等企业新增专利技术65项;太阳鸟游艇、湖南金瀚船艇等企业积极申报船舶军品生产资质,加快船舶军民融合科技孵化平台等项目建设,企业科研能力得到了提升。二是更具品牌创建意识。2015年,新增省级著名商标1件,省级高新技术企业1家。另外,有多家船舶企业积极参与(驰)著名商标的申报,企业品牌创建意识进一步增强。

二 沅江市发展特色产业的主要做法

1. 加大资金投入力度

沅江市一手抓财政奖补,一手抓市场投入,充分发挥财政资金"四两拨千斤"的作用,积极撬动市场投入。财政奖补方面,湖南省财政下拨1.2亿元重点县建设专项资金,另外市财政整合乡村公路建设、水利设施建设等资金1.2亿元,专项扶持船舶制造产业发展。资金支持不撒"胡椒面"、不搞"普惠制",突出支持基础设施建设、公共服务平台建设、科技创新与技改建设。市场投入方面,坚持一手抓招商引资,一手促项目投入。2015年,引进船舶制造及配套企业项目10个,实施项目29个,年内完成投资18.3亿元,涉及省专项资金支持的项目17个(其中基础设施项目5个、公共服务平台项目4个、科技创新与技改项目8个),完成投资10.89亿元。

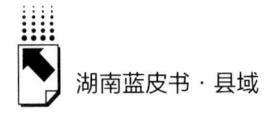

2. 加大制度创新力度

着力制度创新，以制度规范行动，以制度促进建设。制订和完善《船舶制造产业战略发展方案》《年度实施方案》《资金绩效管理办法》《项目管理暂行办法》《项目资金扶持暂行办法》等文件，做到各个环节有具体细则，各项工作有操作办法，各个方面有制度约束。

3. 加大项目管理力度

项目是特色县建设的载体，必须严格项目管理，提升项目建设质效。一是严格审核。按照《项目管理暂行办法》要求，组织各相关部门单位专家对项目进行资料评审、实地考察、复审，全力确保项目公平公正。二是加强督察。项目建设过程中，组织对项目进行督察，及时解决项目困难，督促项目按时高质完成建设内容。三是规范验收。按照验收办法规定，组织对立项项目进行验收，对未合格项目提出整改意见，限时整改到位。

4. 加大媒体宣传力度

通过报纸、网络、电视等媒体和特色县实施会、研讨会等形式，宣传特色县域经济重点县建设的战略部署；在益沅一级公路设立广告宣传牌，推介沅江船舶制造产业；大力支持企业各类策划营销、市场开拓活动，提高沅江船舶的知名度和影响力，吸引社会各界关注、支持、参与沅江船舶特色产业发展。

三 存在的主要问题

沅江市船舶特色产业尽管取得了较快发展，但在当前经济发展宏观环境复杂、经济下行压力较大的情况下，船舶产业发展仍然受到相关要素的制约。一是资金问题。中小船舶企业资金不足，影响项目的快速推进。二是要素保障问题。在金融服务、人才培训、科技创新、项目用地、船舶物流等公共服务平台建设方面，需进一步加大保障力度，提升服务水平。

四 下一步工作打算

在后续工作中，沅江市将以完成"船舶制造业重点县"各项工作目标任务为基础，抓紧对接"中国制造2025"和湖南制造强省建设等政策机遇，把科技创新挺在前面，全面加快项目建设，强化高端人才引进，大力实施"扩优、铸链、提效、育企、建园"五大战略，着力提升沅江市船舶产业附加值和市场竞争力，推动船舶制造业转型升级。

1. 继续强化产业引导扶持

认真落实特色县域经济重点县建设的激励措施，着力推进项目建设，培育船舶制造产业向高端、高附加值、高技术含量方向发展。大力促进LNG新能源船舶的推广与应用，加快船舶军民融合发展，加强船舶融资平台建设，推进信息化与船舶产业融合发展。大力引进船舶专业人才，鼓励企业开展技术创新，支持企业与高校、科研院所开展科技合作，提升产业规模和技术发展水平。统筹资源管理，以发展本地特色船舶为重点，注重推动产业链和价值链的延伸，打造真正具有核心竞争力和沅江特色的船舶制造产业。

2. 继续完善产业集聚区建设

强化产业顶层设计，严格执行产业规划，依实际所需及时调优规划，确保规划实效。切实提高园区路、电、水等基础与配套建设，大力提高园区承载能力。明确产业发展重点，因地制宜，分类指导，集中资源，重点建设游艇公务艇制造集聚区、内河船舶制造集聚区、舾装件及配套产业集聚区、船舶高端功能集聚区四大集聚区，全面打造全国著名的游艇文化之乡、全国最具竞争力的游艇和公务艇制造基地、中部地区具有鲜明特色的内河船舶制造基地、湖南省重要的船舶研发设计中心、湖南省船舶军民融合产业基地。

3. 继续引进龙头企业和产业链关键项目

进一步优化船舶产业的配套与布局，围绕太阳鸟等龙头企业，延伸船舶制造产业链，通过加大宣传力度，组织召开专题推介会，着力引进一批大型企业和优质项目，带动投资，提升产业技术与配套水平。特别重视引导同质与同类企业的互利合作，上下游企业的深度合作，大小企业的带动合作，引导企业细化分工，提升生产要素组织水平，促进船舶产业结构调整升级，增强核心竞争力。

4. 继续强化服务平台建设

立足沅江市实际，紧紧围绕园区企业的实际需求，全面推进军民融合、船

舶检测、船舶用钢物流、金融服务、人才引进与培训、信息收集与发布等公共服务平台建设，有效增强船舶产业的创新能力、发展水平和市场快速反应能力。针对重点企业、龙头企业、成长力强的小微企业，大力开展企业帮扶，及时掌握企业面临的困难，实实在在为企业排忧解难，为船舶制造业转型升级提供优质服务。

B.28
宜章旅游发展战略研究

张润槐*

2016年1月26日，湖南省省委副书记、省长杜家毫在参加湖南省十二届人大五次会议郴州代表团审议时强调"依托'一山（莽山）一岭一湖一泉一城'特色景观，全力打造全省新增长极"；杜省长对莽山旅游、宜章发展提出了新要求，宜章旅游如何脱胎换骨、脱颖而出？如何将旅游打造成推动县域经济持续发展的新"引擎"？笔者做了一些调研和思考。

一 宜章县旅游发展概况

宜章县是"湖南省旅游强县"，这里有湘南年关暴动指挥部旧址，邓中夏同志的故居；有"中国原始生态第一山"——莽山，绿海浩瀚的溶家洞林场、骑田岭林场、白石渡丹霞、神牛岭溶洞、沙坪三仙洞等旅游景点；有秦汉盐铁骡马古道，石虎山武陵侯祠，"宜章三堡"（黄沙堡、栗源堡、笆篱堡），腊元古村，宜章"夜故事"（国家级非物质文化遗产）等；有一六温泉、用口温泉；还有赤石特大桥（世界第一大跨径高墩多塔混凝土斜拉桥）等。截至2015年底，境内共有星级景区2家，即莽山国家4A级旅游景区（2007年）、腊元古民居国家3A级旅游景区（2015年）；星级酒店3家，即四星级和一大酒店，三星级莽山大酒店和红都大酒店；总床位数12000张；驻宜旅行社或营业部8家。2015年，莽山景区购票游客人数17万人，门票收入1400余万元，其中港澳入境游客占三成以上，该景区多次入选广东人最喜爱的旅游目的地，是郴州市游客经济效益最好的旅游景区之一，"莽山"已经成为一张具有广泛影响力和美誉度的旅游品牌。

---

* 张润槐，中共宜章县县委副书记、副县长（主持县政府工作）。

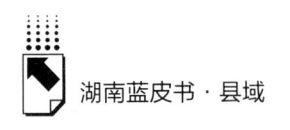

二 宜章旅游发展的优劣势分析

（一）优势分析

一是清新的空气。监测数据显示，全年县城区空气环境质量符合GB3095-2012二级标准，整体大气环境质量良好，明显优于长沙和广州。声环境质量良好，明显优于长沙和广州。二是洁净的水体。宜章县有大小溪河276条，大都保持了良好的生态和洁净的水体。监测数据表明，黄岑水库饮用水源地水质符合GB3838-2002二类水质标准，全县地表水环境的质量状况在总体上基本稳定。地下水达到《地下水质量标准》（GB/T14848-93）Ⅲ类标准，水质现状良好。三是绿色的森林。境内有莽山国家级自然保护区、骑田岭林场和溶家洞林场，全县森林覆盖率为67%。莽山至今保存有6000公顷的原始森林，是湖南省面积最大的森林公园。四是多样的生物。莽山也是我国南方在地球同一纬度动植物的汇集地，"莽山烙铁头蛇"全世界仅在莽山独有，被列为国家濒危保护动物。另外，莽山还有20多个独有的物种，正在进行野外科学考察、查证查实。五是包容的文化。宜章文化底蕴相当丰厚，有"中国夜故事文化之乡"之称。既承湖湘文化精髓，又受岭南文化熏陶，同时，宜章还有传奇的红色文化和古朴的瑶族文化。李常水、李黎明、刘真茂、刘贤玉、陈远辉、袁贤光等"宜章好人"辈出。六是独特的区位。2015年11月，黄莽旅游公路已建成通车。宜章是湖南"南大门"，区位独特，交通发达，过境高速公路互通口8个。处于郴州市半小时经济圈，珠三角、长株潭两小时经济圈。七是叠加的政策。政策差异将导致不对称发展，宜章是革命老区，国家重点生态功能区县，除罗霄山片区区域发展与扶贫开发攻坚政策外，还有国家级湘南承接产业转移示范区、中央苏区联动发展等政策叠加，又有"省直管县""飞地经济""产城融合示范县"等政策机遇。

（二）劣势分析

1. 区域竞争加剧

弱势发展将导致落后发展。区域发展的竞争与合作在全国2856个县级行政区划单位间激烈展开，稍有松懈会丧失发展先机，导致落后。宜章县的综合实力处在郴州第一方阵，但与长浏望的差距很大。与毗邻广东省的4个县市（阳山县、乐昌市、连州市和乳源县）景区年接待人数比较看，宜章莽山景区低于资兴东江湖和阳山县"广东第一峰"景区，更无法企及湖南南岳和广东韶关丹霞山等知名景区。

2. 要素瓶颈制约

宜章旅游的要素瓶颈就是体制、人才与资本。一是体制不顺。政企不分、体制不顺、经营不活、包袱过重等问题依然突出，"小马拉大车"的矛盾已经严重影响了景区发展。二是人才奇缺。全县精通旅游开发与管理的人才极为匮乏，导游、酒店管理、旅游服务等专业人才队伍明显跟不上市场发展要求，尤其缺少的是具有开拓性的旅游营销策划者——"操盘手"。三是资本紧缺。投融资难题始终是困扰宜章旅游发展的关键要素，旅游也不例外。

3. 现实存在困难

一是旅游品牌不响。宜章旅游在哪里？到宜章看什么？没有认可度比较高的品牌，没有统一的旅游宣传口号，没有顺口的关键词。二是接待设施不全。景区（点）游道防护设施不完善等公共配套服务跟不上。三是旅游产品不特。旅游产品众多，但独具本土特色的旅游产品少，严重影响旅游消费意愿与消费水平。四是旅游管理不优。旅游管理的理念和方式落后，全县旅游业的核心竞争力不强，严重制约旅游发展。

三 进一步做好宜章旅游发展的对策建议

（一）注重生态平衡，在推进资源革命中增强"宜章旅游"底气

青山绿水是宜章最强的优势，也是旅游发展的基底，更是永续发展的战略承载空间。重视生态功能区保护，突出自然保护区、国家森林公园、地质公园、岩溶地区重点，加强莽山烙铁头蛇、黄腹角雉、云豹、金猫、南方红豆杉、伯乐树、莼菜等珍稀动植物多样性保护。加强水源地涵养与保护，抓好生态林保护与建设；推进环境综合治理，积极争取流域重金属污染治理、地质灾害综合治理、绿色能源示范、农村环境整治、循环经济和低碳经济发展试点等政策；严格执行国家产业准入政策，跟踪、研究清洁发展机制（CDM），开展

碳汇交易。"一流的旅游资源+一流的发展理念=一流的旅游发展。"一方面，要以全新维度认识旅游业。旅游业既拉动消费又带动投资、既富民又富国、既是软实力又是硬实力，已成为国民经济的综合性产业，相关产业有110多个，对财税的贡献带动性强、乘数效应大。另一方面，要以全新视角理解旅游要素。在"吃、住、行、游、购、娱"旅游六要素基础上，融入"商、养、学、闲、情、奇"，增加"厕"和"文"，拓展为"吃、住、行、游、购、娱、厕"、"文、商、养、学、闲、情、奇"两个七要素，旅游的各个环节都应具有文化内涵。要遵循旅游规律，主动适应游客由观光旅游向度假旅游的需求转变，既要注重建设旅游景区，又要注重建设旅游目的地和游客集散地，更要注重打造旅游产业链条，加强行业管理，提升服务质量，摆脱"门票经济"依赖，实现"旅游消费经济"，真正让游客"吸得来、留得下、回得头"。

（二）注重策划营销，在培树印象记忆中远播"宜章旅游"名气

在移动互联的智能大数据"秀"时代，如何聚焦？如何直观呈现第一"宜章印象"？第一，突出"原"生态——世界莽山。突出原生态特色，除"烙铁头蛇"外，莽山还有20多个独有的物种，待野外科学考察及查证查实后，再集中向全世界公布"重大发现"，令全世界关注，让宜章莽山享誉全球。在品牌的塑造、包装、营销和传播各个环节都融入"世界级生态"元素，集中展示宜章莽山独有的生物多样性，提升旅游的深层内涵。积极争取、设置面向商务人士的国家级的高端会议论坛，并永久落户宜章，每年创新一个主题。例如，开设"全国生物多样性论坛"等。第二，做足"宜"文章——中国宜城。宜章是一个适宜做文章的地方。一是打造全国"宜城"，用全国17个"宜"字城市命名县城主要街道，即宜兴市、宜秀区、分宜县、宜春市、宜丰县、宜黄县、宜阳县、宜昌市、宜都市、宜城市、宜章县、信宜市、宜州市、宜宾市、宜良县、宜君县、宜川县。二是传唱"宜人"佳话，古有"一门五进士，隔巷两尚书"，近有邓中夏、陈光、曾志、彭儒等卓越的优秀儿女，现有陈远辉、刘真茂、袁贤光等"宜章好人"。三是续写"宜业"故事，用好国家级湘南承接产业转移示范区、"先行先试"34条、"飞地经济"和"省直管县"等政策，积极探索"湘粤开放合作试验区"，推动大众创业、万众创新，抢占新一轮区域竞争与合作发展先机。第三，打好"销"字牌——

抢销宜章。一是"印象·宜章"推销。突出"生态、健康、休闲",深度融合"蛇、林海、山(莽山、骑田岭、狮子口)、泉(一六、用口和麦子桥温泉)、桥(赤石特大桥)、址(湘南年关暴动纪念旧址、圣公坛)、寺(开山寺)、峰(南粤第一峰)"等主元素,弘扬"好人"文化,创作"印象·宜章"形象宣传片。二是联手媒体促销。积极创建"国家智慧城市",推进智慧景区建设,促进"智慧旅游"发展。精心制作好景区官方网站,印制宜章旅游宣传黄页、画册、旅游地图、光碟等。在主流媒体播放宣传片和传播"印象·宜章"。三是区域合作营销。采用"营销珠三角,拓展长株潭,集散在郴州,旅游在景区"的模式,促进区域旅游协同发展,"湘粤开放合作"旅游先行,向市场推出跨县、跨市甚至跨省旅游精品线路,扩大区域旅游合作的影响力。加强与珠三角地区知名旅行社的合作和宣传,联手推出"广东第一高峰:石坑崆 = 猛坑石,1902米"游。推介宜章旅游,提升宜章旅游品牌形象。

(三)注重旅游惠民,在推动全域旅游中提升"宜章旅游"人气

习近平总书记指出"旅游是传播文明、交流文化、增进友谊的桥梁,是人民生活水平提高的一个重要指标"。要坚持普惠制,全力开创景区、城区和乡村等全域旅游新格局。第一,突出莽山旅游龙头。莽山远期以申报"世界自然遗产"为总抓手,近期以创建"国家级旅游度假区"和"国家5A级景区"为目标,探索"山+水+文=城"的新路子,全力打造"南中国原始森林生态旅游目的地"。超前应对莽山旅游爆发式增长,将"莽山之城"打造成旅游园区、大莽山旅游集散服务主载体。"莽山之城"本身也是一处景区,要超前规划建设好旅游服务中心、行政服务中心、学校、道路、管廊管网、加油充电停车站场、通用机场等公共基础设施,改善旅游交通标识系统,不断完善和优化旅游服务的支撑系统等。引导中国(莽山)原生态瑶族文化博物馆、南岭国家生物多样性博物馆等重大项目入驻。第二,统筹城乡旅游发展。一是丰富城区旅游内涵。全面确立"城区即景区"的发展观念,按照"宜居宜业宜游"发展思路,科学规划城市旅游集散中心,合理布局城市旅游购物街区、旅游夜生活街区、旅游特色餐饮街区等,突出湘南年关暴动纪念馆红色旅游中心,不断完善尚书广场、红色森林公园、东升湖公园、梧塘湖公园、中夏广场等旅游标识标牌和配套设施,丰富城区市民休闲、健身的场所。适时开通城区

旅游观光巴士，推出城区半日游、一日游精品线路。二是积极培育乡村旅游。"看得见山，望得见水，留得住乡愁"是一种美好境界。乡村旅游是"留住乡愁"的追远旅程，腊元古村、宜章"古堡"（黄沙堡、栗源堡、笆篱堡），尚书古墓、开山寺古庙、石虎山武陵侯祠及家族宗祠等乡村"乡愁"，集历史记忆、地域特色、民族特点于一体，适合于建设成特色景观旅游名镇名村。要加强规划引导，规范乡村旅游开发建设，保持传统乡村风貌。统筹利用各项"强农惠农富农"政策，完善乡村旅游服务体系。第三，落实旅游惠民政策。把国民旅游休闲纳入全县"十三五"规划，鼓励机关、团体、企事业单位引导职工灵活安排全年休假时间，完善民办非企业单位、有雇工的个体工商户等单位职工的休假保障措施。要坚持普惠制，制定一系列旅游惠民政策，适时启动"宜人游宜章"活动，对全县居民（含驻宜单位）进入莽山等国有景区实行门票免费制，全面提高广大人民群众发展旅游产业的积极性和参与度，全面提升"宜章旅游"人气，全面激活内需市场。

（四）注重产业融合，在引领科学发展中壮大"宜章旅游"财气

旅游是朝阳产业，也是现代服务业的龙头，还是"科学发展、富民强县"的新"引擎"。第一，包装优质旅游项目。包装好中国（莽山）原生态瑶族文化博物馆、南岭国家生物多样性博物馆（在全国436个国家重点生态功能县市区中，率先打造全国首家大型国家级生物多样性博物馆）、度假地产、私人庄园、高端别墅等优质旅游项目。第二，重视旅游商品研发。主动迎合旅游者多元化消费需求，搞好旅游商品研发和营销，要让游客在景区白天可游山玩水，晚上能休闲娱乐，返程还能带上特色纪念品。根据游客特点，设计、开发一批特色鲜明的旅游商品，提高产品档次，既要高大上，又要接地气，例如创意"莽山烙铁头蛇"系列、莽山蕨根糍粑、空气罐头等。第三，拓宽旅游融资渠道。要创新投融资机制，搭建投融资平台，寻找"有实力、有经验、有激情"的战略投资者参与大莽山旅游开发。

（五）注重人才培育，在深化旅游改革中提振"宜章旅游"灵气

旅游是创意产业，人才是关键，尤其是开拓性人才。第一，加强人才队伍建设。创新人力资源开发方式，健全人才激励机制，引进一批旅游经营管理专

业人才，建立一支适应宜章县旅游发展需要的专业人才队伍。有计划地对旅游导游员、讲解员和管理人员进行分类集中培训，提高旅游从业人员综合素质。加强与旅游高等院校的交流与合作，支持旅游高等院校到宜章县设立研究实习基地，强化高水平智库对旅游发展的智力支持。选派优秀干部到旅游发达地区进行双向挂职交流锻炼等。第二，提升旅游管理水平。开通旅游服务热线，建立统一的旅游信息数据库，建立游客档案及咨询工作日志，全面提升旅游信息管理服务水平。以创建 A 级景区、星级旅行社等活动为载体，增强旅游企业竞争，提高经营管理能力和服务质量。严格做好旅游安全工作，开展旅游应急救援演练，加强部门联合执法，严厉打击黑导、黑店、黑社、黑车、超范围经营及恶性竞争等违法违规经营活动，净化全县旅游市场。第三，深化旅游体制改革。贯彻《国有林场改革方案》和《国有林区改革指导意见》，稳妥推进莽山国有林业场改革，推动林业保护、水电开发和旅游发展相互分离，实施旅游所有权、管理权、经营权三权相分离，激发莽山旅游发展的内在活力与动力，有效破解人员包袱重、资金短缺、基础设施建设落后等一系列难题，用改革的红利壮大"莽山经济圈"，切实保护国家生态安全，提升人民生态福祉，促进绿色发展。

B.29
永兴县稀贵金属资源再生利用产业发展研究报告

陈占华 刘 武 王小岁*

永兴县位于湖南省东南部、郴州市北部，总面积1979平方公里，辖11个镇4个乡和1个省级经济开发区、1个省级产业集中区，总人口70万。永兴稀贵金属资源再生利用产业至今已有300多年的历史，每年处理来自全国各地的各类有色金属冶炼危废物和城市矿产近100万吨，可综合回收金、银、钯、铋、锑、钌等24种稀贵金属元素。2015年，永兴县生产白银2000吨、黄金7吨、铋5500吨、碲300吨、其他有色金属17万吨左右，实现税收4亿元。白银占全国1/4强，铋、碲产量几乎占全球的一半，铂、钯、铟等金属产量均居全国前列，为国家储备了大量的战略资源。每年为国家减少2000多万吨高品位原矿开采量，同比从原矿中提取等量金属减少废渣排放1000万吨以上、减少二氧化硫排放1.5万吨以上，节约标煤100万吨以上、节水5000多万吨，为国家环境保护和节能减排做出了重大贡献。永兴县先后被列为国家循环经济试点县、国家"城市矿产"示范基地、国家稀贵金属再生利用产业化基地、全国危险固体废物集中处置基地、国家可持续发展实验区和湖南省首批特色县域经济重点县、湖南省新型工业化产业示范基地、湖南省全面小康经济强县，连续两年荣登中国最具投资潜力中小城市百强榜。

一 永兴稀贵金属资源再生利用产业发展情况

永兴金银稀贵金属资源再生利用发源于明末清初，迄今已有300多年历

---

* 陈占华，中共永兴县县委常委、常务副县长；刘武，永兴县政府办副主任；王小岁，永兴县政府经研室主任。

史。改革开放后，大致经历了三个发展阶段：第一阶段为20世纪80年代至90年代中期（粗放发展期）。主要是掌握传统稀贵金属冶炼技术的人从全国各地把含有金银的"三废"原料买回本地，提炼金银等贵金属。第二阶段为20世纪90年代中期至末期（规范发展期）。通过大力实施环境整治，规范发展了柏林、黄泥、塘门口等粗具规模的金银稀贵金属再生利用项目区。第三阶段为2000~2010年（产业发展壮大期）。主要是引导金银稀贵金属再生利用企业逐步向规模化、集约化、精深加工方向发展。2010年后进入转型升级发展时期。

（一）突出规划引领，调优产业布局

永兴县聘请省有色金属研究院编制了《永兴县金银稀贵再生金属产业发展总体规划（2010~2020）》，聘请长沙玺成公司编制了《永兴县金银稀贵再生金属产业发展总体规划（2010~2020）环境影响报告书》和《永兴县金银及稀贵再生金属回收产业整合升级方案》，并顺利通过省环保厅、省湘江流域水污染和重金属污染防治委员会审批。稀贵金属资源再生利用产业布局由原来的"一园七区"调整为"两区四园"。"两区"即永兴县经济开发区、永兴县稀贵金属再生资源利用产业集中区，规划总面积23.5平方公里。其中，永兴经济开发区辖高新技术产业园、新材料新能源产业园，主要以新材料、先进装备制造、环保节能产业为主。产业集中区辖太和工业园、柏林工业园，主要以稀贵金属资源再生利用和无害化处理为主。

（二）坚持集群发展，打造千亿元园区

将永兴稀贵金属再生资源利用产业集中区定位为千亿元园区，规划总面积达8.5平方公里，2012年被省发改委批准为省级产业园区。产业集中区计划总投资300亿元，规划入驻企业28家，计划2016年底基本建成。全部建成投产后，集中区年工业总产值可达1100亿元，实现税收55亿元，解决3万人就业。强力推进园区平台建设，加快稀贵金属资源再生利用产业功能集群配套、项目集群进园、产业集群发展步伐。按照湘江流域重金属污染治理要求，将129家企业整合为30家年均产值过30亿元的集团公司，实现技术、采购及销售的优势互补，增强了市场话语权。如整合前，亚通公司主业为粗碲、粗铋回收；长鑫、长宏则偏重碲铋提纯；三家公司整合为众德集团后，实现了铅、

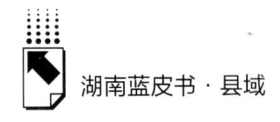

铋、碲等工艺技术的优势互补，铅产能由原来3家不足1万吨提升到5万吨；铋产能由原来3家不到300吨提升到1200吨，占全国产量的10%；碲产量达到385吨，占全国产量的60%。目前，30家整合主体企业中已有26家企业入园发展。

（三）鼓励靠大联强，实现合作双赢

县内优势企业与央企、名企加强合作，实现强强联合、优势互补、做大做强。永鑫环保与中再生公司合作共建总投资12亿元的废旧电子电器拆解物综合利用项目，现已建成废线路板粉碎分选线和废荧光粉再生利用中试线各1条，同时借助中再生公司强大的国际采购资质及网络，实现对原料的全国性乃至全球性采购。众德集团与中国五矿合作，中国五矿南方柿竹园冶炼厂的含铋废渣全部由众德处理，有利于解决原料短缺难题。财智金属与上市公司贵研铂业联姻，2014年白银产量突破300吨，实现产值过12亿元，2015年又合作共建金银电解及精深加工项目。鑫裕环保、灿阳贵金属、金润等公司通过引进战略合作伙伴融资11.7亿元。全县有12家企业跻身湖南省有色行业50强。

（四）对接资本市场，推动企业上市

市场经济的制高点是资本市场。永兴县抢抓国家多层次资本市场建设机遇，引导扶持县内优势企业挺进资本市场，扩大直接融资，通过资本市场集聚资源要素，优化资源配置，推动企业管理创新、商业模式创新。雄风稀贵由上市公司赤峰黄金以"增发新股+现金"模式出资9.1亿元整体并购；华鑫铅锡在前海股权交易中心成功挂牌；星城金属在上海股权托管交易中心Q板挂牌。目前，全县已培育稀贵金属产业主板上市后备企业1家、新三板上市后备企业4家。

（五）推动科技创新，扩张核心动力

出台《关于加快科技创新驱动产业转型发展的若干意见》，走"科技创新、绿色环保、精深加工"之路，提升企业核心竞争力。20余家稀贵金属骨干企业与中南大学、国防科大等高校和科研院所建立了紧密的产学研合作关系，成功开发生产925白银、硝酸银、银触头、银浆、银粉、铋合金、钯材等

30余种深加工产品。推动科技成果转化与应用,"银的高效绿色制备及其高附加值产品开发"被列入国家科技部"863"计划项目。荣鹏、鑫裕与中南大学联合研发的"复杂二次资源中稀贵多金属分离回收关键技术及应用"荣获2015年度中国有色金属工业科学技术奖一等奖。全县高新技术企业达11家,拥有湖南省著名商标15个,中国驰名商标2个,5个产品被评为湖南省名牌产品,"永意"牌白银被评为全国"十年卓越品牌成就奖"。联合国银科技发展公司引进发达国家先进设备与自主研发设计的加工设备相结合,并聘请国内工艺设计大师和清华大学美术设计院为其提供产品创意和技术支持,在全国首创应用3D打印技术生产银制品,推进高、中、低端各个消费层次的金银饰品、器皿、工艺品研发生产,项目全部建成后预计年产值在10亿元以上。

二 永兴县稀贵金属再生利用产业面临的困难和问题

(一)受行业气候影响明显,发展速度放缓

近年来,受全国产能过剩和行业不景气等因素影响,全县的稀贵金属产业企业开工不足,增长速度持续下滑,企业产能下降幅度较大;受价格持续低迷的影响,稀贵金属产业企业和精加工企业不同程度存在生产成本上升、利润下滑、流动资金紧张的状况。同时,企业原材料、工资等生产成本的上升,使企业利润空间进一步压缩。

(二)政策配套不到位,限制产业发展

永兴先后获得全国第二批循环经济试点单位、国家稀贵金属再生利用高新技术产业化基地、国家"城市矿产"示范基、全国危险固体废物集中处置基地等国家级金字招牌,但相关的配套政策没有同步到位,影响了稀贵金属企业有关手续办理。如省环保厅在规划布局永兴县资源再生利用企业的产能方案时,是参照国家相关部委颁布的《铅锌准入条件》《再生铅准入条件》相关规定执行的,而现时国家产业政策并没有明确规定"贵金属再生铅"的准入条

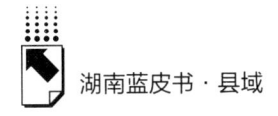

件。套用原生矿藏的准入模式界定资源再生利用企业"贵金属再生铅"的准入条件，不利于资源再生利用产业发展。

（三）税赋过重，企业有苦难言

永兴稀贵金属资源再生利用产业虽然呈现了积极发展的一面，但向高新技术发展的政策环境并没有形成。尤其是税收政策反复调整，税率波动较大，税收增幅不高。目前使用的税收政策是征七返三，且必须是取得《危险废物许可证》的企业才可以享受这一资格，对于没有《危险废物许可证》的企业不仅不能享受征七返三的税收优惠政策，而且进货渠道受限制。产品认定范围同样受限制。企业在办理退税备案资料的过程中，对原材料、产品的品名在《资源综合利用目录》中界定很严格，非标准产品同样要承担17%的税赋，而行业总的毛利才12%左右；企业缴纳进项税后，抵扣折返的过程拉得太长，增加了企业资金的流通速度和生产成本，企业生存日趋艰难。

（四）企业融资困难，生产成本增大

永兴的稀贵金属企业生产经营需要大量的流动资金，每年的流动资金量在30亿~40亿元。银行对稀贵金属产业的支持往往是扶强不扶弱，愿意锦上添花，不会雪中送炭，不少经营资金来自于民间借贷。在2008年国际金融风暴后，稀贵金属行业跌入低谷，产品价格持续下跌，银行信贷资金收紧，民间融资成本增高，企业融资十分困难。存在的融资难问题影响到企业正常的生产和项目建设进度。

三 永兴县稀贵金属再生利用产业发展方向和工作思路

在今后一段时期，永兴县应抢抓"城市矿产"示范基地建设及郴州市大力推进有色金属"五个一"战略体系建设的机遇，积极引导稀贵金属企业靠大联强、科技创新、绿色发展，致力引进高端战略投资者，切实加强与科研院所合作，以并购、重组等形式联姻省内外有色金属央企名企，加快企业整合入园建设步伐，引进新技术、新工艺，研发新产品、新材料应用，借船出海、借梯上楼、借智发展，延长产业链，提高产品附加值，推进产业提质升级，努力

把永兴建设成全国具有重要影响力的稀贵金属战略资源储备保障基地、全国最大的稀贵金属生产加工基地、全国最具特色的专业性"城市矿产"示范基地和湖南省特色县域经济重点县、湖南省"两型"示范县。到2020年,努力把稀贵金属再生资源利用产业打造成为"千亿产业",年实现税收在20亿元以上。2016年,培育年产值过10亿元的企业5家以上,纳税过亿元的企业3家以上,力争惠友、星城2家企业在新三板挂牌上市。

(一)大力推进基地基础设施建设,把永兴"城市矿产"示范基地发展为国家最专业的稀贵金属资源再生利用产业基地

全面启动铺开国家"城市矿产"示范基地柏林工业园4.2平方公里的园区建设,力争2016年底前完成园区道路、水、电等"七通一平"建设;进一步完善服务平台建设,建设检测检验中心、研发中心、交易中心、物流中心;加快推进再生稀贵金属再生利用企业整合重组,建立健全企业淘汰退出机制,将其他项目区的再生企业全部搬迁"城市矿产"示范基地柏林工业园和太和工业园,致力培育一批产值过20亿元、50亿元的规模化、集团化、现代化稀贵金属再生企业。

(二)大力发展科技创新和精深加工,使永兴成为我国稀贵金属再生利用科技转化基地和稀贵金属新材料基地

进一步加大与科研院所、高校的战略合作力度,推进永兴科技转化基地建设;以现有的骨干企业研究团队为基础,联合科研院所共同组建稀贵金属循环经济研发中心;大力发展稀贵金属深加工业,高起点建设精深加工生产线,使稀贵金属的初级产品能够尽可能在当地转变成为高附加值的深加工产品,争取在5年内把永兴县建设成为我国稀贵金属深加工基地。

(三)大力推进"中国银都"发展战略,把"中国银都"战略提升为湖南省的重要发展战略

积极抓好怡兴稀贵金属供应链公司等交易平台建设,创新稀贵金属现货交易方式,进一步提升资本运作水平和话语权,把永兴建设成为全球稀贵金属的重要集散地和信息发布地;努力培植2~3家销售收入过50亿元的龙头企业,大力扶持1~2家以白银为主业的上市公司;大力推进标准化建设,积极开展

国家循环经济标准化试点工作，建立健全循环经济标准体系；集中力量打造3~5个在国际、国内市场具有较强影响力、竞争力的知名品牌；研究争取利用好各项政策，吸引各类市场要素集聚永兴，不断增强市场话语权，提升"中国银都"在全国乃至全球的影响力。

四 永兴县稀贵金属再生利用产业发展的工作重点

（一）强化企业帮扶，激发企业活力

建立帮扶机制，实行县级领导和县直单位对口联系稀贵金属企业制度，帮助企业完善管理制度、拓展销售市场、搭建银企对接平台，增强企业自我发展能力。建立会商机制，由县金银局牵头，定期组织召开稀贵金属产业发展联席会议，协调解决产业发展中的问题和困难，促进产业持续健康发展。建立督察机制，由县委督查室、县政府督查室组成联合督查组，定期对县委、县政府有关扶持稀贵金属产业发展的政策措施的落实情况进行督察考核，推动各项政策措施落实到位。

（二）强化政策支撑，增强发展动力

一是争取上级政策支持。充分利用全国循环经济试点单位、国家稀贵金属再生利用高新技术产业化基地、国家"城市矿产"示范基地、全国危险固体废物集中处置基地、湖南省县域经济特色县等国家和省级金字招牌，积极争取稀贵金属产业方面的政策和资金支持。二是完善县级奖扶措施。进一步完善财政奖励扶持政策，根据企业生产产值和税收完成情况，实行差异化奖励扶持政策。同时，依照国家、省级财政风险补偿方案，设立县级财政风险补偿机制，提高产业抗风险能力。三是拓宽融资渠道。建立产业创投基金、助保贷资金池，通过基金、股权投资、贴息等方式，引导各类资本投资工业实体经济。要结合企业帮扶活动，积极促成银企合作融资，鼓励金融机构创新金融产品，加大信贷投放力度，支持工业企业转型发展。

（三）强化科技创新，提高竞争能力

一是科技驱动。完善以企业为主体、市场为导向、产学研相结合的技术创

新体系。积极引导和支持骨干企业与中南大学、湖南有色金属研究院等科研院所合作，推进稀贵金属深加工技术突破，加快建设白银精深加工产业基地。加快园区公共科技服务平台建设，推进湖南省稀贵金属二次资源清洁提取工程技术研究中心、永兴稀贵金属综合利用及精深加工产学研合作基地建设。二是品牌推动。充分发挥龙头企业集群的支撑作用，引导企业由产能效益型向品牌效益型转变，建立质量标准体系，提高自创品牌竞争力。加强招商对接，力促建设"城市矿产资源现货交易中心"，构建城市矿产资源回收网络和稀贵金属在线交易系统，扩张优势稀贵金属品种的市场影响力、话语权。三是人才带动。利用县职中的培训资源，加大对稀贵金属企业专业人才的培训力度，组织和引导企业到高等院校直接招工，提高从业人员的专业水平。同时，鼓励行政机关、事业单位干部到重点骨干稀贵金属企业挂职锻炼，帮助企业提升企业管理水平。

（四）强化经营管理，提升企业实力

加快企业整合入园建设步伐，引导企业主动跳出传统经营管理模式，走转型升级发展之路，加快建立产权清晰、责任明确、管理科学的现代企业制度。瞄准国内央企、名企、上市公司，主动攀亲结缘，联大靠强，抱团发展，引进一批大项目、好项目、战略性项目、高新技术项目，力争建成一批年产值超过30亿元的规模企业入园发展、集群式发展，加速推进主导产业的壮大发展，延伸产业链和配套企业网络，提升传统主导产业的竞争优势。积极引导骨干企业进行股份制改造，坚定不移地实施企业上市工程，加大辅导引导、协助协调工作力度，形成企业上市梯队，力争2016年惠友、星城在"新三板"挂牌上市，提升企业实力。

参考文献

《永兴县国民经济和社会发展第十三个五年规划纲要》。
《永兴县金银稀贵再生金属产业发展总体规划（2010~2020）》。
《永兴县志》。
杨泰波：《湖南县域经济发展的几点思考》，湖南县域经济网。

B.30
临武加快打造全省农副产品加工产业重点县的调查与思考

刘达祥*

临武县地处楚头粤尾,系珠江、湘江两江之源,全县总面积1383平方公里,辖9乡9镇,5个农林场所,总人口40万,是一个农业资源丰富、农产品加工优势明显的农业大县,也是国家确定的限制开发区域,主体功能是提供农产品和生态产品。近年来,特别是2015年获批湖南省第三轮(2015～2017年)特色县域经济重点县(农副产品加工产业重点县)以来,临武始终坚持把特色农副产品加工作为转变农业发展方式的重要抓手,为县域经济发展注入了一股"特别动力",成为撬动全县经济转型发展的又一张"亮丽名片"。2015年,全县实现特色农副产品加工产值29.68亿元,同比增长19.7%,其中规模以上特色农副产品加工产值27.73亿元,增长26.4%,上缴税金3946万元;带动新增就业1.2万人,增长5%,特色农副产品加工业对新增城乡就业的贡献率超过44%;促进农民人均增收1089元,增长12.2%。

一 基本现状

目前,临武县以临武鸭为主的特色农副产品加工产业发展基础更加坚实、条件更加成熟、潜力日渐释放,全县农副产品加工业形成了原料基地稳步扩大、产业龙头全面提升、园区平台加快搭建、营销网络不断延伸、品牌优势逐步显现的新格局。2015年,共实施特色农副产品加工产业项目21个,总投资

---

* 刘达祥,中共临武县县委副书记、县长。

17.26亿元，年度计划投资5.81亿元，基础平台、园区加工、基地建设等项目全年完成投资4.36亿元。

（一）原料基地稳步扩大

按照"区域化布局、规模化生产"的原则，建立了临武鸭养殖带、优质水果产业带、香芋蔬菜种植带、大冲辣椒种植带、旱粮产业带。现有各类规模种养基地289个，面积40万亩，带动郴州市宜章、桂阳、嘉禾，永州市蓝山、宁远、新田，清远市连州、阳山，韶关市乳源、乐昌，赣州市崇义等周边地区发展基地156个、面积22万亩。按照"适度集中、规模经营"的原则，流转农村土地30.30万亩用来发展临武鸭、生猪养殖等特色产业基地。目前，共建成优质特色小水果基地48个、11万亩，建成香芋基地81个、6万亩，建成绿色蔬菜基地50多个、14万亩。以舜华鸭业、沙田牛巴、鸿源果业为龙头，发展临武鸭规模养殖农场186个、发展黄牛养殖基地32个、发展万亩果园2个。目前，全县共有2000多名矿业老板实现了由"矿业大亨"向"种养大户"的转型，全县80%以上的农户参与特色规模种养产业。

（二）产业龙头全面提升

全县现有加工企业150家，拥有市级以上农业产业化龙头企业13家，其中国家级2家（舜华鸭业和临武正邦）、省级3家（小徐瓜瓜、舜湘牛业、鸿源果业）。国家级农业产业化重点龙头企业舜华鸭业公司现有4家子公司以及1个现代化企业技术中心、5座加工厂。江西正邦集团是农业产业化国家重点龙头企业和农副产品加工产业高新技术企业，位列中国企业500强，其投资10亿元发展生猪养殖产业化项目，该项目分三期兴建大型生态养殖场10个、加工厂3座，到2016年可出栏生猪100万头，产值逾10亿元。林富茶油发展油茶林6万亩，建设现代化加工厂一座，投产后年产值将达1亿元。临武县坚持把分散的农民组织起来，把零散的要素集中起来，以"公司+协会+基地"、"公司+协会+农户"为主要模式，大力发展新型农业经营主体。目前，临武县已发展各类农民专业合作组织近300家，其中有国家级示范社4家、省级示范社8家。大力发展农业旅游，发展现代生态庄园30余个，其中龙归坪生态庄园被评为"湖南省五星级乡村旅游区"，太阳岛生态农庄被评为"省级示范农庄"。

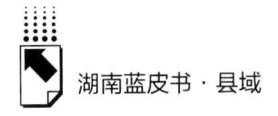

（三）园区平台加快搭建

临武农产品加工园区是临武县工业园区的重要板块。工业园规划用地面积13平方公里，园区产业布局以发展农副产品加工和承接沿海转移产业为主。临武农产品加工园区核心区规划面积4平方公里，基础设施建成区3.3平方公里，辐射区规划面积8平方公里，已形成"一区三园"的发展格局。"一区"为县工业园的农产品加工园区，签约入园企业60家，年产值35.8亿元；"三园"分别是舜华鸭业加工园、临武正邦科技园和鸿源果业生态园。其中江西正邦集团投资10亿元发展生猪养殖产业化项目，全面投产后可年出栏生猪50万头。引进的台湾乃顺集团投资2.5亿元，兴建定位为农副产品物流园的凌峰物流中心，总建筑面积11.99万平方米。

（四）营销网络不断延伸

鼓励企业、基地、农户发展订单农业，全县落实种植业订单面积10.6万亩，养殖订单1450多万头（羽），订单产品流向上海、广东、湖北、江西等12个省份89个大中城市。农民专业合作组织逐渐成为农产品市场营销的主力军。特别是舜溪香芋合作社发展分社4个，社员有8700多人，建有营销网点23个、储存营销中心1个，产品在广州江南、北京新发地等市场独占鳌头。全县特色农产品加工龙头企业和农民专业合作社已经与全国21个省市150多家大客户建立了稳定的供销关系，销售网点有4万多个，2014年外销总产值首次突破10亿元。尤其是舜华鸭业公司在外建立办事处2个、分公司4个，品牌形象专卖店158个，在淘宝等四大网络平台设有专门的销售店铺，成立临武官网"1号店"，开通临武鸭微信服务中心，网络销售营业额占到总营业额的1/2左右，成为省级电子商务示范企业。全县多项指标处于全国、全省领先水平，其中临武麻鸭养殖加工规模全国第一，占全国市场份额的23%，占全省市场份额86.5%；临武香芋种植面积全国第一，占全国的15%，占全省的46.7%；南丰蜜橘种植面积及加工出口量均居全省第一位。

（五）品牌优势逐步显现

注重传承"舜"文化，将农业产业与农耕文化相结合，涌现了舜华鸭业、舜溪芋业、舜桔果业、舜美牛业、舜香乌梅等一大批"舜"字号农业产业化品牌。大力发展无公害产品、绿色（有机）食品，无公害农产品产地认证19万亩，无公害农产品认证11个，绿色食品认证3个，国家食品安全（QS）认证8个。特别是舜华鸭业公司导入HACCP质量体系，设立16个关键控制点，产品质量安全得到了充分保证。境内认定无公害农产品17.5万亩，绿色食品A级标准9921吨，成功创建全国绿色食品原料标准化生产基地、全国蔬菜生产重点县、全国蔬菜标准园。目前，全县共拥有"中国驰名商标"2个（"舜华""正邦"）、"国家地理标志产品保护"2个（大冲辣椒、临武鸭）、全国最具影响力品牌1个、省级著名品牌10个，是全省拥有国家、省级品牌和商标最多的县之一。全县农业龙头企业拥有专利技术授权250余项，其中舜华鸭业研发4大系列200多款产品，拥有专利135项，成为"全国知识产权试点单位"，临武鸭孵化、养殖与深加工关键技术成果转化与产业化项目列入科技部"富民强县专项行动计划"。

二 主要问题

目前，全县农副产品加工产业重点县建设总体进展顺利，发展形势很好，取得了初步的成效，但在推进过程中也存在一些困难，主要有以下几点。

（一）项目建设进度较慢

虽然2015年省专项资金下达比较及时，但临武县入选省重点县"笼子"较晚，项目建设启动相对滞后，一定程度上影响了专项资金投入使用，反过来也就导致项目建设形象进度与预期目标存在较大差距。另外，专项资金要求严格，项目实施前期手续繁杂，耗费时间长，部分项目更是要通过省级招投标相关网站进行招投标程序，耗费时间长，导致项目实施进度放缓。

（二）资金整合存在难度

农副产品加工是一个系统工程，涉及农田水利、农业综合开发、园区设施等方面，仅靠省财政一年6000万元的专项扶持资金，很难全方位解决问题。同时，临武县又属于典型的"吃饭型"财政，保工资、保运转、保稳定、保

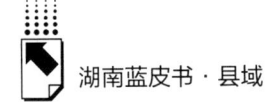

民生压力较大，整合资金使用有很大的难度，部分项目建设配套资金缺口较大，如县农副产品加工园要完成平地、新修道路、供排水、网络等基础设施建设，总投资要达到7.5亿元，资金缺口较大。因此，现有部分专项资金离推动农副产品加工产业发展的预期效果存有一定差距。

（三）招商引资效果欠佳

当前宏观经济发展速度放缓，经济下行继续探底，部分企业投资扩张意愿不强。同时，受交通、土地、环境、人才等因素制约，临武招商引资进度跟不上农副产品加工业发展步伐，特别是在临武香芋、红心桃、乌梅等优势农产品方面，至今尚未引进一家加工企业。

（四）重点县效应亟须放大

虽然临武重点县建设取得了一定成效，但从横向、纵向比较，仍存在较大差距。横向上，临武农副产品加工业产值大约仅为宁乡的7.6%，税收贡献大约为10.5%；纵向上，临武在农业龙头企业培育、特色品牌打造、基地建设、庄园建设等方面，都在一定程度上有所放缓，后劲亟须加强。

三 对策建议

下一阶段，临武县将全力借助重点县项目东风，加大农业转型升级的攻坚力度，提速打造农产品精深加工特色县的发展进程，加快构建优势突出、特色鲜明、结构优化、功能完善的现代农副产品加工体系，力争将临武打造成为全国农副产品加工强县，让每一分项目资金都能发挥最大效益。到2017年，力争全县特色农产品生产加工销售总产值、增加值、税收分别较2014年增长1.5倍、1.3倍和1.6倍，实现"三个翻番"，带动农民人均增收3245元。临武的经济发展要从以下四个方面发力。

（一）突出基地支撑，进一步提升辐射带动能力

坚持"区域化布局、规模化生产、特色化发展"，因地制宜、因势利导发展各类农业产业化基地并带动周边规模化发展，着重打造6大特色产业基地。

（1）临武鸭：养殖规模增长到4200万羽。县内主要分布在山塘、水库、河流分布较多和水面较大的武水、南强、西瑶、楚江、舜峰、汾市等乡镇；县外辐射到郴州市宜章、桂阳、嘉禾，永州市蓝山、宁远、新田，清远市连州、阳山，韶关市乳源、乐昌，赣州市崇义等周边地区。

（2）香芋：种植规模扩大到15万亩。其中县内6万亩，布局在水利灌溉条件较好的双溪、花塘、武水、南强等4个乡镇；辐射县外9万亩，包括郴州市宜章、嘉禾，永州市蓝山、宁远、新田等周边地区。

（3）大冲辣椒：种植规模扩大到1万亩。主要布局在海拔较高、温差较大的大冲、镇南等乡镇。

（4）优质水果：种植规模扩大到15万亩。主要布局在雨量充沛、霜冻较小的南强、武水、舜峰、汾市、双溪、花塘、楚江等南部8个乡镇。

（5）生猪：养殖规模增长到100万头。其中县内40万头，布局在花塘、茶场、楚江、香花、汾市、南强等乡镇；辐射带动县外60万头，包括郴州市嘉禾、宜章，永州市蓝山、道县，韶关市乳源等地。

（6）黄牛：养殖规模增长到3万头。其中县内2万头，布局在金江、南强、楚江、花塘、汾市、万水、麦市、水东等乡镇；辐射带动县外1万头，包括郴州市嘉禾、宜章、资兴，永州市蓝山，黔东南州麻江，黔南州平塘等地。

（二）突出项目引领，进一步延长产业链条

坚持以项目建设为主抓手，重点扶持舜华鸭业、临武正邦、小徐瓜瓜、舜湘牛业、舜丰源芋业、林富茶油、鸿源果业、临东开发等8大龙头企业，着重建设农产品加工产业园、培育优势企业、建设原料基地、打造物流平台、完善服务体系、发展庄园经济等6个方面的重点项目。

（1）建设农产品加工园区。新增园区面积1500亩，保障园区能容纳20个以上的规模农产品加工企业。建设10万平方米的标准厂房，引进10家以上农副产品加工龙头企业落户园区。

（2）培育优势企业。重点实施舜华鸭业百亿产值培育、临武正邦百亿产值培育、舜湘牛业培育、优质水果保鲜加工培育等项目。其中，舜华鸭业新建2000万羽临武鸭屠宰加工厂、1万平方米屠宰厂房、冷藏1万吨食品的冷库；新建1000万羽湘菜临武鸭加工厂、冷链配送工程、冷库、产品研发中心及检

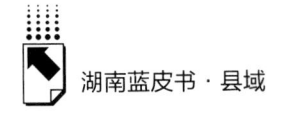

测中心。临武正邦新建24万吨饲料加工厂、1万吨肉食品加工厂、生猪屠宰加工厂、1.5万吨低温冷藏库1座。

（3）壮大原料生产基地。重点建设标准化临武鸭养殖基地、优质种苗培育及推广、大冲辣椒标准化生产基地、优质水果标准化生产基地、香芋标准化生产基地、珍贵树种示范园和植物园建设等项目。

（4）打造农副产品现代物流。着重建设农副产品集散转运中心、凌峰物流中心等项目。

（5）完善服务体系。主要建设区域性的农副产品检验检疫中心，包括检验检测中心大楼、科研和培训大楼、农副产品检验检疫区、仓库等建设内容。

（6）发展庄园经济。重点实施舜华庄园、果木场生态庄园、芋香园等项目建设。通过上述项目的有效实施，将推动临武农业产业的快速发展，延长产业链条，提高农产品附加值，增加农民收入。

（三）突出电商建设，进一步开拓省内外市场

坚持多措并举、内外兼修，推进实施"北上南下东进战略"，不断拓宽农产品销售市场。

（1）大力发展订单农业。采取"企业+基地+农户"等模式，按照"利益联结、规范运作、流通有序"的原则，积极发展外商、企业、基地、农户之间的订单农业。力争到2017年基本实现订单农业全覆盖。

（2）积极拓展全国市场。充分发挥农民专业合作社、营销小分队、驻外办事处等队伍的主力军作用，与大中城市建立对接站点，开拓营销市场。到2017年，逐步实现与全国所有省建立稳定的供销关系，销售网点在4万个以上，特别是舜华鸭业品牌形象专卖店要基本覆盖全国所有的地级市、建立销售网点3.5万个以上，成功构建海陆空网"四位一体"的综合销售体系。

（3）启动电商销售"百千万"工程。以湘品堂为基础，大力发展电子商务，启动建设开放式的电商销售平台，让全省乃至全国的农产品都可以在湘品堂的电商平台进行销售，逐步将"湘品堂"打造成为中国的第二个"阿里巴巴"。力争通过三年努力，完成平台架构建设，引进省内所有著名的特色农产品品牌进驻，基本形成湖南省内特色农产品销售生态圈，并成为省内民众的购买特色农产品的首选平台之一，电商销售"百千万"工程走出坚实的第一步。

（四）突出机制创新，进一步强化工作保障

（1）强化组织保障。坚持把特色农副产品加工产业发展作为"1号工程"来抓，强化临武县特色县域经济重点县建设工作领导小组和"特色办"的职能。同时不断强化"六个一"工作机制和县级责任领导、牵头责任单位"四包"责任制，对相关项目建设实行全过程服务，努力做到项目服务"零距离"、项目落地"零障碍"、项目建设"零干扰"。

（2）强化资金保障。全面实施特色农产品加工产业"百亿投资计划"，每年整合各类涉农财政资金5000万元及农业特色加工县补助资金6000万元，优化园区产业布局，推动农副产品加工领域的创新创业。同时，推行"奖发展、奖进步、奖增量"的项目竞争性考评机制，重点扶持关联度大、带动力强、贡献率高的农产品生产加工产业。严格按照有关资金管理办法规定，管好、用好专项资金，决不擅自改变专项资金使用范围。对项目建设的资金进行专户管理、专项审批、专款专用、封闭运行。

（3）强化科技保障。不断加大"科技创新、人才培育"工程实施力度，构建以龙头企业为主体、产学研用相结合的特色农副产品加工业科技创新体系、人才培训体系、质量安全体系，有效增强创新驱动发展新动力。

（4）强化环境保障。大力推行"猪—沼—果—电"和"鸭—鱼—果"一体化生态种养模式等现代农业生产模式，延伸产业链条，有效防治污染。切实加大环保资金投入，改善环保设施，实行无害化处理，促使企业做到零污染，严格执行环保制度，所有项目均严格实行环评和环保"三同时"制度，严格按环保要求建设，以最严格的标准保护饮水水源，确保环境不受污染。

B.31 祁阳县农副产品加工产业发展的调研报告

周新辉[*]

祁阳县位于湖南省南部，地处永州市北部，湘江中上游，是老一辈无产阶级革命家、党和国家领导人陶铸同志的故乡。祁阳县是人口大县、农业大县。全县紧紧围绕"产业强县"，抢抓首轮特色县域经济农副产品加工产业重点县建设机遇，不断调整产业结构、拉伸产业链条、夯实产业平台、壮大产业规模，农副产品加工业保持快速发展势头，有力促进了县域经济又好又快发展。

一 发展现状

（一）产业发展态势好

2015年，全县实现农副产品加工产业生产总值240亿元，增长9.6%。产业发展后劲十足，与农业部两大直属企业之一的广东农垦集团成功对接，广东农垦集团将投资30多亿元在祁阳建设15万亩高产油茶基地、万亩优质稻基地和农产品物流园；引进湖南粮食集团，成功控股银光粮油，并投资15亿元建设粮油产业园、10万亩优质稻等项目，提升产业发展规模和层次。

（二）企业成长情况好

全县有24家市级以上农业产业化龙头企业，其中国家级2家、省级6家；现有6个"中国名牌产品""中国驰名商标"，16个省级品牌、商标；4家国家高新技术企业。发展壮大了一批重点骨干企业，现有13家企业年产值过亿元。金浩茶油等4家企业被纳入湖南省重点上市后备企业资源库，湘妹食品等

---

[*] 周新辉，中共祁阳县县委副书记、县长。

3家企业被省政府认定为"百企千社万户"现代农业发展工程"百企"培育企业,两者数量均居全省同类县区之首。

(三)基地建设成效更实

以龙头企业或种养大户为依托,新发展唐家山万亩油茶基地、肖家村镇万亩有机茶原料基地、天江生物名贵中药材基地、台湾红心火龙果基地、德辉农业蔬菜基地等一批高标准原料基地。目前,全县已形成万亩以上优质农产品生产基地20多处,包括60万亩优质稻基地、15万亩高产油茶基地、15万亩名特优新水果基地、5万亩外销蔬菜基地、20万头无公害生猪养殖基地等。

(四)经济带动能力更强

2015年全县农副产品加工产业实现财政收入3830万元,增长20%。2014~2015年,全县农副产品加工业提供就业岗位18000多个,订单联系农户超过12万户,带动了农户收入增长。其中,自然韵黑茶公司建设的生态有机茶园基地,采用"租金+最低收益保证金+分红"的方式让农民分享利润,实现了农户与企业双赢,受到水利部移民局领导的充分肯定。

二 发展经验

(一)坚持高位推动,凝聚发展合力

始终坚持将农副产品加工特色重点县建设作为县委、县政府的"一号工程""一把手工程"来抓,确保各项工作真正落到实处。一是成立高规格领导小组。成立由县委书记任顾问,县长任组长,常务副县长任常务副组长的农副产品加工产业重点县建设领导小组,县主要领导定期听取情况汇报,协调解决重大问题,为顺利推进产业建设提供了有力保障。二是组建高素质工作专班。从县委办、政府办、县农办、财政局等单位抽调11名业务精、能力强的工作人员,成立了特色县域经济农副产品加工产业重点县建设领导小组办公室,内设综合协调组、项目监管组、资金管理组、产业指导组4个工作小组,全力抓好农副产品加工产业建设的组织协调、指导督察等日常工作。三是构建高效率

推进机制。将农副产品加工产业发展纳入全县年度工作目标管理综合考核范围，考核情况作为单位评先评优的重要依据。县政府与项目主管部门、项目主管部门与项目实施单位层层签订目标管理责任书，建立定期调度、定期督察、主动服务等推进机制，力促各类建设项目按时保质有序推进。

（二）坚持项目带动，增强发展动力

始终突出项目这一主抓手，以项目为载体，以重点县建设为平台，全力推动农副产品加工业做大、做强。一是突出优势上项目。突出扶持优势主导产业，在项目资金安排上，不撒胡椒面、不搞普惠制，坚持集中力量办大事。2013年以来，全县直接投入3亿元专项资金，支持30多个粮、油、茶加工业项目，金浩茶油、银光粮油、自然韵黑茶、天龙米业、七里香米业等一大批粮油加工企业通过扩能提质改造，企业的科技水平进一步提升、生产能力进一步扩大、生产成本进一步降低。二是乘势而为引项目。充分用好重点县招牌，大力开展农副产品加工产业招商引资活动，成功牵手广东农垦集团、湖南粮食集团等战略投资者。认真研究国家产业政策和投资方向，加大跑项争资力度，努力争取更多的资金、项目进入祁阳县农副产品加工业，成功争取到国家农业综合开发现代农业园区试点、全省财政支持农业生产全程社会化服务试点县、全省油料产业大县等大项目。三是创新奖补强项目。围绕基地建设、技术支撑、品牌创建等方面，创新出台农副产品加工产业建设奖补政策，对生产性项目实行贴息、建设性项目实行奖补，充分调动企业、专业大户、合作社等经营主体扩投资、上项目的积极性，以生成更多优质项目。

（三）坚持创新驱动，催生发展潜力

注重用系统思维、战略眼光谋划推进农副产品加工产业建设，做到抓大事、谋长远。一是推动"大整合"。对涉及农副产品加工方面的各项财政资金，按照"渠道不乱、用途不变、统筹安排、集中投入"的要求进行有效整合，切实加大投入规模。2013年以来，全县整合各类资金20亿元，用于发展农副产品加工业。在加大政府投入的同时，进一步深化政银企合作，着力解决产业融资难问题。截至2015年底，全县各金融机构农副产品加工产业贷款余额较上年同期增长20%。二是筹建"示范园"。致力构建产业发展新

平台，积极建设祁阳县现代农业示范园，园区按照"一核、二带、六区"的产业布局规划和建设思路，共分为农产品加工功能区、粮食生产核心功能区、优势特色种植功能区、生态环境保护功能区、标准化规模养殖功能区、农产品冷链物流功能区六个功能分区，规划面积3万亩，总投资3.34亿元。2015年8月，国家农开办已正式批复了祁阳现代农业示范园区项目2015年度实施计划，将通过现代农业示范园区的建设，以点带面，有力推进现代农业做大、做强。三是力推"新土改"。大力推进农村产权制度改革，加快土地确权颁证步伐，建立了县镇村三级土地流转服务体系、土地纠纷调解仲裁体系；成立全省首家农建投资公司，积极引导土地有序流转。截至目前，全县土地流转面积为58.6万亩，约占土地总面积的23.6%，其中，耕地流转面积33.8万亩，承包稻田30亩、100亩、300亩以上种粮大户分别达2336户、557户、168户，新发展唐家山万亩油茶基地、肖家村镇万亩有机茶基地等一批高标准原料基地，有效提升了农产品加工企业原料基地规模化、标准化建设水平。四是大修"小水利"。在抓好大型水利建设的同时，积极整合一事一议资金投入"五小水利"工程建设，从根本上扭转农田水利基础设施薄弱的不利局面。"十二五"期间，大力实施"百库"工程建设，完成病险水库除险加固205座、水利工程3.5万处，增加基础蓄水量4500万立方米，新增、恢复、改善灌溉面积5.2万亩，加快推进了农业结构调整和农业产业化发展。

三 存在问题

（一）带动能力不强

目前，全县农业产业化经营组织虽然数量不少，但龙头企业大而不强，辐射面小，带动能力不足，没有真正摆脱"散、低、弱"状态，产业链条短，尚未形成产业体系，抵御市场、自然"双风险"的能力差。少数企业"等、靠、要"思想严重，持续发展力不够强劲；一些企业生产线盲目扩张，导致生产产能过剩；个别企业抗金融风险能力差，盲目高利息借民间资金维持企业运转，致使企业负担加重，生产难以为继。

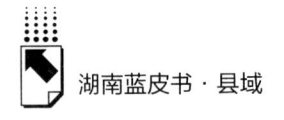

（二）创新力度不足

农副产品加工总体水平还不高，大多数企业仍然以粗加工为主，企业研发投入不足，自主创新不够，产品科技含量低，产品结构单一，资源综合利用低，产品附加值不高。

（三）原料基地滞后

部分企业没有建立稳固的原料基地，如宝达食品的柑橘、马蹄要到周边的省市购买，增加了生产成本；少数规模企业与农户之间也是一种松散的买卖关系，签订的合同存在违约现象，货源充足时企业压价收购，货源紧俏时农户高价出售，农产品"买难""卖难"的现象交替出现，不利于加工企业和农户抵御市场风险。

（四）资金整合不易

目前，上级安排的各类专项资金规定过细、要求太高，且大部分都有相应的资金管理办法，对使用范围都有明确的规定，基层政府难以进行改变，难以统筹安排，不能发挥资金最大效益。

（五）人才素质缺乏

现有企业大多是家族式企业，以家族经营为主体，企业家和员工素质、知识结构、经营理念与现代企业经营存在差距，不能满足企业发展的需要。

四　对策建议

"十三五"期间，全县农副产品加工产业将秉承"高产、优质、高效、生态、安全"思路，以龙头企业为支撑，以项目建设为抓手，以政策扶持为动力，促进农副产品加工产业优先发展、绿色发展、集聚发展、开放发展，创建全国重要的农产品深加工基地、农副产业加工强县。到2020年，力争全县农副产品加工业总产值达300亿元、销售总收入290亿元，年均增长分别在38.5%、38.3%以上；新发展企业订单基地县内70万亩、县外50万亩以上；

实现年销售收入过50亿元企业1家、10亿企业8家、过5亿企业10家，推动2家龙头企业上市。

（一）围绕产业育企业

以调优产业结构、促进转型升级为目标，促进企业做大规模、做优质量、做响品牌、做高效益。一是政策引导。坚持以工业化的理念抓农业，将土地、劳动力、技术、资金等生产要素有效整合，不断强化农业基础地位，在企业培育、基地建设、金融支持、技术支撑、品牌创建、市场开拓等方面进行专项政策扶持，做到公开、公平、公正，不断创优企业发展环境，力促农副产品加工业集聚、集群、集约发展。二是企业引领。加大对国内外有影响力的大企业、大集团的招商力度，鼓励在祁阳投资兴建龙头企业。大力实施农业产业化提升工程，重点建设广东农垦农产品物流园、湘粮粮油产业园、湘妹食品10万吨年产能营养速冻食品改扩建工程、七里香米业扩能提质工程、宝达食品全自动化生产线、祁阳茶叶产业扩容提质工程、"日产200吨茶饼浸出、100吨水酶法制取"两条茶油生产线扩建项目、10万吨肉食产品加工项目。对符合要求的重点龙头企业，积极创造条件，规范公司运作，争取早日上市。三是创新引路。积极创新体制机制，设立农副产品加工产业发展基金，充分应用股权投资、贷款贴息、以奖代补等多种方式引导社会投入农副产品加工产业，增加产业输血功能。鼓励担保公司加大信贷投放力度，撬动银信部门加大对有发展潜力的农副产品加工企业和种养大户的信贷投放，为农副产品加工产业进一步壮大发展提供强有力的金融支撑。

（二）围绕园区建基地

坚持总体规划、分步实施、项目带动、产业支撑，全面推进现代农业示范园建设，建设成为全县农业科技先行区、现代农业示范区、农业体制机制创新区、城乡统筹样板区。一是狠抓基地建设。依托良好的生态环境，按照"区域化、规模化、标准化"的原则，不断调整和优化种养结构，因地制宜、突出特色，培育一批新、优、特农副产品生产基地。县内突出抓好中高档90万亩优质稻、30万亩高产油茶和30万亩油菜基地、28万亩水果和30万亩商品蔬菜、150万头生猪等一批农产品基地建设。县外重点抓好以金浩茶油、银光粮油、天圣有机农业、湘妹食品、天龙米业等龙头企业为依托，建设粮食、油茶和黑芝麻等订单生产基地。二是强抓基础设施。围绕农副产品加工产业发展，大力实施农田水利基础设施配套建设。在安排粮食生产基地、基本农田改造、标准化规模养殖基地、土地开发整理和综合整治等项目时，优先支持农副产品加工企业生产基地基础设施配套建设。支持农副产品加工企业参加农业保险，降低农副产品加工产业基地生产风险。三是力抓科技推广。支持农副产品加工企业加大科学技术的应用，充分利用国内外先进技术成果。加大岗位与技能培训，聘用专业技术人员，延长农副产品深加工的产业链。鼓励农副产品加工企业与科研机构建立双边或多边技术协作，提高农副产品加工的科技含量。

（三）围绕品牌拓市场

充分利用优良的生态环境、丰富的资源优势，提高品牌产品的市场占有率，打响祁阳农副产品绿色、环保、优质、安全的独特品牌。一是争创名优品牌。鼓励农副产品加工企业争创中国名牌、驰名商标、湖南名牌、绿色食品等称号和符合国际质量管理标准。支持龙头企业依托资源优势，延伸产业链，开发新产品，提高附加值，加大农副产品精品名牌创建力度，加强金浩、银光、湘妹、天龙、宝达等特色品牌的营销推介，以商标品牌效应提高产品在全省及至全国的知名度。充分挖掘和利用地理标志资源，结合农副产品加工产业特色，帮助农村专业合作社或行业协会等申报地理标志证明商标，实现注册一件农产品商标、创出一个品牌，带动一片产业、富裕一方群众。二是打造现代物流。实施货畅工程，打造铁路、公路、航道运输配套设置的多式联运流通格局，提高集疏运能力。引进3~5家大型物流企业，大力发展商贸物流业。加快新火车站和祁阳经济开发区现代物流中心建设，着力培育一批经营省内外业务的中小型物流企业，打造全县物流集散地。三是构造营销网络。支持农副产品加工企业建设立体营销网络，倒逼现代流通体系建设。以县内王府坪综合市场、望浯园农贸市场等市场为重点，完善基础设施建设，加强扩容提质，培育大型专业市场；依托金浩、银光、天龙、宝达等龙头企业，以长沙、广州、上海等大中城市为中心，建立国内市场营销网点；积极开拓国际市场，建立国际销售网络平台，全面打通国际销售渠道，形成多渠道、全方位、广覆盖的国内外立体营销网络。

B.32
双牌县旅游产业发展调研报告

吴跃男*

一 双牌县旅游业发展情况

（一）旅游资源概况

双牌地处湖南省西南部，永州市中腹，现辖10乡4镇2个国有林场和1个国家森林公园，总人口20.5万，总面积1751平方公里，生态保护完好，全县林地面积231万亩，森林面积194万亩，其中公益林面积77.84万亩，全县森林覆盖率达80.5%，是一个生态优美、气候宜人的旅游胜地。

按照现有旅游总体规划，双牌县现有国家一、二、三、四级旅游资源70余处，全县旅游资源分布呈"两山一水一城"的总体格局。

1. 阳明山旅游区

阳明山自古就是天下名山，钟灵毓秀，文化底蕴深厚，森林覆盖率达98%，是国家森林公园、国家级自然保护区、国家4A级景区、国家级水利风景区、海峡两岸交流基地，到阳明山不仅是拜千年活佛、赏天下第一杜鹃红、吸亚洲第一天然氧、看华夏第一大竹海、游中南第一高山湖，还是休闲、避暑的旅游胜地。

2. 潇水湖旅游区

潇水是湘江的源头，纵贯双牌县南北，总长78公里。双牌水库大坝截高峡成平湖，呈现"百里平湖美如画，两岸青山千层绿"的美景，沿途景点星罗棋布，沿湖而上，景点有仙人墩、仙人洞、江村龙仙吊桥，古民居周家大院是舜弟象封侯之地，并建有鼻亭，又称象祠，是省级文物保护单位。坦田村岁

---

* 吴跃男，双牌县人民政府办公室。

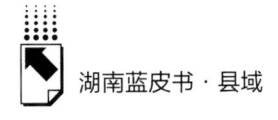

圆楼是清朝古建筑群，结构规范，布局完整，保存完好，入选中国历史文化名村，被列入中国第一批传统村落名录。

3. 紫金山旅游区

紫金山因朝夕阳光照耀、山如紫金而得名，有"永山永水出永州"的永山寺庙遗址，有万亩草山、万亩野生茶园、二十万亩竹海、龙洞生态文化旅游艺术产业园等景观景点。

4. 县城中心旅游区

县城三面环山，一面临水，青龙洞、浮洲岛、永和塔、青山万亩园等一系列景点呈众星拱月环绕县城，特别是青山万亩园中的"绿化祖国"四个活立木大字，入选了吉尼斯世界纪录。

（二）产业发展状况

近年来，双牌县将生态旅游工作列入了县委、县政府的重要议事日程，高度重视，科学谋划，加大投入，成效明显。阳明山已创建国家4A级景区、全省首批生态旅游示范区、国家自然保护区，2015年又申报国家级生态旅游示范区，已通过现场技术评估，2015年6月，阳明山还被国台办批准为海峡两岸交流基地。2013年双牌县成功创建为全省旅游强县，茶林镇创建为全省特色旅游名镇，桐子坳村创建为全省特色旅游名村，园林山庄、立群山庄创建为全省五星级乡村旅游区点。双牌县已从旅游资源大县向旅游强县迈进，连续多年被永州市委、市政府评为旅游产业发展先进县。

二 双牌县旅游产业发展经验及存在问题

（一）发展经验

1. 确定发展方向

一是确定发展思路。县委、县人大、县政府、县政协四大班子，坚持把发展旅游作为县域经济的朝阳产业来培植，纳入全县经济社会发展的总体规划，坚持"生态立县，旅游旺县"的发展思路不动摇，以阳明山旅游为龙头，着力打造湘桂粤大旅游圈的旅游新星和永州中心城市的后花园。

二是明确发展定位。依托县内独特的生态旅游资源，突出"生态"与"文化"两大主题，明确全县旅游产业发展定位：将双牌县建设成为全国著名的生态休闲度假旅游目的地；将阳明山旅游区打造成国家级旅游度假区、国家5A级旅游景区、国家生态旅游示范区；将紫金山旅游区建设成全省生态农业休闲和龙洞生态旅游文化艺术产业园；依托国家湿地公园将潇水湖旅游区打造成湘南最大的水上生态乐园；将县城中心旅游区打造成全国集生态休闲、会议接待、度假旅游于一体的"宜居宜游"的"山水洲城"。

三是突出规划引领。2006年以来，双牌县分别聘请湖南师范大学、湖南林业科技大学、香港莱奇尔公司编制完成了《双牌县旅游业发展总体规划》《阳明山国家森林公园旅游总体规划》《阳明山旅游城镇规划》，为全县旅游产业开发建设提供了依据。

2.组织保障措施有力

一是加强组织领导。成立了以县委书记任顾问，县长任组长，四大班子分管领导为成员的旅游产业发展领导小组，全面负责旅游产业发展的部署实施。县委、县人大、县政府、县政协主要领导和分管领导十分重视旅游发展，多次深入重点景区调研，召开现场办公会议。县委常委会、县政府常务会、县人大常委会、县政协党组、县旅游产业发展领导小组多次专题讨论旅游工作，及时解决了全县旅游业在发展过程中存在的困难和问题。

二是出台优惠政策。县委、县政府将旅游产业发展列为经济社会发展的重点战略之一，突出了旅游业在第三产业发展中的龙头位置，出台了《关于鼓励在阳明山投资兴办旅游业的若干规定（试行）》、《关于鼓励投资优惠政策的若干规定》和《鼓励投资服务性产业优惠政策的实施细则》等政策，吸引客商投资开发双牌县旅游产业。

3.完成旅游设施大投入

（1）基础设施逐步完善。一是累计投入资金5.3亿元，建设旅游交通网络。其中投资6000余万元修建红阳公路，打通了进入阳明山的旅游黄金通道，缩短入园里程14公里；投资3.8亿元新建了二广高速双牌县城连接线，将阳明山旅游区与县城中心、潇水湖、紫金山等旅游区连为一体；投资3000余万元改造了阳明山景区内旅游公路50余公里；投资600万元，修建了阳明山景区游道5条20公里，建成了景区内的循环路网，形成了县内外旅游交通网络。

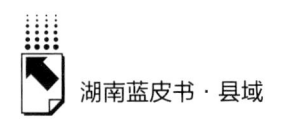

二是累计投资2800万元先后新建移动、联通、电信基站20余个，基本实现了阳明山景区通信信号全覆盖。

（2）配套设施逐步增加。一是累计投入3.63亿元，改善旅游接待条件，其中投资3800万元建设了阆苑宾馆；投资1.2亿元改造天龙宾馆；总投资7.8亿元的阳明溪谷旅游综合体项目，已投入资金5000万元，建成了阳明溪谷度假村主体工程，正抓紧室内装修；投资3000多万元，改造和新建了立群生态农庄、园林山庄等30多家星级乡村旅游区点及家庭旅馆。二是累计投入资金1.25亿元，新建了阳明山游客中心，改扩建大型停车场5个、旅游厕所7个，完善了旅游标识标牌，新建了滨江休闲广场。

（3）景区发展逐步成熟。累计投资5亿多元建设景点。阳明山景区累计投入4亿元，维修改造了阳明山万寿寺，增添树化玉、黄金樟弥勒佛和舍利子三件镇寺之宝，改造了杜鹃花海景区，增添了"福""寿""和"三个生态大字景观，建成了"和"字展览馆及海峡两岸阳明山交流摄影展览馆；建设了小黄江源、万和湖、红军亭、幽静林及桐子坳、龙洞文化旅游艺术产业园等景区、景点。

（4）旅游商品种类逐步增多。利用县内丰富的自然资源，采取传统工艺和现代科技相结合的方式，多渠道研制开发了竹木工艺品、剁椒鱼、阳明山竹笋、塔山婆婆茶、阳明山云雾茶、乡村缘土特产等系列特色文化旅游产品，相继建成了多处旅游购物商店。

4. 品牌逐步形成

（1）加强宣传推介，打响"和"文化品牌。将阳明山"和"文化旅游节作为宣传推介双牌县旅游景区的重要平台，已连续成功举办了八届，吸引了国家、各省市主流媒体的高度关注和推介，"和"文化节已成为国内外知名的旅游节会。同时，还通过户外广告，赴广东、长沙等地举办旅游推介会，发放《和美阳明生态双牌》宣传光碟和宣传折页及微博、微信等形式多渠道进行宣传促销，极大地提升了双牌县在国内外旅游市场的知名度和影响力。

（2）加强对台交流，打响两岸交流品牌。充分利用双牌县阳明山与台湾阳明山同名同姓的独特优势，大力加强与台湾阳明山文化旅游等方面的交流合作。林丰正、张荣恭、陈庚金等政要嘉宾亲临阳明山，连战、江丙坤、蒋孝严、宋楚瑜、郁慕明等政要为双牌县阳明山题赠"和"字，收藏社会各界名人题赠的"和"字7000多个。2006年来,以"和"文化节为平台,与台湾方面合作举办了"海峡两岸阳明山旅游合作与发展论坛"、"海峡两岸围棋邀请赛"、"海峡两岸自行车越野赛"、"海峡两岸经贸旅游论坛"和"中国·阳明山'和'文化论坛"。近年来,共接待台湾游客4500人次。海峡两岸签订了《海峡两岸阳明山旅游合作框架协议》。

5. 客源市场不断拓展

广泛邀请台湾、广东、桂林、长株潭等地的知名旅行社300余家进行采线座谈,共商旅游线路编制和输送游客事宜。

6. 招商引资成效明显

一是积极向上争项目。近几年来向上争取各类项目资金2亿多元,用于双牌县旅游基础设施、配套设施和景点建设。

二是引进战略投资者。①由阳明山、县旅游局引进的湖南阳明置业集团在阳明山投资建设阳明溪谷旅游综合体,总投资7.8亿元。该项目集生态、休闲、度假、娱乐、养生于一体,并于2015年7月9日与县人民政府正式签约,现已投入5000万元。②由何家洞乡政府招商引进的湖南唯楚文化产业集团公司,在何家洞投资建设龙洞生态旅游文化产业园,该项目总投资1.1亿元,现已投资900万元,建成后将是国内首家高山写生创作基地。③由理家坪乡政府、县农业局引进的陈光标好人集团公司投资16亿元建设日月湖现代休闲农业产业园。

(二)存在主要问题

一是资金短缺。旅游产业的发展,前期投入大,效益慢,周期较长。双牌县阳明山景区已累计投入5亿多元,其中阳明山管理局欠款近1亿元,债务重,景区再发展,靠县财政投入和景区自身投入已不现实,目前资金不足是景区发展的最大瓶颈。

二是景区发展不均衡。四大景区除阳明山发展较为成熟以外,其他三大景区刚开始启动建设。

三是旅游目的地还没形成。按照"吃、住、行、游、购、娱"旅游六要素,双牌县四大旅游景区,由于配套设施不完善,接待能力弱,服务水平不高,与游客互动的项目少,留不住游客,没形成旅游目的地。

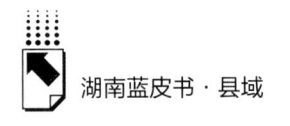

三 "十三五"期间旅游产业发展总体设想和对策

（一）双牌县旅游产业发展总体设想

1. 旅游产业发展目标

按照县委、县政府提出的"生态旅游"工作重点，实现"旅游旺县"战略目标。"十三五"期间产业布局为"两山一水"，即阳明山景区、紫金山景区、日月湖景区。将阳明山景区创建成为国家5A级景区、国家旅游度假区、国家生态旅游示范区；将日月湖景区创建成为集国家4A级景区、现代生态休闲农业产业园和水上娱乐于一体的水上生态乐园；将紫金山景区创建为国家4A级景区、中国高山第一美术馆和龙洞文化旅游艺术产业园。到"十三五"末，全县实现年接待游客600万人次，实行旅游综合收入30亿元，旅游收入占GDP的比重力争在50%以上，把双牌县建设成为全国著名的生态休闲度假旅游目的地。

2. 实现上述目标主要有利条件

一是旅游资源特色突出。双牌县境内生态完好，旅游资源特色鲜明，有"天下第一杜鹃红"、"岭北生态画卷"、大黄江源、华夏第一大竹海、华中第一高山湖、中国银杏第一村等景观，国家级文物保护单位"岁圆楼"、海峡两岸交流基地、国家水利风景区、国家森林公园等多处国家及资源。

二是区位优势特别明显。双牌县南临广东，西接广西，北靠长沙，是湘桂粤大旅游圈重要节点，南下广州，北上长沙，西去桂林均可朝发夕归。

三是旅游品牌独树一帜。双牌县以"和"为主题的文化旅游节庆品牌为全国首创，并连续成功举办了八届中国·阳明山"和"文化旅游节，已成为全国著名的"和"文化旅游节品牌，生态品牌、对台交流品牌已经在省内外打响。

四是产业发展前景无限。按照"吃、住、行、游、购、娱"旅游"六要素"，双牌县已累计投入各类资金15亿元，完善旅游基础设施和配套设施建设，同时引进社会资金投入景区景点建设的阳明溪谷旅游综合体、龙洞文化旅游艺术产业园、日月湖现代生态休闲农业产业园，产业发展来势看好。

五是客源市场逐步形成。年接待游客257万人次，省内和两广为双牌县主要客源市场。

（二）旅游产业发展对策和建议

1. 完善旅游规划体系

在全县旅游总体规划修编后，在总规基础上编制完成各景区的总体规划和控制性详规。

2. 推进三大品牌建设

（1）生态品牌。全县森林覆盖率为80.5%，是全国绿化模范县，动植物资源丰富，负氧离子含量高，加强生态保护，聘请国内在环境保护方面做出杰出贡献的知名人士担任形象大使，宣传推介双牌的生态优势，邀请全国知名的词作家、曲作家、歌唱家为双牌谱写歌曲，唱响双牌，继续打响双牌的生态品牌。

（2）"和"文化品牌。充分发挥阳明山"和"文化的独特优势，举办好每年的"和"文化旅游节，开展"和"文化论坛，加大寻"和"力度，丰富"和"文化内涵，继续打造双牌的"和"文化品牌。

（3）海峡两岸交流品牌。积极加强海峡两岸阳明山的相互交流往来，深入开展两岸阳明山经贸、旅游、文化交流合作，将阳明山建成名副其实的海峡两岸交流基地，继续打响海峡两岸交流品牌。

3. 破解三大瓶颈

（1）加大资金投入。第一是向上争取将双牌县旅游项目挤进国家和全省重点旅游项目建设"笼子"；第二是引进有雄厚经济实力、先进管理技术和先进经营理念的战略投资者，采取独资、合资、租赁、经营权整体转让等形式，开发建设旅游景区；第三是鼓励和引导社会力量投资建设旅游景区，开发具有双牌特色的旅游产品，破解旅游开发资金不足的瓶颈。

（2）加快旅游景区建设。一是阳明溪谷旅游综合体项目建设，创建阳明山国家级旅游度假区；二是推进日月湖景区建设，建设集水上娱乐、休闲、农业体验、民俗风情于一体的文化旅游项目；三是加快龙洞文化旅游艺术产业园项目建设，打造农耕文化体验区；四是大力发展乡村旅游，结合新农村建设，建设美丽乡村和星级乡村旅游景点，破解旅游旺季过短的瓶颈。

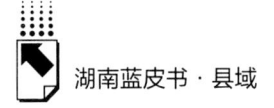

（3）加强配套设施建设。加强星级宾馆和农家乐建设，提升接待能力，提高服务水平，破解接待能力弱的瓶颈。

4. 提升旅游市场竞争力

（1）创建智慧旅游公共平台，对接互联网，实行一部手机游双牌。

（2）以节会为平台，举办形式多样的节会活动，充分利用新闻媒体、高铁宣传、电视剧、微电影、大型户外广告牌等促销方式进行推介，提升旅游知名度。

（3）加强区域合作，打造旅游精品线路。加强对省内和广州、桂林旅行社的合作，编制湘粤桂旅游精品线路，实现互惠互利，共赢发展。

B.33
江华瑶族自治县稀土有色金属产业发展研究报告

江华县人民政府

江华瑶族自治县地处湖南省最南端，湘、粤、桂三省（区）结合部，是湘粤、湘桂对接的门户和桥头堡，是东盟经济圈、泛珠三角经济圈、中部经济圈、泛北部湾经济圈"四大经济圈"的交汇叠加地。江华瑶族自治县总面积3248平方公里，乡镇22个，国有林场1个，总人口51万，其中瑶族人口34万，是全国瑶族人口最多的自治县，湖南省唯一的瑶族自治县，被誉为"神州瑶都"。

近年来，江华县委、县政府全面贯彻落实科学发展观，以同步建成小康江华、建设民族经济强县为总揽，大力实施"生态立县、民营活县、产业强县、开放兴县"战略，经济社会发展取得了长足进步。近四年，全县GDP、财政收入、固定资产投资、规模工业增加值等主要经济指标增幅都保持两位数增长，并连续四年位居全市第一。2015年江华县GDP增长11.3%、财政收入增长20.2%、固定资产投资增长18.9%、规模工业增加值增长16.5%。

2012年被评为湖南省县域经济发展快县；2013年在湖南省全面建成小康社会试算中提升幅度排三类县第三名；2014年被评为湖南省"全面小康推进工作十快进县"；成功创建了全国文明县城、全国社会管理综合治理先进县、全国绿化模范县、全国平安畅通县、国家生态文明先行示范区、国家主体功能区建设试点示范县、省生态县、省平安县、省园林县城、省金融安全区。

一 稀土有色金属产业发展现状

稀土是战略资源。江华稀土有色金属产业资源优势明显、产业基础扎实、研发技术领先。全县已探明稀土储量10.4万吨，远景储量20万吨以上，居全国第3位，钨锡金属储量2万吨，铅金属储量6.9万吨，锌金属储量8.2万吨。江华瑶族自治县拥有全省唯——本稀土采矿权证，设立了以稀土有色金属产业为主导的省级经济开发区——江华经济开发区，引进了中国五矿、中国稀土、香港锦艺、山东正海、中国风电、骏宏科技、坤昊实业、凯盈科技、九恒集团等一批上市公司和集团投资兴办的企业。素有"有色金属技术摇篮"之称的中南大学作为扶贫后盾单位，从2012~2020年对口扶持江华；五矿稀土研究院拥有国内最先进的稀土单一氧化物分离技术，为江华有色金属产业发展提供了强有力的技术保障。2015年，全县稀土有色金属产业从业人员在1万人以上，稀土有色金属年销售收入23.05亿元，稀土有色金属产值达23.34亿元，占全县工业总产值的33.69%，产业增加值达6.91亿元，占全县规模工业增加值的52.5%，财税收入达1.78亿元。近三年来，产业平均增长68.4%，工业固定资产投资平均增长30.3%，均超过全省平均水平。

1. 资源支撑，特色产业链条不断延伸

近几年来，江华瑶族自治县县委、县政府依托资源优势，按照"工厂+基地"的模式，着力引进有投资规模、有技术水平的大公司。2011年，由中国五矿集团、中国稀土控股有限公司和江华瑶族自治县人民政府共同组建了五矿稀土江华有限公司，公司充分发挥各方的优势，力争把资源优势转化为经济优势，大力发展江华稀土产业。目前，已经进入江华稀土产业的大型企业有中国五矿集团、山东正海磁性材料有限公司等。其中中国五矿集团投资20.8亿元开发稀土分离、稀土冶炼、荧光粉、节能灯、永磁材料、稀土贮氢合金粉等稀土深加工及应用产业链。同时，政府通过鼓励企业进行市场运作，促进产业链条延伸，加大了铅锌产品市场应用领域的研发力度，不断开发铅锌新产品。大力发展铅锌合金材料，推动下游压铸件、铅酸电池等深加工产品的发展。加快了无汞电池锌粉、纳米氧化锌粉等的研制及产业化，开发生产软磁铁氧体材料。抓紧与省内的风力发电、电机设备、电动汽车、石油化工等优势企业开展合作，形成群龙共舞的产业发展格局。

2. 产业支撑，实体经济发展不断壮大

江华把发展特色产业作为县域经济发展的重要支撑，通过优先保障特色产业的土地、资金、技术、水电等各类要素，支持企业创建品牌、做大做强，引导和鼓励企业采用先进装备和节能减排技术，延长产业链条，发展精深加工，提高产品附加值，带动电子信息、新能源相关产业发展，全县特色产业经济得到明显发展。五矿稀土、正海五矿与中国稀土强强联合，同江华联手打造百亿稀土产业链，投资3.2亿元的年产3000吨稀土全分离项目年内将投产，建成后年产值在15亿元以上；投资5亿元的正海磁材一期已投产，年产值能达6亿元，项目全部建成后年产值能达30亿元。引进中国泰山科技集团和梅花伞业，集团计划投资10亿元整合开发钨锡矿精深加工，其销售额的30%用于江华投资建设工业产业化项目，建成后年产值在30亿元以上。九恒集团在江华打造全国最大的物流条码生产基地和空气能热水器、地暖、空调、烘干机生产基地，目前已完成固定资产投资4亿元，九恒条码、无碳纸、恒津包装、九恒新能源已部分投产，并启动九恒新能源上市计划，2015年可实现销售9亿元以上，规划五年内年销售额在50亿元以上。这些大项目相继建成投产，实体经济不断蓬勃壮大，江华正逐步进入工业产能集中爆发期。

3. 平台支撑，产业发展基础快速夯实

江华利用特色县发展契机，加强园区规划建设，改善园区基础设施，引导企业向园区集中、项目向园区布局、产业在园区提升。通过完善园区基础建设，抓好站前南路及兴业路南段、四海大道、耀丰路、超牌大道及园区标准厂房、水网等基础建设工作，完善园区服务工作机制，为企业和项目提供"保姆式"服务，切实提升园区承载力、集聚力和吸引力，壮大园区经济。工业园区已成为江华加快工业产业结构调整、促进经济发展方式转变的重要载体。2015年江华经开区新引进企业10家，新增园区面积1.88平方公里，新增标准厂房39.7万平方米。其中，耀丰创新创业产业园作为服务全民创业、服务中小企业的平台，目前一期12万平方米标准化厂房已完成主体建设，与8家中小企业签订了入园协议，并已交付使用；二期24万平方米标准化厂房和800套公租房完成主体建设。同时，政府鼓励生产企业在开发区进行集中建设，凡在县符合国家稀土产业政策的项目，可以享受稀土原材料优先供应、有关税收的优惠及江华县制定的其他优惠政策。

4. 智力支撑，科研人才队伍持续壮大

江华以五矿为龙头企业，湖南稀土研究院为技术支撑，建设了省内首家稀土产业园。加快构建科技创新体系，加大科研装备投入，着力培养高层次研究性人才，营造引进人才、留住人才的氛围，积极支持稀土企业工程技术中心和

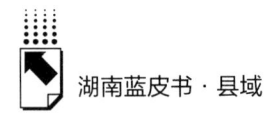

稀土检验中心等重点研发平台建设。江华县依托五矿（北京）稀土研究院及正海磁材的研发力量的同时，继续加强与中南大学合作，与省内的稀土研究所以及国防科技大学等科研机构、大专院校的全面合作，建立稀土有色金属人才基地，不断拓宽交流渠道。健全政府补贴制度，充分用好人才开发基金等政策工具，调动科研人员的创新创业积极性。加强培养稀土事业后备人才，争取建立硕士研究生和博士研究生培养体系，在稀土龙头企业设立博士后工作站。

二 存在的问题及困难

江华稀土有色金属产业发展仍存在一些问题：一是产业投资愿望不强。受大环境影响，稀土有色金属产业发展的不确定、不稳定因素增多，要素成本上涨，企业订单不足、开工不足、生产经营困难，客商投资意愿不强。尤其受当前市场价格影响，稀土分离生产越多，亏损就越多；而不进行稀土分离，磁性材料无法大规模生产，稀土产业又无法做大做强。二是项目融资困难。受国家政策以及清理政府性融资平台的影响，加之近年土地市场疲软，土地出让收入减少，资金渠道进一步受限，园区与企业融资难度增大，部分企业因建设资金筹措困难，一些项目迟迟开不了工或不能启动。三是项目建设用地指标受限。部分项目和园区基础设施建设，受征地和土地报批影响，推进缓慢，影响落地开工。四是交通落后制约产业发展。

三 江华稀土有色金属产业发展思路

为加快特色产业发展，"十三五"期间，江华瑶族自治县县委、县政府正按照"规划引领、基础先行、产业支撑、功能配套"的发展路径，进一步加大项目招商引资，完善基础设施，强化用地保障，拓宽融资渠道，优化发展环境，全面提升稀土有色金属制造产业核心竞争力，把江华建设成为湖南稀土战略新兴产业基地和"稀土之都"，为江华县域经济发展提质增速提供有力的产业支撑。

1．加大项目推进力度，扩张园区经济总量

一是抓好重点企业建设。围绕稀土有色金属产业，进一步抓好以五矿稀土、正海五矿为代表的稀土新材料，以坤昊实业、清泉集团为代表的稀贵金属回收，以及以骏宏矿产为代表的钨锡精深加工和锦艺集团为代表的铜铅锌精深加工四大产业集群建设，厚积薄发，助推县域经济发展。二是抓好相关产业建设。针对稀土有色金属产业容易受政策、市场等因素影响的情况，拓宽经济发展思路，突出一业带多业的发展理念，抓好以凯盈科技、骏宏电子、九恒集团、卓业电子为代表的电子信息和以紫东建材为代表的新能源、新材料产业建设，做好塑编二期、骏宏科技、超牌科技、金宏光科技、华讯电子科技、耀丰标准厂房等在建项目的跟进服务，力争早日竣工投产。三是抓好招商引资。加快城市基础设施和社会事业领域发展，吸引外资和民间资本参与开发区基础设施建设。抓住新常态下投资的有利时机，包装策划一批供水、污水处理、交通等基础设施项目和社会事业项目，进行招商引资，实现利用外资的新提升。四是抓好园区平台建设。充分借助耀丰创新创业园、上市企业孵化园等平台，掌握其招商动态和计划，扩展"广泛宣传、全面推介、扩大招商"三位一体的招商新路子，吸引更多的特色产业企业到工业园发展，使稀土有色金属产业成为园区新的经济增长极。

2. 加快完善基础设施配套，提升园区投资硬环境

集中精力完善园区水电路线等基础设施配套建设，大力推进"产城融合、双轮驱动"，为项目落户和园区经营提供坚实保障。力争2015年全面完成滨江大道、滨江风光带、城北大道、兴业东路、站前南路等在建工程建设任务；基本完成开发路、创二路延伸段、支路三等道路主路基；力争冯瑶路、四海大道、紫铁路开工；完成经开区标准厂房主体装修；完成滨江大道、瑶都大道北段电缆入地供电；启动南区安置园、北区安置园建设；实施好绿化、亮化、洁化、有序化工程，增强承载大项目的能力。

3. 加强园区要素保障，确保项目建设顺利推进

一是保障土地供给。整合各方力量，加大园区征地、拆迁工作。进一步做好房屋征收拆迁新老政策的衔接，保证政策执行。严格按照法定程序，做好前期工作，为司法途径解决问题创造条件。加大"三非"整治力度，对"三非"情况，及时发现，及时上报，及时制止。加大向上争取用地指标，确保项目用地。重点保障标准厂房二期、金牛湖、四海大道、鸿泰路、返还安置地等项目的用地。做好项目土地出让前的准备工作，提高土地供地率。二是加强融资协

调。提升金融机构的服务能力，通过召开银企、政企之间的合作洽谈会，发布产业投资项目信息，推动银企合作以创造双赢局面。加强中小企业担保公司建设，解决中小微企业的融资难题。研究制定鼓励扶持政策，促进更多的企业上市融资。利用园区已经形成的资源、品牌等优势，进一步规划一批有前景的项目，争取进入上级部门的计划，加强与上级部门的联系协调，争取更多的资金与政策支持。

4. 优化经济发展环境，规范园区生产管理

一是加强基础设施建设。抓好园区道路和公共绿地的绿化种植，大力推进园区供水加压站和城西水厂的建设力度，加快城北水厂建设步伐，加快园区新建项目供水主管道建设，确保园区正常用水。二是强化园区综合治理。整合园区安保力量，逐步形成联防联控机制，减少违法犯罪；加大走访力度，及时化解矛盾和问题。三是抓好安全生产。全面加强"党政同责、一岗双责、齐抓共管"的安全生产责任体系建设。深入开展安全生产专项整治，协调各部门、企业、施工单位做好重大生产安全事故应急救援工作，建立强大的安全防范网。园区内已投产的规模以上企业，要争取安全标准化达标率达到100%。

四 稀土有色金属产业发展建议

1. 进一步给予用地指标支持

充分的工业用地是江华稀土有色金属产业发展的基础性支撑。江华稀土有色金属产业作为湖南省正崛起的一个新的优势产业，省里应当将江华符合稀土有色金属产业发展条件的重点项目列入省、市重点项目行列，在用地指标分配上给予倾斜，缓解江华的用地紧张现状。同时，在政策允许的情况下，争取把江华更多项目列入先行用地范畴，并不断加快审批速度，以保证江华重点项目及时落地。

2. 尽快落实江华稀土冶炼分离指令性生产计划指标

江华作为稀土有色金属特色产业重点县，具有得天独厚的优势和潜力，将是"十三五"时期湖南省有色金属制造业的又一张响亮名片，应当予以重点发展和扶持。目前，江华经开区年产3000吨稀土全分离生产线项目，6栋5.5万平方米厂房及配套设施已建好，设备安装已完成；下游企业正海磁材稀土应

用年产5000吨高性能钕铁硼磁性材料项目，一期建设年产2000吨的高性能钕铁硼合金薄片生产线，厂房、综合办公楼及配套设施已建好，设备安装已完成，两个项目都正准备投产。产业链上的各个企业已"等米下锅"，但江华稀土矿开采指标为2000吨/年、稀土冶炼分离指令性生产计划指标为100吨/年，指标问题已成为稀土有色金属产业发展的重大瓶颈。由于稀土分离指标过小，开采的稀土矿无法在江华当地实现全部分离，稀土公司的实际产能也被大量闲置，稀土全产业链项目建设面临巨大压力，稀土的高附加值白白流失，也是全省经济的重大损失。为做大做强湖南稀土产业，打造完整的稀土产业链，省里应当向工业和信息化部争取稀土冶炼分离指令性生产计划指标2000吨以上/年用于江华的稀土产业。

3. 进一步落实对特色产业重点县的优惠政策

省里曾经出台文件对全省特色县域经济重点县，从多方面给予特色产业支持。要更加扎实地推动政策实施，使优惠政策转化为发展动力。同时，建议省里对重点县在财税、土地、投资、审批等方面进一步理顺体制，放宽权限，把比较优势发挥出来，增加对投资者的吸引力。

4. 进一步加大产业信息支持和发展指导

稀土有色金属是不可再生的矿产资源，同时也是现代高新技术产业发展的重要材料，容易受国际环境、国内政策、市场价格等因素影响。建议省里加大对江华稀土有色金属产业的支持和指导，及时提供产业信息和发展指导意见，从而促进江华加快产业集聚，做大产业总量，壮大产业规模，实现产业提升。

5. 进一步加大对江华交通等基础性支撑项目建设的支持

江华地处南岭腹地，紧邻两广，不仅资源极其丰富，而且区位优势明显，但"守着金山讨饭吃"，目前仍然是国家扶贫开发重点县。由于交通受到限制，一些有意向投资的企业望而却步。目前江华仅有一条洛湛铁路可南下北上，且等级很低动能有限，在目前永州市、广西贺州市均已开通高铁的映衬下，江华处于"高铁断头路"上；同时，仅有的一条高速公路——道贺高速因广西贺州境内未动工兴建，原有的207国道贺州段已成破烂不堪的"遗弃路段"；由于S355公路仅开通至码市镇，没有连通到二广高速广东连州市西岸出入口，江华也只能在距二广高速30公里的地方"望路兴叹"。正是目前的交通现状导致江华"人在囧途"，南下珠三角、北部湾，南出海洋的路极为艰

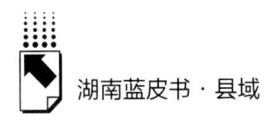

难。这不仅给江华,也给湘南承接产业转移示范区的发展造成长远的负面影响,更不利于湖南抢占对接东盟的先机与制高点。因此,建议省里加大对江华交通等基础性支撑项目的建设力度,加大省区间的协调沟通,推动道贺高铁规划建设、道贺高速全线通车、延伸 S335 接通二广高速以及 207 国道贺州段提高质量等级,打通江华乃至湖南南出海洋的通道,真正发挥江华对接东盟的桥头堡作用,为全省稀土有色金属特色产业插上腾飞的翅膀。

B.34 宁远县文化旅游特色产业发展研究报告

桂砺锋*

近年来,宁远县大力实施旅游兴县战略,做大做强旅游文化产业,强力推进基础建设,完善旅游服务体系,旅游影响力和知名度不断攀升,2015年入选湖南省第三轮特色县域经济文化旅游产业重点县,为全县经济社会科学发展、转型跨越发展提供了有力的产业支撑。

一 发展现状

宁远县地处湘南,总面积2510平方公里,辖16个乡镇(其中4个瑶族乡)、4个街道、406个行政村,总人口86万,区划面积、人口数量均排全省第29位,是全国首批生态文明先行示范区、重点生态功能区、生态文明示范工程试点县、卫生县城,全省文明县城、城乡环境卫生十佳县、旅游强县、文化工作先进集体,获评"中国最美生态、文化休闲旅游名县"。2015年实现"三个过百亿、一个破十亿",GDP、固定资产投资、工业总产值分别达到122.1亿元、150.7亿元、139亿元,同比分别增长10.4%、18.4%、13.5%,分别是2010年的1.9倍、2.3倍、2.5倍。财政总收入达到11.82亿元,是2010年的3.19倍;社会消费品零售总额为56.7亿元,同比增长12.3%。城、乡居民人均收入分别达到20155元、10628元,同比分别增长8.9%、10.9%。全面小康实现程度在85%以上。2015年接待游客680万人次,实现旅游综合收入40亿元,分别增长23.9%、21.8%。

---

* 桂砺锋,中共宁远县县委副书记、县长。

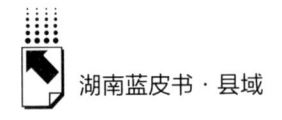

（一）历史人文圣地

1. 文化厚重

宁远县有4000多年的文明史和2200年的置县史。县治始于秦汉，宋乾德二年（964）定名宁远，取"武定功成，远方安宁"之意，又寓意宁静致远，史称"舜帝藏精之所，光武发祥之基，牌祖生卒之地，濂溪汤沐之乡"。《史记》载：（舜）"南巡狩，崩于苍梧之野，葬于江南九嶷"，"天下明德，皆自虞帝始"。九嶷山因此成为中华民族道德文化的源头，享有"德孝之源"、"中华民族的人文圣地、全球华人的精神家园"的美誉。毛泽东主席亲笔书写了"九嶷山上白云飞，帝子乘风下翠微⋯⋯"的壮美诗篇，江泽民同志亲笔题写了"九嶷山舜帝陵"。自夏以来，祭舜活动绵延不断，宁远多次举办全省公祭舜帝大典、世界舜裔宗亲大会等重大节会。"舜帝祭典"被列为国家非物质文化遗产。

2. 文物众多

现存舜帝庙遗址、宁远文庙、春陵侯城遗址、泠道故城遗址、久安背翰林祠、路亭云龙牌坊6处全国重点文物保护单位。春陵侯刘买系东汉开国皇帝刘秀之高祖，居宁邑三代七十九年，孕育光武基业。宁远文庙精美绝伦，清朝嘉庆、光绪二帝的御笔"圣集大成""斯文在兹"高悬圣殿，成为儒倡江南的佐证。另有省重点文物保护单位8处、市重点文物保护单位21处、县重点文物保护单位44处。

3. 名人辈出

历史上曾孕育了2名状元及84名进士，居湖广各县之首。唐代湖广第一状元李郃发明了"叶子戏"，为麻将之鼻祖；宋代特科状元乐雷发所著《雪矶丛稿》五卷入选《四库全书》。千百年来，屈原、司马迁、李白、杜甫、韩愈、柳宗元、苏轼、陆游、徐霞客、何绍基等名人骚客纷至沓来，留下诗文无数。新中国成立后，孕育了著名农林科学家乐天宇，中国工程院院士欧进萍、欧阳小平，举重世界冠军乐茂盛、李宏利、李运利等众多国家栋梁之材。

（二）潇湘旅游福地

1. 自然风光秀美

地处国家南岭主体生态功能区的腹地，方圆500平方公里的九嶷山，是国家森林公园、国家级自然保护区，是"江南最大的洞天福地和太祖龙山"，正在申创国家5A级景区、国家地质公园、国家级风景名胜区、国家生态旅游示范区。其特点为：山奇——岩岩九嶷，峻极于天，峰林如笋，姿态万千，自古有"万里江山朝九嶷"之说。三分石海拔1822米，三峰并峙，巨石参天，属燕山早期第二阶段花岗岩，距今约两亿年，被业内专家誉为世界地质奇观；水秀——九嶷山是湘江源头，河瀑众多，水流清澈，飞瀑流泉，春水、泠水、九嶷河、仁水四大河流贯穿全境，流入湘江之源潇水。自古便有"吾道南来原是濂溪一脉，大江东去无非湘水余波"之说。洞异——喀斯特地貌特征明显，奇岩异洞众多，紫霞岩、玉琯岩、凤凰岩、桃花岩各具特色、气象万千，紫霞岩被徐霞客誉为"楚南十二名洞"之首，玉琯岩被誉为天下第一盆景。林幽——全县森林覆盖率65%，面积80平方公里的原始次森林，古木参天，树木葱茏、繁花似锦，"一山有四季，十里不同天"，被誉为"动植物生态资源宝库"。

2. 旅游资源丰富

拥有主、亚类资源分别占全国标准的100%、77%，旅游资源单体194个。核心旅游资源亮点突出，集聚了舜帝陵、古舜帝庙、文庙、下灌村、瑶族聚落等人文资源，紫霞岩、三分石、癞子山、牛头江峡谷、灌溪仙境等自然景观，以及被誉为"九嶷三宝"的石枞、香杉、斑竹等独特生物景观。多元化的资源交融一体，达到了世界顶级水准。

3. 民俗风情独特

宁远人民勤劳质朴，包容开放，热情好客，美食文化浓郁，炒血鸭、酿豆腐、水丸子、瓜箪酒等美味佳酿独具特色。地处南岭片区，是瑶族聚居地，依山而建的吊脚楼，古朴淳厚的瑶家民风，奇异艳丽的民族服饰，能歌善舞的瑶家男女，上刀山、长鼓舞、坐歌堂等文化活动，背新娘、女婚男嫁等民族习俗，形成了迥异于其他风景名胜区的独特旅游文化。

（三）开放前沿阵地

宁远县地处湘粤桂"三省通衢"之地，二广、厦蓉高速县内"十"字交汇，沪昆、京港高铁效应在此形成叠加，北上长沙，南下广州，西到桂林，车程均在四小时之内，形成了"出省跨境大通畅、县乡公路大循环、旅游景区大连接"的交通网络。近年来，全县上下坚持改革创新快发展、团结奋进奔小康，主要经济指标保持两位数以上增长，均快于省市平均水平。工业形成了加工贸易、建材冶金、食品生物医药和电子信息三大产业集群，年产值过亿元的企业达13家，纳税过千万元的企业5家。农业建成了10万亩烤烟、10万亩水果、10万亩蔬菜、10万亩油菜、20万亩油茶、100万头生猪、500万只九嶷山兔等产业基地。实施总投资50亿元的县城扩容提质"三年行动计划"，县城建成区19.5平方公里、人口19万。

二 主要做法以及成效

（一）突出顶层设计，谋划大思路

把文化旅游发展作为经济社会发展的重点。在发展战略上，大力实施了"文化强县"、"旅游兴县"和"一山一城"（九嶷山、县城）旅游发展战略，建设"全景区、大旅游"。在工作理念上，把文化作为旅游的灵魂，把旅游作为文化的载体，坚持"文化围绕旅游做，旅游围绕产业做"，将文化和旅游资源优势转变成发展优势，实现文化和旅游的深度融合。在目标定位上，提出了建设全国舜文化旅游首选地、全国乡村旅游首选地、全国生态功能主体功能示范区建设首选地，力争实现景区过百平方公里，每年核心景区游客过百万、门票过亿元、旅游综合收入过百亿元。在统筹推进上，科学绘制产业发展、城乡基础设施、县城和中心镇发展"三张蓝图"，大力促进新型工业、现代农业和旅游服务业"三业并举"，全面推进县城城区、工业园区、九嶷山景区"三区建设"，实现经济总量、发展质量和人均均量"三量齐升"。

（二）突出改革创新，建设大文化

坚持以改革创新为动力，以创建全国文化先进县为目标，提升文化软实力，促进文化事业大繁荣，文化产业大发展。2015年全县文化企业发展到300余家，文化产业增加值占GDP的4.2%。成功创建全省现代公共文化服务体系示范区。

1. 兴产业

县财政每年安排文化产业发展专项资金1000万元，大力培育文化龙头企业。近三年，新增营业性娱乐场所23家，印刷、动漫企业20家。投资2000万元的华耀国际影城成为永州首家五星级县级数字影院，投资3000万元的"舜德书院"竣工开院，投资3000万元的"潇湘画派研究院"项目基本建成，总投资30亿元的中国九嶷山舜文化产业园纳入省重点文化产业项目。投资1.2亿元的九嶷山实景剧演出基地列为全市文化产业重点项目。

2. 重保护

坚持在保护中开发，在开发中保护。投资5000万元完成了舜帝庙考古遗址公园一期工程建设，并启动了二期保护工程，修缮了宁远文庙；积极申报非物质文化遗产，入选国家级1项、省级2项、市级6项。挖掘整理民间文化项目13项。

3. 出精品

创新开展"写宁远、画宁远、唱宁远、演宁远、摄宁远"等文化活动，出版了《九嶷山》《九嶷山文艺作品选》等大型图书和《九嶷山舜帝陵》《山水九嶷》等大型摄影集，宋祖英、张也、王丽达等知名歌唱家均演唱了"九嶷山、舜文化"题材的音乐作品，完成了大型实景剧《九嶷山·舜帝魂》剧本创作。创作的文艺作品多次在省市获奖。

4. 惠民生

办人民满意文化，县财政每年安排文化建设资金2000万~3000万元，通过资金整合、民办公助、社会捐建等方式，三年共投入3亿元用于文化基础设施建设。新建综合文化站18个、村级文化活动中心549个，县、乡镇、村文化广场320个，面积36万平方米，实现了乡乡有文化站、村村有农家书屋。县文化馆、图书馆进入国家二级馆行列。"农民艺术节""美食文化节"等群众文化活动开展得如火如荼。

（三）突出提质增效，发展大旅游

树立"全景区、大旅游"理念，以"九嶷山、舜文化"为品牌，把旅游产业打造成县域经济新的增长极。全面实施了九嶷山舜帝陵创建国家5A级旅游景区各项工作，构建资源优化、空间有序、产品丰富、品牌鲜明的旅游

体系。

1. 高标准建景区

围绕"一山一城",全面打造景区升级版。编制完成了145平方公里的《九嶷山舜帝文化旅游区总体规划》、10平方公里的《九嶷山舜帝陵景区创建国家5A级景区提升规划》等10余项规划。包装储备了下灌古村落旅游开发、五里沟休闲度假景区开发、九嶷山大型实景剧基地等15个项目,总投资135亿元。近三年投入10亿余元,景区全面升级改造,扩建了舜帝陵,新建了古舜庙遗址博物馆、舜帝陵碑林、3个观景台,改造了紫霞岩、玉琯岩,修缮了黄家大屋,兴修了牛头江漂流,实施了景区民居立面改造、游步道建设、大型生态停车场、商业街、绿化美化亮化工程等,加快了汤泉农庄、盘洞口休闲农庄、刘家洲生态农庄建设。打造了三分石、仙子山、灌溪仙境三大新景区,三分石成功申创省级生态旅游示范区。旅游交通投资近5亿元,实施了二广高速互通-县城-九嶷山景区连接线升级改造,新建了县城-厦蓉高速互通-九嶷山景区高等级生态旅游公路,以及舜帝陵-三分石、鲁观-住龙门等核心景区循环公路。以大景区理念建设十里画廊、灌溪仙境美丽乡村,以美丽乡村建设提升大景区档次,带动形成"景区+农家"模式。一期投入1亿元左右,带动民间资本和群众筹资筹劳4亿多元,基本完成了118个村1.3万户乡村风貌改造。

2. 高要求抓生态

树立尊重自然、顺应自然、保护自然的理念,发展和保护相统一的理念,突出人与自然、当前与长远、经济与社会、城镇与农村"四个统筹",保护绿水青山,换得金山银山。扎实推进创森工作。县委、县政府做出决策决定,出台实施意见,人大、政协做出决议,全面实行禁伐和限伐,"十年不砍树,十年栽好树"。全县封山育林200多万亩,完成新造林6.11万亩,通道绿化225.6公里,城市绿化率达到40%。坚持山水田林综合治理,对城市水环境进行规划建设,新增湿地保护区9个,实施清洁家园、清洁水源、清洁田园综合整治行动。在全省县级城市中第一个启动了水环境规划建设。城区全面禁止燃放烟花爆竹。空气质量、地表水和饮用水均达到国家一级标准。

3. 高起点强配套

加快"吃、住、行、娱、购、游"一体化,大力发展星级宾馆、农家乐、休闲农庄和生态公园，大力开发旅游食品、工艺品、文化用品等，形成品牌化、企业化、规模化的旅游服务体系。目前拥有省级特色旅游名镇 1 个、旅游名村 2 个、五星级乡村旅游区（点）1 个，市级旅游购物示范点 2 个，宾馆酒店 170 家、农家乐 110 家，星级酒店 5 个，在建五星级宾馆 1 家。

4. 高品位促营销

实行"三个统一"，即经营布局统一规划，品牌形象统一策划，品牌营销统一运作；形成"三大主力"，即九嶷山舜帝陵 5A 级景区、精品旅游村庄、星级农家乐；拓展"三个市场"，即巩固一级市场，开发二级市场，瞄准三级市场。形成了"祭舜帝陵、拜永福寺、进状元府、游紫霞岩、漂九嶷河、登三分石、探原始林、赏瑶族风情、览千年学宫"为重点的旅游产品。多次举办了省市县政府、世舜联会和民间机构组织的祭舜大典、祭孔大典、湘南三市公祭盘王、九嶷山民歌节等大型节庆活动。

5. 高效率优管理

以"旅游资源所有权与管理权、经营权相分离"为导向，进一步调整完善旅游管理机制，按照"旅委抓行业、公司抓产业"的思路，成立九嶷山旅游度假区委员会，组建九嶷山旅游发展公司，加大政策支持，实施行业考核，做大旅游经济开发资本，统筹九嶷山区域旅游开发，提升省文化旅游重点县的"含金量"。同时，引进了香港蓝瑜集团、中铁旅游公司等知名企业投资开发旅游；引进了深圳五洲龙汽车有限公司，投资新能源公交和绿色旅游专线，打造全国首座绿色公交示范城市。

三　存在的困难及问题

1. 文化旅游产业规模和舜帝陵独特的地位不相适应

宁远是舜帝的藏精之所，中华道德文化的发源地，全省"十二五"旅游规划的"国际旅游精品目的地景区"。但舜文化这一品牌在全国的知名度和影响力还不大。全县文化旅游产业发展与舜帝作为"中华民族的人文圣地、全球华人的精神家园"这一称谓还有较大差距，资源优势还没有转化为经济优势。

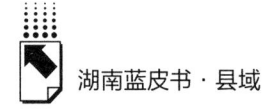

2. 文化旅游配套设施与游客的需求不相适应

尽管宁远旅游产业链已初步形成,但各个旅游产业要素的水平和规模偏低,缺少特色,游客参与性、消费性的项目很少,主要是景区设施不完善,缺乏综合性游客服务中心,吃、住、行、游、购、娱等配套设施薄弱,标准不高,留不住人的矛盾仍十分突出。

3. 特色县城建设与文化旅游带动的要求不相适应

尽管近几年全县大力推进"三区"建设,县城面貌有了很大改观,但县城的总体风格、文化内涵与现代旅游城市和生态文化旅游山水品质活力城市的要求有很大差距,县城作为景区服务基地的作用还没有充分发挥出来,功能不全、缺少特色。

4. 居民和旅游队伍素质与做大做强文化旅游产业不相适应

"人人都是旅游环境、个个都是旅游资源"的氛围还未形成。旅游教育培训工作落后于旅游业发展需求,特别是旅游人才紧缺现象突出,主要包括导游人才、旅游企业经营管理人才,以及电子商务、分时度假旅游网络管理、会展旅游、旅游资本运营等人才。

四 "十三五"的发展思路

坚定不移地实施"文化强县""旅游兴县"战略,按照既定的文化旅游产业发展规划有序实施、强力推动,促进全县经济社会更好更快发展。产业目标定位是:坚持"一个龙头",即以文化旅游产业作为县域经济的龙头;突出"三大主题",即以"文化、旅游、生态"为主题;实现"四大突破",即景区开发、产业升级、生态建设、宣传促销的大突破;把宁远县建成"全国著名、全球有名"的生态文化旅游目的地,舜帝陵建成国家5A级景区和国际旅游精品目的地景区。区域发展布局是:秉承可持续发展的理念,以生态山水为基底,以德孝文化为内核,打造"一城一山"。"一城"即以县城为平台,打造文化旅游、购物食宿、休闲娱乐和游客集散的中心,形成县城文化旅游发展引擎。"一山"即以九嶷山为核心,打造祭祖朝圣、民俗风情、自然生态、田园风光、休闲度假、探险科考等品牌,形成永连公路－冷九大道沿线区域的文化生态旅游产业带。

1. 以文化旅游项目建设为抓手，抓好旅游景区建设

以九嶷山舜帝陵创国家 5A 级景区为抓手，建设全景区、大旅游。未来三年将投资 40 亿元以上，重点抓好：5 个公共服务体系平台建设（游客服务中心、旅游观光绿色巴士示范工程、节能照明改造示范工程、旅游安全保障服务体系示范工程、旅游便民惠民服务体系示范工程），3 个智慧旅游支撑平台建设（信息采集、处理、管理平台），12 个景区建设平台体系建设（九嶷山舜帝陵旅游圈综合开发、九嶷山大型实景剧基地建设、永州南商务会展基础设施建设、舜文化产业园建设、五里沟景区开发、千年护陵村、麻将故里开发、古城开发、城头寨景区开发、舂陵侯城遗址公园、城市生态公园建设、"家园之门"项目）。

2. 以宣传促销为载体，抓好客源市场建设

按照"紧盯粤港澳、瞄准长株潭、借力桂朔兴、放眼长三角、对接闽三角、开拓东南亚"促销的思路，积极参加国内各类旅游促销活动。积极探索通过影视作品、故事传说、民间文艺等形式，深度宣传舜帝文化。借鉴《印象刘三姐》《宋城千古情》等大型实景演出模式，在舜帝陵景区策划打造一场具有舜帝文化特色的大型实景演出，增加新看点。

3. 以服务功能升级为目标，抓好城区平台建设

南部生态新城围绕"三地三区"（现代产业发展高地、宜居宜业生态绿地、全国著名舜文化旅游休闲胜地，城乡一体示范区、智慧城市样板区、创新创业引领区），切实抓好已签约、立项、开工的 26 个项目建设。大力实施县城扩容提质三年行动计划，巩固创国卫成果，实施国家森林城市、国家文明县城创建工作。加快旧城改造提质，大力实施城区道路"七建十二改"、两房两棚、两供两治等城市重点基础项目。鼓励民营资本和社会力量大力投资兴办宾馆业、餐饮业、娱乐业，提高县城接待能力。

4. 以提高整体素质为重点，抓好旅游队伍建设

一方面抓岗位培训，全面提高旅游从业人员的综合素质和服务水平。另一方面围绕旅游市场的人才需求，制定优惠政策，多方吸引人才，重点加大对高级管理人才、规划设计人才和专业外语导游的引进力度。完善旅游人才激励机制，在加强对人才培训管理的同时，不断完善劳动、人事、保险等基本保障机制，解决旅游人才的后顾之忧，保障人才队伍的稳定。

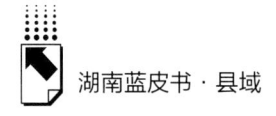

5.以增加农民收入为目的,抓好乡村旅游发展

坚持"发展格局板块化、业态形式多样化、旅游产品乡土化、旅游服务一体化、市场营销系统化、客源市场远程化、乡村环境景区化",把农业基地布局与乡村旅游发展融合,实现休闲农业与乡村旅游良性互动,促进乡村旅游拓展内涵、彰显特色、提升品质。以"村村优美、家家创业、处处和谐、人人幸福"为目标,用10年左右时间改造全县景区村,实现"四提升"(农村环境综合提升、农村产业持续提升、农村事业全面提升,农村文明大幅提升),打造"生态环境优美、产业特色鲜明、农村文化繁荣、人与自然和谐"的可憩可游、宜商宜居之地。同时,把发展文化旅游产业与精准扶贫、精准脱贫结合起来,力争2019年全县150个贫困村、9.4万贫困人口全部实现脱贫。

B.35 新田县富硒产业发展研究报告

秦山成[*]

新田县是湖南省四大"温室县"之一，生态环境优良。县内拥有独特的富硒资源，总面积1022.4平方公里，其中，富硒土壤（硒元素含量0.4毫克/千克以上）有615平方公里。县内主要农产品含硒量均达国家最优标准，是湖南省首次发现的大面积天然无污染富硒区域。

近年来，新田县因地制宜地抓住富硒特色做文章，充分利用天然富硒优势，统领县域、企业、产品发展，富硒产业开发迈开大步，成为全县三大主导产业之一。新田被湖南省政府列为全省发展富硒产业示范县，被省补硒办授予"原生态富硒食品基地县"，被湖南省地球物理地球化学勘察院确定为"富硒土壤开发利用研究基地"。2014年，第五届中国硒资源开发利用协作组织大会授予新田"中国天然富硒农产品之乡"。"陶岭三味辣椒"获评国家地理标志保护产品，"新田大豆"通过省级评审，宏旺菌业、富林食品获得QS认证，万家鹅业被列为湖南省农业产业化龙头企业。在湖北恩施举办的第二届中国硒博会上，新田大豆、陶岭三味辣椒荣获"中国名优硒产品"称号，新田罗汉果、石羊醋水豆腐荣获"中国特色硒产品"称号。2015年11月在常德召开的第一届中国（湖南）富硒食品研讨暨博览会上，东升富硒农业开发有限公司、恒丰粮油公司、湖南富林富硒食品有限公司等三家企业被评为"全国富硒明星企业"，洪源罗汉果种植专业合作社生产的罗汉果、亨乐富硒姬松茸种植专业合作社生产的巴西菇、宏旺菌业开发合作社生产的云耳、东升富硒农业开发有限公司生的蔬菜、恒丰粮油公司生产的大米分别获得"全国富硒名优产品"称号。2015年，全县富硒农产品种植示范基地面积30多万亩，富硒产业产值20多亿元，实现利润近10亿元。

---

[*] 秦山成，中共新田县县委副书记、县长。

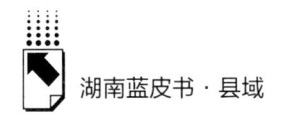

一 富硒产业发展现状

新田县坚持实施富硒品牌战略，把加快富硒资源优势向商品优势、经济优势、品牌优势转化作为推进全县农业和农村经济的战略性调整，形成了富硒产业开发的强大合力和良好氛围。

1.培植基地，产业支撑力不断壮大

近年来，新田充分发挥产业基地的带动作用，出台了一系列扶持政策和优惠措施，促进了基地建设。目前，富硒大豆、富硒大米、富硒蔬菜、陶岭三味辣椒、富硒家禽等一批主导产业基地迅速成长，形成了陶岭、新隆万亩富硒玉米高产示范片，三井、枧头、金盆等乡镇连片万亩富硒大豆示范基地，龙泉、金陵、骥村等乡镇万亩富硒蔬菜示范基地等一批"万"字号核心生产基地，其中，陶岭玉米、三井大豆和早稻三个万亩示范片，全部通过省级评审验收。新引进并建成了以湖南儒果农业发展有限公司、新田恒丰米业公司、新田农丰水稻种植合作社等龙头企业为依托的一批上千亩有机富硒水稻生产示范区，带动了广大群众增收。广东东升农场总部落户新田，新屋场标准化蔬菜基地面积扩大到6000亩，年产优质蔬菜1.5万吨，产值近2亿元。湖南三箭公司在大坪塘留家田村建立了上千亩脱水蔬菜生产示范基地，并就地建厂大量收购新田富硒蔬菜，以拥有自己知识产权的最先进工艺加工脱水蔬菜，可有力拓展久负盛名的新田富硒蔬菜市场空间。截至2015年底，全县富硒农产品种植示范基地面积达8.2万亩。

2.培育企业，发展带动力不断增强

新田县把农产品加工作为承接产业转移的主导产业，专门规划了面积达650亩、投资100亿元的富硒农产品加工园。制定《新田县富硒产业发展规划》，扶持富硒农产品生产加工企业发展，大力引进和培植龙头企业，促进企业做大做强，增强了企业带动效应。生产速冻蔬菜及罐装饮料的明丰公司投资近1亿元顺利完成了1、2期工程，2015年上半年投产运营。县内生产的大量富硒农产品经公司敞开收购后，通过加工、策划、包装、营销等环节，将真正实现从卖原料到卖产品的根本转变。万家鹅业公司通过扶持，已经成为全省最大的肉鹅加工厂，被列为全省农业产业化龙头企业。公司年饲养种鹅1.5万羽，带动商品鹅养殖户600多户，年出笼富硒商品鹅150万羽，年加工生产富硒白条鹅 100 万羽，推出金波湖牌酱板、盐焗、香辣三大系列共 40 余个产品，年产值过亿元。目前，该公司正朝着打造全国第一美食的目标奋勇前行。恒丰粮油有限公司原是生产普通大米的企业，2011 年通过引进优质大米品种，发展富硒有机大米基地 1000 亩，富硒香米基地 200 亩，正式进军高端富硒米市场，公司生产的富硒大米以每公斤 56 元的价格热销北京和广州，产品供不应求。湖南儒果农业发展有限公司、南有新田菌业有限公司、豆家旺食品有限公司、英乐生态农业等一大批企业正向富硒产业开发推进。

3. 创优品牌，产业影响力不断提高

湖南省养生协会授予新田天然富硒农产品"稀有养生农产品"称号。硒资源协作大会期间与 13 家企业成功签约，总投资额达 57 亿元。"陶岭三味辣椒"成为国家地理标志保护产品，"新田富硒大豆"已通过省级评定，2015 年将参加国评终审。目前，"湘将硒"牌富硒大米、"南有新田"牌富硒云耳、"金波湖"牌富硒鹅熟食系列、"英乐"牌富硒胡须鸡、"迎硒康"石羊醋水豆腐、"回香"牌富硒大豆等已成为市场热销品牌。在 2015 年 1 月 16 日湖北恩施市举办的第二届中国硒博会上，新田参评的六个富硒产品中，有新田大豆、陶岭三味辣椒荣获"中国名优硒产品"称号，新田罗汉果、石羊醋水豆腐荣获"中国特色硒产品"称号，新田参评产品的获奖比例最高。

4. 创优环境，发展吸引力不断强化

新田成立了专门由县领导挂帅的原生态富硒有机农产品开发指挥部，下设办公室，明确了主管部门，细化了责任分工。加强政策领导，制定了《新田县原生态富硒有机农产品开发实施意见》。聘请中国人民大学等科研院校制定发展规划，谋划重点建设项目。县财政每年安排 200 万元以上的专项资金，重点用于资源调查、宣传策划、技术研究、专利申请和集体商标认证等。充分发挥农业、水利、科技、国土部门项目资金的作用，积极支持富硒农产品生产基地建设，为富硒产业开发创造条件，营造宽松的发展环境。

二 存在的困难和问题

新田是湖南省首个大规模开发天然富硒农产品的县市，在近几年富硒产业发展过程中，遇到不少困难和问题，亟须努力攻坚克难。

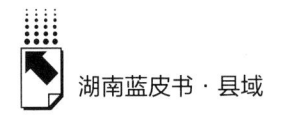

1. 全民补硒氛围尚未形成

硒具有提高人体免疫机能、延缓衰老、防止癌变等功能，但大多数人对硒的认识还不够，各级部门对硒与人类健康相关知识的宣传不够，导致富硒农产品市场影响力和占有份额不足。

2. 富硒农产品标准化生产不够

目前，湖南省尚未制定出台"富硒农产品标准、标识"等标准体系，新田县开发富硒农产品生产无可参照标准，只能摸着石头过河。此外，县一级缺乏高质量的检测仪器和设备，仅能开展简单的农产品质量安全检测，不利于富硒农产品标准化生产。

3. 上级相关政策不多

省、市在富硒生态农业开发方面缺乏具体指导政策。各地富硒产业开发都是自选动作，力量单薄，无上级政策支持，形成不了合力。中国硒资源开发利用协作组织至今为民间机构，缺乏官方或半官方身份，在指导、推动富硒产业发展方面动力不足。

4. 富硒土壤地质调查不够详细

前几年新田县实施的1∶50000多目标土地质量地球化学评估调查范本比较粗略，具体到各村组、田洞、丘块土壤硒资源分布状况不明，不利于根据田洞、丘块实际情况，科学规划、种植富硒农产品。

5. 富硒农产品开发投入不足

新田属于国扶县，县级可支配资金十分有限，在上级政策支持不多的情况下，本县在富硒农产品基地建设、产品加工、品牌打造等方面资金投入不足。

6. 相关专业技术人才欠缺

富硒农产品开发作为生态型农业，对高素质农业技术类人才有较强的需求，而新田作为后发地区，对此类人才的吸引力不够，龙头企业、合作社培养高素质人才的能力不足。

三 富硒产业发展思路

硒是大自然对新田的恩赐，富硒是新田最具特色的优势资源。作为国家级贫困县、后发地区，新田县将继续找准定位、精准发力，打好"富硒"牌，把富硒与富民相结合，把富硒资源优势打造为新田的经济发展优势，推动品质活力智慧新田建设。

1. 进一步完善发展规划

随着食品功能化和营养化时代的到来，富硒产业将是发展空间巨大的朝阳产业。新田相较于湖北恩施、陕西紫阳等地开发富硒产业起步较晚，但新田富硒土壤中植物必需的营养有益元素含量丰富，重金属元素含量较低，具有"天然富硒"的独特优势，发展富硒产业空间巨大。产业的发展，规划先行。要抢占市场，就必须充分认识并挖掘自身优势，以市场为导向，形成符合新田特色、发挥富硒资源优势，发展富硒产业、带动一批产业的战略规划。任何一项工作的开展，政府重视和支持都是最大的驱动力。新田必须进一步加强对富硒产业的引导和扶持，强化富硒产业开发工作领导小组办公室的工作职责，不断完善《新田县原生态富硒有机农产品开发实施意见》和修正《新田县富硒产业发展规划》。借助"智慧新田"信息平台，开展富硒资源背景数据的调查与详查，对全县硒资源分布情况摸底，绘制新田硒分布图，建立完整的硒资源分布、富硒产品、企业等信息档案，为富硒产业发展提供指导。坚持科技引领，支持富硒新品种的研发、试验示范和推广应用，实施科技攻关、产业示范、技术辐射，依靠科技力量提升富硒产品的高附加值和市场占有率，争取到2018年实现富硒产业总产值30亿元以上，把富硒产业培育成新田的主导产业，把新田打造成中国富硒产业的"航母"。

2. 进一步提升发展效益

现代农业发展必须有新型工业的带动。富硒农产品加工是新田的三大主导产业之一，应该作为全县招商的重点，作为承接产业转移的主要方向，作为推进承接产业转移示范区建设的特色产业。项目的开发、包装、策划等，都应围绕这个重点展开。招商要始终树立招大引强的决心和自信，只要是优质资源，就要有选商引资的魄力，不为眼前利益所动，不以低效益甚至牺牲环境和长远发展为代价。产业的发展，需要以富硒为重点，以龙头企业为带动，建设一批高起点、高标准、规模大、影响大的富硒绿色食品生产基地和富硒有机食品生产基地，大力推进现代农业示范区和示范园建设，形成良好的示范带动效应，提升农业产出效益。要依托现有省级工业集中区，高起点规划、高标准开发、

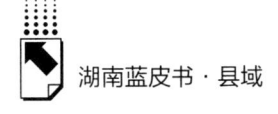

高水平管理、高效益运行,建设新田县富硒农产品加工园,吸引企业入驻,不断拉长产业链,丰富富硒内涵。同时,加快发展文化、旅游、服务等配套产业,形成强大的集群效应。

3. 进一步优化发展环境

一项成熟的产业背后,总有无形的推手。新田富硒产业是特色新兴产业,目前处于发展初期,总有一些思想上的顾虑,也肯定会遇到这样那样的问题,需要优化服务、强化保障,营造良好发展环境。发展富硒产业,农产品基地是基础。作为湖南省农村土地承包经营权确权颁证整县推进试点县,新田应该以此为契机,进一步深化农村产权改革,加快土地流转步伐,加快推广"龙头企业+家庭农场"的新型经营模式,推动农业产业化发展,促进富硒产业不断壮大。产品运输是市场运作的关键环节,产品运不出去,市场就难以开拓。要持续实施交通大会战,加快黔湘赣铁路、永郴高速、234国道的建设进度,加快与物流公司合作,建立现代电商物流园和冷链物流园,为企业发展壮大创造良好交通和运输条件。资金是富硒企业发展面临的一大难题,要把握"湖南省富硒产业试点示范县"的机遇,用足用好相关政策,围绕产品研发、市场开拓和标准化生产等方面申报项目,积极争取上级的扶持和帮助。同时,通过加大财政扶持、整合涉农项目资金、破解企业融资难题等措施,建立健全多元化投入机制,支持富硒产业发展。要积极发展富硒产业中介组织,形成龙头企业与农民利益的经济利益共同体,提高企业的谈判能力和农民的积极性。要加强富硒食品的市场运作,鼓励发展富硒专业经纪人,协助企业开拓市场。

4. 进一步增强发展动力

品牌是一个产业提升核心竞争力的关键因素。后发地区要参与激烈的市场竞争,就应当以特色塑造地域品牌。具体到新田,要突出"绿色环保、天然富硒"的鲜明特色,深度挖掘,不断打响"富硒之乡·南有新田"品牌,使其成为吸引客户、推销产品、招商引资的重要手段。要以富硒统领企业、产品,出台优惠政策,鼓励和引导企业、产品走品牌带动市场路子,支持申报无公害农产品、有机食品认证,组织开展申请富硒证明商标和地理标志注册,争取更多的产品获得国家地理标志保护产品或QS认证。要加大宣传力度,充分发挥新闻媒体和互联网作用,利用超级卡车大赛、孝文化节等为载体,融入富硒产品、富硒美食、富硒文化等内容进行宣传,向世人传播推介新田富硒品牌。同时,积极搭建富硒食品产销对接平台,鼓励支持和组织企业开展各类促销活动,走出去参加各类展销活动,拓宽富硒产品的销售市场,扩大富硒蔬菜等产品在东南亚、欧洲等高端市场的影响力。

B.36
靖州县特色产业发展研究报告

田连钊*

靖州县位于怀化市南部，县域面积2210平方公里，总人口27万，是"中国杨梅之乡""中国茯苓之乡""南方核桃之乡"。近年来，靖州县以"发展特色经济、实现富民强县"为主题，以茯苓、杨梅、山核桃三大特色产业为主导，突出特色农产品加工，特色产业发展取得了良好成效，实现了工农联盟、城乡连接、三产融合发展，达到了经济效益、社会效益和生态效益的有机统一。

一 靖州县特色产业发展取得的成效

近年来，靖州县紧紧围绕省委、省政府发展特色县域经济"核心在产业、支柱在企业、关键在特色"的要求，加快发展茯苓、杨梅、山核桃三大特色农副产品精深加工，全县农产品加工业实现了飞跃式发展。2015年，全县农副产品加工生产总值达55.2亿元，比2014年同期增加13.4亿元，增长32%；贡献税收6829万元，占全县财政收入的18.2%。

1.企业规模不断壮大

重点县建设以来，全县新增特色农副产品规模以上精深加工企业8家，总数已达12家。全县共投资10.53亿元，已完成投资3.2亿元，启动加工项目8个，其中投资1.6亿元的一品东方3.6万吨杨梅系列饮料生产线、投资5000万元的湘百仕3000吨杨梅果酒及饮品生产线、投资2000万元的振宏米业等项目年内将竣工投产。投资1.2亿元的木洞庄园、投资6500万元的金茶油山核桃油生产线、投资4800万元的和盛茯苓1万吨茯苓精品饮片生产线、

---

* 田连钊，靖州苗族侗族自治县人民政府县长。

投资3000万元的异溪食品厂、投资5.6亿元的温氏一体化养殖与综合加工项目进展顺利。

2.发展后劲显著增强

与苏商集团、现代环境、农发行、国开行开展融资合作，已落实资金3.3亿元。签订了康美·靖州茯苓产业战略合作开发、茯苓物流交易中心及万吨饮片建设、崇唯精品包装等12个项目，签约金额达45.3亿元，茯苓物流园、精品包装等项目已完成征地选址等前期工作。从农发行获得20年期低息贷款8亿元授信规模，目前已到位3亿元，通过省农信担保公司向北京银行贷款5000万元已通过评审。

3.农民群众有效增收

2015年，全县农民通过特色农产品加工人均获取的净收入为930元，占农民可支配收入的13%。具体由三个方面构成：一是农民自己直接加工产品出卖的净收入265元，占28.5%；二是农民到农产品加工企业务工获得的工资性收入471元，占50.6%；三是通过龙头企业带动实现农副产品增值获得的收入194元，占20.9%。从事特色农产品加工业，已成为农民增收的重要途径。

二 靖州县发展特色产业的主要做法

为确保特色产业快速健康发展，靖州县重点做好了五个方面的工作。

1.立足资源优势，发展特色产业新基地

一是突出区域开发。按照"一乡一品""一带一产业"的基地发展思路，认真制定产业规划，科学布局现代农业产业基地，目前建成各类特色农业生产基地80余万亩，初步形成了以坳上、艮山口、渠阳为中心的杨梅产业群；以横江桥、新厂、大堡子为中心的山核桃核心区；以太阳坪、排牙山为中心的茯苓种植核心基地。二是突出规模开发。按照"集中连片"的开发思路，依托龙头企业、专业合作社、种植大户，整合扶贫、产业项目、新农村建设等涉农政策，集中连片推进特色产业基地新扩和产业开发提质增效。先后在铺ь乡官团村、铺口村、太阳坪乡八龙村、诸葛村、平茶镇江边村、艮山口下乡村、横江桥双合村、渠阳管委会渔滩村等11个乡镇24个村连片开发茯苓、杨梅、山核桃7.8万亩，切实增强了产业开发规模效益。三是突出标准开发。在基地建设过程中，推广现代农业标准技术，实行高标准开梯、高标准种植、高标准培管。目前，全县已建立国家级标准示范区1个（山核桃），茯苓、杨梅、山核桃标准种植基地13个，总面积15.7万亩。

2. 突出新型业态，建设产品加工新园区

一是突出杨梅生态产业园建设。以中国靖州杨梅生态博物馆为核心，按照"加工园区＋种植基地＋研发中心＋商贸物流＋文化旅游"五位一体的园区建设要求，突出杨梅精深加工、示范种植、观光种植三大核心区，促进一、二、三产业融合发展。目前，杨梅生态产业园已完成投资1.37亿元，建成了占地300亩、集58个品种，融植物园、博物园、观光园、产业园、文化园于一体的全国规模最大的杨梅品种园，完成杨梅核心区观景台、停车场、循环道路及响水、木洞、十里村等园区民族风情团寨风貌改造等旅游基础设施建设，一幅"描绘在苗乡侗寨青山碧水间的产业画卷"粗具雏形。二是突出中国茯苓医药食品科技园建设。按照"161"布局，即建设健康产业总部1个，食品加工区、医药产业区、综合产业区、商业服务区、仓储物流区、健康文化产业功能区6大区域，创新研发与科技推广中心1个。致力将园区打造成茯苓产品精深加工与开发的核心技术平台及关键性工程中心大型产业园区。目前，茯苓医药食品科技园建设已完成固定资产投资4.69亿元，基础设施建设投资2.28亿元，完成征地500亩，完成标准化厂房7.238万平方米。3条主干道完成垫层铺设，即将进入水稳层铺设阶段；创业孵化中心楼已完成规划设计，园区电力规划设计正在进行中。

3. 注重科技创新，推广特色产业新技术

一是制定产业标准。大力推进农业标准化生产，先后制定了茯苓、杨梅等生产、加工技术标准18项，其中茯苓菌种、茯苓袋料、茯苓栽培技术规程、鲜茯苓4个茯苓地方标准和杨梅鲜果、杨梅栽培技术规程、杨梅酒3个杨梅地方标准已获得省质量技术监督局的批准及公布，目前正在进行茯苓生产全国标准的研制。二是开展科技攻关。鼓励企业长期与科研院校建立合作关系，加快科技成果的转化和应用，建成省级以上技术研发中心1个、在建国家级茯苓菌种繁育基地、省级茯苓研发中心、杨梅种植加工研发基地、山核桃种植加工研发基地等5个科技创新平台，主攻羧甲基茯苓多糖注射液产品研发、茯苓白蚁防治技术、杨梅山核桃品种选育技术等科研课题。目前,全县拥有高新技术企业3家,拥有茯苓、杨梅、山核桃三大产业国家专利技术41项,取得各类科学进步奖项18项。三是推广实用技术。着力在种苗繁育、栽培技术、病虫防治、生态保护和农产品精深加工等方面实现突破和创新,大力推广"湘靖28"茯苓袋料栽培,杨梅、山核桃矮化、嫁接技术,加大新品种改良和引进,提高农产品产量和质量。

4. 突出品牌创建,培育特色产业新品牌

立足区域特色和资源优势,大力实施品牌战略,着力打造全省特色农产品加工业品牌。一是培育健康养生品牌。围绕茯苓、杨梅、山核桃等特色产业大力实施健康养生品牌战略,着重打造了一批健康养生小镇、健康养生村寨、健康养生庄园、健康养生产品,成功打造了三锹地笋苗寨、寨牙岩脚侗寨等一批健康养生村寨品牌。二是培育休闲观光旅游品牌。依托特色农业资源和苗侗文化特色,扎实推进以民俗风情、民俗文化、农家休闲、田野自然风光为主体的休闲农业产业发展;推动以森林公园、湿地公园、国有林场为主体的生态旅游产业发展。打造以休闲农业和生态旅游相融合的特色生态旅游品牌。靖州县青龙界生态休闲农庄、绿源生态休闲农庄被评为"五星级生态农庄"。三是培育农产品名优品牌。依托茯苓、杨梅、山核桃"靖州三宝"特色优势资源和品牌,引导龙头企业、合作组织和媒体联合搭建品牌推介平台,打造农产品区域公共品牌,扩大靖州影响。截至目前,靖州县共创建中国驰名商标或省级品牌、商标、地理标识等农产品名优品牌13个。特别是2014年,靖州县通过举办以品牌宣传和营销为主题的杨梅节,以及在首都北京组织"靖州杨梅上京城"推介活动,使靖州杨梅一夜"红"动京城。

5. 强化政策扶持,建立现代服务新体系

一是建立财政扶持体系。进一步完善特色产业发展扶持政策,先后出台了一系列特色产业发展规划的扶持、配套政策,设立企业发展奖励政策,财政安排1000万元专项资金扶持中小企业发展。制定了基地建设奖补政策,种植茯苓一亩补助200元,新造杨梅一亩补助400元,新造山核桃一亩补助500元。同时制定了科技研发、品牌奖励、市场开发、招商引资等奖励政策。二是搭建金融服务体系。充分利用已建成的农信担保、"助保贷"、金融扶贫、大学生创业扶持四个平台,加强金融信贷支持,搭建银企合作平台,要求全县各大金融机构每年融资不少于2亿元信贷资金支持园区农业企业的产业发展,确保更多的资金进入农业产业化生产领域。据统计,近年来,全县工、建、农、邮、信五大金融服务机构累计为现代农业发展提供优惠贷款9亿元。三是完善社会服务体系。积极探索,大胆创新,全县建立了农业科技推广、动物疫病防治、农村物流、金融支持和信息服务等五大农业服务体系。目前,在农技服务、农机服务等方面,全县拥有各类专业服务队36家。

三 靖州县特色产业发展存在的问题

虽然靖州县特色产业有了一定的发展,但从总体来看,发展规模较小,发展速度缓慢,发展水平还有待进一步提高,且面临着一些突出的问题,需要认真研究解决。

1. 龙头企业较少,带动能力不强

虽然靖州县的特色农产品加工近几年有了较快的发展,与市内各县区相比,基础较好,发展较为稳固,每年都有一定数量的规模以上企业前来投资兴业,但真正达到规模以上的企业较少,特别是龙头企业更少。据统计,目前全县规模以上特色农产品精深加工企业仅有12家,省、市级农业产业化龙头企业仅6家,这些龙头企业在引导生产、扶持基地等方面所产生的带动效应还不是很明显。

2. 资金投入不足,企业融资困难

靖州县杨梅、山核桃等农业特色产业,从新建产业基地到稳产再到加工,投入大,周期长,短期内难以形成稳定规模效益,而靖州县是欠发达地区,虽然每年在特色产业发展上都有一定的投入,但由于县级财力严重不足,属于"吃饭"财政,无力拿出更多的资金投入支持特色经济发展。同时,受经济下行的制约和金融机构自身逐利的特点,金融机构信贷向大城市、大行业、大企业集中特征明显,县域中小企业,特别是风险高、投入大、回收期限长的涉农项目中小企业很难得到支持,使得这些企业在项目建设过程中不能及时配套、完善,生产能力不能充分发挥,缺乏发展后劲和市场竞争力。

3. 精品名牌不多,产品知名度不高

靖州县虽然培育了圣仕佰诺杨梅系列果酒、茯苓多糖口服液、冷榨山核桃油等品牌,但有些企业的创建和经营品牌的意识还不是很强,没有真正认识到品牌对于企业发展的重要性,其生产的产品大多为一些传统产品,档次不高,没有真正地体现出特色。

4. 技术水平不高,创新能力不强

企业的生产技术和设备在很大程度上决定了企业的生产能力。靖州大多数特色农产品加工企业的生产设备和技术水平偏低,在加工层面上大多为粗加工,缺乏应有的创新能力,在进入消费市场时往往处于被动局面,特别是当市场不景气时,甚至还有被淘汰的潜在危险。

四 进一步推动靖州县特色产业发展的对策

1. 培育龙头,增强辐射效应

要着重选择一些市场销路和经营状况较好,前景广阔的龙头企业作为重点扶持对象,通过一系列措施,推动企业提质增效。如适当减免企业税费;在科技研发上给予资金支持;结合"互联网+"等新经济模式,积极引导龙头企业发展农产品电子商务,以"天津渤海商品交易所""淘宝·靖州杨梅专卖区"等为基础打造靖州农产品网店群,不断拓宽多元化销售途径,扩大产品的市场占有率等,重点要培育佰诺酒业、湘百仕酒业、一品东方、四通粮油、金茶油、补天药业等一批骨干企业,通过这些企业的不断壮大,带动全县特色农产品加工业健康快速发展。

2. 加大投入,破解融资难题

抓住全省发展特色产业的政策机遇,整合涉农、支农资金,组织好有关项目申报、衔接和实施工作,争取上级更多的项目和资金支持特色产业发展。强化对支农资金管理,合理调整使用方向和范围,按照"择优、扶强、扶特、扶大"的原则,着重加强对经营情况良好、带动力强的企业扶持。同时,建立中小企业发展专项基金、风险投资担保基金和企业信用制度,进一步融洽企业与金融机构的关系,组建中小企业担保公司。并通过搞股份制、股份合作制等措施,筹措扩改资金和技术创新资金,有效吸引民间投资,加快企业发展。

3. 创新科技,打造竞争优势

鼓励和支持加工企业与高等院校、科研机构联合协作,实行技术资本、产

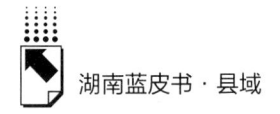

业资本、人才资本的优化组合，共同研制开发新产品，积极创办科工贸、产加销一体化实体。加强特色农产品加工科技服务，组建专家顾问团，为企业在经营策略、技术咨询和市场开发等方面提供服务。进一步更新农产品加工机械，完善加工工艺，提高农产品包装工艺，打造优质、安全品牌，以一流的品质，一流的包装，一流的价格，实现农产品经济效益最大化。

4. 培育品牌，打响产品名气

要科学规划品牌发展战略，放开眼界，把农产品放到全省、全国的范围内来定位发展。依托杨梅、山核桃、茯苓特色优势资源和品牌，不断扩大产业规模、培育龙头企业、提升特色产业品牌。积极发挥龙头企业和合作组织的带动作用，鼓励、引导龙头企业和合作组织联合打造农产品区域公共品牌、龙头产品，扩大靖州品牌农产品规模，提升市场美誉度。要建立完善农产品认证体系，出台扶持、鼓励政策，加大"三品一标"的登记、认证力度，引导龙头企业争创名优品牌。同时，要大力推进品牌推介，发挥好政府部门的桥梁和纽带作用，联合企业、媒体一起搭建品牌推介平台，通过品牌产品推介深度挖掘农产品的内在特性，融入品牌文化，扩大品牌影响力和知名度；要借助电商、微商等各种现代化营销手段，构建永不落幕的展销平台，推广、宣传靖州农产品品牌，让产品家喻户晓，品牌深入人心，形成政府扶持、企业主动、消费者认知、多方合力推进品牌农业建设的好氛围。

B.37
通道县文化旅游特色产业发展研究报告

粟 勇[*]

通道县生态、民俗、红色三大旅游资源得天独厚、特色鲜明，是全国最佳休闲旅游县、全国休闲农业与乡村旅游示范县、中国民间文化艺术之乡、全国生态示范区，素有"天然氧吧"之美誉。在湖南省委、省政府的关心下，通道县于2014年11月成功入列全省第二轮特色县域经济（文化旅游）重点县，全县上下抢抓这个重大战略机遇，围绕"农业为旅游兴、工业为旅游活、商贸为旅游旺、服务为旅游强"的思路，加速发展旅游，加快战略崛起，奋力推进旅游"二次创业"，带动全局融合式发展，特色县域经济发展质量和效益得到明显提升。

一 文化旅游产业发展取得的成效

通道全县上下统一认识，坚持"旅游兴县"战略不动摇，经过近20年的积累发展，文化旅游产业取得了公司经营、景区创牌、配套升级、业态繁荣四大突破。

（一）基础设施升级创牌，"大景区"气象逐步显现

围绕"建设世界级旅游目的地"的目标，打造了29个特色鲜明的"国字号"景区和乡村休闲旅游景点群。主要创建了以下品牌：万佛山·侗寨荣膺国家4A级旅游景区，被列为国家级风景名胜区、国家自然遗产名录、世界自然遗产提名地、世界地质公园申报地；皇都侗文化村景区荣膺国家4A级景区；通道转兵纪念馆、龙底漂流、芋头侗寨均荣膺国家3A级景区；创建湖南玉带河国家湿地公园、九龙潭国家级水利风景区；6个侗族村寨入列《中国世

---

[*] 粟勇，通道侗族自治县人民政府经调室主任。

界文化遗产预备名单》，正在全力申报世界文化遗产；申创6处国家级文物保护单位、10处省级文物保护单位；成为全国唯一的侗锦织造技艺保护性示范基地；芋头侗寨入列中国15个景观村落；坪坦村等12个村入列中国少数民族特色村落；芋头村、坪坦村入选中国传统村落、中国历史文化名村；通道侗族风情被评为"新潇湘八景"。

（二）服务体系日趋完善，"大旅游"格局基本形成

一是旅游交通网络高效便捷。旅游交通是旅游业产生和发展的先决条件。积极争取包茂、武靖两条高速公路过境，联合争取张吉怀铁路南延桂林高速铁路过境，5条县道升级为省道，其中包茂高速怀通段已经通车，武靖高速和通坪省级公路改造正在实施，开通了长沙至通道旅游专列，旅游的可进入性明显增强。微循环路网建设方面，实现了水泥公路"村村通"，5条旅游公路、154条农村水泥公路将全县串联成一个大景区。目前，境内有2条高速、1条铁路、7条国省道、159条农村公路对接交通枢纽、连接各大景区。二是旅游配套服务功能升级。县城萨岁文化广场和文化演艺中心建成并投入使用；金帝豪等5家星级酒店投入运营，逸品华熙等2家四星级宾馆完成主体工程建设，南湖饭店完成土地平整；引导7家旅行社、湘运公司更新了140多辆旅游客车；县城旅游商品集散中心、县城灯光亮化、森林公园、皇都侗族文化演艺等项目投入使用，增添旅游商品销售铺面400多个，发展旅游宾馆、家庭客栈和农家乐120家，"食、住、行、游、购、娱"等旅游配套服务水平不断提升。三是行业管理规范有序。与湘潭大学旅游管理学院建立战略合作关系，人才培养及引进、旅游规划咨询等工作质量得到全面提升。健全高效有力的旅游市场监管机制，全面加强旅游从业人员培训，老百姓办旅游、护旅游、兴旅游蔚然成风，没有出现旅游负面影响的事件。

（三）旅游业态繁荣丰富，"大发展"态势愈发强劲

一是经营水平大幅提升。积极完善景区群众利益分享机制，与万佛山、芋头侗寨、皇都侗文化村等景区群众签订了经营合作协议，旅游发展群情高涨。在此基础上，2011年与中惠旅建立托管经营合作，公司化经营实现起步，实现了由政府"独角戏"向社会"大合唱"的转变。2015年，结束托管经营后，新引进了大型跨国企业中国中信集团投资经营景区，并签订了10亿元的合作

开发投资协议，集团化、规模化经营的水平明显提升，"走出去"开拓旅游市场的能力大幅增加。二是旅游市场效益明显。挖掘了申世遗侗寨民俗风情体验、农耕体验、民族传统体育竞技等深度互动项目，开发了万佛山自驾营地、养生度假、科考探险等新业态，规划通道转兵纪念馆、晒口库区、兵书阁和文星桥旅游环线，县城则打造了沿河两岸休闲、旅游购物、文化体验等旅游产品，有效释放了旅游消费潜力，群众的旅游经济意识已经处于萌芽状态。2015年，全县共接待游客268万人次，实现旅游总收入13.1亿元，分别增长21.8%、24.4%，文化旅游已经成为富民强县的主导产业。

（四）旅游拉动作用逐渐增强，"大融合"效应初步显现

以旅游为龙头，加强对现有资源的整合提升和创意策划，产业融合发展的能力有效增强。一是带动传统农业向现代农业发展。坚持农业与旅游基础共建共享，建成工业原料林等产业基地8万亩，发展标准化养殖小区4个，农业生产机械化水平提高到46%。依托万佛山·侗寨国家风景名胜区，高品质发展休闲农业，建成了万佛山国家级现代农业科技园，园内有铁皮石斛、玫瑰、兰花、绿色蔬菜观光体验等基地，年接待游客超过10万人次。下一阶段还将引入1.5亿元的下乡现代农业产业园、2亿元的源田生五星级生态科技农庄等项目。二是带动传统工业向生态工业发展。以促进旅游发展、巩固生态优势为目标，实施的省级工业集中区建设等项目，引进了湖南兴康、广西创满等投资公司进驻，完成招商引资14亿元，农副产品精深加工、中药材加工、旅游商品制造等生产加快，风电等新型能源开发步伐走在全市前列。三是带动了新型城镇化与现代服务业的融合发展。旅游人气的旺盛，旅游市场的需求，直接拉动信息、金融、商贸、房地产等服务业快速发展，旅游景区县城建设突飞猛进，县溪镇红色旅游重镇、坪坦乡民俗文化体验中心等项目正在全力实施。2015年，全县房地产开发投资增长57.7%，实现社会消费品零售总额10.72亿元，增长11.3%，全县金融机构贷款余额增长22.4%。

二 主要工作措施

近年来，在省、市的正确领导和关心指导下，通道县紧紧围绕湖南省委、

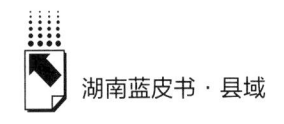

省政府关于"一核三极四带多点"、创建旅游强省的战略部署，大力实施"旅游兴县"发展战略，以打造"侗族风情世界旅游目的地"为目标，举全县之力推进，全县文化旅游产业飞速发展，知名度和美誉度不断提升。

（一）谋求定位突破，理清工作思路

围绕"天下侗寨，世界通道"主题，提出了"把通道侗乡建成侗族风情世界旅游目的地，致力于把旅游业培育成为富民强县的战略性支柱产业"的发展定位。统一"农业为旅游兴、工业为旅游活、商贸为旅游旺、服务为旅游强"工作思路，以规划为先导、景区为龙头、项目为支撑、城镇为依托、交通为串联，加快推进县城旅游集散中心、坪坦河百里侗文化旅游长廊、万佛山生态旅游示范区、县溪恭城书院红色旅游区"一心一廊二区"建设，综合开发文物古迹、生态风光、民俗风情、休闲农业、养生度假等旅游产品体系，努力走出一条以旅游业为引领的特色县域经济发展之路。确保到2019年，建成5A级景区1个、4A级景区3个、3A级景区3个，三星级以上宾馆酒店10家，年接待游客超过560万人次，旅游收入超过30亿元。

（二）谋求顶层突破，加强产业设计

一是组织突破。整合文化、旅游、民族宗教、文物等涉旅部门，成立了旅游发展委员会，将旅游工作目标列入全县绩效考核内容，全县干群高度统一思想，构建了齐抓共管、高位推进的"大旅游"发展格局。二是规划突破。邀请了魏小安、叶文智等知名旅游专家和杨振之来也旅游公司等研究机构，高端策划了全县旅游开发蓝图，以超前的理念高标准编制完成了《通道县旅游总体规划》《湖南万佛山·侗寨风景名胜区总体规划》，以及四大景区专项规划和修建性详细规划，制定了《通道县民族建筑风貌管理暂行办法》，编制了全县旅游品牌营销和推广策略、战略定位和发展策略，着力促进业态提升、景区提质、服务提效、营销提速。三是政策突破。出台了旅游产业发展引导资金使用管理办法、旅游产业发展扶持办法、旅游产品开发和业态建设奖励暂行办法等扶持政策，有效激发各种力量参与旅游产业建设。

（三）谋求资金突破，狠抓项目建设

一是重点突破旅游招商。依托县内旅游发展的浓厚氛围、得天独厚的资源

优势,特别是特色县的利好政策,强势推进旅游招商,取得了重大突破:2011年与桂林中惠旅合作,走出了市场化经营步伐;2015年,新引进中国中信集团投资10亿元开发旅游产业;同时,还引进了万佛寺及万佛寺大酒店建设、农耕科普园、奇石馆建设等重大项目,金额超过3亿元。二是全面整合涉旅资金。近年来,按照"项目跟着规划走、资金跟着项目走"的原则,从部门预算编制开始整合,优先投入旅游重点项目建设资金10亿元以上,完成旅游重点项目30余个。今后三年,还将整合上级相关资金8.13亿元,市县财政配套资金2.29亿元,吸收社会投资15亿元投入项目建设。三是鼓励引导社会资本。整合万佛山旅游开发有限公司、皇都民俗文化旅游开发有限公司等资源,组建了通道文化旅游投资开发有限责任公司(集团),完成社会融资2.5亿元。四是借力财政扶贫资金。把乡村旅游作为撬动精准扶贫的有力抓手,争取皇都侗文化村等9个村寨入选全省"美丽乡村旅游扶贫村工程",引导发展观光农业、民俗文化体验等乡村旅游业,实现增收致富。

(四)谋求营销突破,推动旅游转型升级

一是加强旅游宣传。抓媒体推介,在省内所有高铁停靠站的32块宣传牌上,以及长沙、怀化和包茂高速怀通段进行旅游形象宣传;携手台湾中天电视台、湖南卫视采风宣传,实现与百度等大型网站的全面链接,与《中国摄影报》举办了影友联谊会活动,建立了通道旅游网站、官方微博、微信推广平台,全方位宣传通道旅游产品。抓节会促销,在侗族"一月一节"的基础上,整体策划全县旅游营销,组织了中国大戊梁民族歌会、中国湖南红色旅游文化节等影响全国的节会活动,全县旅游市场不断升温。二是培育客源市场。依托公司经营渠道,主动加强与长株潭、桂林、张家界、株三角、长三角等五大客源市场的区域合作,实现路线互推、客源共享。精心筹备参加桂林国际旅游博览会等活动,赴广州、武汉市场开展旅游巡回推介,有效拓展了旅游市场。

三 存在的问题

通道是个美丽而神奇的地方,文化旅游产业虽然蓬勃发展,后劲强大,但仍然存在着一些问题和困难,概括起来有"三大矛盾、五个难题"。

三大矛盾：一是产品供需的矛盾。即旅游市场多样化、特色化的市场需求，与通道旅游市场产品供给单一化、同质化的矛盾。当前，旅游需求已逐步由单一的"观光游"向"体验游、休闲游、度假游、探险游、商务游"等多形式转变，而通道在这方面的旅游产品开发还很不成熟，旅游消费得不到纵深拓展。二是基础配套的矛盾。即游客向往舒适便捷旅游环境的需求，与通道旅游配套服务水平不优的矛盾。当前，通道食、住、行、游、购、娱等环节接待设施标准不高、服务不优，随着旅游产业的快速发展，其制约作用日益凸显。三是区域竞争的矛盾。即通道旅游发展区域协作推进的需求，与周边区域竞争加剧的矛盾。生态旅游方面，通道南北雄踞桂林、张家界两大国际级景区；民俗和红色文化旅游方面，贵州黔东南州的产品挖掘包装氛围非常浓厚，全县旅游发展"压力山大"。目前，黔东南州有西部大开发政策强力支持，张家界和桂林有强大的品牌效应、丰厚的经营效益支撑。在区域发展的竞争与合作中，弱势发展将导致落后发展。

五个难题。一是民族文化转换成旅游产品的难题。侗族文化千年传承、底蕴深厚，但要找到侗族传统文化与旅游产品转化的最佳模式，理论和实践层面都还需要再探索。这个难题是导致市场供需矛盾的主要因素。二是旅游商品市场开发的难题。这一难题可概括成"有特色没品牌、有产品没产业"。侗族服饰、乐器、银饰品、手工艺品等特色鲜明，广受游客青睐，但旅游商品加工制造没有形成规模和体系。三是乡村旅游利益协调的难题。既要形成政府的主导趋势，又需要充分调动广大群众的积极性，共同推进旅游产业快速发展，这个点和度是个难题。处理不当，就会影响全县旅游大局。四是旅游专业人才缺乏的难题。本地培养的旅游人才不断外流，旅游营销策划和创意的"操盘手"又难以引进，直接影响了市场开拓和理念的快速更新。五是旅游项目用地的难题。通道景区大部分位于农村，周围土地性质均规划为农业用地，而国土部门调规周期为3~5年，无法实施景区标准化项目建设。

四 进一步推动文化旅游特色产业发展的对策

通道文化旅游产业在经历探索起步、成长壮大阶段后，已经步入提质增效的重要时期。当今世界，已经进入"旅游经济"时代。今后一段时期，旅游

业必然成为投资的重点、消费的热点、开放的亮点。2016年以后，武靖高速、桂三高速、三柳高速建成通车，国家发改委也将张吉怀高铁南延至桂林列入了"十三五"规划，游客的进入通道将全面打通，旅游的可入性将极大增强，张家界至桂林国际旅游黄金走廊将更加便捷。通道旅游，必将在全省特色县域经济重点县建设、快速交通网络全面完善、全省"一核三极四带多点"战略布局和对接"珠三角"和"大桂林"开放中大有作为。"十三五"期间，必须积极应对和牢牢把握这一发展转型期和战略机遇期，坚持优势优先、特色特殊、新兴产业创新发展，进一步加大品牌打造、投入经营、管理整治、产业发展、文化创新力度，实现"五个转变"，加快旅游"业态提升、景区提质、服务提效、营销提速"，推动经济社会全面协调可持续发展。

（一）加大品牌打造力度，推进优势资源向优势产业转变

要全力提升通道旅游在全省乃至全国旅游产业发展战略格局中的新定位，联手中景信集团，强力推进"文化旅游产业发展三年行动计划"，推动景区大建设、景点大开发、基础大提质、业态大提升。一是突出资源整合，打造影响世界的精品景区。主打"世界文化遗产""世界地质公园""国家湿地公园""通道转兵"4张"名片"，重点推进侗寨申遗、万佛山申报世界地质公园，大力发展民俗体验游、红色参观游、文化创意游、科考探险游等文化旅游，努力建设休闲旅游综合体、休闲产业集聚区、国家旅游度假区、侗族文化旅游目的地。"十三五"期间，要以"一心一廊三区"为重点，坚持"保护与开发并重"的原则，推进景区标准化建设，确保6个侗族村寨成功申报世界文化遗产，万佛山景区成功申创世界地质公园并升级为5A级景区，皇都侗文化村、龙底漂流、芋头景区都建成4A级景区，恭城书院、坪坦侗寨、独岩主题公园、县城升级为3A级景区，致力打造通道全域旅游的核心吸引物，把"天下侗寨，世界通道"打造成具有世界级影响力的"金字招牌"。二是突出市场主体，积极创新运作机制。完善"政府主导、市场经营、企业运作、群众参与"运作机制，使政府职能真正转移到服务上来，让企业真正成为开发主体。大力支持中景信集团发展，充分争取和利用国际国内资本市场，形成规模投资，扩大市场运作效应，破解旅游产业发展建设资金投入不足的难题。正确引导和保护好群众投资的积极性，鼓励民营企业和个人参与旅游项目开发建设，进一步

扩大社会投资办旅游的效应。三是突出宣传营销，强力打造"世界通道"品牌。坚持全县"旅游一盘棋""善待天下客"的理念，把"通道"作为整体品牌来打造，全面加强旅游创意和营销策划宣传，抢占长株潭、珠三角、北部湾、大湘西和沪昆高铁客源市场。坚持电视网络、平面媒体和高铁、地铁、高速、城市中心等主宣传渠道。在动员县内创作力量的同时，借助国内学者、名人、名嘴，创作一批以通道地域文化为题材的小说、影视剧、音乐作品，提升通道旅游品牌价值。

（二）加大经营投入力度，推进规模数量向效益质量转变

以"侗文化生态休闲体验"为主题，精准分析需求侧的需要，注重在数量规模的不断扩张中，有效提升质量效益。到2020年，争取全县年接待游客人数突破600万人次大关，旅游总收入上30亿元台阶。围绕这个目标，一是加强旅游配套设施建设，让游客"来得快"。积极构建完善的旅游交通网络，高效对接桂林、三江、黎平等交通枢纽，积极配合省市推进武靖高速、张吉怀高铁等重大项目，抓好省级公路改造、县乡油路改造项目，特别是要抓住通畅公路路面提标4.5米新标准的机遇，加快乡村旅游公路建设，打造四通八达、方便快捷的微循环路网，真正满足"全域旅游"需求。加速推进城镇化进程，建好城市旅游停车场和景区停车场。二是丰富文化旅游项目，让来到通道的游客"留得下"。以提高游客过夜率、延长游客消费链为目标，积极打造"吃绿色生态山珍，住森林花园农庄，体验民族节庆活动"的休闲度假式旅游模式，有针对性地抓好民间传统小吃、民俗晚会的开发，精心设计和开发双江河夜游等休闲项目，并以大手笔构思一台精品山水实景晚会，实现文化和旅游的高度融合。三是积极开发旅游产品，让留下的游客"能消费"。加大与省内外各大旅游景区的联合促销、线路打捆力度，打造和推介以皇都侗文化村、芋头古侗寨、坪坦侗寨等为重点的乡村民俗文化主题线路，以万佛山风光、生态漂流、国家地质公园等为重点的生态观光体验主题线路，以恭城书院、兵书阁等为重点的兵战文化旅游线路。注重在旅游业态建设中，创造更多的商业机会、文化机会和就业机会，鼓励发展有特色高档次的旅游宾馆、汽车租赁、旅游公交、购物中心等旅游服务，满足游客各种消费需求。四是强化旅游税收征管，让游客的消费"出效益"。加大涉旅经营行业税收征管力度，遏制税费流失，积极

探索实施全县"一票制"收费的有效办法，提高旅游对财政收入的贡献率，为旅游产业大发展提供强力保障。

（三）加大整治管理力度，推进市场培育向规范管理转变

培育旅游市场、做大"旅游蛋糕"是文化旅游产业发展的工作重点。实践证明，随着市场规模的不断扩大，行业管理带来的一些问题，往往限制了产业的优化升级，必须突出解决好管理问题。一是要完善旅游管理法规。尽快出台《通道县旅游市场管理办法》《国家级景区景点保护条例实施细则》《历史文化名村和传统村落保护保管办法》等系列旅游管理规章制度，使旅游管理有法可依，有章可循，为文化旅游产业健康发展保驾护航。二是加强旅游行业管理。景区景点设置要把好考察评估关、开放准入关、从业培训关，宾馆住宿行业要把好证照办理关、价格规范关、安全文明关。旅行社及导游人员要实施资质等级评定，进入通道的旅游团体一律由旅游管理部门统一安排导游。严厉打击黑导、野导、骗客、宰客、拉客和强买强卖等不法行为，依法查处旅行社"零团费"甚至"负团费"削价等恶性竞争现象，营造安全和谐的旅游环境。三是强力整治景区环境。充分发挥风景名胜管理处作用，把公安、城建、环保、工商、国土、文化、旅游等部门分散的行政处罚权相对集中起来，依法加强全县景点景区的保护和管理，解决多头执法、执法不到位、乱执法等问题，大力查处违法违章建筑、违法摆摊投点、无证经营、占道经营等行为。县城以创建全国卫生城市为契机，深入开展城市环境卫生综合整治，消除脏、乱、差、堵现象。乡村以建设新农村为抓手，认真搞好村容村貌整治和"清洁工程"。

（四）加大产业融合力度，推进主导产业向支柱产业转变

继续坚持把产业建设作为推动发展的第一支撑，围绕"农业为旅游兴、工业为旅游活、商贸为旅游旺、服务为旅游强"的思路，大力推进文化旅游与各大产业的大融合、大发展。一要打造复合型旅游农业综合体。突出原生态风貌展现、原生态活动体验，开发休闲、避暑、养生、农耕体验、世遗侗寨等深度体验旅游产品，谋划实施体验式休闲观光农业项目，致力打造"山水画、田园诗、文化歌、生活曲、梦幻情"体验式休闲观光农业综合体，重点抓好

国家农业科技园、铁皮石斛产业园、玫瑰观光园、兰花培育园、蔬菜综合园、甲鱼生态养殖园等现代农业综合体建设。二要打造产业融合发展的园区平台。抓好省级生态工业园和县文化创意园建设，引导各类资本和要素向园区集中，使园区真正成为助推旅游"二次创业"、产业融合发展的"孵化器"。加快建设省级工业集中区，落实产业园区三年倍增计划，在加强基础和优化环境的同时，改造提质传统产业，鼓励支持生态加工，加快推进风电开发，积极发展循环经济。规划建设文化旅游产业创意园，全面配套完善创新创业的优惠政策，加强旅游商品创意设计、研发生产和特色品牌塑造，形成"通道旅游"商品体系。三要打造产业融合网。以交通、城建、水利、信息、现代物流"五张网"为基础，抢抓国家"互联网+"行动机遇，将旅游、农业、工业、服务业各大产业，生产、加工、销售等各个环节，资金、项目、人才等各种要素，政府、企业、农民、游客等各类主体，串联成产业链条，组合成产业融合网。

（五）加大文化创新力度，推进文化大县向旅游名县转变

发展文化旅游产业，必须紧密结合文化产业发展，把含金量高的民族文化资源转变为文化资本，这是提高通道旅游产业核心竞争力的必由之路。一是创新民族文化遗产。坚持继承创新的原则，摸清民俗风情、民族音乐、民族文学、民族工艺、民族建筑、民族语言、民族服饰、民族饮食等13个方面的文化"家底"，再进行分类保护和创新包装。对于有失传可能的民族艺术、有灭绝可能的民族文物要及时组织抢救；对目前广泛流传的民族民间文化艺术，要有力整合资源，创新表现形式，释放艺术魅力，特别是对曾经走进日本的原生态舞蹈《咯罗打打》、获"田汉新剧目奖"的全国首台大型侗族原创歌舞《哆嘎哆吧》等民族歌舞，进行更深层次、更商业化的挖掘，融入旅游演出市场，精心打磨出一批原汁原味的，有表演性、感染力和震撼力的经典节目，积极发展"眼球经济"。二是创新民族文化载体。结合旅游和时代的需要，对传统文化活动项目进行改编创新和打捆包装，创新民族节会文化活动，充分发掘和放大通道的文化品牌价值。鼓励民间办节会，实现"月月有节庆、周周有活动"，重点打造中国大戊梁民族歌会。此外，在少数民族聚居区，有计划地推行以村野文化为灵魂的农家乐、乡村游、民族风情园等旅游项目，做大文化产业，帮助农民增收。三是创新文化产业体制。要以当前政府机构改革为契机，主动适应文化旅游市场需求，把具有市场属性的资产从现行体制中剥离出来，分期分批推向市场，并改造、改组为股份制文化企业，使其逐步与财政脱钩，用市场的无形之手，真正把侗锦、侗族服饰、民族工艺品等民族商品推向广阔的空间，使民族文化商品制造业成为推动文化旅游大繁荣的强大助力，实现文化保护与旅游发展"共赢"，实现经济振兴与社会进步"双飞"。

只有民族的，才是世界的。发展文化旅游，必须立足民族资源禀赋，紧紧把握产业发展规律和趋势，拓宽视野，创新思路，加大投入，提升水平，使通道真正成为世界级的旅游胜地。

B.38
冷水江锑产业转型发展研究

刘小龙*

锑矿是国家重要的非可再生战略资源，被列入"国家保护性开采特定矿种"行列。2006年12月，国家发改委和有关部门制定了《锑行业准入条件》，对行业准入条件进行了详尽严格的规定。冷水江作为"世界锑都"，近年来高度关注和支持锑产业发展，取得了初步成效。当前，受全球经济下行和泛亚风波双重影响，锑品价格持续下跌，涉锑企业面临诸多挑战，如何推动锑产业可持续发展，是冷水江转型发展的一个重大课题。

一 主要做法及成效

冷水江锡矿山锑矿发现于1541年，1897年正式开采，累计探明锑金属量为100万吨左右，目前保有储量20万吨左右，锑储量居世界首位，产量占全球的60%，被誉为"世界锑都"。新中国成立以来，累计创汇70多亿美元，上缴利税60多亿元，为国家做出了巨大贡献。近年来，冷水江全面实施"一转三化"发展战略，致力于将锡矿山地区建设成为"资源节约型，环境友好型"的全省"两型社会"示范区。

（一）争创"两型社会"示范区

2015年，新华社内参刊文呼吁对锡矿山地区进行保护和治理，马凯副总理做出批示，工信部、国家发改委到锡矿山地区调研。2013年8月，杜家毫省长到锡矿山视察，要求加大锡矿山地区综合整治与转型发展力度，促进"世界锑都"安全发展、绿色发展，打造全省"两型社会"建设示范区。2014

---

* 刘小龙，中共冷水江市市委书记。

年8月,湖南省委徐守盛书记到锡矿山视察,要求全面加强生态修复和生态保护,大力推进工业转型升级发展,使这片老工业基地重新焕发生机和活力。冷水江市成立了高规格的锡矿山"两型社会"示范区建设领导小组,设立了专门的工作办公室,出台了工作考核评价办法。当前,《冷水江市锡矿山转型发展建设传统矿区环境整治生态修复示范区实施方案》已获省政府批准,方案规划项目80个,总投资180余亿元,各个项目正扎实有序推进,成效初显,《人民日报》《湖南日报》头版头条全面报道了锡矿山地区环境综合治理情况,并给予了充分肯定。

(二)做大做强锑产业

1. 打造百亿锑产业

全力支持闪星锑业公司和民营锑业公司进行技术升级改造及锑深加工产品开发,使闪星锑业尽快形成年产值50亿元规模,带动全市锑产业做成年产值100亿元规模。目前,冷水江锑产量占全国锑产量的52.5%,其中闪星锑业是全球最大的锑品生产商和供应商,公司锑品市场占有率占全国的30%,占全球的25%。

2. 组建集团公司

开展建市以来力度最大的涉锑企业关闭整合专项行动,将锑品冶炼企业由原来的26家整合至9家,将全市民营涉锑企业中10家锑冶炼企业进行整合,与4家采矿企业、2家浮选企业共同组建成一个锑产业集团公司。目前,物华锑矿、再兴锑矿已彻底关闭,相关设施已经拆除,禾青锑品厂已全面停产,狮子山、金波、荣信锑矿已整合完毕。

3. 培育新型产业

规划利用锡矿山丰富的工矿、红色旅游资源,创建和申报"锡矿山国家矿山公园"、"锡矿山—波月洞国家地质公园"和"锡矿山全国工业旅游景区",引进中广核集团,积极推进风力发电、光伏发电等新能源项目。

(三)大力进行环境治理

冷水江市成立了由市长任组长,书记、专职副书记、人大常委会主任、政协主席任顾问的高规格环境整治领导小组。

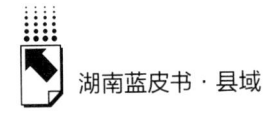

1. 开展涉锑整治

2010年以来，全市共关闭锑冶炼小企业87家，取缔选矿手工小作坊145处，淘汰落后产能17.5万吨。保留的民营锑冶炼企业通过扩能提质改造，产能均达到了5000吨/年，环保排放和能耗均符合《锑行业准入条件》要求。

2. 实施"三废"治理

治水方面：划定饮用水源保护区，督促企业对采、选、炼过程中产生的废水进行深度治理。目前，已建成含重金属污水处理站8座，总处理能力达17100吨/天，闪星锑业废水治理工程、青丰河、涟溪河综合整治一期项目已竣工。治气方面：督促冶炼企业采用先进生产工艺、污染治理设施，并对重金属烟尘治理及脱硫系统进行升级改造，实现二氧化硫等工业废气稳定达标排放；支持闪星锑业实施冶炼废气低浓度二氧化硫制酸项目建设。治渣方面：对青丰河和涟溪河流域内约816万吨历史遗留废渣进行了综合治理；督促全部锑冶炼企业建立了砷碱渣库，对生产废渣实行动态监管。目前，湘峰锑业炼锑铅渣综合回收利用项目已竣工，闪星锑业"5000吨砷碱渣回收利用工程"已投入使用，历史遗留砷碱渣无害化处理一期工程已经竣工运行；闪星锑业2万吨锑冶炼清洁生产项目技术正在调试中，集中砷碱渣库即将投入试运行。

3. 进行生态修复

大力实施了锡矿山土壤治理与生态修复示范项目和全民造绿工程。目前，建立了300亩防污抗污树种实验基地；建成抗污染树种苗木培育基地600亩，核心区建成抗污染林4000余亩。通过一系列整治后，空气中二氧化硫浓度值下降80%，水体中砷、锑含量分别下降约70%和40%，区域减排废水120万吨/年、减排砷0.222吨/年、铅0.043吨/年、锑1.31吨/年、二氧化硫49992吨/年。环保部以《世界锑都环境整治的主要做法及其借鉴意义》予以肯定和推介。

（四）积极有效改善民生

实施锡矿山重金属污染区安全饮水工程、集中供水工程和农村分散安全饮水工程，解决了1万多人的安全饮水问题。对锡矿山宝大兴危险塌陷区的3166户居民分三批搬迁安置，对相对集中的工矿棚户区逐步进行改造，已建成安置房888套。加强地质灾害隐患治理，实施了资源枯竭城市矿山地质环境治理重点工程和锡矿山锑矿矿山地质环境治理工程,对宝大兴塌陷区安全实行特别防范管理,出台了《锡矿山地区安全监管特别规定》,建立市、乡、村三级监测网络,组建专职安全监察队伍,建设应急避险公路,确保了本地区民众生命财产安全。同时,完善了社会保障机制,对近年来疑似砷中毒的群众进行了免费治疗,对因关矿关厂失去基本经济来源的群众实施了特殊救助。

二　当前存在的主要问题

(一) 长期过度开采,矿产资源逐渐枯竭

经过一百多年掠夺式的无序开采后,锡矿山地区锑储量急剧下降,资源优势正在消失。据测算,保有锑储量在5年前已不足40万吨,现在储量更少,形势更加严峻,目前保有可开采储量不超过10万吨。事实上,近年来冷水江市锑冶炼企业越来越依赖外购矿石原料,自有矿山的冶炼企业矿石外购比例大概占50%,无矿山资源的冶炼企业外购矿石比例更是高达80%~90%。

(二) 企业各自为战,产业优势难以体现

除闪星锑业外,全市民采锑矿有4家,民营锑冶炼企业有10家,产业集中度不高,企业之间因争夺资源和市场,矛盾时有发生;一些企业不顾锑品资源日益紧缺的严峻形势,依然实行掠夺性开采、粗放式生产,互相压价,导致紧缺的锑产品在国际市场上的价格步步下跌,作为"世界锑都"的锡矿山,在锑品的定价上却没有话语权,不利于发挥地区锑资源、锑产业、锑技术优势,不利于地区锑行业的长远健康发展。

(三) 科研投入不足,生产工艺相对落后

除闪星锑业外,目前锑冶炼生产的核心工艺仍为普通鼓风炉工艺。该工艺在我国已应用30年以上,通过不断改进,冷凝收尘、锑氧输送等技术问题都得到改进,但鼓风炉能耗高,焦率一般在25%以上;生产所需氧由空气提供,空气中的含氧率低,导致鼓入空气量大,烟气中二氧化硫浓度仅为4%,无法

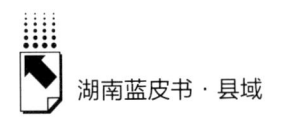

实现硫的回收，大气末端治理设施负荷大；产生大量石膏渣，难以消化，易产生二次污染；生产自动化程度低等问题仍未解决。

（四）产业链条太短，产品附加值不太高

涉锑企业虽已初步形成较为完整的采、选、炼、加工、贸易链条，但是主要集中在初级产品和中间产品的生产以及外来加工业务方面，闪星锑业的含锑特种阻燃剂生产线也尚未建成，生产能力有限，产品附加值不高，产业链不完善，初级产品市场长期饱和，价格低迷，导致大量锑资源迅速廉价流失。

（五）生产模式粗放，环境遗留问题较多

多年来锑品冶炼生产模式粗放、环保投入少、环保措施不到位，废渣随意堆放，废气未经净化直接排入大气中，破坏植被，危害健康。特别是部分企业对砷碱等剧毒废弃物处理不当，很容易导致水体被污染，直接威胁居民的生命安全，历史上曾发生过砷中毒事件。近几年，冷水江市对锑冶炼企业加强规范管理，废水实行循环利用，废气实现达标排放，但历史积累的地质塌陷、环境破坏、土地石漠化、重金属污染、砷碱渣等各类废渣处理等问题仍未得到根本解决。

（六）国家政策调整，合法锑企受到冲击

近年来，国家加强了对稀有有色金属行业的管理，提高了对冶炼企业准入门槛，关闭整顿了一大批冶炼企业。然而，在淘汰了大批落后产能，关闭取缔了几十家小冶炼厂，促使锑品价格在短时间内快速上涨之后，一些临近的县市手工作坊式的违法企业却趁机大规模新建、扩建冶炼厂，他们投入少，成本低，只要有利可图，就开始生产并低价出售产品，严重扰乱锑品市场的秩序，给合法企业带来巨大冲击。

（七）产品价格下跌，周转资金严重不足

2014年，泛亚有色金属交易所对锑品进行收储，锑市场行情比较平稳，锑价下降幅度不大，锑品价格维持在5万~6万元/吨。2015年，国外客户开始购买泛亚前一年收储的产品，造成锡矿山锑品销量急剧下降；随后，泛亚骗

局逐渐浮出水面，锑价呈断崖式下跌，从年初的 4.9 万元/吨降到 2.9 万元/吨。由于锑品销售量价齐跌，闪星锑业 2014 年亏损 3.26 亿元，民营锑业亏损 0.89 亿元；2015 年，在大大降低产能的情况下，闪星锑业仍然亏损 1.56 亿元，民营锑业亏损 0.35 亿元，连续的亏损加上泛亚拖欠货款，大多数企业难以支付员工工资和原材料款，资金周转出现问题。

三 几点思考和对策

（一）自上而下，切实加大保护和扶持力度

1. 进一步强化锑矿保护政策

1991 年国务院发布《关于将钨锡锑离子型稀土列为国家实行保护性开采特定矿种的通知》，将锑列入国家实行保护性开采特定矿种行列。之后，锑作为重要的十大有色金属被写入"十二五"规划，并被纳入国土资源部开发计划。随着近年来锑运用领域的不断扩展，建议国家、省里进一步强化保护力度，参照稀土和其他贵金属的一系列保护措施，建立锑的相关配套保护政策。

2. 向锡矿山地区提供政策和资金扶持

据测算，冷水江锡矿山地区全面完成环境治理需要资金 180 亿元以上，百亿锑产业园区的各种硬件设施建设和公共服务平台建设需要大量资金，本地区很多大型民生项目也因资金问题无法按计划启动，其转型发展亟须国家、省、市各级政府部门的大力支持，如对涉锑企业实施返税政策、延长资源枯竭城市转型扶持政策转移支付期限、加大对生态修复项目和接替产业培育项目的资金支持力度、将锡矿山锑产业集群项目列入省新型工业化产业示范基地建设项目和国家特色产业集群项目计划等。

（二）多措并举，不遗余力加快产业发展

锡矿山作为"世界锑都"，要巩固其在全球锑产业中的地位，需要尽快做大产业规模。

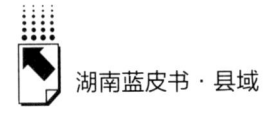

1. 增强产业凝聚力

闪星锑业要带头树立以做大做强整个锡矿山锑产业为己任的精神，主导所有企业坚决摒弃相互排挤、恶性竞争的老路子，充分利用"世界锑都"的形象优势、人才优势、技术优势、品牌优势、产业优势，统一质量标准、统一产品包装、统一产品价格、统一营销宣传，形成合力，掌握国际锑品市场的主动权，提升锡矿山锑产业的国际影响力。

2. 延伸产业链条

涉锑企业向下游产业延伸，形成锑矿开采→锑产品冶制→锑中间产品→锑产品深加工制品的发展模式，重点开发高性能三氧化二锑催化剂、锑系阻燃剂、颜料等锑精细深加工产品，积极开发蓄电池用铅锑合金、铜基含锑合金、锡基含锑合金、砷锑铟合金等产品，建立起高端锑品后续深加工产业链。

3. 完善产品结构

现代科技的发展日新月异，由于许多新型材料的运用，市场对锑产品的需求不断变化。企业和相关部门要不断关注国际锑品消费市场动态，加大研发力度，合理布局生产线，与市场接轨完善产品结构。

4. 整治非法涉锑企业

对于被关闭的企业转移到相邻周边地区进行非法生产的现象，各级政府主管部门要高度重视、予以关闭取缔，并建立相关法律法规、加大打击力度以规范锑品市场秩序。同时，要继续全面清理整顿全市锑品行业，建立锑业整治长效机制，严厉打击锑业非法建设与生产，以巩固前期整治成果。

5. 发展新型产业

可以围绕"世界锑都"的工矿、红色旅游资源，打造世界锑文化主题公园，在锑矿开采过程中发现的一些方解石、水晶、重晶石等特色溶洞，也都非常具有观赏价值和应用价值，既可进行旅游开发，也可用于生产高档建筑工艺品。锡矿山工人反矿霸的历史，红二、六方面军团长征路经锡矿山留下的革命事迹，1949年解放锡矿山时激烈战斗遗址及革命烈士纪念碑和原矿主维护矿山统治而修建的碉堡遗迹等，都是历史留下的宝贵财富，可以打造具有锑都特色的红色旅游，与周边新化县的山水旅游、双峰县的人文旅游形成互补，完美融入长沙—大湘西生态文化旅游圈，形成具有核心吸引力和竞争力的特色旅游产业。

（三）统筹规划，多位一体整治生态环境

要实现锡矿山地区环境状况根本性转变，必须按照"堵源头、削存量、还旧账"的总基调，稳步推进"三废"治理和矿区生态修复。

1. 治水

实行饮用水源区域保护政策，优化生活污水处理设施，实施闪星锑业采选厂重金属尾砂废水治理及回用工程、冷水江市河道重金属底泥疏浚工程—期等项目，从源头上加强生产过程中废水的控制和治理，确保生活污水达标排放，区域水环境质量逐年好转。

2. 治气

继续加强推广先进生产工艺、生产设备和污染治理设施的应用，督促锑企业提高清洁生产水平，尽快完成锑冶炼企业重金属烟尘治理及脱硫系统改造升级，实现二氧化硫等工业废气稳定达标排放。

3. 治渣

对企业新增砷碱渣和历史遗留砷碱渣按可回收和不可回收进行分类处理。可回收的用来生产建筑原材料，如水泥、新型墙体材料等，不可回收的进行安全填埋或无害化处理。尽快启动实施野外混合渣安全处置工程、废弃尾矿库综合整治工程。

4. 生态修复

"按照整体规划、集中连片、宜农则农、宜林则林、宜建则建"的原则。将污染防治、地质灾害治理、新农村建设与生态修复有机结合起来，提高生态修复投入比重。通过分散渣堆整治、区域土地平整、砌筑排洪渠、表层覆土、栽种抗污染树种、植草绿化等方式改造荒山，逐步实现矿山绿化全覆盖。依托退耕还林、石漠化治理、长江中下游防护林、生态林业经济基地、"矿山复绿"示范工程等项目建设，全面开展机关、村庄、公路、河道和荒山的绿化工作。充分利用全市学校、机关、企事业等单位的人力资源优势，在锡矿山地区分区域建立实践活动基地，开展植树造林和荒山土壤改造工作，每年进行评比和表彰，同时，也可以在区域内开展美丽乡村、美丽社区评选活动，掀起一轮"人人重环保，家家搞绿化"的热潮。

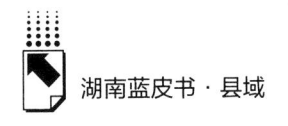

（四）以人为本，高效全面解决民生问题

以保障和改善民生为根本出发点和落脚点，扎实推进各项民生工程，着力解决群众居住安全、饮水安全、出行安全等民生问题。

1. 居住安全

抓好采空区居民、学校、企业和行政事业单位的搬迁工作，重点加快推进锡矿山宝大兴重金属污染避险安置工程、闪星锑业国有工矿棚户区改造工程和矿山中心学校、矿山完小异地建设。争取将位于采空区的矿山乡政府驻地搬迁至谭家居委会，将中连乡政府驻地搬迁至诚意坪。

2. 饮水安全

切实加强锡矿山地区污水治理，同时依托闪星锑业"三供一业"改革，把锡矿山水厂并入改造后的闪星锑业居民供水系统，形成统一的锡矿山重金属污染区安全饮水供水系统。在相对分散、水源较好的地方，继续实施农村安全饮水工程建设，合理利用地下水，并定期发布饮用水水质检测信息。在现有饮用水存在困难的地区，只要条件允许，尽量集中规划饮用水源、输水管线，改变过去的单户引水方式，并对水源地进行保护。

3. 出行安全

加快城镇和农村基础设施建设，重点抓好综合交通运输体系建设，争取温金公路按二级公路标准提质升级，争取温锡坪高速纳入全省高速公路规划网，推动温金公路、渣矿线、毛矿线形成"两纵一横"主干线路网，以及滴水至矿山、同兴至梓龙等公路按双向四车道标准改造。此外，全力抓好地质灾害治理，尽快完成资源枯竭城市矿山地质环境治理重点工程，加强无主尾矿库和民营锑矿整合关闭后遗留安全隐患综合治理，提高锡矿山地区防灾减灾能力。

B.39
新化县文化旅游业发展研究报告

新化县人民政府

新化县位于湖南中部,面积3642平方公里,人口140万(2012年),素有"湘中宝地"之称。新化是梅山文化的核心区域,是中国梅山文化艺术之乡、中国蚩尤故里文化之乡、全国武术之乡。2013年以来,新化县委、县政府紧紧抓住列入全省首批文化旅游产业重点县这一历史性机遇,通过打造精品景区提升吸引力、宣传营销提高知名度、策划活动提高影响力,按照"高端规划引领、战略项目带动、基础设施先行"的工作思路高位推进,文化旅游业实现了提质升级和跨越式发展。

一 新化县扶持文化旅游业发展的主要做法

(一)高端规划,描绘发展蓝图

获评全省文化旅游产业发展重点县后,新化县原有的旅游总规及一些景区规划就显得等级低、理念落后,远远满足不了产业发展的需要,在湖南省旅游局的大力支持下,严格招投标程序,遴选旅游规划名家,按照顶层规划的标准,策划了"新化县旅游规划体系编制"项目并安排专项资金予以实施,通过规划引领新化文化旅游大发展、大提升、大跨越。该项目包括新化县旅游目的地体系策划与规划,紫鹊界梯田景区、大熊山旅游区、梅山古镇景区、龙湾国家湿地公园、古桃花源等核心景区的修建性详细规划以及新化县休闲农业与乡村旅游总体规划、紫鹊界重要农业文化遗产保护规划等,目前已经完成编制并通过评审,为全县文化旅游产业发展描绘了蓝图、指明了方向。

(二)高位推进,形成强大活力

在广泛外出考察学习、深入县内调查研究的基础上,邀请魏小安、叶文

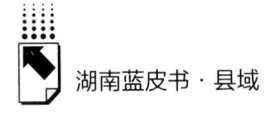

智、杨振之等国内知名文化旅游专家对县内旅游资源、景区建设等进行挖掘梳理、问诊把脉。充分吸纳各方面意见，确立了"旅游立县"战略、"全民兴旅、全业融合、全景梅山"总体工作思路和"一心两翼，多点发力"的旅游空间布局，提出用5年左右的时间，将新化建设成为全省重要的文化旅游休闲基地和国内著名、国际知名的新兴旅游目的地，把文化旅游产业作为全县的"一号工程"，予以全力推进。

（三）狠抓项目，促进景区升级

按照"领导联点、部门联手、全民联动"的文化旅游项目建设工作思路，出台《新化县文化旅游产业发展三年（2013~2015年）赶超行动计划》，对景区建设、产业发展等进行全面安排部署，将工作任务落实到具体时间、责任单位和挂点领导。一是重点景区建设全面提速。实施了大熊山景区综合服务设施、中华蚩尤文化园、大熊山地质灾害防治、紫鹊界梯田-梅山龙宫风景名胜区自然文化双遗产保护第一期工程等一系列省文化旅游专项资金项目。大熊山景区主停车场基础工程、游客中心主体工程、宗教文化区熊山寺改扩建工程已经完工，蚩尤文化区寨门、蚩尤大殿、五郎寨、桃源峒、综合服务区等配套设施基本完工；紫鹊界景区丫髻寨游览区建设、安置街房屋风貌改造、观景台改造升级等项目已经基本完工；桃花源4A级景区建设工程全面启动，完成游步道建设和部分民居风貌改造；梅山古镇已完成国有资产归集工作，着手进行青石板和风貌改造建设。二是旅游目的地提质建设卓有成效。三联峒景区和渠江源景区完成一期工程建设，正式开始营运；投资7.8亿元的城东沿江生态风光带基本建成；古桃花源景区完成20公里旅游公路硬化以及旅游基础设施配套；梅山古镇成功创建为省级历史文化名城；投资1.8亿元的梅山民俗文化村、投资6000万元的渠江薄片茶文化主题公园已经竣工营业；梅山武术文化城完成选址、立项、可研等前期工作；全县旅游标识标牌系统建设已经动工建设；紫鹊界景区避让公路（文田—奉家）路面及安保工程通过验收，紫鹊界景区公路连接线路面工程基本完工，紫鹊界景区旅游环线已经建好水稳层。

（四）整合资金，加大建设投入

新化县委、县政府抢抓获评全省文化旅游产业重点县和中央财政资金向集中连片贫困地区基础设施和民生领域倾斜的政策机遇，出台了专门的资金整合办法，按照"项目对接、资金对口"原则，着力凝聚捆绑财政资金主攻重点、办成大事的发展共识，整合扶贫办、交通局、住建局、农开办、水利局、林业局、农业局等相关单位30%以上的项目资金，完成了景区环线公路150公里、紫鹊界连接线36公里、县城白加黑改造15公里、资江三桥等旅游项目工程。2015年，新化县进一步细化文化旅游产业部门帮扶政策，印发了《新化县2015年文化旅游特色产业发展任务分解表》，将景区建设任务细化到村，管理任务细化到户，业态发展任务落实到各职能部门，安排100家单位，帮扶26个重点村，具体完成9项工作任务，落实帮扶资金1000多万元。

（五）加大扶持，做强市场主体

围绕做大做强文化旅游市场主体这一目标，全面加强政府扶持和引导。先后出台《关于进一步加快文化旅游特色产业发展的决定》《新化县加快旅游业发展奖励实施细则（试行）》等一系列产业扶持政策。建立健全以县旅游投资公司为主的招商融资平台，编制了《新化县文化旅游储备项目库》，2013~2014年，新化县签署了紫鹊界梯田生态旅游度假村、车田江水库生态园、钓鱼岛休闲农业等总投资80多亿元的文化旅游项目招商引资协议；在2015年6月于深圳举办的港洽周招商会上，新化县一共推出了22个建设条件好、发展前景广、投资回报大的项目。有13个项目成功签约，引进文化旅游建设资金近30亿元；加大了金融贷款衔接力度，与中行、农行、建行、工行、农发行、农村信用联社等签订了贷款意向协议，意向融资额度达58亿元，目前已发放贷款3亿元。

（六）精准营销，提升旅游形象

紧紧围绕"蚩尤故里·天下梅山"品牌的打造，开展了一系列营销活动。精心制作旅游宣传品重点实施六个一工程，即一部微电影、一部旅游风光片、一套梅山文化丛书、一本旅游宣传画册、一幅旅游地图、一张旅游折页，对形象宣传、市场推广等环节进行品牌化管理；在中国（广东）国际旅游产业博览会、湖南省第五届旅游博览会等展会上，打造新化主题馆，举办专题推荐会；在意大利米兰世博会上举办紫鹊界梯田推介会，赢得了国际声誉；在高速

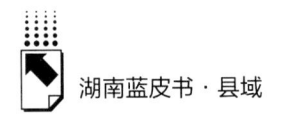

公路、长沙公交车、长沙地铁等地方投放长期广告；组织了"相约紫鹊"七夕活动和"紫鹊春天会"等活动；邀请一些省内文化名人、高级记者撰写一系列介绍新化文化旅游的文章在《湖南日报》头版刊登，在香港《文汇报》上刊登一系列介绍新化文化旅游的文章。

二 2013年以来文化旅游产业发展的主要成效

（一）景区可进入性初步实现

实施文化旅游产业重点县两年来，新化秉持交通先行的工作理念，争取和实施了一批重点交通项目，娄怀高速、沪昆高铁相继开通，长株潭、武汉城市群、珠三角、长三角等主要客源市场游客进入新化，时空距离得以大幅度缩短。利用专项资金和捆绑部门资金建设紫鹊界景区连接线、避让公路以及紫鹊界、大熊山、桃花源等几大景区的旅游环线，景区可进入性得以初步实现。

（二）景区品质形象明显提升

近两年来，新化加强资金归集，整合捆绑全县的相关项目资金并集约化使用，成块投入建设大熊山、紫鹊界梯田、梅山古镇三大核心景区，景区的品质和形象得以大幅度提升。大熊山景区通过建设中华始祖蚩尤文化园、熊山寺寺庙群、游客中心、春姬峡蚩尤谷游步道、熊峰游道、原始森林栈道，打造了一个集寻根、祈福、休闲、避暑、观光于一体的综合性景区，一个中华蚩尤文化圣地、湖南宗教文化圣地、湖南生态度假中心崛起于湘中大地；大紫鹊界景区通过对观景台的提质升级改造、锡溪河沿线景观的打造、旅游环线的建设、民居风貌的改造，一个梯田风光、农耕文化深度结合的龙头景区有了质的提升。

（三）专项资金撬动效应明显

文化旅游产业重点县项目实施后，湖南省财政每年投入一个亿，激活了新化文化旅游产业发展这"一池春水"，大量的民间资本投入文化旅游项目，形成百花齐放的盛况。湘中文化旅游集团投资1.8亿元建设了集梅山文化展示、餐饮接待、休闲观光于一体的梅山文化民俗村，新化三联洞旅游发展有限公司投资1.2亿元建设了集生态观光、特种养殖、特色饮食于一体的三联洞冰泉景区，新康建设公司投资7.8亿元与政府合作开发建设了资江沿江生态风光带，2013~2014年吸引民间投资文化旅游项目63.33亿元。

（四）旅游品牌影响日益增强

获评全省文化旅游产业重点县以来，通过大力开展景区建设、宣传营销，新化全面加快了品牌创建工作，荣获二十几项省以上品牌。紫鹊界梯田入选首批世界灌溉工程遗产名录，成为全球重要农业文化遗产；新化县成功创建为全国休闲农业与乡村旅游示范县；新化北塔和红二军团司令部旧址被评为国家文物保护单位；新化山歌、梅山傩戏、梅山武术被评为国家级非物质文化遗产；龙湾湿地被正式批复为国家湿地公园；水车镇正龙村、奉家镇下团村被评为全国美丽乡村；上团村、下团村、正龙村相继入选全国传统保护村落；下团村等9个村列入全国旅游扶贫重点村；五七农庄被评为全国三星级休闲农庄。事实证明，文化旅游产业成为新化县统筹城乡发展、加快转型升级、实现经济社会跨越发展最具核心竞争力的优势产业，在经济社会发展中的主导地位日益凸显。建设文化旅游产业重点县，实施"旅游立县"战略，新化县走上了一条切合实际、科学合理的县域经济发展的康庄大道。

三 新化县文化旅游业发展存在的主要问题

新化县文化旅游已经迎来快速发展、加速崛起的重要战略机遇期。综观前一段的工作，在以下一些方面还存在问题和困难：一是旅游规划设计既费精力更费时间，导致项目建设步伐偏慢；二是在引进和培育市场主体上效果不明显；三是在品牌营销策划上还没有找到最佳突破点；四是发展大旅游的工作合力还没有完全形成；五是现行用地政策严重影响项目建设进度；六是接待能力明显不足；七是旅游产业链条短，产业化水平低；八是旅游产业人力资源严重缺乏，制约旅游服务和经营管理水平等。这些都有待于迅速加以转变和解决，将文化旅游这个新化县的"一号工程"又快又好地推进。

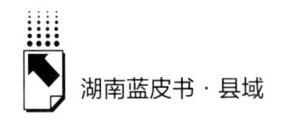

四 下一步工作重点

今后一段时间，将坚决践行新化县委、县政府对湖南省委、省政府的庄重承诺，积极应对宏观经济不景气的挑战，攻坚克难，不遗余力地全面完成工作任务：成功将紫鹊界景区打造成梯田风光、人文深度结合的知名景区，并完成5A级景区创建任务；成功将大熊山景区打造成融自然生态、特色文化为一体的度假胜地，并完成4A级景区创建任务；对梅山古镇进行初步打造，发挥其游客集散、文化体验、休闲消费的功能。全力推进县内旅游产业发展凝聚力的逐步增强，产业社会化投资持续升温，景区业态不断丰富。

（一）突出项目建设，推动核心景区提质升级

以申报承诺为目标，按照"三年行动计划"安排和"一心两翼"空间布局，重点抓好大熊山蚩尤文化园二期、大熊山原始森林栈道、紫鹊界正龙村改造升级、古桃花源、梅山古镇等重点旅游项目建设，加快标识标牌、星级酒店、自驾游营地等基础接待设施建设，不断提升和丰富新化文化旅游项目，增强旅游新看点、新玩点，推动核心景区全面提质升级。

（二）突出景区管控，着力建设"全景梅山"

倍加珍惜原生、遗存的宝贵生态资源，从最高角度、最严限度认识和处理自然生态与经济建设、居民需求的关系，停止审批对生态环境破坏严重的工业类项目；禁止在主要公路沿线控制范围内建房、堆放材料；禁止在"一心两翼"公路沿线可视范围内挖山、采石、淘砂；禁止在资江城区段及景区沿线江河河道淘砂，核心景区内禁渔、禁猎。

（三）突出业态拓展，扩大文化旅游发展空间

依据全县旅游目的地体系规划，按照三大核心景区功能布局，在"蚩尤故里·天下梅山"品牌的引领下，充分挖掘市场投资需求、完善业态设计，坚持大资金投入和小投资落地两手抓，为不同阶层、各年龄段游客提供内容丰富、形式多样的个性化服务。做到景区服务各有特色、相通互补。同时，积极

拓展观风光、赏文化、玩民俗、享美食、游乡间、话市井、购特产等特色休闲服务新业态，进一步树立紫鹊界梯田观光品牌、梅山文化源头品牌、运动休闲养生品牌、千年古邑生活体验品牌形象，拓展发展空间，提升市场竞争力。

（四）突出宣传促销，做大做强旅游品牌

科学策划宣传营销活动，把准文旅相融、文旅互促的宣传定位，与知名旅行社建立战略合作关系，拉动团体旅游。以信息化为切入口，积极创新营销体系，采取政府购买服务等方式，逐步实现政府旅游宣传促销专业化、市场化。针对景区业态和游客市场需求分景区、有计划、选重点开展宣传促销活动，做到宣传突出品牌特色，活动突出经济效益。加快建好旅游信息服务平台，以平台带动群众参与、推动"全民兴旅"，以平台强化旅游宣传、树立旅游品牌，以平台监管景区服务、树立市场口碑，以平台带动招商引资、提升产业活力，从而进一步提升"蚩尤故里·天下梅山"旅游品牌的知名度和美誉度。

B.40
凤凰县特色县域经济发展研究报告

赵海峰*

凤凰县位于湖南省西部,史称"西托云贵,东控辰沅,北制川鄂,南扼桂边"。全县总面积1745平方公里,辖17个乡镇340个行政村7个社区9个居委会,总人口42.3万,由苗、汉、土家等28个民族组成,其中少数民族31.13万人,占总人口的73%,是典型的少数民族聚居县,属国家扶贫开发工作重点县,湖南省首批特色县域经济重点县。

一 凤凰县特色县域经济发展现状

"十二五"期间,凤凰县立足优势资源,大力发展文化旅游产业,促进县域经济转型发展,走出一条以文化旅游产业为主导,带动农业产业化、新型城镇化、新型工业化的"一业带三化"特色县域经济发展的路子。2015年,全县实现生产总值69.5亿元,是2011年的1.67倍,年均增长12.0%;财政收入突破8.2亿元,是2011年的2.4倍,年均增长24.4%;完成全社会固定资产投资47.9亿元,是2011年的1.39倍,年均增长21.1%;完成全社会消费品零售总额40.3亿元,是2011年的1.84倍;实现城镇居民人均可支配收入19035元,农民人均纯收入7288元,分别是2011年的1.5倍和1.8倍,年均增长10.6%和16.1%。

(一)文化旅游产业转型步伐加快

一是抓规划定格局。完成了凤凰县旅游发展总体规划、古城保护规划、乡村游开发规划等一系列旅游发展总规详规的修订编制,形成了以古城景区

---

* 赵海峰,凤凰县人民政府县长。

为核心，对接飞水谷—南方长城—拉毫营盘—天龙峡—黄丝桥—舒家塘的旅游西线，链接生态文化公园—凤凰（长潭岗）国际休闲度假区的旅游中线，连通大山江景区—八公山景区—天星山景区的旅游北线"三条精品线路"，大旅游发展格局已初步成型。二是抓管理提品质。完成了古城夜景亮化、沱江景观桥、熊希龄展览馆、十里沱江风光带及古城美化绿化等一批古城景区提质建设，实施了沱江清淤保洁、古城门窗整治、古城居民化粪池改造、污水管网建设等一系列古城保护工程，加快了飞水谷、天龙峡、拉毫营盘、苗人谷、老家寨等乡村游景区建设，推进了舒家塘、黄丝桥古城等一批传统村落、文物古迹保护开发，新增了奇梁洞、南华山2个国家4A级景区，文化旅游整体品质明显提升，游客停留时间由1.2天延长到1.8天。完成了23个乡村游景点整合经营规范管理，推进了旅游管理服务新体系改革，深入开展旅游环境综合整治，出台了支持涉旅行业转型升级发展的优惠政策，明确了文化演艺、涉旅行业审批程序，建立了行业标准，推进文化旅游规范快速发展，旅游市场秩序明显好转。三是抓营销强品牌。成功举办了中国·凤凰苗族银饰文化节、世界围棋巅峰对决赛、凤凰国际摄影双年展、"边城"音乐节等一系列富有影响力的活动，先后组团参加韩国首尔第八届哈拿多乐旅游博览会、上海国际旅游博览会、重庆旅游推介会，深入上海、浙江、重庆、江苏等重要客源地进行宣传促销，凤凰文化旅游品牌不断提升。2015年，全县共接待游客1200万人次，实现旅游收入103.2亿元，分别年均增长18.4%和29%。

（二）现代农业规模日益壮大

一是结构调整步伐加快。围绕"园区景区化、农旅一体化"的思路和要求，大力发展现代农业，加快农业向生态、绿色、有机方向转变。出台《关于加快推进现代农业产业发展的实施意见》（凤发〔2015〕1号）文件，大力推进特色农业连片开发及产业基地建设，形成腊尔山台地等"山上"片区以蔬菜、养殖、烟叶为主，"山下"片区以特色水果、观光农业为主的产业开发布局。二是发展规模不断扩大。投资1.42亿元，开工建设农业标准园42个，完成农业园区建设总面积4.9万亩，建成蔬菜、猕猴桃等各类产业基地32个，新增种植面积1.5万亩，建成现代农业产业标准园20个，新建农民专业合作社82个，腊尔山片区万亩反季节有机蔬菜产业园、凤大二级路沿线万亩生态农业观光产业园、菖蒲塘片区万亩现代农业产业综合示范园等3个万亩以上标准园已具雏形。三是产业效益持续增长。到2015年全县实现农业生产总值14.18亿元，实现蔬菜种植12万亩，特色水果种植19.8万亩，烟叶种植稳定在3万亩左右。累计成立农业专业合作社182个，成功创建州级畜禽标准化示范场4个，农业经营方式呈现由传统的"分散化经营"向"适度规模化经营"转变，提高了经营效益。

（三）新型工业集聚效应凸显

一是工业转型初见成效。坚持了既保护地上青山绿水，又保护地下财富的工业发展思路，推进工业发展向绿色工业、旅游工业、扶贫工业转型，有力推动凤凰工业特色化、生态化转型发展。到2015年，矿产品加工企业户数占规模企业比重从原来的53%下降至40%，食品加工企业和旅游商品加工企业从原来的1家增加到目前的5家，工业绿色转型进一步加快。二是园区建设进展顺利。2013年以来，凤凰工业集中区累计投入5.9亿元，完成标准化厂房建设5万多平方米，内部装饰装修已基本完成，阿牛食品、松桂坊、井泉食品等7家旅游商品和农副产品加工企业正式入园发展。三是工业经济平稳发展。到2015年，全县规模工业增加值4.4亿元，五年年均增长7.9%；规模企业已达24家，比2011年净增13家，其中食品加工企业和旅游商品加工企业4家。同时，大力支持民族企业发展，五年累计为"两民"企业发放贷款贴息2000万元。

（四）产业发展基础明显增强

一是道路交通网络更加畅通便捷。2012年吉怀高速建成通车，2013年凤大高速建成通车，2014年铜仁凤凰机场改扩建完成通航，2015年成功争取张吉怀高铁设站凤凰，凤凰迈进了高速航空时代，取得了走进高铁时代的"通行证"。完成G209改造，争取了G354、G352、S336国省道建设和凤大二级升级改造项目，完成下沱公路、奇潭公路、堤溪大桥等县乡骨干公路建设，加快推进凤木公路、凤大高速南长城互通等公路建设，畅通了县域交通"大动脉"。五年来，全县新增公路通车里程567公里，共建成乡村公路268条882.52公里，新建通村组公路390.8公里，完成危桥改造（建）29座，完成21个农村客运站247个农村客运招呼站建设，行政村通路率和硬化率分别达100%和98%，主要聚居自然寨通路率达99.3%，凤凰对外交通更加便捷，降低了运输成本。二是城市居住环境更加宜居宜业。完成G209绕城线、城北旅游专用通道、堤溪二级路连接线、城北连接线路等城区道路建设，金坪大道、红旗大道、边寨路、大众路、廖潭路等城区路网建设进展顺利，13平方公里新区骨架基本成型。实施了城北家苑、诚信家苑、凤凰世纪城、凤凰现代城、凤凰星城、鸿景铭苑、鑫桂园、翡翠城、翰林一品等一批城市住宅小区建设。推进了法院审判庭、档案馆、森林公安业务用房、公安局业务用房、地质博物馆、县委党校、沱江小学、思源学校、南华中学、城北旅游停车场及游客服务中心、王家寨安置区、四方井安置区等一批公共服务设施的建设，加快了生态文化公园、凤凰之窗、总部经济园等一批产业设施的建设，确保新区建成设施完善、环境优美的城市经济文化新中心。完成凤凰路、桔园路、南华路、虹桥路、水田路、城北大道等主街道与人行道改造，完成190多条背街小巷改造硬化。完成美食街、原农机局、人民医院等区域性改造建设。完成了沱江中心市场、团结市场搬迁，完成原财政局办公楼等5栋旧建筑拆除，正式启动了城市棚户区改造建设。完成古城下水道清淤、城区电网改造升级及燃气管网、污水收集管网、供水管网入地等一批市政工程建设。实施垃圾中转站、古城旅游公厕等一批公共服务设施建设，城区承载力大幅提升，城区人气更加旺盛，消费市场更加活跃。三是农村发展条件更加优越美好。重点抓好集镇建设，完成了阿拉、麻冲、千工坪等7个乡镇农贸市场建设，完成腊尔山、山江、吉信等6乡镇街道硬化亮化，完成吉信、阿拉营集中供水及农村安全饮水工程115处，保障了16.2万人的饮水安全。重点抓好乡村生态环境建设，完成都里乡古双云村、廖家桥镇廖家桥村和樱桃坳村农村环境整治工程，退耕还林国家验收结果达到5个100%，凤凰县成为全国第二批水生态文明城市建设试点，全县水质和空气达标率为100%。重点抓好乡村水利设施建设，5年累计完成了16座重点小Ⅱ型水库及30座普通小Ⅱ型水库除险加固，完成306口山塘和162座河坝建设整治，完成429公里渠道改造维修，产业发展平台得到进一步夯实，产业发展前景更加光明，新型城乡新业态将更具活力。

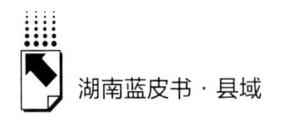

二 存在主要问题及成因

虽然凤凰县特色产业发展取得了一定成效，但还存在一些困难和问题，主要表现为：一是经济规模弱小。由于凤凰县是国家级贫困县，县、乡级财政困难，大多贫困村没有集体经济，群众生产生活贫困，发展产业积极性不高，产业"空白村"现象较为普遍，产业发展任务艰巨。二是基础设施滞后。凤凰属喀斯特地形山区县，基础设施相对薄弱，农民人均耕地少，土地贫瘠，土地、资金等生产要素瓶颈问题突出，"水、电、路、气、房"等设施尚未完善，制约特色产业发展壮大。三是特色挖掘不够。境内自然、人文等特色资源开发深度不够，特别是乡村旅游景区景点处于低水平发展阶段，民族文化内涵挖掘不够，现代农业尚处于起步阶段，尚未形成高端产品和完整产业链，缺少市场吸引力。

三 下一步工作措施

"十三五"期间，凤凰县将紧紧围绕建设"国际旅游目的地、高寒山区扶贫攻坚试点县、知名生态文化公园"目标，继续坚持文化旅游"一业带三化"特色县域经济发展之路，以推进文化旅游转型升级和精准扶贫为抓手，用好机遇，攻坚克难，把凤凰特色产业做大、做强、做精、做深，全力推动县域经济跨越发展。

（一）以优化产业布局为依托，延长产业发展链条

一是加快文化旅游转型升级。按照旅游发展突出建设古城景区、新城国际旅游休闲度假区和乡村休闲度假游带及零星优质小景点的"两区一带 N 个点"布局，全力打造旅游精品景区和高品质服务产品，力争2020年实现接待游客500万人次以上，旅游收入突破200亿元。①古城景区突出扩容提质。以凤凰古城创建5A级景区为抓手，加快十里沱江风光带工程、南华山整体开发二期工程、青山抱古城、听涛公园、凤鸣谷度假休闲区、文星苑、沈从文展览馆等古城景区景点提质项目建设，大力实施古城风貌整治与环境治理，抓好蚂蟥

庙、城隍庙等文物遗迹修复保护，大力实施古城绿化美化净化工程，力争2016年完成古城居民化粪池改造，让古城更加古朴、美丽。②新城区突出国际旅游休闲度假区建设。以文化旅游经济开发区建设为重点，加快廻龙溪休闲度假养生基地、凤凰生态文化公园建设步伐，建好民俗文化体验区、休闲度假区、自驾游营地、游乐园、特色植物园等一批旅游休闲体验项目，建设凤大二级路国际旅游休闲度假区，打造城在景中、景在城中的城市旅游产品。③乡村游突出乡村休闲度假产品建设。加快八公山、天星山、长潭岗库区等乡村游景区连片开发，加快乡村旅游路网建设，创新乡村旅游开发投资与利益分配机制，力争2~3年建成2个以上乡村游4A级景区，带动社会资本建成一批乡村酒店、山地客栈等乡村休闲服务设施，实现游乡村、住乡村、体验乡村。④旅游综合体建设突出特色打造。以打造乡村游精品线路和布局精品乡村游景点链为拓展，以传统特色村落为依托，围绕飞水谷—菖蒲塘—鸭堡洞、塘桥—天星—舒家塘、天龙峡—满江—鸭堡洞、黄丝桥—拉毫—永兴、山江—雄龙—凉灯等多个三点一体化景点链，加快开发苗族生态文化乡村游路线。通过打造古城—国际旅游休闲度假区—乡村游"三位一体"及诸多风情小镇群星拱月的发展格局，带动观光农业、休闲农业、特色农业及农产品加工业的快速发展，带动全县三大产业转型升级。二是全力推进新型工业化。坚守生态保护底线，围绕服务文化旅游发展，着重延伸上下游产业链条，以加快工业集中区为抓手，力争3年内完成工业集中区30万平方米标准化厂房建设，完善给排水管网、电力、消防及绿化等配套设施，鼓励和支持总部经济企业、旅游商品加工业、现代服务业、"两民"企业入园发展，把工业园区建设成为集观光旅游、演艺接待、商品加工展示、仓储物流及非物质文化遗产传承保护于一体的综合性开发的新型工业区。抓好苗族银饰服饰、猕猴桃、生姜等旅游工艺品、农产品加工研发生产，培育壮大一批地方特色小微企业，建设凤凰特色新型工业体系。三是全力推进现代农业建设。以产业园区建设为载体，大力发展一批观光农业、休闲农业和现代农庄，重点突出抓好以腊尔山片区万亩有机富硒反季节蔬菜为主导的国家级现代农业综合产业示范园；以凤大二级公路沿线的万亩生态观光农业为主导的国家级现代农业综合产业园；以林峰、水打田、木江坪、官庄为核心的沱江下游万亩柑橘、油茶、油菜为主导的产业示范园；以209国道沿线、万溶江流域万亩生姜、蔬菜为主导的产业示范园；

以麻冲、山江、千工坪、木里为核心的万亩传统农业、林下经济及乡村旅游为主导的产业示范园等5个产业示范园；力争三年内完成5个农业示范园和100个农业产业标准园建设。同时，围绕乡村旅游休闲度假景区景点建设，抓好凤大二级路、千麻公路、下沱公路、G209等乡村旅游路网沿线林相改造、观光农业布置，扶持发展一批现代农庄、乡村农家乐等休闲农业，提高现代农业附加值。

（二）以统筹城乡建设为抓手，夯实产业发展基础

围绕建设宜居宜游宜业的国际旅游目的地城市目标，按照产城融合发展模式，全力推进县城、重点乡镇、中心村和特色村寨建设。一是抓好城市扩容。按照城市发展向凤大二级路沿线、向城北方向、棉寨方向发展的格局，加快新区土地征收及项目报批工作，力争3年内完成土地储备2万亩，完成红旗大道、凤大二级路升级、凤大高速南长城互通，镇簳路、大众路、边寨路、廖潭旅游公路等13平方公里新区路网建设，力争5～10年建成以国际休闲度假区、生态文化公园等重大项目群为主要支撑的红旗新城区，以城北游客服务中心及大型旅游停车场等为主要支撑的城北综合服务区，以凤鸣谷休闲度假区、沱江下游景观开发为主要支撑的棉寨新区，尽快启动高铁新城建设，力争2020年实现20平方公里20万人口的城市规模。二是加快城市提质。在严格保护古城的基础上，以城市棚户区改造和海绵城市为两大抓手，力争3年完成投资30亿元，抓好改造区建设及安置区配套设施建设，配套建设学校、医疗卫生、停车场、体育娱乐、给排水、供电供气、通信网络、商贸物流等城市功能服务设施，建设居住舒适、环境美好的新型城市。三是推进新型乡镇建设。结合文化旅游、工业园区、边界集市、商贸流通等优势要素，加快中心乡镇建设。在发展旅游的带动下，加快千麻公路、山江至麻冲公路的扩能速度，抓好千麻公路两边特色民居的保护工作，大力打造山江民俗文化旅游重镇、阿拉营文化大镇，促进千工坪、麻冲、落潮井、廖家桥旅游产业的发展，打造环县城游憩乡镇经济圈。对接吉凤工业园产业链，打造竿子坪、三拱桥工业园产业转移区。同时，加快乡镇基础设施、服务设施、产业开发力度，加快城市基础设施进乡村、城镇服务进乡村、城镇产业进乡村，加速"中心城区+乡镇+特色村寨型+集体农庄"特色发展模式。

（三）以实施精准脱贫为动力，激发产业发展活力

坚持以人为本、民生优先，切实保障和改善民生，让城乡居民共享改革发展成果。一是全力推进精准脱贫。按照习近平总书记提出的"四个切实"、"五个一批"和"六个精准"要求，"十三五"期间计划总投资400亿元以上，大力实施"基础设施、特色产业、文化旅游、转移就业、生态建设、教育发展、医疗救助、社保兜底、公共服务"等精准脱贫工程，确保到2020年贫困县摘帽，200个贫困村全部出列，8.3万贫困人口整体脱贫，稳定实现农村贫困人口不愁吃、不愁穿，农村贫困人口义务教育、基本医疗、住房安全和养老有保障。二是全面落实扶贫责任。严格实行党政"一把手"负总责的限期脱贫责任制，落实领导挂联、部门挂包、第一书记驻村帮扶制度，开展支医助教、文化下乡、科技推广等扶贫活动，实现精准脱贫到村到户到人。确保每一个贫困村有一个帮扶规划，有一个驻村帮扶工作队，每个贫困户都有帮扶责任人和具体帮扶措施，有一套考核奖惩机制，落实"工作到村、责任到人、措施到户"的工作要求。三是加大督察考核力度。将精准脱贫工作纳入各县直单位及乡镇综合绩效考核内容，整合县委办、县政府办、县纪委、县委组织部、精准脱贫攻坚办、开发办、驻村办等七办督察力量，对精准脱贫各项工作落实情况进行专项督察、重点督察和不定期抽查，推动工作落实，确保群众得到真正实惠。加大扶贫资金监督检查和审计力度，强化考核结果应用，提高工作效率。要突出加大产业发展知识宣传和教育力度，营造良好的精准脱贫工作氛围，引导群众发挥主观能动性，切实增强产业发展信心。

（四）以强化要素保障为支撑，增强产业发展后劲

发展特色产业关系凤凰经济转型升级，事关全县经济发展大局，要发展凤凰特色产业，必须强化要素保障，确保特色产业项目能够落地实施。一是注重特色抓规划。突出"民族特色、山区特点、时代特征"，高标准抓好凤凰国际休闲度假区建设、凤凰总部经济园建设和廻龙溪休闲度假养生基地、高铁新城规划、凤凰县特色产业等规划编制工作，启动凤凰历史文化名城保护规划编修工作，加快推进落潮井、阿拉营等特色乡镇及第四批特色村落保护发展规划编制工作，力争村庄年内实现规划全覆盖，为特色县域经济发展奠定坚实的基

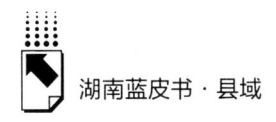

础。二是创新思路抓融资。用好用活优惠政策，加大招商引资力度，在招大商、招好商上有新突破，2016年力争完成招商引资33亿元。围绕实现资源资产化、资产资本化、资本证券化，抓好国有资源归集盘活，力争2016年完成国有资产归集100亿元，实现铭城公司发债8亿元以上。积极对接金融机构贷款，抓好项目谋划储备，创新BOT、PPP等新型融资模式，用好用活社会资本，解决产业发展资金瓶颈。三是千方百计保供地。完成4个村中央灾毁补助项目、5个村土地综合整治项目、5个村土地开发项目，确保完成土地整理1.5万亩以上，实现新增耕地2300亩，全力保障耕地占用指标。加大建设用地流转、征收和报批力度，确保年内报批土地2000亩以上，新增储备土地1500亩以上，为产业开发用地提供保障。四是不拘一格选人才。注重抓好规划、项目、金融、营销等专业型人才引进，加强本土人才培育，健全人才选用机制，营造唯才是用、人尽其才的良好环境。创新与高等院校、专业机构合作机制，拓宽业务外包领域，充分利用外在人才资源，实现借智借力谋发展。优化人才成长、发展、干事的创业环境，大力扶持大学生、技术人员创业，打造人才集聚地。加大培训力度，提升产业开发能力。

权威·前沿·原创

社会科学文献出版社

皮书系列

2016年

盘点年度资讯 预测时代前程

社会科学文献出版社 学术传播中心 编制

社长致辞

我们是图书出版者,更是人文社会科学内容资源供应商;

我们背靠中国社会科学院,面向中国与世界人文社会科学界,坚持为人文社会科学的繁荣与发展服务;

我们精心打造权威信息资源整合平台,坚持为中国经济与社会的繁荣与发展提供决策咨询服务;

我们以读者定位自身,立志让爱书人读到好书,让求知者获得知识;

我们精心编辑、设计每一本好书以形成品牌张力,以优秀的品牌形象服务读者,开拓市场;

我们始终坚持"创社科经典,出传世文献"的经营理念,坚持"权威、前沿、原创"的产品特色;

我们"以人为本",提倡阳光下创业,员工与企业共享发展之成果;

我们立足于现实,认真对待我们的优势、劣势,我们更着眼于未来,以不断的学习与创新适应不断变化的世界,以不断的努力提升自己的实力;

我们愿与社会各界友好合作,共享人文社会科学发展之成果,共同推动中国学术出版乃至内容产业的繁荣与发展。

社会科学文献出版社社长
中国社会学会秘书长

2016年1月

社会科学文献出版社
SOCIAL SCIENCES ACADEMIC PRESS (CHINA)

社会科学文献出版社成立于1985年，是直属于中国社会科学院的人文社会科学专业学术出版机构。

成立以来，特别是1998年实施第二次创业以来，依托于中国社会科学院丰厚的学术出版和专家学者两大资源，坚持"创社科经典，出传世文献"的出版理念和"权威、前沿、原创"的产品定位，社科文献立足内涵式发展道路，从战略层面推动学术出版五大能力建设，逐步走上了智库产品与专业学术成果系列化、规模化、数字化、国际化、市场化发展的经营道路。

先后策划出版了著名的图书品牌和学术品牌"皮书"系列、"列国志"、"社科文献精品译库"、"全球化译丛"、"全面深化改革研究书系"、"近世中国"、"甲骨文"、"中国史话"等一大批既有学术影响又有市场价值的系列图书，形成了较强的学术出版能力和资源整合能力。2015年社科文献出版社发稿5.5亿字，出版图书约2000种，承印发行中国社科院院属期刊74种，在多项指标上都实现了较大幅度的增长。

凭借着雄厚的出版资源整合能力，社科文献出版社长期以来一直致力于从内容资源和数字平台两个方面实现传统出版的再造，并先后推出了皮书数据库、列国志数据库、"一带一路"数据库、中国田野调查数据库、台湾大陆同乡会数据库等一系列数字产品。数字出版已经初步形成了产品设计、内容开发、编辑标引、产品运营、技术支持、营销推广等全流程体系。

在国内原创著作、国外名家经典著作大量出版，数字出版突飞猛进的同时，社科文献出版社从构建国际话语体系的角度推动学术出版国际化。先后与斯普林格、博睿、牛津、剑桥等十余家国际出版机构合作面向海外推出了"皮书系列""改革开放30年研究书系""中国梦与中国发展道路研究丛书""全面深化改革研究书系"等一系列在世界范围内引起强烈反响的作品；并持续致力于中国学术出版走出去，组织学者和编辑参加国际书展，筹办国际性学术研讨会，向世界展示中国学者的学术水平和研究成果。

此外，社科文献出版社充分利用网络媒体平台，积极与中央和地方各类媒体合作，并联合大型书店、学术书店、机场书店、网络书店、图书馆，逐步构建起了强大的学术图书内容传播平台。学术图书的媒体曝光率居全国之首，图书馆藏率居于全国出版机构前十位。

上述诸多成绩的取得，有赖于一支以年轻的博士、硕士为主体，一批从中国社科院刚退出科研一线的各学科专家为支撑的300多位高素质的编辑、出版和营销队伍，为我们实现学术立社，以学术品位、学术价值来实现经济效益和社会效益这样一个目标的共同努力。

作为已经开启第三次创业梦想的人文社会科学学术出版机构，我们将以改革发展为动力，以学术资源建设为中心，以构建智慧型出版社为主线，以"整合、专业、分类、协同、持续"为各项工作指导原则，全力推进出版社数字化转型，坚定不移地走专业化、数字化、国际化发展道路，全面提升出版社核心竞争力，为实现"社科文献梦"奠定坚实基础。

经 济 类

经济类皮书涵盖宏观经济、城市经济、大区域经济，提供权威、前沿的分析与预测

经济蓝皮书
2016年中国经济形势分析与预测

李 扬 / 主编　　2015年12月出版　　定价：79.00元

◆ 本书为总理基金项目，由著名经济学家李扬领衔，联合中国社会科学院等数十家科研机构、国家部委和高等院校的专家共同撰写，系统分析了2015年的中国经济形势并预测2016年我国经济运行情况。

世界经济黄皮书
2016年世界经济形势分析与预测

王洛林　张宇燕 / 主编　　2015年12月出版　　定价：79.00元

◆ 本书由中国社会科学院世界经济与政治研究所的研究团队撰写，2015年世界经济增长继续放缓，增长格局也继续分化，发达经济体与新兴经济体之间的增长差距进一步收窄。2016年世界经济增长形势不容乐观。

产业蓝皮书
中国产业竞争力报告（2016）NO.6

张其仔 / 主编　　2016年12月出版　　定价：98.00元

◆ 本书由中国社会科学院工业经济研究所研究团队在深入实际、调查研究的基础上完成。通过运用丰富的数据资料和最新的测评指标，从学术性、系统性、预测性上分析了2015年中国产业竞争力，并对未来发展趋势进行了预测。

皮书系列 重点推荐　　经济类

G20国家创新竞争力黄皮书
二十国集团（G20）国家创新竞争力发展报告（2016）

李建平　李闽榕　赵新力/主编　　2016年11月出版　估价：138.00元

◆ 本报告在充分借鉴国内外研究者的相关研究成果的基础上，紧密跟踪技术经济学、竞争力经济学、计量经济学等学科的最新研究动态，深入分析G20国家创新竞争力的发展水平、变化特征、内在动因及未来趋势，同时构建了G20国家创新竞争力指标体系及数学模型。

国际城市蓝皮书
国际城市发展报告（2016）

屠启宇/主编　　2016年2月出版　　定价：79.00元

◆ 本书作者以上海社会科学院从事国际城市研究的学者团队为核心，汇集同济大学、华东师范大学、复旦大学、上海交通大学、南京大学、浙江大学相关城市研究专业学者。立足动态跟踪介绍国际城市发展实践中，最新出现的重大战略、重大理念、重大项目、重大报告和最佳案例。

金融蓝皮书
中国金融发展报告（2016）

李扬　王国刚/主编　　2015年12月出版　　定价：79.00元

◆ 本书由中国社会科学院金融研究所组织编写，概括和分析了2015年中国金融发展和运行中的各方面情况，研讨和评论了2015年发生的主要金融事件。本书由业内专家和青年精英联合编著，有利于读者了解掌握2015年中国的金融状况，把握2016年中国金融的走势。

农村绿皮书
中国农村经济形势分析与预测（2015~2016）

中国社会科学院农村发展研究所　国家统计局农村社会经济调查司/著
2016年4月出版　估价：69.00元

◆ 本书描述了2015年中国农业农村经济发展的一些主要指标和变化，以及对2016年中国农业农村经济形势的一些展望和预测。

4　权威 前沿 原创

经济类　皮书系列 重点推荐

西部蓝皮书
中国西部发展报告（2016）

姚慧琴 徐璋勇/主编　2016年7月出版　估价:89.00元

◆ 本书由西北大学中国西部经济发展研究中心主编，汇集了源自西部本土以及国内研究西部问题的权威专家的第一手资料，对国家实施西部大开发战略进行年度动态跟踪，并对2016年西部经济、社会发展态势进行预测和展望。

民营经济蓝皮书
中国民营经济发展报告 NO.12（2015～2016）

王钦敏/主编　2016年4月出版　估价:75.00元

◆ 改革开放以来，民营经济从无到有、从小到大，是最具活力的增长极。本书是中国工商联课题组的研究成果，对2015年度中国民营经济的发展现状、趋势进行了详细的论述，并提出了合理的建议。是广大民营企业进行政策咨询、科学决策和理论创新的重要参考资料，也是理论工作者进行理论研究的重要参考资料。

经济蓝皮书夏季号
中国经济增长报告（2015～2016）

李扬/主编　2016年8月出版　估价:69.00元

◆ 中国经济增长报告主要探讨2015~2016年中国经济增长问题，以专业视角解读中国经济增长，力求将其打造成一个研究中国经济增长、服务宏微观各级决策的周期性、权威性读物。

中三角蓝皮书
长江中游城市群发展报告（2016）

秦尊文/主编　2016年10月出版　估价:69.00元

◆ 本书是湘鄂赣皖四省专家学者共同研究的成果，从不同角度、不同方位记录和研究长江中游城市群一体化，提出对策措施，以期为将"中三角"打造成为继珠三角、长三角、京津冀之后中国经济增长第四极奉献学术界的聪明才智。

皮书系列 重点推荐　社会政法类

社会政法类

社会政法类皮书聚焦社会发展领域的热点、难点问题，提供权威、原创的资讯与视点

社会蓝皮书
2016年中国社会形势分析与预测

李培林　陈光金　张翼／主编　2015年12月出版　定价:79.00元

◆ 本书由中国社会科学院社会学研究所组织研究机构专家、高校学者和政府研究人员撰写，聚焦当下社会热点，对2015年中国社会发展的各个方面内容进行了权威解读，同时对2016年社会形势发展趋势进行了预测。

法治蓝皮书
中国法治发展报告 NO.14（2016）

李林　田禾／主编　2016年3月出版　定价:118.00元

◆ 本年度法治蓝皮书回顾总结了2015年度中国法治发展取得的成就和存在的不足，并对2016年中国法治发展形势进行了预测和展望。

反腐倡廉蓝皮书
中国反腐倡廉建设报告 NO.6

李秋芳　张英伟／主编　2017年1月出版　估价:79.00元

◆ 本书抓住了若干社会热点和焦点问题，全面反映了新时期新阶段中国反腐倡廉面对的严峻局面，以及中国共产党反腐倡廉建设的新实践新成果。根据实地调研、问卷调查和舆情分析，梳理了当下社会普遍关注的与反腐败密切相关的热点问题。

社会政法类　　皮书系列 重点推荐

生态城市绿皮书
中国生态城市建设发展报告（2016）

刘举科　孙伟平　胡文臻 / 主编　2016年6月出版　估价:98.00元

◆ 报告以绿色发展、循环经济、低碳生活、民生宜居为理念，以更新民众观念、提供决策咨询、指导工程实践、引领绿色发展为宗旨，试图探索一条具有中国特色的城市生态文明建设新路。

公共服务蓝皮书
中国城市基本公共服务力评价（2016）

钟君　吴正杲 / 主编　2016年12月出版　估价:79.00元

◆ 中国社会科学院经济与社会建设研究室与华图政信调查组成联合课题组，从2010年开始对基本公共服务力进行研究，研创了基本公共服务力评价指标体系，为政府考核公共服务与社会管理工作提供了理论工具。

教育蓝皮书
中国教育发展报告（2016）

杨东平 / 主编　2016年4月出版　定价:79.00元

◆ 本书由国内的中青年教育专家合作研究撰写。深度剖析2015年中国教育的热点话题，并对当下中国教育中出现的问题提出对策建议。

生态文明绿皮书
中国省域生态文明建设评价报告（ECI 2016）

严耕 / 主编　2016年12月出版　估价:85.00元

◆ 本书基于国家最新发布的权威数据，对我国的生态文明建设状况进行科学评价，并开展相应的深度分析，结合中央的政策方针和各省的具体情况，为生态文明建设推进，提出针对性的政策建议。

皮书系列
重点推荐

行业报告类

行业报告类

行业报告类皮书立足重点行业、新兴行业领域，提供及时、前瞻的数据与信息

房地产蓝皮书
中国房地产发展报告 NO.13（2016）

魏后凯 李景国/主编　2016年5月出版　估价:79.00元

◆ 蓝皮书秉承客观公正、科学中立的宗旨和原则，追踪2015年我国房地产市场最新资讯，深度分析，剖析因果，谋划对策，并对2016年房地产发展趋势进行了展望。

旅游绿皮书
2015～2016年中国旅游发展分析与预测

宋瑞/主编　2016年4出版　定价:89.00元

◆ 本书中国社会科学院旅游研究中心组织相关专家编写的年度研究报告，对2015年旅游行业的热点问题进行了全面的综述并提出专业性建议，并对2016年中国旅游的发展趋势进行展望。

互联网金融蓝皮书
中国互联网金融发展报告（2016）

李东荣/主编　2016年8月出版　估价:79.00元

◆ 近年来，许多基于互联网的金融服务模式应运而生并对传统金融业产生了深刻的影响和巨大的冲击，"互联网金融"成为社会各界关注的焦点。本书探析了2015年互联网金融的特点和2016年互联网金融的发展方向和亮点。

权威 前沿 原创

行业报告类　皮书系列 重点推荐

资产管理蓝皮书

中国资产管理行业发展报告（2016）

智信资产管理研究院 / 编著　2016 年 6 月出版　估价 : 89.00 元

◆ 中国资产管理行业刚刚兴起，未来将中国金融市场最有看点的行业，也会成为快速发展壮大的行业。本书主要分析了 2015 年度资产管理行业的发展情况，同时对资产管理行业的未来发展做出科学的预测。

老龄蓝皮书

中国老龄产业发展报告（2016）

吴玉韶 党俊武 / 编著
2016 年 9 月出版　估价 :79.00 元

◆ 本书着眼于对中国老龄产业的发展给予系统介绍，深入解析，并对未来发展趋势进行预测和展望，力求从不同视角、不同层面全面剖析中国老龄产业发展的现状、取得的成绩、存在的问题以及重点、难点等。

金融蓝皮书

中国金融中心发展报告（2016）

王 力　黄育华 / 编著　2017 年 11 月出版　估价 :75.00 元

◆ 本报告将提升中国金融中心城市的金融竞争力作为研究主线，全面、系统、连续地反映和研究中国金融中心城市发展和改革的最新进展，展示金融中心理论研究的最新成果。

流通蓝皮书

中国商业发展报告（2016）

荆林波 / 编著　2016 年 5 月出版　估价 :89.00 元

◆ 本书是中国社会科学院财经院与利丰研究中心合作的成果，从关注中国宏观经济出发，突出了中国流通业的宏观背景，详细分析了批发业、零售业、物流业、餐饮产业与电子商务等产业发展状况。

皮书系列重点推荐　国别与地区类

国别与地区类

国别与地区类皮书关注全球重点国家与地区，提供全面、独特的解读与研究

美国蓝皮书
美国研究报告（2016）
黄　平　郑秉文 / 主编　　2016年7月出版　　估价：89.00元

◆ 本书是由中国社会科学院美国所主持完成的研究成果，它回顾了美国2015年的经济、政治形势与外交战略，对2016年以来美国内政外交发生的重大事件以及重要政策进行了较为全面的回顾和梳理。

拉美黄皮书
拉丁美洲和加勒比发展报告（2015~2016）
吴白乙 / 主编　　2016年5月出版　　估价：89.00元

◆ 本书对2015年拉丁美洲和加勒比地区诸国的政治、经济、社会、外交等方面的发展情况做了系统介绍，对该地区相关国家的热点及焦点问题进行了总结和分析，并在此基础上对该地区各国2016年的发展前景做出预测。

日本经济蓝皮书
日本经济与中日经贸关系研究报告（2016）
王洛林　张季风 / 编著　　2016年5月出版　　估价：79.00元

◆ 本书系统、详细地介绍了2015年日本经济以及中日经贸关系发展情况，在进行了大量数据分析的基础上，对2016年日本经济以及中日经贸关系的大致发展趋势进行了分析与预测。

国别与地区类 | 皮书系列 重点推荐

俄罗斯黄皮书
俄罗斯发展报告（2016）
李永全 / 编著　2016 年 7 月出版　估价 :79.00 元

◆ 本书系统介绍了 2015 年俄罗斯经济政治情况，并对 2015 年该地区发生的焦点、热点问题进行了分析与回顾；在此基础上，对该地区 2016 年的发展前景进行了预测。

国际形势黄皮书
全球政治与安全报告（2016）
李慎明　张宇燕 / 主编　2015 年 12 月出版　定价 :69.00 元

◆ 本书旨在对本年度全球政治及安全形势的总体情况、热点问题及变化趋势进行回顾与分析，并提出一定的预测及对策建议。作者通过事实梳理、数据分析、政策分析等途径，阐释了本年度国际关系及全球安全形势的基本特点，并在此基础上提出了具有启示意义的前瞻性结论。

德国蓝皮书
德国发展报告（2016）
郑春荣　伍慧萍 / 主编　2016 年 6 月出版　估价 :69.00 元

◆ 本报告由同济大学德国研究所组织编撰，由该领域的专家学者对德国的政治、经济、社会文化、外交等方面的形势发展情况，进行全面的阐述与分析。

中东黄皮书
中东发展报告 NO.18（2015～2016）
杨光 / 主编　2016 年 10 月出版　估价 :89.00 元

◆ 报告回顾和分析了一年来多以来中东地区政治经济局势的新发展，为跟踪中东地区的市场变化和中东研究学科的研究前沿，提供了全面扎实的信息。

地方发展类

地方发展类皮书关注中国各省份、经济区域，提供科学、多元的预判与资政信息

北京蓝皮书

北京公共服务发展报告（2015~2016）

施昌奎 / 主编　　2016年2月出版　　定价：79.00元

◆ 本书是由北京市政府职能部门的领导、首都著名高校的教授、知名研究机构的专家共同完成的关于北京市公共服务发展与创新的研究成果。

河南蓝皮书

河南经济发展报告（2016）

河南省社会科学院 / 编著　　2016年3月出版　　定价：79.00元

◆ 本书以国内外经济发展环境和走向为背景，主要分析当前河南经济形势，预测未来发展趋势，全面反映河南经济发展的最新动态、热点和问题，为地方经济发展和领导决策提供参考。

京津冀蓝皮书

京津冀发展报告（2016）

文　魁　祝尔娟 / 编著　　2016年4月出版　　估价：89.00元

◆ 京津冀协同发展作为重大的国家战略，已进入顶层设计、制度创新和全面推进的新阶段。本书以问题为导向，围绕京津冀发展中的重要领域和重大问题，研究如何推进京津冀协同发展。

皮书系列
重点推荐

文化传媒类

文化传媒类

文化传媒类皮书透视文化领域、文化产业，
探索文化大繁荣、大发展的路径

新媒体蓝皮书

中国新媒体发展报告 NO.7（2016）

唐绪军 / 主编　　2016 年 6 月出版　　估价：79.00 元

◆ 本书是由中国社会科学院新闻与传播研究所组织编写的关于新媒体发展的最新年度报告，旨在全面分析中国新媒体的发展现状，解读新媒体的发展趋势，探析新媒体的深刻影响。

移动互联网蓝皮书

中国移动互联网发展报告（2016）

官建文 / 编著　　2016 年 6 月出版　　估价：79.00 元

◆ 本书着眼于对中国移动互联网 2015 年度的发展情况做深入解析，对未来发展趋势进行预测，力求从不同视角、不同层面全面剖析中国移动互联网发展的现状、年度突破以及热点趋势等。

文化蓝皮书

中国文化产业发展报告（2015~2016）

张晓明　王家新　章建刚 / 主编　　2016 年 2 月出版　　定价：79.00 元

◆ 本书由中国社会科学院文化研究中心编写。从 2012 年开始，中国社会科学院文化研究中心设立了国内首个文化产业的研究类专项资金——"文化产业重大课题研究计划"，开始在全国范围内组织多学科专家学者对我国文化产业发展重大战略问题进行联合攻关研究。本书集中反映了该计划的研究成果。

皮书系列 2016全品种 经济类

经济类

G20国家创新竞争力黄皮书
二十国集团（G20）国家创新竞争力发展报告（2016）
著（编）者：李建平 李闽榕 赵新力
2016年11月出版 / 估价：138.00元

产业蓝皮书
中国产业竞争力报告（2016）NO.6
著（编）者：张其仔 2016年12月出版 / 估价：98.00元

城市创新蓝皮书
中国城市创新报告（2016）
著（编）者：周天勇 旷建伟 2016年8月出版 / 估价：69.00元

城市竞争力蓝皮书
中国城市竞争力报告（1973~2015）
著（编）者：李小林 2016年1月出版 / 定价：128.00元

城市蓝皮书
中国城市发展报告 NO.9
著（编）者：潘家华 魏后凯 2016年9月出版 / 估价：69.00元

城市群蓝皮书
中国城市群发展指数报告（2016）
著（编）者：刘士林 刘新静 2016年10月出版 / 估价：69.00元

城乡一体化蓝皮书
中国城乡一体化发展报告（2015~2016）
著（编）者：汝信 付崇兰 2016年7月出版 / 估价：85.00元

城镇化蓝皮书
中国新型城镇化健康发展报告（2016）
著（编）者：张占斌 2016年5月出版 / 估价：79.00元

创新蓝皮书
创新型国家建设报告（2015~2016）
著（编）者：詹正茂 2016年11月出版 / 估价：69.00元

低碳发展蓝皮书
中国低碳发展报告（2015~2016）
著（编）者：齐晔 2016年3月出版 / 定价：98.00元

低碳经济蓝皮书
中国低碳经济发展报告（2016）
著（编）者：薛进军 赵忠秀 2016年6月出版 / 估价：85.00元

东北蓝皮书
中国东北地区发展报告（2016）
著（编）者：马克 黄文艺 2016年8月出版 / 估价：79.00元

发展与改革蓝皮书
中国经济发展和体制改革报告NO.7
著（编）者：邹东涛 王再文
2016年1月出版 / 估价：98.00元

工业化蓝皮书
中国工业化进程报告（2016）
著（编）者：黄群慧 吕铁 李晓华 等
2016年11月出版 / 估价：89.00元

管理蓝皮书
中国管理发展报告（2016）
著（编）者：张晓东 2016年9月出版 / 估价：98.00元

国际城市蓝皮书
国际城市发展报告（2016）
著（编）者：屠启宇 2016年2月出版 / 定价：79.00元

国家创新蓝皮书
中国创新发展报告（2016）
著（编）者：陈劲 2016年9月出版 / 估价：69.00元

金融蓝皮书
中国金融发展报告（2016）
著（编）者：李扬 王国刚 2015年12月出版 / 定价：79.00元

京津冀产业蓝皮书
京津冀产业协同发展报告（2016）
著（编）者：中智科博（北京）产业经济发展研究院
2016年6月出版 / 估价：69.00元

京津冀蓝皮书
京津冀发展报告（2016）
著（编）者：文魁 祝尔娟 2016年4月出版 / 估价：89.00元

经济蓝皮书
2016年中国经济形势分析与预测
著（编）者：李扬 2015年12月出版 / 定价：79.00元

经济蓝皮书·春季号
2016年中国经济前景分析
著（编）者：李扬 2016年5月出版 / 估价：79.00元

经济蓝皮书·夏季号
中国经济增长报告（2015~2016）
著（编）者：李扬 2016年8月出版 / 估价：99.00元

经济信息绿皮书
中国与世界经济发展报告（2016）
著（编）者：杜平 2015年12月出版 / 估价：89.00元

就业蓝皮书
2016年中国本科生就业报告
著（编）者：麦可思研究院 2016年6月出版 / 估价：98.00元

就业蓝皮书
2016年中国高职高专生就业报告
著（编）者：麦可思研究院 2016年6月出版 / 估价：98.00元

临空经济蓝皮书
中国临空经济发展报告（2016）
著（编）者：连玉明 2016年11月出版 / 估价：79.00元

民营经济蓝皮书
中国民营经济发展报告 NO.12（2015~2016）
著（编）者：王钦敏 2016年5月出版 / 估价：75.00元

农村绿皮书
中国农村经济形势分析与预测（2015~2016）
著（编）者：中国社会科学院农村发展研究所
国家统计局农村社会经济调查司
2016年4月出版 / 估价：69.00元

农业应对气候变化蓝皮书
气候变化对中国农业影响评估报告 NO.2
著（编）者：矫梅燕 2016年8月出版 / 估价：98.00元

权威 前沿 原创

经济类·社会政法类 | 皮书系列 2016全品种

企业公民蓝皮书
中国企业公民报告 NO.4
著(编)者:邹东涛　2016年5月出版 / 估价:79.00元

气候变化绿皮书
应对气候变化报告(2016)
著(编)者:王伟光 郑国光　2016年11月出版 / 估价:98.00元

区域蓝皮书
中国区域经济发展报告(2015~2016)
著(编)者:梁昊光　2016年5月出版 / 估价:79.00元

全球环境竞争力绿皮书
全球环境竞争力报告(2016)
著(编)者:李建平 李闽榕 王金南
2016年12月出版 / 估价:198.00元

人口与劳动绿皮书
中国人口与劳动问题报告 NO.17
著(编)者:蔡昉 张车伟　2016年11月出版 / 估价:69.00元

商务中心区蓝皮书
中国商务中心区发展报告 NO.2(2015)
著(编)者:魏后凯 单菁菁　2016年1月出版 / 定价:79.00元

世界经济黄皮书
2016年世界经济形势分析与预测
著(编)者:王洛林 张宇燕　2015年12月出版 / 定价:79.00元

世界旅游城市绿皮书
世界旅游城市发展报告(2015)
著(编)者:宋宇　2016年1月出版 / 定价:128.00元

西北蓝皮书
中国西北发展报告(2016)
著(编)者:孙发平 苏海红 鲁顺元
2016年3月出版 / 定价:79.00元

西部蓝皮书
中国西部发展报告(2016)
著(编)者:姚慧琴 徐璋勇　2016年7月出版 / 估价:89.00元

县域发展蓝皮书
中国县域经济增长能力评估报告(2016)
著(编)者:王力　2016年10月出版 / 估价:69.00元

新型城镇化蓝皮书
新型城镇化发展报告(2016)
著(编)者:李伟 宋敏 沈体雁　2016年11月出版 / 估价:98.00元

新兴经济体蓝皮书
金砖国家发展报告(2016)
著(编)者:林跃勤 周文　2016年7月出版 / 估价:79.00元

长三角蓝皮书
2016年全面深化改革中的长三角
著(编)者:张伟斌　2016年10月出版 / 估价:69.00元

中部竞争力蓝皮书
中国中部经济社会竞争力报告(2016)
著(编)者:教育部人文社会科学重点研究基地
南昌大学中国中部经济社会发展研究中心
2016年10月出版 / 估价:79.00元

中部蓝皮书
中国中部地区发展报告(2016)
著(编)者:宋亚平　2016年12月出版 / 估价:78.00元

中国省域竞争力蓝皮书
中国省域经济综合竞争力发展报告(2014~2015)
著(编)者:李建平 李闽榕 高燕京
2016年2月出版 / 定价:198.00元

中三角蓝皮书
长江中游城市群发展报告(2016)
著(编)者:秦尊文　2016年10月出版 / 估价:69.00元

中小城市绿皮书
中国中小城市发展报告(2016)
著(编)者:中国城市经济学会中小城市经济发展委员会
中国城镇化促进会中小城市发展委员会
《中国中小城市发展报告》编纂委员会
中小城市发展战略研究院
2016年10月出版 / 估价:98.00元

中原蓝皮书
中原经济区发展报告(2016)
著(编)者:李英杰　2016年6月出版 / 估价:88.00元

自贸区蓝皮书
中国自贸区发展报告(2016)
著(编)者:王力 王吉培　2016年10月出版 / 估价:69.00元

社会政法类

北京蓝皮书
中国社区发展报告(2016)
著(编)者:于燕燕　2017年2月出版 / 估价:79.00元

殡葬绿皮书
中国殡葬事业发展报告(2016)
著(编)者:李伯森　2016年5月出版 / 估价:158.00元

城市管理蓝皮书
中国城市管理报告(2016)
著(编)者:谭维克 刘林　2017年2月出版 / 估价:118.00元

城市生活质量蓝皮书
中国城市生活质量报告(2016)
著(编)者:张连城 张平 杨春学 郎丽华
2016年7月出版 / 估价:89.00元

城市政府能力蓝皮书
中国城市政府公共服务能力评估报告(2016)
著(编)者:何艳玲　2016年7月出版 / 估价:69.00元

创新蓝皮书
中国创业环境发展报告(2016)
著(编)者:姚凯 曹祎遐　2016年5月出版 / 估价:69.00元

皮书系列 2016全品种 — 社会政法类

慈善蓝皮书
中国慈善发展报告（2016）
著(编)者:杨团　2016年6月出版 / 估价:79.00元

地方法治蓝皮书
中国地方法治发展报告 NO.2（2016）
著(编)者:李林　田禾　2016年3月出版 / 定价:108.00元

党建蓝皮书
党的建设研究报告 NO.1（2016）
著(编)者:崔建民　陈东平　2016年1月出版 / 定价:89.00元

法治蓝皮书
中国法治发展报告 NO.14（2016）
著(编)者:李林　田禾　2016年3月出版 / 定价:118.00元

反腐倡廉蓝皮书
中国反腐倡廉建设报告 NO.6
著(编)者:李秋芳　张英伟　2017年1月出版 / 估价:79.00元

非传统安全蓝皮书
中国非传统安全研究报告（2015～2016）
著(编)者:余潇枫　魏志江　2016年5月出版 / 估价:79.00元

妇女发展蓝皮书
中国妇女发展报告 NO.6
著(编)者:王金玲　2016年9月出版 / 估价:148.00元

妇女教育蓝皮书
中国妇女教育发展报告 NO.3
著(编)者:张李玺　2016年10月出版 / 估价:78.00元

妇女绿皮书
中国性别平等与妇女发展报告（2016）
著(编)者:谭琳　2016年12月出版 / 估价:99.00元

公共服务蓝皮书
中国城市基本公共服务力评价（2016）
著(编)者:钟君　吴正杲　2016年12月出版 / 估价:79.00元

公共管理蓝皮书
中国公共管理发展报告（2016）
著(编)者:贡森　李国强　杨维富
2016年4月出版 / 估价:69.00元

公共外交蓝皮书
中国公共外交发展报告（2016）
著(编)者:赵启正　雷蔚真　2016年5月出版 / 估价:89.00元

公民科学素质蓝皮书
中国公民科学素质报告（2015～2016）
著(编)者:李群　陈雄　马宗文　2016年1月出版 / 估价:89.00元

公益蓝皮书
中国公益发展报告（2016）
著(编)者:朱健刚　2016年5月出版 / 估价:78.00元

国际人才蓝皮书
海外华侨华人专业人士报告（2016）
著(编)者:王辉耀　苗绿　2016年8月出版 / 估价:69.00元

国际人才蓝皮书
中国国际移民报告（2016）
著(编)者:王辉耀　2016年5月出版 / 估价:79.00元

国际人才蓝皮书
中国海归发展报告（2016）NO.3
著(编)者:王辉耀　苗绿　2016年10月出版 / 估价:69.00元

国际人才蓝皮书
中国留学发展报告（2016）NO.5
著(编)者:王辉耀　苗绿　2016年10月出版 / 估价:79.00元

国家公园蓝皮书
中国国家公园体制建设报告（2016）
著(编)者:苏杨　张玉钧　石金莲　刘锋　等
2016年10月出版 / 估价:69.00元

海洋社会蓝皮书
中国海洋社会发展报告（2016）
著(编)者:崔凤　宋宁而　2016年7月出版 / 估价:89.00元

行政改革蓝皮书
中国行政体制改革报告（2016）NO.5
著(编)者:魏礼群　2016年4月出版 / 估价:98.00元

华侨华人蓝皮书
华侨华人研究报告（2016）
著(编)者:贾益民　2016年12月出版 / 估价:98.00元

环境竞争力绿皮书
中国省域环境竞争力发展报告（2016）
著(编)者:李建平　李闽榕　王金南
2016年11月出版 / 估价:198.00元

环境绿皮书
中国环境发展报告（2016）
著(编)者:刘鉴强　2016年5月出版 / 估价:79.00元

基金会蓝皮书
中国基金会发展报告（2015~2016）
著(编)者:中国基金会发展报告课题组　2016年4月出版 / 定价:75.00元

基金会绿皮书
中国基金会发展独立研究报告（2016）
著(编)者:基金会中心网　中央民族大学基金会研究中心
2016年6月出版 / 估价:88.00元

基金会透明度蓝皮书
中国基金会透明度发展研究报告（2016）
著(编)者:基金会中心网　清华大学廉政与治理研究中心
2016年9月出版 / 估价:85.00元

教师蓝皮书
中国中小学教师发展报告（2016）
著(编)者:曾晓东　鱼霞　2016年6月出版 / 估价:69.00元

教育蓝皮书
中国教育发展报告（2016）
著(编)者:杨东平　2016年4月出版 / 定价:79.00元

科普蓝皮书
中国科普基础设施发展报告（2015）
著(编)者:郑念　任嵘嵘　2016年4月出版 / 定价:98.00元

社会政法类 — 皮书系列 2016全品种

科学教育蓝皮书
中国科学教育发展报告（2016）
著（编）者：罗晖 王康友 / 2016年10月出版 / 估价：79.00元

劳动保障蓝皮书
中国劳动保障发展报告（2016）
著（编）者：刘燕斌 / 2016年8月出版 / 估价：158.00元

老龄蓝皮书
中国老年宜居环境发展报告（2015）
著（编）者：党俊武 周燕珉 / 2016年1月出版 / 定价：79.00元

连片特困区蓝皮书
中国连片特困区发展报告（2016）
著（编）者：游俊 冷志明 丁建军
2016年5月出版 / 估价：98.00元

民间组织蓝皮书
中国民间组织报告（2016）
著（编）者：黄晓勇 / 2016年12月出版 / 估价：79.00元

民调蓝皮书
中国民生调查报告（2016）
著（编）者：谢耘耕 / 2016年5月出版 / 估价：128.00元

民族发展蓝皮书
中国民族发展报告（2016）
著（编）者：郝时远 王延中 王希恩
2016年4月出版 / 估价：98.00元

女性生活蓝皮书
中国女性生活状况报告 NO.10（2016）
著（编）者：韩湘景 / 2016年4月出版 / 估价：79.00元

汽车社会蓝皮书
中国汽车社会发展报告（2016）
著（编）者：王俊秀 / 2016年5月出版 / 估价：69.00元

青年蓝皮书
中国青年发展报告（2016）NO.4
著（编）者：廉思 等 / 2016年4月出版 / 估价：69.00元

青少年蓝皮书
中国未成年人互联网运用报告（2016）
著（编）者：李文革 沈杰 季为民
2016年11月出版 / 估价：89.00元

青少年体育蓝皮书
中国青少年体育发展报告（2016）
著（编）者：郭建军 杨桦 / 2016年9月出版 / 估价：69.00元

区域人才蓝皮书
中国区域人才竞争力报告 NO.2
著（编）者：桂昭明 王辉耀
2016年6月出版 / 估价：69.00元

群众体育蓝皮书
中国群众体育发展报告（2016）
著（编）者：刘国永 杨桦 / 2016年10月出版 / 估价：69.00元

群众体育蓝皮书
中国社会体育指导员发展报告（1994~2014）
著（编）者：刘国永 王欢 / 2016年4月出版 / 定价：78.00元

人才蓝皮书
中国人才发展报告（2016）
著（编）者：潘晨光 / 2016年9月出版 / 估价：85.00元

人权蓝皮书
中国人权事业发展报告 NO.6（2016）
著（编）者：李君如 / 2016年9月出版 / 估价：128.00元

社会保障绿皮书
中国社会保障发展报告（2016）NO.8
著（编）者：王延中 / 2016年4月出版 / 估价：99.00元

社会工作蓝皮书
中国社会工作发展报告（2016）
著（编）者：民政部社会工作研究中心
2016年8月出版 / 估价：79.00元

社会管理蓝皮书
中国社会管理创新报告 NO.4
著（编）者：连玉明 / 2016年11月出版 / 估价：89.00元

社会蓝皮书
2016年中国社会形势分析与预测
著（编）者：李培林 陈光金 张翼
2015年12月出版 / 定价：79.00元

社会体制蓝皮书
中国社会体制改革报告（2016）NO.4
著（编）者：龚维斌 / 2016年4月出版 / 估价：79.00元

社会心态蓝皮书
中国社会心态研究报告（2016）
著（编）者：王俊秀 杨宜音 / 2016年10月出版 / 估价：69.00元

社会责任管理蓝皮书
中国企业公众透明度报告（2015~2016）NO.2
著（编）者：黄速建 熊梦 肖红军 / 2016年1月出版 / 定价：98.00元

社会组织蓝皮书
中国社会组织评估发展报告（2016）
著（编）者：徐家良 廖鸿 / 2016年12月出版 / 估价：69.00元

生态城市绿皮书
中国生态城市建设发展报告（2016）
著（编）者：刘举科 孙伟平 胡文臻
2016年9月出版 / 估价：148.00元

生态文明绿皮书
中国省域生态文明建设评价报告（ECI 2016）
著（编）者：严耕 / 2016年12月出版 / 估价：85.00元

世界社会主义黄皮书
世界社会主义跟踪研究报告（2015~2016）
著（编）者：李慎明 / 2016年3月出版 / 定价：248.00元

水与发展蓝皮书
中国水风险评估报告（2016）
著（编）者：王浩 / 2016年9月出版 / 估价：69.00元

体育蓝皮书
长三角地区体育产业发展报告（2016）
著（编）者：张林 / 2016年4月出版 / 估价：79.00元

17

皮书系列 2016全品种

社会政法类·行业报告类

体育蓝皮书
中国公共体育服务发展报告（2016）
著(编)者:戴健　2016年12月出版 / 估价:79.00元

土地整治蓝皮书
中国土地整治发展研究报告 NO.3
著(编)者:国土资源部土地整治中心
2016年5月出版 / 估价:89.00元

土地政策蓝皮书
中国土地政策发展报告（2016）
著(编)者:高延利　李宪文　2015年12月出版 / 定价:89.00元

危机管理蓝皮书
中国危机管理报告（2016）
著(编)者:文学国　范正青　2016年8月出版 / 估价:89.00元

形象危机应对蓝皮书
形象危机应对研究报告（2016）
著(编)者:唐钧　2016年6月出版 / 估价:149.00元

医改蓝皮书
中国医药卫生体制改革报告（2016）
著(编)者:文学国　房志武　2016年11月出版 / 估价:98.00元

医疗卫生绿皮书
中国医疗卫生发展报告 NO.7（2016）
著(编)者:申宝忠　韩玉珍　2016年4月出版 / 估价:75.00元

政治参与蓝皮书
中国政治参与报告（2016）
著(编)者:房宁　2016年7月出版 / 估价:108.00元

政治发展蓝皮书
中国政治发展报告（2016）
著(编)者:房宁　杨海蛟　2016年5月出版 / 估价:88.00元

智慧社区蓝皮书
中国智慧社区发展报告（2016）
著(编)者:罗昌智　张辉德　2016年7月出版 / 估价:69.00元

中国农村妇女发展蓝皮书
农村流动女性城市生活发展报告（2016）
著(编)者:谢丽华　2016年12月出版 / 估价:79.00元

宗教蓝皮书
中国宗教报告（2016）
著(编)者:邱永辉　2016年5月出版 / 估价:79.00元

行业报告类

保健蓝皮书
中国保健服务产业发展报告 NO.2
著(编)者:中国保健协会　中共中央党校
2016年7月出版 / 估价:198.00元

保健蓝皮书
中国保健食品产业发展报告 NO.2
著(编)者:中国保健协会
　　　　　中国社会科学院食品药品产业发展与监管研究中心
2016年7月出版 / 估价:198.00元

保健蓝皮书
中国保健用品产业发展报告 NO.2
著(编)者:中国保健协会
　　　　　国务院国有资产监督管理委员会研究中心
2016年5月出版 / 估价:198.00元

保险蓝皮书
中国保险业创新发展报告（2016）
著(编)者:项俊波　2016年12月出版 / 估价:69.00元

保险蓝皮书
中国保险业竞争力报告（2016）
著(编)者:项俊波　2016年12月出版 / 估价:99.00元

采供血蓝皮书
中国采供血管理报告（2016）
著(编)者:朱永明　耿鸿武　2016年8月出版 / 估价:69.00元

彩票蓝皮书
中国彩票发展报告（2016）
著(编)者:益彩基金　2016年4月出版 / 估价:98.00元

餐饮产业蓝皮书
中国餐饮产业发展报告（2016）
著(编)者:邢颖　2016年4月出版 / 估价:69.00元

测绘地理信息蓝皮书
测绘地理信息转型升级研究报告（2016）
著(编)者:库热西·买合苏提　2016年12月出版 / 估价:98.00元

茶业蓝皮书
中国茶产业发展报告（2016）
著(编)者:杨江帆　李闽榕　2016年10月出版 / 估价:78.00元

产权市场蓝皮书
中国产权市场发展报告（2015～2016）
著(编)者:曹和平　2016年5月出版 / 估价:89.00元

产业安全蓝皮书
中国出版传媒产业安全报告（2015~2016）
著(编)者:北京印刷学院文化产业安全研究院
2016年3月出版 / 定价:79.00元

产业安全蓝皮书
中国文化产业安全报告（2016）
著(编)者:北京印刷学院文化产业安全研究院
2016年4月出版 / 估价:89.00元

行业报告类

皮书系列 2016全品种

产业安全蓝皮书
中国新媒体产业安全报告（2016）
著(编)者:北京印刷学院文化产业安全研究院
2016年5月出版 / 估价:69.00元

大数据蓝皮书
网络空间和大数据发展报告（2016）
著(编)者:杜平　2016年5月出版 / 估价:69.00元

电子商务蓝皮书
中国电子商务服务业发展报告 NO.3
著(编)者:荆林波 梁春晓　2016年5月出版 / 估价:69.00元

电子政务蓝皮书
中国电子政务发展报告（2016）
著(编)者:洪毅 杜平　2016年11月出版 / 估价:79.00元

杜仲产业绿皮书
中国杜仲橡胶资源与产业发展报告（2016）
著(编)者:杜红岩 胡文臻 俞锐
2016年5月出版 / 估价:85.00元

房地产蓝皮书
中国房地产发展报告 NO.13（2016）
著(编)者:魏后凯 李景国　2016年5月出版 / 估价:79.00元

服务外包蓝皮书
中国服务外包产业发展报告（2016）
著(编)者:王晓红 刘德军
2016年6月出版 / 估价:89.00元

服务外包蓝皮书
中国服务外包竞争力报告（2016）
著(编)者:王力 刘春生 黄育华
2016年11月出版 / 估价:85.00元

工业和信息化蓝皮书
世界网络安全发展报告（2016）
著(编)者:洪京一　2016年4月出版 / 估价:69.00元

工业和信息化蓝皮书
世界信息化发展报告（2016）
著(编)者:洪京一　2016年4月出版 / 估价:69.00元

工业和信息化蓝皮书
世界信息技术产业发展报告（2016）
著(编)者:洪京一　2016年4月出版 / 估价:79.00元

工业和信息化蓝皮书
世界制造业发展报告（2016）
著(编)者:洪京一　2016年4月出版 / 估价:69.00元

工业和信息化蓝皮书
移动互联网产业发展报告（2016）
著(编)者:洪京一　2016年4月出版 / 估价:79.00元

工业设计蓝皮书
中国工业设计发展报告（2016）
著(编)者:王晓红 于炜 张立群
2016年9月出版 / 估价:138.00元

黄金市场蓝皮书
中国商业银行黄金业务发展报告（2015~2016）
著(编)者:平安银行　2016年3月出版 / 定价:98.00元

互联网金融蓝皮书
中国互联网金融发展报告（2016）
著(编)者:李东荣　2016年8月出版 / 估价:79.00元

会展蓝皮书
中外会展业动态评估年度报告（2016）
著(编)者:张敏　2016年5月出版 / 估价:78.00元

节能汽车蓝皮书
中国节能汽车产业发展报告（2016）
著(编)者:中国汽车工程研究院股份有限公司
2016年12月出版 / 估价:69.00元

金融监管蓝皮书
中国金融监管报告（2016）
著(编)者:胡滨　2016年4月出版 / 估价:89.00元

金融蓝皮书
中国金融中心发展报告（2016）
著(编)者:王力 黄育华　2017年11月出版 / 估价:75.00元

金融蓝皮书
中国商业银行竞争力报告（2016）
著(编)者:王松奇　2016年5月出版 / 估价:69.00元

经济林产业绿皮书
中国经济林产业发展报告（2016）
著(编)者:李芳东 胡文臻 乌云塔娜 杜红岩
2016年12月出版 / 估价:69.00元

客车蓝皮书
中国客车产业发展报告（2016）
著(编)者:姚蔚　2016年5月出版 / 估价:85.00元

老龄蓝皮书
中国老龄产业发展报告（2016）
著(编)者:吴玉韶 党俊武　2016年9月出版 / 估价:79.00元

流通蓝皮书
中国商业发展报告（2016）
著(编)者:荆林波　2016年5月出版 / 估价:89.00元

旅游安全蓝皮书
中国旅游安全报告（2016）
著(编)者:郑向敏 谢朝武　2016年5月出版 / 估价:128.00元

旅游绿皮书
2015~2016年中国旅游发展分析与预测
著(编)者:宋瑞　2016年4月出版 / 定价:89.00元

煤炭蓝皮书
中国煤炭工业发展报告（2016）
著(编)者:岳福斌　2016年12月出版 / 估价:79.00元

皮书系列 2016全品种 — 行业报告类

民营企业社会责任蓝皮书
中国民营企业社会责任年度报告（2016）
著(编)者：中华全国工商业联合会
2016年7月出版 / 估价：69.00元

民营医院蓝皮书
中国民营医院发展报告（2016）
著(编)者：庄一强　2016年10月出版 / 估价：75.00元

能源蓝皮书
中国能源发展报告（2016）
著(编)者：崔民选　王军生　陈义和
2016年8月出版 / 估价：79.00元

农产品流通蓝皮书
中国农产品流通产业发展报告（2016）
著(编)者：贾敬敦　张东科　张玉玺　张鹏毅　周伟
2016年5月出版 / 估价：89.00元

期货蓝皮书
中国期货市场发展报告(2016)
著(编)者：李群　王在荣　2016年11月出版 / 估价：69.00元

企业公益蓝皮书
中国企业公益研究报告（2016）
著(编)者：钟宏武　汪杰　顾一　黄晓娟　等
2016年12月出版 / 估价：69.00元

企业公众透明度蓝皮书
中国企业公众透明度报告(2016) NO.2
著(编)者：黄速建　王晓光　肖红军
2016年5月出版 / 估价：98.00元

企业国际化蓝皮书
中国企业国际化报告（2016）
著(编)者：王辉耀　2016年11月出版 / 估价：98.00元

企业蓝皮书
中国企业绿色发展报告 NO.2（2016）
著(编)者：李红玉　朱光辉　2016年8月出版 / 估价：79.00元

企业社会责任蓝皮书
中国企业社会责任研究报告（2016）
著(编)者：黄群慧　钟宏武　张蒽　等
2016年11月出版 / 估价：79.00元

企业社会责任能力蓝皮书
中国上市公司社会责任能力成熟度报告（2016）
著(编)者：肖红军　王晓光　李伟阳
2016年11月出版 / 估价：69.00元

汽车安全蓝皮书
中国汽车安全发展报告（2016）
著(编)者：中国汽车技术研究中心
2016年7月出版 / 估价：89.00元

汽车电子商务蓝皮书
中国汽车电子商务发展报告（2016）
著(编)者：中华全国工商业联合会汽车经销商商会
　　　　　北京易观智库网络科技有限公司
2016年5月出版 / 估价：128.00元

汽车工业蓝皮书
中国汽车工业发展年度报告（2016）
著(编)者：中国汽车工业协会　中国汽车技术研究中心
　　　　　丰田汽车（中国）投资有限公司
2016年4月出版 / 估价：128.00元

汽车蓝皮书
中国汽车产业发展报告（2016）
著(编)者：国务院发展研究中心产业经济研究部
　　　　　中国汽车工程学会　大众汽车集团（中国）
2016年8月出版 / 估价：158.00元

清洁能源蓝皮书
国际清洁能源发展报告（2016）
著(编)者：苏树辉　袁国林　李玉崙
2016年11月出版 / 估价：99.00元

人力资源蓝皮书
中国人力资源发展报告（2016）
著(编)者：余兴安　2016年12月出版 / 估价：79.00元

融资租赁蓝皮书
中国融资租赁业发展报告（2015～2016）
著(编)者：李光荣　王力　2016年5月出版 / 估价：89.00元

软件和信息服务业蓝皮书
中国软件和信息服务业发展报告（2016）
著(编)者：洪京一　2016年12月出版 / 估价：198.00元

商会蓝皮书
中国商会发展报告NO.5（2016）
著(编)者：王钦敏　2016年7月出版 / 估价：89.00元

上市公司蓝皮书
中国上市公司社会责任信息披露报告（2016）
著(编)者：张旺　张杨　2016年11月出版 / 估价：69.00元

上市公司蓝皮书
中国上市公司质量评价报告（2015～2016）
著(编)者：张跃文　王力　2016年11月出版 / 估价：118.00元

设计产业蓝皮书
中国设计产业发展报告（2016）
著(编)者：陈冬亮　梁昊光　2016年5月出版 / 估价：89.00元

食品药品蓝皮书
食品药品安全与监管政策研究报告（2016）
著(编)者：唐民皓　2016年7月出版 / 估价：69.00元

世界能源蓝皮书
世界能源发展报告（2016）
著(编)者：黄晓勇　2016年6月出版 / 估价：99.00元

水利风景区蓝皮书
中国水利风景区发展报告（2016）
著(编)者：兰思仁　2016年8月出版 / 估价：69.00元

私募市场蓝皮书
中国私募股权市场发展报告（2016）
著(编)者：曹和平　2016年12月出版 / 估价：79.00元

行业报告类

皮书系列 2016全品种

碳市场蓝皮书
中国碳市场报告（2016）
著（编）者：宁金彪　2016年11月出版　估价：69.00元

体育蓝皮书
中国体育产业发展报告（2016）
著（编）者：阮伟 钟秉枢　2016年7月出版　估价：69.00元

土地市场蓝皮书
中国农村土地市场发展报告（2015~2016）
著（编）者：李光荣　2016年3月出版　定价：79.00元

网络空间安全蓝皮书
中国网络空间安全发展报告（2016）
著（编）者：惠志斌 唐涛　2016年4月出版　估价：79.00元

物联网蓝皮书
中国物联网发展报告（2016）
著（编）者：黄桂田 龚六堂 张全升
2016年5月出版 / 估价：69.00元

西部工业蓝皮书
中国西部工业发展报告（2016）
著（编）者：方行明 甘犁 刘方健 姜凌 等
2016年9月出版 / 估价：79.00元

西部金融蓝皮书
中国西部金融发展报告（2016）
著（编）者：李忠民　2016年8月出版　估价：75.00元

协会商会蓝皮书
中国行业协会商会发展报告（2016）
著（编）者：景朝阳 李勇　2016年4月出版　估价：99.00元

新能源汽车蓝皮书
中国新能源汽车产业发展报告（2016）
著（编）者：中国汽车技术研究中心
　　　　　日产（中国）投资有限公司 东风汽车有限公司
2016年8月出版 / 估价：89.00元

新三板蓝皮书
中国新三板市场发展报告（2016）
著（编）者：王力　2016年6月出版　估价：69.00元

信托市场蓝皮书
中国信托业市场报告（2015~2016）
著（编）者：用益信托工作室
2016年1月出版 / 定价：198.00元

信息安全蓝皮书
中国信息安全发展报告（2016）
著（编）者：张晓东　2016年5月出版　估价：69.00元

信息化蓝皮书
中国信息化形势分析与预测（2016）
著（编）者：周宏仁　2016年8月出版　估价：98.00元

信用蓝皮书
中国信用发展报告（2016）
著（编）者：章政 田侃　2016年4月出版　估价：99.00元

休闲绿皮书
2016年中国休闲发展报告
著（编）者：宋瑞
2016年10月出版 / 估价：79.00元

药品流通蓝皮书
中国药品流通行业发展报告（2016）
著（编）者：佘鲁林 温再兴
2016年8月出版 / 估价：158.00元

医院蓝皮书
中国医院竞争力报告（2016）
著（编）者：庄一强 曾益新　2016年3月出版　定价：128.00元

医药蓝皮书
中国中医药产业园战略发展报告（2016）
著（编）者：裴长洪 房书亭 吴滌心
2016年5月出版 / 估价：89.00元

邮轮绿皮书
中国邮轮产业发展报告（2016）
著（编）者：汪泓　2016年10月出版　估价：79.00元

智能养老蓝皮书
中国智能养老产业发展报告（2016）
著（编）者：朱勇　2016年10月出版　估价：89.00元

中国SUV蓝皮书
中国SUV产业发展报告（2016）
著（编）者：靳军　2016年12月出版　估价：69.00元

中国金融行业蓝皮书
中国债券市场发展报告（2016）
著（编）者：谢多　2016年7月出版　估价：69.00元

中国上市公司蓝皮书
中国上市公司发展报告（2016）
著（编）者：中国社会科学院上市公司研究中心
2016年9月出版 / 估价：98.00元

中国游戏蓝皮书
中国游戏产业发展报告（2016）
著（编）者：孙立军 刘跃军 牛兴侦
2016年5月出版 / 估价：69.00元

中国总部经济蓝皮书
中国总部经济发展报告（2015~2016）
著（编）者：赵弘　2016年9月出版　估价：79.00元

资本市场蓝皮书
中国场外交易市场发展报告（2014~2015）
著（编）者：高峦　2016年3月出版　定价：79.00元

资产管理蓝皮书
中国资产管理行业发展报告（2016）
著（编）者：智信资产管理研究院
2016年6月出版 / 估价：89.00元

21

文化传媒类

传媒竞争力蓝皮书
中国传媒国际竞争力研究报告（2016）
著(编)者：李本乾 刘强
2016年11月出版 / 估价：148.00元

传媒蓝皮书
中国传媒产业发展报告（2016）
著(编)者：崔保国 2016年5月出版 / 估价：98.00元

传媒投资蓝皮书
中国传媒投资发展报告（2016）
著(编)者：张向东 谭云明
2016年6月出版 / 估价：128.00元

动漫蓝皮书
中国动漫产业发展报告（2016）
著(编)者：卢斌 郑玉明 牛兴侦
2016年7月出版 / 估价：79.00元

非物质文化遗产蓝皮书
中国非物质文化遗产发展报告（2016）
著(编)者：陈平 2016年5月出版 / 估价：98.00元

广电蓝皮书
中国广播电影电视发展报告（2016）
著(编)者：国家新闻出版广电总局发展研究中心
2016年7月出版 / 估价：98.00元

广告主蓝皮书
中国广告主营销传播趋势报告 NO.9
著(编)者：黄升民 杜国清 邵华冬 等
2016年10月出版 / 估价：148.00元

国际传播蓝皮书
中国国际传播发展报告（2016）
著(编)者：胡正荣 李继东 姬德强
2016年11月出版 / 估价：89.00元

纪录片蓝皮书
中国纪录片发展报告（2016）
著(编)者：何苏六 2016年10月出版 / 估价：79.00元

科学传播蓝皮书
中国科学传播报告（2016）
著(编)者：詹正茂 2016年7月出版 / 估价：69.00元

两岸创意经济蓝皮书
两岸创意经济研究报告（2016）
著(编)者：罗昌智 董泽平 2016年12月出版 / 估价：98.00元

两岸文化蓝皮书
两岸文化产业合作发展报告（2016）
著(编)者：胡惠林 李保宗 2016年7月出版 / 估价：79.00元

媒介与女性蓝皮书
中国媒介与女性发展报告(2015~2016)
著(编)者：刘利群 2016年8月出版 / 估价：118.00元

媒体融合蓝皮书
中国媒体融合发展报告（2016）
著(编)者：梅宁华 宋建武 2016年7月出版 / 估价：79.00元

全球传媒蓝皮书
全球传媒发展报告（2016）
著(编)者：胡正荣 李继东 唐晓芬
2016年12月出版 / 估价：79.00元

少数民族非遗蓝皮书
中国少数民族非物质文化遗产发展报告（2016）
著(编)者：肖远平（彝） 柴立（满）
2016年6月出版 / 估价：128.00元

视听新媒体蓝皮书
中国视听新媒体发展报告（2016）
著(编)者：国家新闻出版广电总局发展研究中心
2016年7月出版 / 估价：98.00元

文化创新蓝皮书
中国文化创新报告（2016）NO.7
著(编)者：于平 傅才武 2016年7月出版 / 估价：98.00元

文化建设蓝皮书
中国文化发展报告（2016）
著(编)者：江畅 孙伟平 戴茂堂
2016年4月出版 / 估价：108.00元

文化科技蓝皮书
文化科技创新发展报告（2016）
著(编)者：于平 李凤亮 2016年10月出版 / 估价：89.00元

文化蓝皮书
中国公共文化服务发展报告（2016）
著(编)者：刘新成 张永新 张旭 2016年10月出版 / 估价：98.00元

文化蓝皮书
中国公共文化投入增长测评报告（2016）
著(编)者：王亚南 2016年4月出版 / 定价：79.00元

文化蓝皮书
中国少数民族文化发展报告（2016）
著(编)者：武翠英 张晓明 任乌晶
2016年9月出版 / 估价：69.00元

文化蓝皮书
中国文化产业发展报告（2015~2016）
著(编)者：张晓明 王家新 章建刚
2016年2月出版 / 定价：79.00元

文化蓝皮书
中国文化产业供需协调检测报告（2016）
著(编)者：王亚南 2016年5月出版 / 估价：79.00元

文化蓝皮书
中国文化消费需求景气评价报告（2016）
著(编)者：王亚南 2016年5月出版 / 估价：79.00元

文化传媒类・地方发展类

文化品牌蓝皮书
中国文化品牌发展报告（2016）
著（编）者：欧阳友权　2016年4月出版 / 估价：89.00元

文化遗产蓝皮书
中国文化遗产事业发展报告（2016）
著（编）者：刘世锦　2016年5月出版 / 估价：89.00元

文学蓝皮书
中国文情报告（2015～2016）
著（编）者：白烨　2016年5月出版 / 估价：69.00元

新媒体蓝皮书
中国新媒体发展报告NO.7（2016）
著（编）者：唐绪军　2016年7月出版 / 估价：79.00元

新媒体社会责任蓝皮书
中国新媒体社会责任研究报告（2016）
著（编）者：钟瑛　2016年10月出版 / 估价：79.00元

移动互联网蓝皮书
中国移动互联网发展报告（2016）
著（编）者：官建文　2016年6月出版 / 估价：79.00元

舆情蓝皮书
中国社会舆情与危机管理报告（2016）
著（编）者：谢耘耕　2016年8月出版 / 估价：98.00元

地方发展类

安徽经济蓝皮书
芜湖创新型城市发展报告（2016）
著（编）者：张志宏　2016年4月出版 / 估价：69.00元

安徽蓝皮书
安徽社会发展报告（2016）
著（编）者：程桦　2016年4月出版 / 估价：89.00元

安徽社会建设蓝皮书
安徽社会建设分析报告（2015～2016）
著（编）者：黄家海　王开玉　蔡宪
2016年4月出版 / 估价：89.00元

澳门蓝皮书
澳门经济社会发展报告（2015～2016）
著（编）者：吴志良　郝雨凡　2016年5月出版 / 估价：79.00元

北京蓝皮书
北京公共服务发展报告（2015～2016）
著（编）者：施昌奎　2016年2月出版 / 定价：79.00元

北京蓝皮书
北京经济发展报告（2015～2016）
著（编）者：杨松　2016年6月出版 / 估价：79.00元

北京蓝皮书
北京社会发展报告（2015～2016）
著（编）者：李伟东　2016年7月出版 / 估价：79.00元

北京蓝皮书
北京社会治理发展报告（2015～2016）
著（编）者：殷星辰　2016年6月出版 / 估价：79.00元

北京蓝皮书
北京文化发展报告（2015～2016）
著（编）者：李建盛　2016年4月出版 / 定价：79.00元

北京旅游绿皮书
北京旅游发展报告（2016）
著（编）者：北京旅游学会　2016年7月出版 / 估价：88.00元

北京人才蓝皮书
北京人才发展报告（2016）
著（编）者：于淼　2016年12月出版 / 估价：128.00元

北京社会心态蓝皮书
北京社会心态分析报告（2015～2016）
著（编）者：北京社会心理研究所
2016年8月出版 / 估价：79.00元

北京社会组织管理蓝皮书
北京社会组织发展与管理（2015～2016）
著（编）者：黄江松　2016年4月出版 / 估价：78.00元

北京体育蓝皮书
北京体育产业发展报告（2016）
著（编）者：钟秉枢　陈杰　杨铁黎
2016年10月出版 / 估价：79.00元

北京养老产业蓝皮书
北京养老产业发展报告（2016）
著（编）者：周明明　冯喜良　2016年4月出版 / 估价：69.00元

滨海金融蓝皮书
滨海新区金融发展报告（2016）
著（编）者：王爱俭　张锐钢　2016年9月出版 / 估价：79.00元

城乡一体化蓝皮书
中国城乡一体化发展报告・北京卷（2015～2016)
著（编）者：张宝秀　黄序　2016年5月出版 / 估价：79.00元

创意城市蓝皮书
北京文化创意产业发展报告（2016）
著（编）者：张京成　王国华　2016年12月出版 / 估价：69.00元

创意城市蓝皮书
青岛文化创意产业发展报告（2016）
著（编）者：马达　张丹妮　2016年6月出版 / 估价：79.00元

创意城市蓝皮书
青岛文化创意产业发展报告（2016）
著（编）者：马达　张丹妮　2016年6月出版 / 估价：79.00元

皮书系列 2016全品种 地方发展类

创意城市蓝皮书
台北文化创意产业发展报告（2016）
著(编)者：陈耀竹 邱琪瑄　　2016年11月出版 / 估价：89.00元

创意城市蓝皮书
无锡文化创意产业发展报告（2016）
著(编)者：谭军 张鸣年　　2016年10月出版 / 估价：79.00元

创意城市蓝皮书
武汉文化创意产业发展报告（2016）
著(编)者：黄永林 陈汉桥　　2016年12月出版 / 估价：89.00元

创意城市蓝皮书
重庆创意产业发展报告（2016）
著(编)者：程宇宁　　2016年4月出版 / 估价：89.00元

地方法治蓝皮书
南宁法治发展报告（2016）
著(编)者：杨维超　　2016年12月出版 / 估价：69.00元

福建妇女发展蓝皮书
福建省妇女发展报告（2016）
著(编)者：刘群英　　2016年11月出版 / 估价：88.00元

福建自由贸易区蓝皮书
中国（福建）自由贸易区实验区发展报告（2015~2016）
著(编)者：黄茂兴　　2016年4月出版 / 定价：108.00元

甘肃蓝皮书
甘肃经济发展分析与预测（2016）
著(编)者：朱智文 罗哲　　2016年1月出版 / 定价：79.00元

甘肃蓝皮书
甘肃社会发展分析与预测（2016）
著(编)者：安文华 包晓霞 谢增虎　　2016年1月出版 / 定价：79.00元

甘肃蓝皮书
甘肃文化发展分析与预测（2016）
著(编)者：安文华 周小华　　2016年1月出版 / 定价：79.00元

甘肃蓝皮书
甘肃县域和农村发展报告（2016）
著(编)者：刘进军 柳民 王建兵
2016年1月出版 / 定价：79.00元

甘肃蓝皮书
甘肃舆情分析与预测（2016）
著(编)者：陈双梅 张谦元　　2016年1月出版 / 定价：79.00元

甘肃蓝皮书
甘肃商贸流通发展报告（2016）
著(编)者：杨志武 王福生 王晓芳
2016年1月出版 / 定价：79.00元

广东蓝皮书
广东全面深化改革发展报告（2016）
著(编)者：周林生 涂成林　　2016年11月出版 / 估价：69.00元

广东蓝皮书
广东社会工作发展报告（2016）
著(编)者：罗观翠　　2016年6月出版 / 估价：89.00元

广东蓝皮书
广东省电子商务发展报告（2016）
著(编)者：程晓 邓顺国　　2016年7月出版 / 估价：79.00元

广东社会建设蓝皮书
广东省社会建设发展报告（2016）
著(编)者：广东省社会工作委员会
2016年12月出版 / 估价：99.00元

广东外经贸蓝皮书
广东对外经济贸易发展研究报告（2015~2016）
著(编)者：陈万灵　　2016年5月出版 / 估价：89.00元

广西北部湾经济区蓝皮书
广西北部湾经济区开放开发报告（2016）
著(编)者：广西北部湾经济区规划建设管理委员会办公室
　　　　　广西社会科学院 广西北部湾发展研究院
2016年10月出版 / 估价：79.00元

巩义蓝皮书
巩义经济社会发展报告（2016）
著(编)者：丁同民　　2016年4月出版 / 估价：58.00元

广州蓝皮书
2016年中国广州经济形势分析与预测
著(编)者：庾建设 沈奎 谢博能　　2016年6月出版 / 估价：79.00元

广州蓝皮书
2016年中国广州社会形势分析与预测
著(编)者：张强 陈怡霓 杨秦　　2016年6月出版 / 估价：79.00元

广州蓝皮书
广州城市国际化发展报告（2016）
著(编)者：朱名宏　　2016年11月出版 / 估价：69.00元

广州蓝皮书
广州创新型城市发展报告（2016）
著(编)者：尹涛　　2016年10月出版 / 估价：69.00元

广州蓝皮书
广州经济发展报告（2016）
著(编)者：朱名宏　　2016年7月出版 / 估价：69.00元

广州蓝皮书
广州农村发展报告（2016）
著(编)者：朱名宏　　2016年8月出版 / 估价：69.00元

广州蓝皮书
广州汽车产业发展报告（2016）
著(编)者：杨再高 冯兴亚　　2016年9月出版 / 估价：69.00元

广州蓝皮书
广州青年发展报告（2015～2016）
著(编)者：魏国华 张强　　2016年7月出版 / 估价：69.00元

广州蓝皮书
广州商贸业发展报告（2016）
著(编)者：李江涛 肖振宇 荀振英
2016年7月出版 / 估价：69.00元

广州蓝皮书
广州社会保障发展报告（2016）
著(编)者：蔡国萱　　2016年10月出版 / 估价：65.00元

地方发展类 | 皮书系列 2016全品种

广州蓝皮书
广州文化创意产业发展报告（2016）
著(编)者：甘新　2016年8月出版 / 估价：79.00元

广州蓝皮书
中国广州城市建设与管理发展报告（2016）
著(编)者：董皞　陈小钢　李江涛　2016年7月出版 / 估价：69.00元

广州蓝皮书
中国广州科技和信息化发展报告（2016）
著(编)者：邹采荣　马正勇　冯　2016年8月出版 / 估价：79.00元

广州蓝皮书
中国广州文化发展报告（2016）
著(编)者：徐俊忠　陆志强　顾涧清　2016年7月出版 / 估价：69.00元

贵阳蓝皮书
贵阳城市创新发展报告·白云篇（2016）
著(编)者：连玉明　2016年10月出版 / 估价：89.00元

贵阳蓝皮书
贵阳城市创新发展报告·观山湖篇（2016）
著(编)者：连玉明　2016年10月出版 / 估价：89.00元

贵阳蓝皮书
贵阳城市创新发展报告·花溪篇（2016）
著(编)者：连玉明　2016年10月出版 / 估价：89.00元

贵阳蓝皮书
贵阳城市创新发展报告·开阳篇（2016）
著(编)者：连玉明　2016年10月出版 / 估价：89.00元

贵阳蓝皮书
贵阳城市创新发展报告·南明篇（2016）
著(编)者：连玉明　2016年10月出版 / 估价：89.00元

贵阳蓝皮书
贵阳城市创新发展报告·清镇篇（2016）
著(编)者：连玉明　2016年10月出版 / 估价：89.00元

贵阳蓝皮书
贵阳城市创新发展报告·乌当篇（2016）
著(编)者：连玉明　2016年10月出版 / 估价：89.00元

贵阳蓝皮书
贵阳城市创新发展报告·息烽篇（2016）
著(编)者：连玉明　2016年10月出版 / 估价：89.00元

贵阳蓝皮书
贵阳城市创新发展报告·修文篇（2016）
著(编)者：连玉明　2016年10月出版 / 估价：89.00元

贵阳蓝皮书
贵阳城市创新发展报告·云岩篇（2016）
著(编)者：连玉明　2016年10月出版 / 估价：89.00元

贵州房地产蓝皮书
贵州房地产发展报告NO.3（2016）
著(编)者：武廷方　2016年6月出版 / 估价：89.00元

贵州蓝皮书
贵州册亨经济社会发展报告(2016)
著(编)者：黄德林　2016年3月出版 / 定价：79.00元

贵州蓝皮书
贵安新区发展报告（2016）
著(编)者：马长青　吴大华　2016年4月出版 / 估价：69.00元

贵州蓝皮书
贵州法治发展报告（2016）
著(编)者：吴大华　2016年5月出版 / 估价：79.00元

贵州蓝皮书
贵州民航业发展报告（2016）
著(编)者：申振东　吴大华　2016年10月出版 / 估价：69.00元

贵州蓝皮书
贵州民营经济发展报告（2016）
著(编)者：杨静　吴大华　2016年3月出版 / 定价：79.00元

贵州蓝皮书
贵州人才发展报告（2016）
著(编)者：于杰　吴大华　2016年9月出版 / 估价：69.00元

贵州蓝皮书
贵州社会发展报告（2016）
著(编)者：王兴骥　2016年5月出版 / 估价：79.00元

海淀蓝皮书
海淀区文化和科技融合发展报告（2016）
著(编)者：陈名杰　孟景伟　2016年5月出版 / 估价：75.00元

海峡西岸蓝皮书
海峡西岸经济区发展报告（2016）
著(编)者：福建省人民政府发展研究中心
　　　　福建省人民政府发展研究中心咨询服务中心
2016年9月出版 / 估价：65.00元

杭州都市圈蓝皮书
杭州都市圈发展报告（2016）
著(编)者：董祖德　沈翔　2016年5月出版 / 估价：89.00元

杭州蓝皮书
杭州妇女发展报告（2016）
著(编)者：魏颖　2016年4月出版 / 估价：79.00元

河北经济蓝皮书
河北省经济发展报告（2016）
著(编)者：马树强　金浩　刘兵　张贵
2016年5月出版 / 估价：89.00元

河北蓝皮书
河北经济社会发展报告（2016）
著(编)者：郭金平　2016年1月出版 / 定价：79.00元

河北食品药品安全蓝皮书
河北食品药品安全研究报告（2016）
著(编)者：丁锦霞　2016年6月出版 / 估价：79.00元

河南经济蓝皮书
2016年河南经济形势分析与预测
著(编)者：胡五岳　2016年2月出版 / 定价：79.00元

河南蓝皮书
2016年河南社会形势分析与预测
著(编)者：刘道兴　牛苏林　2016年4月出版 / 定价79.00元

皮书系列 2016全品种 — 地方发展类

河南蓝皮书
河南城市发展报告（2016）
著(编)者:谷建全 王建国　2016年5月出版 / 估价:79.00元

河南蓝皮书
河南法治发展报告（2016）
著(编)者:丁同民 闫德民　2016年6月出版 / 估价:79.00元

河南蓝皮书
河南工业发展报告（2016）
著(编)者:龚绍东 赵西三　2016年5月出版 / 估价:79.00元

河南蓝皮书
河南金融发展报告（2016）
著(编)者:河南省社会科学院　2016年6月出版 / 估价:69.00元

河南蓝皮书
河南经济发展报告（2016）
著(编)者:张占仓　2016年3月出版 / 定价:79.00元

河南蓝皮书
河南农业农村发展报告（2016）
著(编)者:吴海峰　2016年4月出版 / 估价:69.00元

河南蓝皮书
河南文化发展报告（2016）
著(编)者:卫绍生　2016年3月出版 / 定价:78.00元

河南商务蓝皮书
河南商务发展报告（2016）
著(编)者:焦锦淼 穆荣国　2016年4月出版 / 估价:88.00元

黑龙江产业蓝皮书
黑龙江产业发展报告（2016）
著(编)者:于渤　2016年10月出版 / 估价:79.00元

黑龙江蓝皮书
黑龙江经济发展报告（2016）
著(编)者:朱宇　2016年1月出版 / 定价:79.00元

黑龙江蓝皮书
黑龙江社会发展报告（2016）
著(编)者:谢宝禄　2016年1月出版 / 定价:79.00元

湖南城市蓝皮书
区域城市群整合（主题待定）
著(编)者:童中贤 韩未名　2016年12月出版 / 估价:79.00元

湖南蓝皮书
2016年湖南产业发展报告
著(编)者:梁志峰　2016年5月出版 / 估价:98.00元

湖南蓝皮书
2016年湖南电子政务发展报告
著(编)者:梁志峰　2016年5月出版 / 估价:98.00元

湖南蓝皮书
2016年湖南经济展望
著(编)者:梁志峰　2016年5月出版 / 估价:128.00元

湖南蓝皮书
2016年湖南两型社会与生态文明发展报告
著(编)者:梁志峰　2016年5月出版 / 估价:98.00元

湖南蓝皮书
2016年湖南社会发展报告
著(编)者:梁志峰　2016年5月出版 / 估价:88.00元

湖南蓝皮书
2016年湖南县域经济社会发展报告
著(编)者:梁志峰　2016年5月出版 / 估价:98.00元

湖南蓝皮书
湖南城乡一体化发展报告（2016）
著(编)者:陈文胜 刘祚祥 邝奕轩 等
2016年7月出版 / 估价:89.00元

湖南县域绿皮书
湖南县域发展报告 NO.3
著(编)者:袁准 周小毛　2016年9月出版 / 估价:69.00元

沪港蓝皮书
沪港发展报告（2015～2016）
著(编)者:尤安山　2016年4月出版 / 估价:89.00元

京津冀金融蓝皮书
京津冀金融发展报告（2015）
著(编)者:王爱俭 李向前　2016年3月出版 / 定价:89.00元

吉林蓝皮书
2016年吉林经济社会形势分析与预测
著(编)者:马克　2015年12月出版 / 定价:79.00元

吉林省城市竞争力蓝皮书
吉林省城市竞争力报告（2015）
著(编)者:崔岳春 张磊　2016年3月出版 / 定价:69.00元

济源蓝皮书
济源经济社会发展报告（2016）
著(编)者:喻新安　2016年4月出版 / 估价:69.00元

健康城市蓝皮书
北京健康城市建设研究报告（2016）
著(编)者:王鸿春　2016年4月出版 / 估价:79.00元

江苏法治蓝皮书
江苏法治发展报告 NO.5（2016）
著(编)者:李力 龚廷泰　2016年9月出版 / 估价:98.00元

江西蓝皮书
江西经济社会发展报告（2016）
著(编)者:张勇 姜玮 梁勇　2016年10月出版 / 估价:79.00元

江西文化产业蓝皮书
江西文化产业发展报告（2016）
著(编)者:张圣才 汪春翔　2016年10月出版 / 估价:128.00元

经济特区蓝皮书
中国经济特区发展报告（2016）
著(编)者:陶一桃　2016年12月出版 / 估价:89.00元

地方发展类

辽宁蓝皮书
2016年辽宁经济社会形势分析与预测
著(编)者:曹晓峰 梁启东
2016年1月出版 / 定价:79.00元

拉萨蓝皮书
拉萨法治发展报告(2016)
著(编)者:车明怀 2016年7月出版 / 估价:79.00元

洛阳蓝皮书
洛阳文化发展报告(2016)
著(编)者:刘福兴 陈启明 2016年7月出版 / 估价:79.00元

南京蓝皮书
南京文化发展报告(2016)
著(编)者:徐宁 2016年12月出版 / 估价:79.00元

内蒙古蓝皮书
内蒙古反腐倡廉建设报告 NO.2
著(编)者:张志华 无极 2016年12月出版 / 估价:69.00元

浦东新区蓝皮书
上海浦东经济发展报告(2016)
著(编)者:沈开艳 周奇 2016年1月出版 / 定价:69.00元

青海蓝皮书
2016年青海经济社会形势分析与预测
著(编)者:陈玮 2015年12月出版 / 定价:79.00元

人口与健康蓝皮书
深圳人口与健康发展报告(2016)
著(编)者:陆杰华 罗乐宣 苏杨
2016年11月出版 / 估价:89.00元

山东蓝皮书
山东经济形势分析与预测(2016)
著(编)者:李广杰 2016年11月出版 / 估价:89.00元

山东蓝皮书
山东社会形势分析与预测(2016)
著(编)者:涂可国 2016年6月出版 / 估价:89.00元

山东蓝皮书
山东文化发展报告(2016)
著(编)者:张华 唐洲雁 2016年6月出版 / 估价:98.00元

山西蓝皮书
山西资源型经济转型发展报告(2016)
著(编)者:李志强 2016年5月出版 / 估价:89.00元

陕西蓝皮书
陕西经济发展报告(2016)
著(编)者:任宗哲 白宽犁 裴成荣
2015年12月出版 / 定价:69.00元

陕西蓝皮书
陕西社会发展报告(2016)
著(编)者:任宗哲 白宽犁 牛昉
2015年12月出版 / 定价:69.00元

陕西蓝皮书
陕西文化发展报告(2016)
著(编)者:任宗哲 白宽犁 王长寿
2015年12月出版 / 定价:69.00元

陕西蓝皮书
丝绸之路经济带发展报告(2015~2016)
著(编)者:任宗哲 白宽犁 谷孟宾
2015年12月出版 / 定价:75.00元

上海蓝皮书
上海传媒发展报告(2016)
著(编)者:强荧 焦雨虹 2016年1月出版 / 定价:79.00元

上海蓝皮书
上海法治发展报告(2016)
著(编)者:叶青 2016年5月出版 / 估价:69.00元

上海蓝皮书
上海经济发展报告(2016)
著(编)者:沈开艳 2016年1月出版 / 定价:79.00元

上海蓝皮书
上海社会发展报告(2016)
著(编)者:杨雄 周海旺 2016年1月出版 / 定价:79.00元

上海蓝皮书
上海文化发展报告(2016)
著(编)者:荣跃明 2016年1月出版 / 定价:79.00元

上海蓝皮书
上海文学发展报告(2016)
著(编)者:陈圣来 2016年5月出版 / 估价:69.00元

上海蓝皮书
上海资源环境发展报告(2016)
著(编)者:周冯琦 汤庆合 任文伟
2016年1月出版 / 定价:79.00元

上饶蓝皮书
上饶发展报告(2015~2016)
著(编)者:朱寅健 2016年5月出版 / 估价:128.00元

社会建设蓝皮书
2016年北京社会建设分析报告
著(编)者:宋贵伦 冯虹 2016年7月出版 / 估价:79.00元

深圳蓝皮书
深圳法治发展报告(2016)
著(编)者:张骁儒 2016年5月出版 / 估价:69.00元

深圳蓝皮书
深圳经济发展报告(2016)
著(编)者:张骁儒 2016年6月出版 / 估价:89.00元

深圳蓝皮书
深圳劳动关系发展报告(2016)
著(编)者:汤庭芬 2016年6月出版 / 估价:79.00元

深圳蓝皮书
深圳社会建设与发展报告(2016)
著(编)者:张骁儒 陈东平 2016年6月出版 / 估价:79.00元

皮书系列 2016全品种
地方发展类·国家国别类

深圳蓝皮书
深圳文化发展报告(2016)
著(编)者:张骁儒　2016年5月出版 / 估价:69.00元

四川法治蓝皮书
四川依法治省年度报告 NO.2（2016）
著(编)者:李林　杨天宗　田禾
2016年3月出版 / 定价:108.00元

四川蓝皮书
2016年四川经济形势分析与预测
著(编)者:杨钢　2016年1月出版 / 定价:98.00元

四川蓝皮书
四川城镇化发展报告（2016）
著(编)者:侯水平　陈炜　2016年4月出版 / 定价:75.00元

四川蓝皮书
四川法治发展报告（2016）
著(编)者:郑泰安　2016年5月出版 / 估价:69.00元

四川蓝皮书
四川企业社会责任研究报告（2015～2016）
著(编)者:侯水平　盛毅　2016年4月出版 / 估价:79.00元

四川蓝皮书
四川社会发展报告（2016）
著(编)者:郭晓鸣　2016年4月出版 / 估价:79.00元

四川蓝皮书
四川生态建设报告（2016）
著(编)者:李晟之　2016年4月出版 / 估价:79.00元

四川蓝皮书
四川文化产业发展报告（2016）
著(编)者:向宝云　张立伟　2016年4月出版 / 定价:79.00元

体育蓝皮书
上海体育产业发展报告（2015～2016）
著(编)者:张林　黄海燕　2016年10月出版 / 估价:79.00元

体育蓝皮书
长三角地区体育产业发展报告（2015～2016）
著(编)者:张林　2016年4月出版 / 估价:79.00元

天津金融蓝皮书
天津金融发展报告（2016）
著(编)者:王爱俭　孔德昌　2016年9月出版 / 估价:89.00元

图们江区域合作蓝皮书
图们江区域合作发展报告（2016）
著(编)者:李铁　2016年4月出版 / 估价:98.00元

温州蓝皮书
2016年温州经济社会形势分析与预测
著(编)者:潘忠强　王úTube光　金浩　2016年4月出版 / 估价:69.00元

扬州蓝皮书
扬州经济社会发展报告（2016）
著(编)者:丁纯　2016年12月出版 / 估价:89.00元

长株潭城市群蓝皮书
长株潭城市群发展报告（2016）
著(编)者:张萍　2016年10月出版 / 估价:69.00元

郑州蓝皮书
2016年郑州文化发展报告
著(编)者:王哲　2016年9月出版 / 估价:65.00元

中医文化蓝皮书
北京中医药文化传播发展报告（2016）
著(编)者:毛嘉陵　2016年5月出版 / 估价:79.00元

珠三角流通蓝皮书
珠三角商圈发展研究报告（2016）
著(编)者:王先庆　林至颖　2016年7月出版 / 估价:98.00元

遵义蓝皮书
遵义发展报告（2016）
著(编)者:曾征　龚永育　2016年12月出版 / 估价:69.00元

国别与地区类

阿拉伯黄皮书
阿拉伯发展报告（2015～2016）
著(编)者:罗林　2016年11月出版 / 估价:79.00元

北部湾蓝皮书
泛北部湾合作发展报告（2016）
著(编)者:吕余生　2016年10月出版 / 估价:69.00元

大湄公河次区域蓝皮书
大湄公河次区域合作发展报告（2016）
著(编)者:刘稚　2016年9月出版 / 估价:79.00元

大洋洲蓝皮书
大洋洲发展报告（2015～2016）
著(编)者:喻常森　2016年10月出版 / 估价:89.00元

德国蓝皮书
德国发展报告（2016）
著(编)者:郑春荣　伍慧萍
2016年5月出版 / 估价:69.00元

东北亚黄皮书
东北亚地区政治与安全（2016）
著(编)者:黄凤志　刘清才　张慧智　等
2016年5月出版 / 估价:69.00元

东盟黄皮书
东盟发展报告（2016）
著(编)者:杨晓强　庄国土　2016年3月出版 / 定价:89.00元

国家国别类 — 皮书系列重点推荐

东南亚蓝皮书
东南亚地区发展报告（2015～2016）
著（编）者：厦门大学东南亚研究中心　王勤
2016年4月出版 / 估价：79.00元

俄罗斯黄皮书
俄罗斯发展报告（2016）
著（编）者：李永全　2016年7月出版 / 估价：79.00元

非洲黄皮书
非洲发展报告 NO.18（2015～2016）
著（编）者：张宏明　2016年9月出版 / 估价：79.00元

国际形势黄皮书
全球政治与安全报告（2016）
著（编）者：李慎明　张宇燕
2015年12月出版 / 定价：69.00元

韩国蓝皮书
韩国发展报告（2016）
著（编）者：牛林杰　刘宝全
2016年12月出版 / 估价：89.00元

加拿大蓝皮书
加拿大发展报告（2016）
著（编）者：仲伟合　2016年4月出版 / 估价：89.00元

拉美黄皮书
拉丁美洲和加勒比发展报告（2015～2016）
著（编）者：吴白乙　2016年5月出版 / 估价：89.00元

美国蓝皮书
美国研究报告（2016）
著（编）者：郑秉文　黄平
2016年6月出版 / 估价：89.00元

缅甸蓝皮书
缅甸国情报告（2016）
著（编）者：李晨阳　2016年8月出版 / 估价：79.00元

欧洲蓝皮书
欧洲发展报告（2015～2016）
著（编）者：周弘　黄平　江时学
2016年7月出版 / 估价：89.00元

日本经济蓝皮书
日本经济与中日经贸关系研究报告（2016）
著（编）者：王洛林　张季风
2016年5月出版 / 估价：79.00元

日本蓝皮书
日本研究报告（2016）
著（编）者：李薇　2016年5月出版 / 估价：69.00元

上海合作组织黄皮书
上海合作组织发展报告（2016）
著（编）者：李进峰　吴宏伟　李伟
2016年7月出版 / 估价：98.00元

世界创新竞争力黄皮书
世界创新竞争力发展报告（2016）
著（编）者：李闽榕　李建平　赵新力
2016年5月出版 / 估价：148.00元

土耳其蓝皮书
土耳其发展报告（2016）
著（编）者：郭长刚　刘义　2016年7月出版 / 估价：69.00元

亚太蓝皮书
亚太地区发展报告（2016）
著（编）者：李向阳　2016年5月出版 / 估价：69.00元

印度蓝皮书
印度国情报告（2016）
著（编）者：吕昭义　2016年5月出版 / 估价：89.00元

印度洋地区蓝皮书
印度洋地区发展报告（2016）
著（编）者：汪戎　2016年5月出版 / 估价：89.00元

英国蓝皮书
英国发展报告（2015～2016）
著（编）者：王展鹏　2016年10月出版 / 估价：89.00元

越南蓝皮书
越南国情报告（2016）
著（编）者：广西社会科学院　罗梅　李碧华
2016年8月出版 / 估价：69.00元

越南蓝皮书
越南经济发展报告（2016）
著（编）者：黄志勇　2016年10月出版 / 估价：69.00元

以色列蓝皮书
以色列发展报告（2016）
著（编）者：张倩红　2016年9月出版 / 估价：89.00元

中东黄皮书
中东发展报告 NO.18（2015～2016）
著（编）者：杨光　2016年10月出版 / 估价：89.00元

中亚黄皮书
中亚国家发展报告（2016）
著（编）者：孙力　吴宏伟　2016年8月出版 / 估价：89.00元

社会科学文献出版社

皮书系列

✦ 皮书起源 ✦

"皮书"起源于十七、十八世纪的英国,主要指官方或社会组织正式发表的重要文件或报告,多以"白皮书"命名。在中国,"皮书"这一概念被社会广泛接受,并被成功运作、发展成为一种全新的出版形态,则源于中国社会科学院社会科学文献出版社。

✦ 皮书定义 ✦

皮书是对中国与世界发展状况和热点问题进行年度监测,以专业的角度、专家的视野和实证研究方法,针对某一领域或区域现状与发展态势展开分析和预测,具备原创性、实证性、专业性、连续性、前沿性、时效性等特点的公开出版物,由一系列权威研究报告组成。

✦ 皮书作者 ✦

皮书系列的作者以中国社会科学院、著名高校、地方社会科学院的研究人员为主,多为国内一流研究机构的权威专家学者,他们的看法和观点代表了学界对中国与世界的现实和未来最高水平的解读与分析。

✦ 皮书荣誉 ✦

皮书系列已成为社会科学文献出版社的著名图书品牌和中国社会科学院的知名学术品牌。2011年,皮书系列正式列入"十二五"国家重点出版规划项目;2012~2015年,重点皮书列入中国社会科学院承担的国家哲学社会科学创新工程项目;2016年,46种院外皮书使用"中国社会科学院创新工程学术出版项目"标识。

中国皮书网

www.pishu.cn

发布皮书研创资讯,传播皮书精彩内容
引领皮书出版潮流,打造皮书服务平台

栏目设置:

- □ 资讯:皮书动态、皮书观点、皮书数据、皮书报道、皮书发布、电子期刊
- □ 标准:皮书评价、皮书研究、皮书规范
- □ 服务:最新皮书、皮书书目、重点推荐、在线购书
- □ 链接:皮书数据库、皮书博客、皮书微博、在线书城
- □ 搜索:资讯、图书、研究动态、皮书专家、研创团队

中国皮书网依托皮书系列"权威、前沿、原创"的优质内容资源,通过文字、图片、音频、视频等多种元素,在皮书研创者、使用者之间搭建了一个成果展示、资源共享的互动平台。

自2005年12月正式上线以来,中国皮书网的IP访问量、PV浏览量与日俱增,受到海内外研究者、公务人员、商务人士以及专业读者的广泛关注。

2008年、2011年,中国皮书网均在全国新闻出版业网站荣誉评选中获得"最具商业价值网站"称号;2012年,获得"出版业网站百强"称号。

2014年,中国皮书网与皮书数据库实现资源共享,端口合一,将提供更丰富的内容,更全面的服务。

权威报告　热点资讯　海量资源

当代中国与世界发展的高端智库平台

皮书数据库 www.pishu.com.cn

　　皮书数据库是专业的人文社会科学综合学术资源总库，以大型连续性图书——皮书系列为基础，整合国内外相关资讯构建而成。包含六大子库，涵盖两百多个主题，囊括了近十几年间中国与世界经济社会发展报告，覆盖经济、社会、政治、文化、教育、国际问题等多个领域。

　　皮书数据库以篇章为基本单位，方便用户对皮书内容的阅读需求。用户可进行全文检索，也可对文献题目、内容提要、作者名称、作者单位、关键字等基本信息进行检索，还可对检索到的篇章再做二次筛选，进行在线阅读或下载阅读。智能多维度导航，可使用户根据自己熟知的分类标准进行分类导航筛选，使查找和检索更高效、便捷。

　　权威的研究报告，独特的调研数据，前沿的热点资讯，皮书数据库已发展成为国内最具影响力的关于中国与世界现实问题研究的成果库和资讯库。

皮书俱乐部会员服务指南

1. 谁能成为皮书俱乐部成员？
● 皮书作者自动成为俱乐部会员
● 购买了皮书产品（纸质书/电子书）的个人用户

2. 会员可以享受的增值服务
● 免费获赠皮书数据库100元充值卡
● 加入皮书俱乐部，免费获赠该纸质图书的电子书
● 免费定期获赠皮书电子期刊
● 优先参与各类皮书学术活动
● 优先享受皮书产品的最新优惠

3. 如何享受增值服务？
（1）免费获赠100元皮书数据库体验卡
第1步 刮开皮书附赠充值的涂层（右下）；
第2步 登录皮书数据库网站（www.pishu.com.cn），注册账号；
第3步 登录并进入"会员中心"—"在线充值"—"充值卡充值"，充值成功后即可使用。

（2）加入皮书俱乐部，凭数据库体验卡获赠该书的电子书
第1步 登录社会科学文献出版社官网（www.ssap.com.cn），注册账号；
第2步 登录并进入"会员中心"—"皮书俱乐部"，提交加入皮书俱乐部申请；
第3步 审核通过后，再次进入皮书俱乐部，填写页面所需图书、体验卡信息即可自动兑换相应电子书。

4. 声明
解释权归社会科学文献出版社所有

皮书俱乐部会员可享受社会科学文献出版社其他相关免费增值服务，有任何疑问，均可与我们联系。
图书销售热线：010-59367070/7028　图书服务QQ：800045692　图书服务邮箱：duzhe@ssap.cn
数据库服务热线：400-008-6695　数据库服务QQ：2475522410　数据库服务邮箱：database@ssap.cn
欢迎登录社会科学文献出版社官网（www.ssap.com.cn）和中国皮书网（www.pishu.com）了解更多信息

皮书大事记
（2015）

☆ 2015年11月9日，社会科学文献出版社2015年皮书编辑出版工作会议召开，会议就皮书装帧设计、生产营销、皮书评价以及质检工作中的常见问题等进行交流和讨论，为2016年出版社的融合发展指明了方向。

☆ 2015年11月，中国社会科学院2015年度纳入创新工程后期资助名单正式公布，《社会蓝皮书：2015年中国社会形势分析与预测》等41种皮书纳入2015年度"中国社会科学院创新工程学术出版资助项目"。

☆ 2015年8月7~8日，由中国社会科学院主办，社会科学文献出版社和湖北大学共同承办的"第十六次全国皮书年会（2015）：皮书研创与中国话语体系建设"在湖北省恩施市召开。中国社会科学院副院长李培林、国家新闻出版广电总局原副总局长、中国出版协会常务副理事长邬书林，湖北省委宣传部副部长喻立平，中国社会科学院科研局局长马援，国家新闻出版广电总局出版管理司副司长许正明，中共恩施州委书记王海涛，社会科学文献出版社社长谢寿光，湖北大学党委书记刘建凡等相关领导出席开幕式。来自中国社会科学院、地方社会科学院及高校、政府研究机构的领导及近200个皮书课题组的380多人出席了会议，会议规模又创新高。会议宣布了2016年授权使用"中国社会科学院创新工程学术出版项目"标识的院外皮书名单，并颁发了第六届优秀皮书奖。

☆ 2015年4月28日，"第三届皮书学术评审委员会第二次会议暨第六届优秀皮书奖评审会"在京召开。中国社会科学院副院长李培林、蔡昉出席会议并讲话，国家新闻出版广电总局原副局长、中国出版协会常务副理事长邬书林也出席本次会议。会议分别由中国社会科学院科研局局长马援和社会科学文献出版社社长谢寿光主持。经分学科评审和大会汇评，最终匿名投票评选出第六届"优秀皮书奖"和"优秀皮书报告奖"书目。此外，该委员会还将根据《中国社会科学院皮书管理办法》，审议并投票评选出2015年纳入中国社会科学院创新工程项目的皮书和2016年使用"中国社会科学院创新工程学术出版项目"标识的院外皮书。

☆ 2015年1月30~31日，由社会科学文献出版社皮书研究院组织的2014年版皮书评价复评会议在京召开。皮书学术评审委员会部分委员、相关学科专家、学术期刊编辑、资深媒体人等近50位评委参加本次会议。中国社会科学院科研局局长马援、社会科学文献出版社社长谢寿光出席开幕式并发表讲话，中国社会科学院科研成果处处长薛增朝出席闭幕式并做发言。

皮书数据库
www.pishu.com.cn

皮书数据库三期

- 皮书数据库（SSDB）是社会科学文献出版社整合现有皮书资源开发的在线数字产品，全面收录"皮书系列"的内容资源，并以此为基础整合大量相关资讯构建而成。

- 皮书数据库现有中国经济发展数据库、中国社会发展数据库、世界经济与国际政治数据库等子库，覆盖经济、社会、文化等多个行业、领域，现有报告30000多篇，总字数超过5亿字，并以每年4000多篇的速度不断更新累积。

- 新版皮书数据库主要围绕存量+增量资源整合、资源编辑标引体系建设、产品架构设置优化、技术平台功能研发等方面开展工作，并将中国皮书网与皮书数据库合二为一联体建设，旨在以"皮书研创出版、信息发布与知识服务平台"为基本功能定位，打造一个全新的皮书品牌综合门户平台，为您提供更优质更到位的服务。

更多信息请登录

中国皮书网
http://www.pishu.cn

皮书微博
http://weibo.com/pishu

中国皮书网的BLOG[编辑]
http://blog.sina.com.cn/pishu

皮书博客
http://blog.sina.com.cn/pishu

皮书微信
皮书说

请到各地书店皮书专架 / 专柜购买，也可办理邮购

咨询 / 邮购电话：010-59367028   59367070   邮　　箱：duzhe@ssap.cn
邮购地址：北京市西城区北三环中路甲29号院3号楼华龙大厦13层读者服务中心
邮　　编：100029
银行户名：社会科学文献出版社
开户银行：中国工商银行北京北太平庄支行
账　　号：0200010019200365434
网上书店：010-59367070   qq：1265056568
网　　址：www.ssap.com.cn   www.pishu.cn

✤ 皮书起源 ✤

"皮书"起源于十七、十八世纪的英国，主要指官方或社会组织正式发表的重要文件或报告，多以"白皮书"命名。在中国，"皮书"这一概念被社会广泛接受，并被成功运作、发展成为一种全新的出版形态，则源于中国社会科学院社会科学文献出版社。

✤ 皮书定义 ✤

皮书是对中国与世界发展状况和热点问题进行年度监测，以专业的角度、专家的视野和实证研究方法，针对某一领域或区域现状与发展态势展开分析和预测，具备原创性、实证性、专业性、连续性、前沿性、时效性等特点的公开出版物，由一系列权威研究报告组成。

✤ 皮书作者 ✤

皮书系列的作者以中国社会科学院、著名高校、地方社会科学院的研究人员为主，多为国内一流研究机构的权威专家学者，他们的看法和观点代表了学界对中国与世界的现实和未来最高水平的解读与分析。

✤ 皮书荣誉 ✤

皮书系列已成为社会科学文献出版社的著名图书品牌和中国社会科学院的知名学术品牌。2011年，皮书系列正式列入"十二五"国家重点出版规划项目；2012~2015年，重点皮书列入中国社会科学院承担的国家哲学社会科学创新工程项目；2016年，46种院外皮书使用"中国社会科学院创新工程学术出版项目"标识。

法律声明

"皮书系列"（含蓝皮书、绿皮书、黄皮书）之品牌由社会科学文献出版社最早使用并持续至今，现已被中国图书市场所熟知。"皮书系列"的LOGO（ ）与"经济蓝皮书""社会蓝皮书"均已在中华人民共和国国家工商行政管理总局商标局登记注册。"皮书系列"图书的注册商标专用权及封面设计、版式设计的著作权均为社会科学文献出版社所有。未经社会科学文献出版社书面授权许可，任何使用与"皮书系列"图书注册商标、封面设计、版式设计相同或者近似的文字、图形或其组合的行为均系侵权行为。

经作者授权，本书的专有出版权及信息网络传播权为社会科学文献出版社享有。未经社会科学文献出版社书面授权许可，任何就本书内容的复制、发行或以数字形式进行网络传播的行为均系侵权行为。

社会科学文献出版社将通过法律途径追究上述侵权行为的法律责任，维护自身合法权益。

欢迎社会各界人士对侵犯社会科学文献出版社上述权利的侵权行为进行举报。电话：010-59367121，电子邮箱：fawubu@ssap.cn。

社会科学文献出版社